अनजान
नेताजी
सुभाष चंद्र बोस

NOTION PRESS
India. Singapore. Malaysia.

अनजान
नेताजी सुभाष चंद्र बोस

डॉ. गोराचाँद घोष
बिजयकानन, ब्रिस्बेन, क्वींसलैंड
ऑस्ट्रेलिया
तथा
बिजयकानन, भीमाड़ा, बांकुड़ा, पश्चिम बंगाल
भारत

"यह पुस्तक द्वितीय विश्व युद्ध में नेताजी है अद्भुत 50 दुर्लभ तस्वीरों के साथ उनकी 128वीं जन्म वर्षगांठ और 80वीं पुण्यतिथि का प्रतिनिधित्व करते हुए"

नोशन प्रेस द्वारा प्रकाशित

नेताजी सुभाष चंद्र बोस 21 अक्टूबर 1943 से 18 अगस्त 1945 को अपनी मृत्यु तक आज़ाद हिंद (स्वतंत्र भारत) की अनंतिम सरकार के पहले प्रधान मंत्री और युद्ध मंत्री थे। द्वितीय विश्व युद्ध के दौरान नौ से अधिक देशों द्वारा उनकी सरकार को मान्यता दी गई थी।

नेताजी सही मायने में भुला दिए गए स्वतंत्रता सेनानी, महान क्रांतिकारी, दुनिया के देशभक्तों में सबसे बड़े देशभक्त और एक बहादुर युद्ध मंत्री थे। उनके बलिदान और इंडियन नेशनल आर्मी (INA) ने भारत को आजादी दिलाई। लेकिन पिछली भारत सरकार ने नेताजी को स्वतंत्रता सेनानी के रूप में उचित मान्यता नहीं दी। आजादी के दिन से लेकर मोदी सरकार (2014) तक सभी भारतीय सरकारों ने ब्रिटिश राज के 'प्राइवेसी एक्ट' का इस्तेमाल किया है। नेताजी के निजी सचिव (पीएस), मासाइयोशी काकित्सुबो (द्वितीय विश्व युद्ध के दौरान जापानी) ने अपने लेख में लिखा और घोषणा की, "मुझे आशा है कि नेताजी को महान भारतीय देशभक्तों के बीच इतिहास में उनका उचित स्थान दिया जाएगा।"

पुस्तक में द्वितीय विश्व युद्ध के दौरान नेताजी के चित्र, उनके पीएस, आईएनए, जापान में कुछ जापानी हस्तियां और दक्षिण पूर्व एशिया (एसईए) सहित नेताजी की वेबसाइट के कुछ पते शामिल हैं। इसके अलावा, पुस्तक में 18 अगस्त, 1945 को नेताजी की मृत्यु के तथ्यों को प्रकट करने के लिए हाल के शोध पत्र शामिल हैं। ये शोध पत्र 2018 में फेसबुक पर सार्वजनिक पोस्टिंग के रूप में प्रकाशित हुए थे। नेताजी के निजी सचिव ने दावा किया कि "नेताजी के दो दुश्मन थे: 1) गांधी और नेहरू के नेतृत्व वाली भारतीय कांग्रेस पार्टी, और 2) कलकत्ता के बोस-ब्रदर्स।" नेताजी और भारतीय राष्ट्रीय सेना यानी INA ने हमें स्वतंत्रता दी, गांधी की अहिंसा से नहीं। इसके अलावा, गांधी के नेतृत्व में कांग्रेस पार्टी, जिन्ना के नेतृत्व में मुस्लिम लीग, सावरकर के नेतृत्व में हिंदू महासभा, और कम्युनिस्ट पार्टी और इन पार्टियों का कोई भी सदस्य स्वतंत्रता सेनानी नहीं था। इन सभी नेताओं ने नेताजी और हजारों भारतीय सैनिकों (आईएनए) के बलिदान से लाभ उठाया और भारत को विभाजित किया। नेताजी रहते तो भारत का बंटवारा नहीं और भारत दुनिया में एक उन्नत देश होता।

मैंने इस पुस्तक को क्लबों, स्कूलों, कॉलेजों, विश्वविद्यालय पुस्तकालयों और नेताजी प्रेमियों के लिए अंग्रेजी के अलावा सबसे महत्वपूर्ण भारतीय भाषाओं हिंदी और बंगाली में भी प्रकाशित किया है। इस किताब में आप नेताजी, आईएनए के कुछ सदस्यों और जापानी लोगों के बहुत अच्छे चित्र देख सकते हैं, जिन्होंने हमें आज़ादी दिलाने में मदद की।

जय हिन्द, जैतू नेताजी, वंदे मातरम!!!

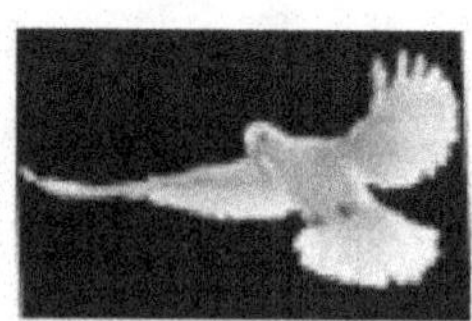

मेरी प्यारी पत्नी स्वर्गीया सुजाता घोष के प्रोत्साहन और प्रेरणा से

कॉपीराइट © डॉ. गोराचाँद घोष 2025

सर्वाधिकार सुरक्षित

इस पुस्तक के पहले पृष्ठ का कवर डिज़ाइन लेखक द्वारा नेताजी की एक तस्वीर का उपयोग करके बनाया गया था जिसे 1945 में नेताजी के निजी सचिव के कैमरे पर लिया गया था और उनके पास रखा गया था। मैं अपने श्यालक, मुरारी मोहन कुमार, सरकारी वकील, बर्दवान जिला न्यायालय, को इस पुस्तक का नाम प्रस्तावित करने के लिए धन्यवाद देना चाहूंगा। इसी तरह, लेखक द्वारा डिज़ाइन की गई पुस्तक का अंतिम कवर पेज, 18 सितंबर, 1945 को टोक्यो के रेंकोजी मंदिर में नेताजी के दाह संस्कार को दर्शाता है।

भारत में 2005 के आरटीआई एक्ट के तहत नेताजी की अज्ञात जानकारी और दुनिया भर से और मुख्य रूप से जापान से आई भारतीय स्वतन्त्रता आन्दोलन के इतिहास को अब पारदर्शी तथ्यों के आधार पर पुनर्विलोकित और पुनर्लेखित किया जाना चाहिए, न कि "ब्रिटिश राज के गुप्त अधिनियम" की साजिश और एकाधिकार पर। 'अंग्रेजों' ने यह कानून हमारी भारत माता को लूटने के लिए बनाया था और 'भारत की कांग्रेस पार्टी' ने 1947 में तथाकथित आजादी के बाद से इस कानून का पालन किया है।

व्यक्तिगत उपयोग के लिए इस पुस्तक (NP-1 से NP-49) में छवियों, छवि मासाकी मियामोतो, जापान से प्राप्त की गई भी, का उपयोग करने वाला कोई भी व्यक्ति, जैसे निजी और सार्वजनिक दोनों में व्याख्यान देने के लिए; और किसी भी सोशल मीडिया (फेसबुक, ट्विटर, गूगल, यूट्यूब आदि) पर प्रकाशित करना, लेखक की लिखित अनुमति के बिना इन छवियों को क्रॉप, एडिटिंग आदि द्वारा उपयोग करना दंडनीय अपराध है।

किंडल अमेज़न द्वारा हिंदी ई-बुक 11 मार्च 2021 को प्रकाशित, ASIN- B08YMZJ5JP; अंग्रेज़ी ई-बुक 18/19 सितंबर 2017 ASIN-B075R69M6N और पेपरबैक बुक 23 नवंबर 2019 ISBN-9 781697 954753; और नोशन प्रेस द्वारा प्रकाशित पेपरबैक बांग्ला किताब 6 जुलाई 2022 ISBN 9 798887 493695.

अनजान नेताजी सुभाष चंद्र बोस

पहला संस्करण, 15 जनवरी 2025

ISBN 9 798896 996217

सुभाष चंद्र बोस

1. जापान और दक्षिण पूर्व एशिया में द्वितीय विश्व युद्ध का इतिहास (1943-1945)

2. भारत में द्वितीय विश्व युद्ध के दौरान राजनीतिक स्थिति

3. भारत में बिना किसी वैज्ञानिक प्रमाण के नेताजी की मानहानि

v

Contents/अंतर्वस्तु

द्वितीय विश्व युद्ध में नेताजी सुभाष चंद्र बोस की फोटो xiii

मासाइयोशी काकित्सुबो को समर्पण xiv

डॉ. हिरोइयोशी इयाजीमा द्वारा पूर्वाभास xv

प्रस्तावना xx

लेखक की संक्षिप्त जीवनी xxiv

अध्याय एक 1

सुभाष चंद्र बोस 1

   मई 1943 से पहले का नेताजी का जीवन 1

   सुभाष चन्द्र का 'ग्रेट एस्केप' या "महानिष्क्रमण" 3

   नेताजी के पत्र (एमिली शेंकल को पत्र 1934-1942) 4

   एक जर्मन पनडुब्बी में सवार होना और बाद में सिंगापुर के लिए रवाना होना ... 6

   रासबिहारी बोस 7

अध्याय II 11

नेताजी की पहली टोक्यो यात्रा 11

   11 मई 1943 को टोक्यो में नेताजी का आगमन और भाषण 11

   नेताजी के टोक्यो आगमन की 75वीं वर्षगांठ 13

   व्याख्यान के बाद गार्डन पार्टी 15

   18 मई, 1943 को कानागावा में सार्वजनिक बैठक 18

   16 जून 1943 को टोक्यो में इंपीरियल डाइट बिल्डिंग में 82वें डाइट सत्र में प्रधान मंत्री हिदेकी तोजो का जोशीला भाषण 18

   हिदेकी तोजो के ओजस्वी भाषण और चंद्र बोस के भाषण की 75वीं वर्षगांठ . 19

   जापानियों ने सिंगापुर पर कब्ज़ा कर लिया 20

   सिंगापुर में नेताजी 21

   9 जुलाई 1943 को नेताजी का एकमात्र ऐतिहासिक जोशीला भाषण 26

   5 अगस्त, 1943 को नेताजी का एक और भाषण 27

   अनंतिम आज़ाद हिंद सरकार 29

   कैबिनेट फोटो 31

   मंत्रिमंडल के सदस्य 31

   83वें डाइट सत्र में प्रधान मंत्री हिदेकी तोजो का भाषण 32

   PROCLAMATION 35

   यूट्यूब लिंक 36

अध्याय तीन 37

नेताजी की टोक्यो की दूसरी यात्रा 37

हनेडा हवाई अड्डे पर छह देशों के प्रधानमंत्रियों और राष्ट्रपतियों का स्वागत किया गया 37

ग्रेटर ईस्ट एशिया सम्मेलन (Greater East Asia Conference) 38

ग्रेटर ईस्ट एशिया सम्मेलन में सात प्रसिद्ध एशियाई पुरुष 41

नेताजी की सैन्य अकादमी और अन्य स्थानों का दौरा 48

यूट्यूब लिंक – टोक्यो, जापान में ग्रेटर ईस्ट एशिया सम्मेलन 50

नेताजी और गवर्नर, बैंक ऑफ जापान की साक्षात्कार 51

नेताजी के आईएनए कैडेटों का अवलोकन 53

सूमो कुश्ती देखना गए 54

पश्चिमी साम्राज्यों द्वारा औपनिवेशिक शक्तियों का प्रभाव 55

पश्चिमी साम्राज्य दूसरों को इंसान नहीं समझते थे 57

अंडमान और निकोबार द्वीप समूह के हस्तांतरण का शीर्ष गुप्त विलेख 58

29 दिसंबर 1943 को पोर्ट ब्लेयर में नेताजी का आगमन 59

दिसंबर 1943 में अंडमान जेल में नेताजी का आगमन 60

30 दिसंबर 1943 को झंडा फहराया 61

आज़ाद हिन्द बैंक 63

अराकान, कोहिमा और इंफाल में अग्रिम पंक्ति की लड़ाई 64

इंफाल की ऐतिहासिक लड़ाई, यूट्यूब लिंक 64

द्वितीय विश्व युद्ध इंफाल ऑपरेशन ध्वजारोहण 67

सितंबर 1944 में चंद्र बोस की प्रोफ़ाइल 69

यूट्यूब लिंक: 73

अध्याय चतुर्थ 77

नेताजी की टोक्यो की तीसरी और अंतिम यात्रा 77

31 अक्टूबर 1944 को टोक्यो में नेताजी, खान, चटर्जी और कियानी का आगमन 77

गैमुशो गेस्टहाउस में ठहरें 78

कोइसो का भाषण 81

नेताजी का ओजस्वी भाषण 83

हिबिया पब्लिक हॉल में नेताजी का ओजस्वी भाषण 84

टोक्यो इंपीरियल यूनिवर्सिटी में नेताजी का भाषण 86

उद्यान सम्मेलन 87

एक विदेशी प्रेस कॉन्फ्रेंस में नेताजी 88

टोक्यो में इंपीरियल पैलेस की ओर नेताजी 89

आज़ाद हिंद की अन्तरिम सरकार को जापानी द्रतावास 92

रंगून लड़ाई की त्रासदी 92

4 फरवरी 1945 को बर्मा में आईएनए को नेताजी का ऐतिहासिक संबोधन 93

"तुम मुझे खून दो, मैं तुम्हें आजादी दूंगा"..93
रंगून से सितांग..95
सितांग त्रासदी...96
सितांग से बैंकॉक..97
सिंगापुर में द्वितीय विश्व युद्ध का स्मारक...98
बैंकॉक में रहते हैं...99
अमेरिका द्वारा हिरोशिमा और नागासाकी पर परमाणु बमबारी............................100
बैंकॉक से साइगॉन होते हुए ताइहोकू तक नेताजी की उड़ान..............................101
22 अगस्त 1945 को शिदेई और चंद्र बोस की मृत्यु का समाचार.....................102
इयासुकुनी मंदिर...103
टोक्यो के रेनकोजी मंदिर में चंद्र बोस की अस्थियाँ...104
रेंकोजी मंदिर में तीन प्रधानमंत्रियों और एक राष्ट्रपति का संदेश.......................105
बैंकॉक से टोक्यो काकित्सुबो की वापसी...106
मासाइयोशी काकित्सुबो द्वारा नेताजी पर नोट्स...107
यूट्यूब लिंक...107

अध्याय पांच...**111**
नेताजी सुभाष चंद्र बोस की मृत्यु के प्रमाण पर लेख.....................................**111**
द्वितीय विश्व युद्ध के बाद डॉ. बा माओ का संदेश..111
फॉर्मोसा के ताइहोकू में विमान दुर्घटना पर भारतीय राष्ट्रीय सेना के कर्नल हबीबुर रहमान खान का बयान...112
लंदन और कलकत्ता में श्री सुभाष चन्द्र बोस की मृत्यु का समाचार..................114
फिग्स रिपोर्ट के मुख्य अंश (कर्नल जॉन फिग्स, भारतीय राजनीतिक खुफिया सेवा, 25 जुलाई 1946)..114
प्रेस सूचना ब्यूरो, एबी पत्रिका (इलाहाबाद) 25 अप्रैल 1956: विमान दुर्घटना में नेताजी की मृत्यु कैसे हुई; साइगॉन हवाई अड्डे से घातक उड़ान की अब तक की अनकही कहानी (लेखक द्वारा 2016 की अवर्गीकृत फ़ाइल से पुनर्प्राप्त)......123
नाकामुरा ने भारतीय राष्ट्रपति प्रसाद को नेताजी की मृत्यु की सूचना दी (लेखक द्वारा अवर्गीकृत फ़ाइल 2016 से प्राप्त)..125
23 जनवरी 1965 को "नेताजी रिसर्च ब्यूरो" कलकत्ता में नेताजी की जयंती समारोह के अवसर पर डॉ. बा माओ का भाषण..126
नेताजी की मौत से जुड़ी फाइलें सार्वजनिक की गईं.......................................135
18 अगस्त 1945 को नेताजी की मृत्यु के बारे में तथ्य, मोहन सिंह (1909-1989) द्वारा...137
नेताजी सुभाष चंद्र बोस, 81वीं जयंती, आधिकारिक स्मारिका..........................139
राष्ट्र की ओर से नेताजी को श्रद्धांजलि, द स्टेट्समैन 24.1.1977.......................140
23 जनवरी 1978 को नई दिल्ली में कुमागाई द्वारा लिखी गई समाचार रिपोर्ट
....143

Death Certificate of Chandra Bose issued by Doctor Yoshimi Taneyoshi [56] 144
An Appeal to Former Officers and the People Concerned with INA Regards the Ashes and Remains of Late Netaji Subhas Chandra Bose [56] 145
राष्ट्रीय, भारतीय विद्रोही स्मृति में, बोस की राख मातृभूमि से बहुत दूर है 146
आरटीआई अधिनियम के अनुसार, 18 अगस्त 1945 को एक विमान दुर्घटना में नेताजी की मृत्यु हो गई 147
डॉ. गोराचाँद घोष द्वारा 23 जनवरी 2021 (नेताजी का 125वां जन्मदिन) 149
डॉ. गोराचाँद घोष द्वारा (2) 23 जनवरी, 2021 (नेताजी का 125वां जन्मदिन) 150
::: ॐ सत्यमेव जयते ::: सत्य हमेशा उभरता है और जीतता है ::: 152
कैरोलिन बी मैलोनी को पत्र 154
संयुक्त राष्ट्र के महासचिव को पत्र 155
अध्याय छह 157
1945 में नेताजी की मृत्यु के बाद उनकी मानहानि 157
लॉर्ड लुईस माउंटबेटन के आदेश पर आईएनए स्मारक का विनाश 157
बोस-ब्रोठेर्स ने गांधी जी की बात मानकर नेताजी को श्रद्धांजलि नहीं दी 158
रूस में अपने भारतीय राजदूत के माध्यम से नेहरू की आपराधिक गतिविधियाँ (1947-52) 159
कुछ भारतीयों द्वारा नेताजी को गुमनामी बाबा कहकर बदनाम किया जाता है 161
युद्ध के बारे में कांग्रेस का दृष्टिकोण 162
1946 में अंग्रेजों ने भारत छोड़ने का निर्णय क्यों लिया? (नौसेना विद्रोह, 19 फ़रवरी 1946) 165
नेताजी के जीवित रहने की अफवाहें: 1945-46 और 1967 के रेडियो प्रसारण 166
18 अगस्त 1945 को उनकी मृत्यु के बाद से कांग्रेस के नेतृत्व में नेताजी का रहस्य बरकरार रहा 167
::: ॐ सत्यमेव जयते ::: सत्य की हमेशा जीत होती है और वह स्वतः ही प्रकट हो जाता है:: 170
दिल्ली, भारत में 'मिशन नेताजी' के गुमनामिस्ट्सरा 172
हाल ही में इंटरनेट के माध्यम से दुनिया भर में गुमनामवादियों द्वारा नेताजी की मानहानि और भारतीय स्वतंत्रता के इतिहास को विकृत किया गया 173
मिशन नेताजी (एनजीओ भारत में एक आपराधिक संगठन है): डॉ. गोराचाँद घोष द्वारा 175

19 सितंबर 2017 को अमेज़ॉन द्वारा प्रकाशित ई-बुक से कुछ कॉपीराइट उल्लंघनकर्ताओं द्वारा चोरी किए जाने के बाद फेसबुक सार्वजनिक समूहों पर उनकी 'क्रॉपड' छवियां पोस्ट 177

जापान में मूल छवियों सहित सार्वजनिक डोमेन में नेताजी की दो छवियों की आलोचना और विश्लेषण 178

भारतीय लेखक से अपराधी और कॉपीराइट उल्लंघनकर्ता बने अनुज धर, अपने पिता गुमनामी के नाम पर नेताजी को बुलाने में व्स्त हैं: 181

2001 में नई दिल्ली में अनुज धर द्वारा बनाया गया मिशन नेताजी के कॉपीराइट उल्लंघनकर्ता अनुज धर, चंद्र कुमार बोस, पार्थिव धर, एसएस दास और विशाल शर्मा हैं 182

आज़ाद हिन्द सरकार की 75वीं वर्षगांठ - एक 184

आज़ाद हिन्द सरकार की 75वीं वर्षगांठ - दो 185

21 अक्टूबर 2018 को फेसबुक पर सार्वजनिक पोस्टिंग 186

आज़ाद हिंद सरकार की 75वीं वर्षगांठ - तीन 187

नेताजी रिसर्च ब्यूरो, कोलकाता में ईमेल संपर्क 187

23 जनवरी 2021 (नेताजी का 125वां जन्मदिन) पर गोराचाँद घोष द्वारा फेसबुक और ट्विटर पर "सुगाता बोस के बारे में सार्वजनिक पोस्टिंग" 189

23 जनवरी 2021 (नेताजी का 125वां जन्मदिन) पर डॉ. गोराचाँद घोष द्वारा फेसबुक और ट्विटर पर "प्रणब मुखर्जी के बारे में सार्वजनिक पोस्टिंग" 191

10 नवंबर 2018 भारतीय लोगों के ज्ञान के लिए स्वत्वाधिकारी डॉ. गोराचाँद घोष द्वारा फेसबुक सार्वजनिक पोस्ट 192

10 जुलाई 2019 भारतीय राष्ट्रीय सेना फेसबुक पब्लिक ग्रुप पोस्टिंग 193

नेताजी की आत्मा की रक्षा के लिए भारतीय अधिकारियों को महत्वपूर्ण पत्र: मूल पत्र अंग्रेजी में था 194

श्रीजीत मुखर्जी फेसबुक 'मैसेंजर' के माध्यम से संवाद करते हैं कि अपनी फिल्म "गुमनामी" के माध्यम से नेताजी को गुमनामी बाबा के रूप में बदनाम न करें 198

श्रीजीत और चंद्र कुमार बोस ने फिल्म 'गुमनामी' के बारे में सोशल मीडिया पर बातचीत और रिपोर्ट दी 200

नेताजी का अपमान करने पर अनुज धर पर आपराधिक कार्यवाही 203

नई दिल्ली में मिशन नेताजी के अनुज धर और चंद्रचूड़ घोष की आपराधिक गतिविधियाँ 204

पश्चिम बंगाल की मुख्यमंत्री ममता बनर्जी ने नेताजी की मृत्यु पर शोक व्यक्त किया 206

मिशन नेताजी एक गैर सरकारी संगठन है लेकिन नई दिल्ली में एक आपराधिक संगठन है 207

पोस्ट कार्ड - बड़ी खबर - 23 जनवरी 2022 को बनाया गया 213

बढ़िया बहस 214

सभी भारतीयों को निम्नलिखित के बारे में जानना चाहिए: 18 अगस्त 1945 को उनकी मृत्यु के बाद से नेताजी की मानहानि का निष्कर्ष 215

अध्याय सात **219**

द्वितीय विश्व युद्ध के दौरान नेहरू का राजवंश और गांधी **219**

1942 से पहले का जीवन...219

गांधी और नेहरू द्वारा समर्थित भारतीय सेना भर्ती अभियान.............222

1942-1947 तक नेहरू का जीवन 223

भारत में दंगे 1946 224

नोआखाली, बिहार और कोलकाता दंगे 226

नोआखाली में गांधी और जिन्ना 226

भारत के प्रथम प्रधानमंत्री के रूप में नेहरू को चुनना 227

नेहरू ने कश्मीर पर धोखा क्यों दिया और यह सूची में नहीं था 228

तथाकथित आजादी के बाद 30 जनवरी 1948 की शाम को नाथूराम विनायक गोडसे ने गांधी की हत्या क्यों की? 229

आज़ादी के बाद से नेहरू का राजवंश 232

ज्योति बोस का कांग्रेस से नाता 234

गांधी ने नहीं, बोस ने भारत में ब्रिटिश शासन खत्म किया: अंबेडकर.....235

नेहरू की अफगानिस्तान यात्रा के बारे में 237

नटबर सिंह द्वारा इंदिरा और राजीव के बारे में 237

अनिल कुमार विश्वास युद्ध के बाद भारत के विभाजन की घटनाओं पर आधारित एक उपन्यास है 239

यूट्यूब: द्वितीय विश्व युद्ध में नेताजी सुभाष चंद्र बोस के प्रमुख कार्यों को याद करते हुए | 125वीं जयंती पर | 23 जनवरी 2022| 240

अध्याय आठ **241**

आजाद हिन्द बैंक और भारत माता की लूट **241**

(नेताजी की संपत्ति चोरी हो गई, और कांग्रेस ने उनके विचारों को लागू नहीं किया) आई.एन.ए की संपत्ति लूट 241

1948 में नेहरू का जीप घोटाला मामला 242

नेहरू राजवंश द्वारा भारत माता की अन्य लूटें 243

नेहरू ने नेताजी की संपत्ति लूट ली 243

विकीलीक्स ग्लोबल इंटेलिजेंस फ़ाइलें 244

कुछ भारतीयों के स्विस बैंक खाते 245

आजाद हिंद बैंक डकैती से संबंधित यूट्यूब 246

यूके के पहले जीप घोटाला मामले में भ्रष्टाचार के बारे में यूट्यूब 246

अध्याय नौ **247**

द्वितीय विश्व युद्ध के कुछ महत्वपूर्ण लोग (भारतीय और जापानी).....**247**

राधाबिनोद पाल (RADHABINOD PAL)................247

कुछ जापानी नागरिक जिन्होंने भारत की आज़ादी के लिए नेताजी की मदद की 248

भारतीय मूल के प्रतिष्ठित सैन्यकर्मी ब्रिटिश भारतीय सेना से आईएनए में शामिल हुए................250

भारत माता की भलाई के लिए कुछ सुझाव................253

भारत की वर्तमान और भावी सरकार को इस संबंध में कुछ कदम उठाने के लिए कुछ सलाह................254

भारत माता के उत्थान के लिए नेताजी का संदेश................255

इंदिरा खान गांधी ने 1976/77 में मसाइयोशी काकित्सुबो को वीजा देने से इनकार कर दिया................258

रेंकोजी मंदिर में नेताजी के राख और दाह संस्कार से संबंधित कुछ पत्र भारत के राष्ट्रीय अभिलेखागार से प्राप्त किए गए और हिन्दी में अनुवादित किए गए 269

अध्याय दस................**275**
भारत में नेताजी की वर्तमान स्थिति................**275**
21 अक्टूबर 2018 को लाल किले पर आज़ाद हिंद सरकार की 75वीं वर्षगांठ:................275
पोर्ट ब्लेयर में ध्वजारोहण की सालगिरह पर सुभाष चंद्र बोस को याद कर रहा हूं: पीएम मोदी................278
पीएम नरेंद्र मोदी ने अंडमान और निकोबार द्वीप समूह का नाम बदलकर, नेताजी सुभाष चंद्र बोस को श्रद्धांजलि दी: (times.news.com 30 दिसंबर 2018) 278
नेताजी की 75वीं पुण्य तिथि पर पीआईबी का ट्वीट सही दृष्टिकोण नहीं: चंद्र बोस................279
टोक्यो के रेनकोजी मंदिर से नेताजी की अस्थियाँ सम्मान के साथ भारत लायी गई (डॉ. गोराचांद घोष)................279
भारत में 'चिताभस्म' वापस चाहती हैं नेताजी की बेटी!................283
विश्व का पहला 'नेताजी मंदिर काशी पहुंचा' देशभक्तों के लिए तैयार: (हिन्दुस्तान टाइम्स 23 जनवरी 2020)................284
अंडमान और निकोबार द्वीप समूह में नेताजी का झंडा फहराया गया................285
"प्रिय राष्ट्रीय नायक": भारत ने नेताजी को 125वीं जयंती पर याद किया:................286
विक्टोरिया मेमोरियल, कोलकाता में नेताजी का 125वां जन्मदिन समारोह: मोदीजी.287
पिता के आदर्श बीजेपी से मेल नहीं खाते: नेताजी की बेटी अनिता................289
1,063 आवासीय विद्यालयों, छात्रावासों का नाम बदलकर "नेताजी सुभाष चंद्र बोस" 289

भारतीय कॉपीराइट उल्लंघनकर्ता-सह-अपराधी अर्नब गोस्वामी, चंद्रचूड़ घोष और ध्रुव राठी द्वारा कॉपीराइट उल्लंघन 293
संदर्भ (References)................**295**

द्वितीय विश्व युद्ध में नेताजी सुभाष चंद्र बोस की फोटो

कलकत्ता विश्वविद्यालय के स्नातक और ब्रिटिश द्वारा भारतीय सिविल सेवा, आईसीएस, 1920 की परीक्षा में चौथा रैंक धारक

जन्म तिथि: 23 जनवरी 1897   मृत्यु तिथि: 18 अगस्त 1945
इस छवि को पहली बार अमेज़ॅन द्वारा 19 सितंबर 2017 को दुनिया में ई-बुक में प्रकाशित किया गया था

डॉ. हिरोइयोशी इयाजीमा (矢嶌 裕義) उनका जन्म 9 अगस्त, 1941 को टोकियो में हुआ था और वह रेंकोजी मंदिर से दूर नहीं, बल्कि अपनी माँ के घर में रहते हैं। उनके पिता, मासाइयोशी काकित्सुबो (柿坪 正義) (8 अगस्त, 1910 - 2 जनवरी, 1997) एक जापानी सरकार के राजनयिक थे, जो विदेश मामलों के मंत्री के उप सलाहकार के रूप में सेवारत, कई देशों के महाप्रबंधक, राजदूत, उच्चायुक्त और न्यूयॉर्क में संयुक्त राष्ट्र से सेवानिवृत्त थे। जब उन्हें 1936-1937 में कलकत्ता में जापान के महावाणिज्य दूतावास में उप-सलाहकार नियुक्त किया गया, तो उनका मुख्य काम भारत-जापानी व्यापार समझौते के नवीकरण के लिए वार्ता में भाग लेना था, जो कि उत्तम कपास उत्पादों के निर्यात से संबंधित था; जापान के उत्पाद भारत से कच्चे कपास का आयात करते हैं। भारतीय प्रतिनिधिमंडल का प्रतिनिधित्व वाणिज्य सचिव टीए स्टीवर्ट ने किया, जिन्हें ह्यूग डॉव ने प्रतिस्थापित किया। उन्होंने भारत में उत्पादित ग्रे पीस उत्पाद की तुलना में बड़ा कोटा देने की कोशिश की, जिसकी जापान को आवश्यकता है। दूसरी ओर, सचिव ने ब्रिटेन में लंकाशायर उत्पादों के साथ प्रतिस्पर्धा करने वाले कपास उत्पादों के ब्लीच या मुद्रित टुकड़ों जैसे परिष्कृत वस्तुओं के आयात के लिए कोटा कम कर दिया। उसे लगा जैसे वह भारत के बजाय ब्रिटेन के साथ बातचीत कर रहा है। यह अपरिहार्य था क्योंकि भारत तब ब्रिटिश राज के अधीन था और ब्रिटिशों ने वार्ता में इसका प्रतिनिधित्व किया था। उस समय उन्होंने नेताजी और जवाहरलाल नेहरू जैसे प्रमुख युवा पुरुषों द्वारा अपने देश के स्वतंत्रता आंदोलन की भावनाओं को सोचा और समझा।

लंबी चर्चाओं के दौरान, गर्मियों में शिमला में और सर्दियों में नई दिल्ली में, उन्होंने भूलाभाई देसाई, मोहम्मद अली जिन्ना, लियाकत अली खान, मोहम्मद ज़फरुल्लाह खान, शरत चंद्र बोस और राजकुमारी अमृत कौर जैसे कुछ अन्य प्रमुख नेताओं से मुलाकात की। वह अपने व्यापारिक मामलों के अलावा भारतीय राजनीति में दिलचस्पी लेने लगे।

कांग्रेस पार्टी और मुस्लिम लीग ने तब एक-दूसरे की तीखी आलोचना की। हालांकि, एनसी मेहता द्वारा दिए गए दोपहर के भोजन में, कृषि सचिव और उनके पड़ोसी शिमला समर हिल्स के बगल में थे, उन्हें आश्चर्य हुआ; कांग्रेस नेता भूलाभाई

देसाई और मुस्लिम लीग के अध्यक्ष मोहम्मद अली जिन्ना एक-दूसरे से दोस्ताना बातें कर रहे हैं। यह संभव हो सकता है क्योंकि वे लंदन में इन्स के कोर्ट में प्रशिक्षित अनुभवी दोस्त हैं जो बॉम्बे के सफल वकील हैं। इसका एक अन्य कारण यह है कि ब्रिटिश राज के तहत राष्ट्रीय कांग्रेस पार्टी और मुस्लिम लीग के बीच राजनीतिक प्रतिद्वंद्विता स्वतंत्र लोकतंत्रों के राजनीतिक दलों के बीच घातक नहीं थी। 'पाकिस्तान' की अवधारणा तब प्रकाशित नहीं हुई थी। नई दिल्ली में, वह होटल इम्पीरियल में रहे, जहाँ भूलाभाई देसाई भी रहे। एक दिन वह उसे दिल्ली विश्वविद्यालय ले गया, जहाँ उसने एक शानदार व्याख्यान दिया, जिसमें उसने 1904-1905 के रूस-जापानी युद्ध और उसके बाद के प्रदर्शन में जापान की प्रशंसा की। होटल के बार में उन्होंने एक बार उन्हें बताया था कि ब्रिटेन अपने दो पैरों पर खड़ा है और भारत को स्वतंत्रता हासिल करने के लिए एक और धक्का की जरूरत है। वह कभी सोच भी नहीं सकता था कि जल्द ही वह दिन आएगा जब वह प्रशांत युद्ध के बाद दिल्ली में लाल किले पर भारतीय राष्ट्रीय सेना (INA) की रक्षा करेगा। भारत, निश्चित रूप से राजनीतिक स्वायत्तता के मार्ग पर जापानियों के सामने आया। अप्रैल 1937 में भारत सरकार अधिनियम 1935 लागू हुआ और कांग्रेस पार्टी ने इस अधिनियम के तहत प्रांतों में हुए चुनावों में जीत हासिल की। प्रांतीय सरकारों में मंत्रियों को नियुक्त किया जाना चाहिए, यह तय करने के लिए कांग्रेस पार्टी ने दिल्ली में एक सार्वजनिक बैठक की। वह जवाहरलाल नेहरू, अब्दुल गफ्फार खान, और सरोजिनी नायडू जैसे कांग्रेस नेताओं के विज़न से रोमांचित थे, जो एक ब्रास बैंड के नेतृत्व में कार्यक्रम स्थल में प्रवेश कर रहे थे और एक विशाल 'शमियाना' के तहत सवाल पर बहस कर रहे थे। महात्मा गांधी दिल्ली आए, लेकिन उस कारण से बैठक में शामिल नहीं हुए - ऐसी अफवाहें थीं कि शमियाना अंग्रेजी के कपड़े से बना था।

मई 1937 में उन्हें कलकत्ता से टोक्यो ले जाया गया और 1945 तक जापानी विदेश मंत्रालय में सेवा दी गई। उन्हें यूरोपीय और एशियाई मामलों के ब्यूरो का विदेश मंत्री नियुक्त किया गया था। उनके काम का एक हिस्सा भारत को राजनीतिक रूप से कवर करना था और वह कांग्रेस पार्टी, फॉरवर्ड ब्लॉक आदि सहित भारत की राजनीतिक प्रगति का अनुसरण कर सकते थे। जापान में, रास बिहारी बोस और एएम सहाय भारतीय स्वतंत्रता के लिए अकेली आवाज थे, जो ब्रिटिश दूतावास से विदेशी कार्यालय में विरोध के पत्र भेजते थे। अन्यथा जापान में हर कोई भारत के बारे में शांत था। दिसंबर 1941 में जैसे ही जापान ने प्रशांत युद्ध

में प्रवेश किया, ग्रेट ब्रिटेन जापान और भारतीय राष्ट्रवादियों का एक आम दुश्मन बन गया। और भारतीय स्वतंत्रता आंदोलन जापान और दक्षिण पूर्व एशिया में प्रेरित था। इन क्षेत्रों में रहने वाले भारतीय राष्ट्रवादियों ने इंडियन इंडिपेंडेंस लीग (IIL) का आयोजन किया और प्रशांत युद्ध में पकड़े गए कई ब्रिटिश सैनिकों ने खुद को भारतीय राष्ट्रीय सेना (INA) में संगठित किया। एक अन्य आईआईएल और आईएनए की शुरुआत में एक और बंगाली क्रांतिकारी, रास बिहारी बोस ने किया था।

दूसरी ओर, नेताजी अफगानिस्तान और सोवियत रूस में एक खतरनाक यात्रा के अंत में जर्मनी पहुंचे, बर्लिन में फ्री इंडिया सेंटर की स्थापना की, और भारत में आज़ाद हिंद रेडियो पर और ब्रिटिश युद्ध के प्रयासों को कमजोर करने के लिए कहीं और प्रसारित किया। उन्होंने जर्मनी में भारतीय राष्ट्रीय सेना का एक नाभिक भी इस उम्मीद में आयोजित किया था कि वह जर्मन सेनाओं के साथ मिलकर उत्तर-पश्चिम से भारत में प्रवेश करेगा। लेकिन यह सपना तब फीका पड़ गया जब जर्मन सेना स्टेलिनग्राद को जीतने में नाकाम रही। दिसंबर 1941 में, जापान ने एशिया में युद्ध में प्रवेश किया और उसकी सेनाएं भारत-बर्मा सीमा पर तेजी से आगे बढ़ीं। नेताजी ने इस राष्ट्रीय विकास और हिटलर और मुसोलिनी के उनके प्रति अन्य शांत रवैये को देखते हुए अपनी रणनीति बदल दी। उन्होंने दक्षिण पूर्व एशिया जाने का फैसला किया और यदि संभव हो तो जापान के सहयोग से पूर्वोत्तर से भारत में प्रवेश करें। नेताजी जर्मन और जापानी पनडुब्बियों में सवार हुए और मई 1943 की शुरुआत में दक्षिण पूर्व एशिया पहुंचे। नेताजी का क्रांतिकारी रास बिहारी बोस से आईआईएल और आईएनए में नेतृत्व का हस्तांतरण आसानी से प्रभावित हुआ, क्योंकि पिछले नेता को बाद में एक जन्मजात नेता के रूप में माना जाता था और उन्हें सौंपने के लिए तैयार थे। पुस्तक में उनके अपने कैमरे पर एकत्र की गई तस्वीरें (एक एल्बम में रखी गई) और दक्षिण पूर्व एशिया में नेताजी की गतिविधियों पर उनके नोट्स और लेख शामिल हैं। उन्होंने निष्कर्ष निकाला कि एक लेख में उन्होंने नेताजी के बारे में लिखा था, "*नेताजी की भविष्यवाणी तब सच हुई जब द्वितीय विश्व युद्ध की समाप्ति के दो साल बाद भारत को स्वतंत्रता मिली। लेकिन स्वयंभू गर्मजोशी से भरे, करिश्माई नेता अब हमारे साथ नहीं हैं। मुझे कभी-कभी लगता था कि अगर नेताजी कुछ और साल हमारे साथ रहते, तो भारतीय उपमहाद्वीप में राजनीतिक स्थिति थोड़ी अलग होती। वह एक सार्वभौमिक*

डॉ. हिरोइयोशी इयाजीमा द्वारा पूर्वाभास

नेता थे, जिसमें कोई अंधविश्वासी धार्मिक या सांप्रदायिक जुड़ाव नहीं था, और उनके संपर्क में आने वाले सभी लोगों से प्यार और सम्मान था।

उनके नेतृत्व में, आज़ाद हिंद और भारतीय राष्ट्रीय सेना की अनंतिम सरकार बारीकी से एकीकृत और सामंजस्यपूर्ण संस्थाएं थीं। उसने कहीं जाने के लिए अपने साथी मुस्लिम साथी का इस्तेमाल किया। वह किसी धार्मिक विश्वास में विश्वास नहीं करता था। नेताजी एक गर्मजोशी से भरे, उदार व्यक्ति थे। स्वर्गीय त्सुरुता की याद में रंगून से लौटने के बाद बैंकाक में एक समारोह हुआ, उन्होंने मुझसे पूछा कि अपनी सांत्वना के संकेत के रूप में उन्होंने त्सुरुता के शोक संतप्त परिवार को कितने पैसे दिए। मैंने बीस हजार येन (शायद बाहत) का सुझाव दिया और उसने तुरंत एक डबल राशि की पेशकश की। जब जनरल तोजो ने प्रधान मंत्री के इस्तीफे के बाद फोन किया, तो जनरल का पूरा परिवार बहुत आभारी था। द्वितीय विश्व युद्ध के बाद, मैंने पाकिस्तान में 1962 से 1965 तक और ऑस्ट्रेलिया में जापानी राजदूत के रूप में कार्य किया, पाकिस्तान सहित कुछ यूरोपीय देशों में, जहाँ मुझे कर्नल हाबीबुर रहमान खान और जनरल कियानी से मिलने का अवसर मिला। *मुझे उम्मीद है कि नेताजी को इतिहास में महान भारतीय देशभक्तों के बीच उनका सही स्थान दिया जाएगा!"*

सभी भारतीयों, विशेषकर बंगालियों को जागना चाहिए और भारत माता की स्वतंत्रता में नेताजी के योगदान के बारे में अज्ञात तथ्यों और सच्चाईयों को जानना चाहिए। मुझे अपने पिता से पता चला कि नेताजी की मृत्यु 18 अगस्त, 1945 को ताईहोकू हवाई अड्डे पर एक बोमारू विस्फोट में हुई थी। इसके अलावा, मेरे पिता ने नेताजी की मृत्यु पर कुछ लेख लिखे और उन्हें 23 जनवरी, 1977 को कलकत्ता में नेताजी अनुसंधान ब्यूरो में प्रस्तुत किया, हालांकि इंदिरा गांधी ने उन्हें "आपातकाल के दौरान" वीजा देने से इनकार कर दिया। इसके अलावा, कलकत्ता में नेताजी अनुसंधान ब्यूरो ने अभी तक सरकार और आम जनता से जानकारी और इसकी प्रस्तुति को गुप्त रखा है।

डॉ. हिरोइयोशी इयाजीमा
(पूर्व निदेशक)
इलेक्ट्रोटेक्निकल लैबोरेटरी, और फेस्टा
त्सुकुबा, जापान

मिनामी असागाया
टोक्यो, जापान
15 जनवरी 2025

TO WHOM IT MAY CONCERN

WRITTEN PERMISSION TO USE EXCLUSIVELY THE PHOTOS OF NETAJI SUBHAS CHANDRA BOSE BY DR GORACHAND GHOSH, AUSTRALIAN, RESIDENT at 19 ABINGDON STREET, WOOLLOONGABBA, QLD-4102, AUSTRALIA

My father late Masayoshi Kakitsubo was the personal secretary of Netaji Subhas Chandra Bose who was the real freedom fighter of India in the period of WWII (1943-1945). My father used to snap and arrange to have the photographs of Netaji, some Japanese and INA members with him in his own camera. In 1995, my father gave me his album containing all the original photos and instructed me to arrange to write a book on Netaji when there will be no CONGRESS government at the centre in India. My father died on 2 January 1997 and I have the ownership (shoyuken) of his properties as an inheritance.

Dr Gorachand Ghosh, an STA and NEDO Fellow of the Japanese Government had worked under me at the Electrotechnical Laboratory from April 1993 to May 1999. I gave him the album containing Netaji's photos along with some unpublished articles written by my father in 1999 when he returned to Australia. Always I have/had communications with him. Last year we have decided to write the book on Netaji having the dedication to my father. Moreover, I have also fore-worded the eBook entitled "UNKNOWN FACTS OF NETAJI: JAPAN AND SOUTHEAST ASIA" published by Kindle-Amazon on 19 September 2017 from Australia throughout the world simultaneously.

I have given verbal permission on 1 September 2017 when I sent him latest photo of my father and my photo for publication in the eBook, to use all the photos from the album and articles in the eBook or any book with proper citation. As I have seen and read the eBook Dr Ghosh has followed my instructions on each photo of Netaji. We have agreed to keep handwritten notes (both English and Japanese) of my father on each photo kept in the album along with the proper citation of the events plus "This rare photo is collected by Dr Gorachand Ghosh, Japanese Government Scholar from Dr. H. Yajima of Tokyo, Japan in 1999".

(DR HIROYOSHI YAJIMA)
3-11-19, Minami Asagaya
Suginami-ku, TOKYO 166-0004
JAPAN
Dated: 8 August 2018

मैं डॉ. घोष अपने पिता की ईमानदारी, अनुशासन, अंखडता और जीवन में भ्रष्टाचार के विभिन्न रूपों के खिलाफ लड़ाई की भावना का पालन करते हुए से प्रेरित था। मेरे पिता 1945 से 1994 तक बांकुड़ा जिले के विभिन्न प्राथमिक विद्यालयों के मुख्य शिक्षक थे। जब से मैं एक बच्चा था, मैंने अपने पिता को जुताई, खेती और खेती में मदद की है। हमारे गाँव में न बिजली थी, न शौचालय, न गर्मी में पीने का पानी।

B.Sc (भौतिकी ऑनर्स) परीक्षा उत्तीर्ण करने के बाद, मैंने 1973-1974 की अवधि के दौरान कुछ संथाल श्रमिकों के साथ हमारी कुछ बैरल भूमि को कृषि भूमि में परिवर्तित कर दिया। इस बिंदु पर, हमारे गाँव के एक शिक्षित कांग्रेसी नेता और हाई स्कूल में एक सेवानिवृत्त सहायक प्रधानशिक्षक ने मुझे बुलाआ और मुझे धमकी दी कि वह ऐसा न करें क्योंकि हमारे पास उनकी कुछ जमीन थी। लेकिन मैंने उसकी बात नहीं मानी। बीएससी की परीक्षा उत्तीर्ण करने के बाद, मैं भौतिकी में एमएससी की पढ़ाई करने के लिए बर्दवान विश्वविद्यालय गया। मेरे पिता को दुर्गा पूजा के दौरान झूठे आरोप के आधार पर गांव के बाहर कुछ शिक्षित ग्रामीणों द्वारा परेशान किया गया था। सौभाग्य से, मैं बर्दवान से एक दिन पहले घर आया था। मैं इन लोगों से अकेले लड़ा, मैंने केस जीता और मेरे पिता कुछ महीने बाद गांव से एक हेडमास्टर के रूप में अगले गांव में चले गए।

प्रथम श्रेणी के साथ एमएससी उत्तीर्ण करने के बाद, मैं भौतिकी में कुमार पीएन रॉय फेलो के रूप में भौतिकी विभाग में शोध किया जा रहा था। 1979 में मैंने बर्दवान विश्वविद्यालय में कंप्यूटर प्रोग्रामर के पद के लिए आवेदन किया और साक्षात्कार के बाद मेरा नाम सबसे ऊपर था। हालांकि, विश्वविद्यालय के अधिकारी रसायन विज्ञान विभाग के प्रमुख के फैसले के बाद मुझे नियुक्ति पत्र देने के लिए सहमत नहीं हुए। उनका बेटा उस समय बंबई में BARC में काम कर रहा था और दूसरे स्थान पर था। मैं अकेले वीसी के घर में घुसा और भ्रष्टाचार के खिलाफ नारेबाजी की। साथ ही, मैंने मुख्यमंत्री को एक पंजीकृत पत्र भेजा। आखिरकार, मुझे एक नियुक्ति पत्र मिला और रजिस्ट्रार ने मुझे अपने कार्यालय में बुलाया और कहा, "तुमको मुझे इस मामले की जानकारी देनी चाहिए, क्योंकि तुम मूल रूप से मेरे बांकुड़ा जिले के रहने वाले हैं।" मैंने जवाब दिया कि मैं बिना किसी पूर्वग्रह और भ्रष्टाचार के आप सभी से न्याय चाहता हूं। अंत में, मैं 2 जनवरी, 1980 को बर्दवान विश्वविद्यालय में अपने करियर के पहले कामकाजी कंप्यूटर प्रोग्रामर/लेक्चरर के रूप में शामिल हुआ।

1982 में, मैंने टोक्यो विश्वविद्यालय में पोस्टडॉक्टरल शोध के लिए जापानी सरकार से मनबुशो वृत्ति प्राप्त की और जापान चले गए। 15 अप्रैल, 1983 को, मैं

टोक्यो विश्वविद्यालय में संयुक्त राज्य अमेरिका में प्रोफेसर चंद्र शेखर द्वारा नोबेल व्याख्यान में भाग लिया। राजनीति विज्ञान के एक बुजुर्ग प्रोफेसर ने मुझसे संपर्क किया और पूछा, "आप कहाँ से हैं? मैंने भारत से जवाब दिया। फिर उसने मुझसे पूछा, क्या तुम चंद्र बोस को जानते हो?" मैं जवाब नहीं दे पा रहा था। तब उन्होंने कहा कि सुभाष चंद्र बोस। हां, मुझे पता है लेकिन मैंने इतिहास का अध्ययन नहीं किया है। इसके बाद उन्होंने टिप्पणी की, "भारत संयुक्त राज्य अमेरिका क बाद दुनिया का दूसरा सबसे विकसित देश हो सकता था अगर उस पर नेहरू के बजाय चंद्र बोस का शासन होता। द्वितीय विश्व युद्ध के बाद, जापान के पास कुछ भी नहीं था। लेकिन हम जापानीजो की अब सब कुछ वापस मिल गया है। लाइसेंस राज 'के कार्यान्वयन के माध्यम से 'नेहरूविजन' द्वारा भारत में सभी प्रकार के बुनियादी ढाँचे, जनशक्ति, संसाधनों का कुप्रबंधन ही एक ऐसी चीज थी जिसने वास्तविक विकास के लिए भारत को अवरुद्ध कर दिया था। जापानी अनुभव का अध्ययन करने और प्राप्त करने के बाद, आपको इसके विकास के लिए भारत वापस जाना होगा।" मुझे आज भी उनकी बातें और उनका चेहरा याद है।

अप्रैल 1986 में, टोक्यो में भारतीय दूतावास के एक विज्ञान सलाहकार, प्रोफेसर पी दास ने मुझे बुलाया और मुझे 'ऑप्टिकल फाइबर टेक्नोलॉजी प्रोजेक्ट' पर भारत में काम करने के लिए साक्षात्कार दिया, क्योंकि भारत सरकार की योजना ऑप्टिकल फाइबर और केबल बनाने की थी।

उन्होंने मेरा सीवी लिया और मुझसे कहा कि वह इसे भारत भेज देंगे। अप्रैल 1986 के अंत में भारत लौटने के बाद, मैंने मार्च 1987 में ऑप्टिकल फाइबर आधारित उपकरणों में वरिष्ठ वैज्ञानिक के रूप में कलकत्ता विश्वविद्यालय में प्रवेश लिया। मई 1987 में, मैं हिंदुस्तान केबल्स लिमिटेड के ऑप्टिकल फाइबर प्रोजेक्ट (भारत सरकार) में एक प्रबंधक के रूप में शामिल हुआ, जो एकमात्र व्यक्ति था, जो तकनीक को जानता था, यूनिवर्सिटी ऑफ़ बर्दवान कार्टर से हर दिन 9 एल्गिन रोड स्थित प्रधान कार्यालय में आता था। यह कलकत्ता में नेताजी भवन के बगल में स्थित था। कुछ महीने बाद, श्री शर्मा, जो टेलीकॉम सर्विसेज से हायर किए गए थे, सीजीएम के रूप में शामिल हुए और कंपनी के खर्च पर पार्क होटल में रुके। चूंकि मैंने प्रबंधन के साथ कोई सौदेबाजी नहीं की, इसलिए मुझे कलकत्ता विश्वविद्यालय से मेरे वेतन से वंचित कर दिया गया क्योंकि मुझे कोई आवास नहीं मिला।

जून 1987 में, कंपनी ने मेरे और CGM के लिए एनकेटी, इलेक्ट्रॉनिक्स का निरीक्षण करने के लिए कोपेनहेगन जाने की व्यवस्था की, क्योंकि कंपनी ने ऑप्टिकल फाइबर, उपकरण आदि की आपूर्ति के लिए उनके साथ पहले ही एक समझौते पर हस्ताक्षर कर दिए थे। मुझे उस कंपनी के नाम के बारे में कोई जानकारी नहीं थी। जैसा कि मैंने सुना है,

सीजीएम वह व्यक्ति है जिसे परियोजना के लिए भारत के प्रधानमंत्री राजीव गांधी द्वारा सीधे नैनी, इलाहाबाद में लागू किया जाएगा।

साइट इस उच्च तकनीक के लिए एक उपयुक्त परियोजना स्थल पर नहीं है। एक नियम के रूप में, मैंने विदेश यात्रा के लिए एक वीआईपी सूटकेस खरीदा। मैंने यात्रा से लौटने के बाद सीएमडी को सूचित किया। साथ ही, मैंने अपने वेतन की रक्षा के लिए एक उपयुक्त स्थान के साथ कलकत्ता विश्वविद्यालय का प्रतिनिधित्व किया है। चूंकि सीजीएम के चम्मच सीएमडी कुछ नहीं कर रहे थे, मैंने प्रधानमंत्री और प्रधानमंत्री के सलाहकार, डॉ. साम पित्रोदा को सूचित किया। पित्रोदा ने मुझे जीएम बनाने के लिए सीएमडी को जवाब दिया, लेकिन पत्र को लाल रिबन के साथ बांधा गया था। अगस्त 1988 में, मुझे इलाहाबाद में परियोजना स्थल पर स्थानांतरित कर दिया गया। मैंने नैनी के अन्य सरकारी क्षेत्रों सहित सभी प्रकार के दुरुपयोगों पर ध्यान दिया है। मैंने नैनी ब्रिज के पास नेहरू की जन्मस्थली 'मीर-गंज' भी देखी। जैसा कि मैंने अनुमान लगाया कि यहां एक घोटाला था, राजीव गांधी एनकेटी से अपने स्विस बैंक खाते में एक स्नैचर थे। इस दौरान, मैंने उनके दादा नेहरू के जीप घोटाले के बारे में भी पढ़ा।

सितंबर 1989 में, मैंने HCL से इस्तीफा दे दिया और फिजिक्स रीडर के रूप में जबलपुर में रानी दुर्गावती विश्वविद्यालय (RDVV) में शामिल हो गया। विश्वविद्यालय ने मुझे एक चौथाई (अबासन) और एक 24 घंटे का नौकर दिया। जब मैंने एचसीएल को अपना इस्तीफा सौंप दिया, तो सीजीएम ने मुझे उस वीआईपी सूटकेस को वापस करने के लिए संकेत दिया जिसे मैंने एक साल पहले खरीदा था। मैंने इसे वापस कर दिया और मुझे एचसीएल से कोई अवांछित लाभ नहीं मिला। इलाहाबाद में, सीजीएम एक राजा की तरह एक बहुत बड़े घर में रहता था, जिसमें एचसीएल के पास 24 घंटे नए ड्राइवर, नौकर और नई लग्जरी कारें थीं, जिसमें सभी तरह की संचार सुविधाएं थीं। अब वह कंपनी नहीं रह गई है और दिवालिया हो गई है।

रानी दुर्गावती विश्वविद्यालय में शामिल होने के बाद, मैंने सुना कि मेरा वेतन भौतिकी विभाग के एचओडी से अधिक था। विभाग के प्रमुख और अन्य प्रोफेसरों को मुझसे जलन होती थी। मैंने अक्टूबर में दुर्गा पूजा के दौरान अपने परिवार के साथ एचओडी से बांकुड़ा में अपने गांव जाने की मौखिक अनुमति ली। कोई कक्षाएं नहीं थीं, चूंकि विश्वविद्यालय छुट्टी पर था और मुझे उस विश्वविद्यालय के नियमों का पता नहीं था। मेरे लौटने पर, मैंने देखा कि विश्वविद्यालय के अधिकारियों ने एक महीने का वेतन काट लिया था और एक बेईमान प्रोफेसर, जिन्होंने एक लेखक के रूप में अपना नाम दूसरे काम के साथ लिखा था, ने एचओडी के एक नोट से मेरी सेवा को बाधित कर दिया। उस समय, मुझे पता चला कि दो साल का परिवीक्षा काल था।

सितंबर 1991 में दो साल पूरे करने के बाद भी, मेरी स्थिति की पुष्टि नहीं की जा सकी, क्योंकि अगले कुलपति एचओडी के मित्र थे। अंत में, मैंने भोपाल में विश्वविद्यालय के कुलाधिपति को आवेदन दिया और मार्च 1992 में मैंने स्थिति की पुष्टि हो गयी। फिर,

प्रस्तावना

अप्रैल 1992 में मैं ऑस्ट्रेलिया चला गया। मैंने अपने विश्वविद्यालय के निवास और सेवा को कानून के अनुसार एक वर्ष के लिए रखा। फिर, अप्रैल 1993 में, मैंने अपनी नौकरी से इस्तीफा दे दिया।

मैं मई 1993 में जापान चला गया और ऑप्टिकल भौतिकी में बहुत अच्छा अनुसंधान किया। चूँकि मेरा परिवार जापान में अपने प्रवास के अगले भाग के लिए ऑस्ट्रेलिया में था, इसलिए मैं 1999 में ऑस्ट्रेलिया लौट आया। मुझे अपने मामले में कोई उपयुक्त नौकरी नहीं मिल रही थी और मुझे ऑस्ट्रेलिया में योग्यता, संस्कृति आदि की असमानता का भी एहसास हुआ। मेरी योग्यता को दबाते हुए, मुझे सॉफ्टवेयर विकसित करने के लिए एक बैंक में एक कंप्यूटर सिस्टम विश्लेषक के रूप में काम पर रखा गया था। मैंने अकेले चार परियोजनाएँ कीं और सफल कार्यान्वयन के बाद, मेरे रिपोर्टिंग बॉस ने, ब्रिटिश मूल के हाईस्कूल के पासिंग मैनेजर, ने मुझे बिना किसी कारण के अपनी स्थायी नौकरी से निकाल दिया। मैं अदालत पहुंचा और कंपनी ने मुझे केवल चार महीने का वेतन दिया लेकिन काम नहीं मिला। उस घटना के बाद मैंने एक और पुस्तक प्रकाशित की।

तब मैं वंचित छात्रों को पढ़ाने के लिए प्रोफेसर के रूप में पीएनजी प्रौद्योगिकी विश्वविद्यालय गया। हालांकि, मुझे वहां बहुत भ्रष्टाचार भी दिखा और मैं अपने परिवार के साथ रहने के लिए 2008 के अंत में ब्रिस्बेन लौट आया।

तब से मैं हाई स्कूल में शिक्षा विभाग, क्वींसलैंड सरकार 2018 तक पढ़ाने में व्यस्त रहा और द्वितीय विश्व युद्ध के इतिहास का अध्ययन करने के लिए, विशेष रूप से दक्षिण पूर्व एशिया और जापान में।

मैंने नेताजी की अज्ञात जानकारी के बारे में यह अनजान तथ्य पुस्तक लिखी है: जापान और दक्षिण पूर्व एशिया में हमारे नायक नेताजी के भूले हुए और गुप्त स्वतंत्रता आंदोलन को उजागर करने और पता लगाने के लिए, हमारी भारत माता की एकमात्र सच्ची देशभक्ति स्वतंत्रता सेनानी और एक बहादुर युद्ध मंत्री। मेंने प्रत्यक्षदर्शी साक्ष्य और हाबीबुर रहमान खान के एक हलफनामे के साथ नेताजी की तथाकथित भारतीय नेताजी-सह-साजिशकर्ता, नेताजी की मृत्यु के विवाद को हल किया है। पुस्तक में व्याकरण की शुद्धि करने के लिए मै इलाहाबाद के श्री मुकेश कुमार का आभारी हूं।

डॉ. गोराचांद घोष
(पूर्व एसटीए और नीडो फेलो, जापान सरकार)
द इलेक्ट्रोटेक्निकल लैबोरेटरी और फेस्टा, त्सुकुबा, जापान

विजयकानन
ब्रिस्बेन, ऑस्ट्रेलिया
15 जनवरी 2025

<h1 style="text-align:center">लेखक की संक्षिप्त जीवनी</h1>

डॉ. गोराचांद घोष का जन्म 19 अक्टूबर 1952 को भारत के पश्चिम बंगाल के बांकुड़ा जिले के भीमाड़ा गाँव में हुआ था। वह 1976 से 1979 तक यूनिवर्सिटी ऑफ बर्दवान में भौतिकी विभाग में कुमार पीएन रॉय फेलो के रूप में कार्यरत थे। वह 2 जनवरी 1980 को कंप्यूटर प्रोग्रामार/लेक्चरर के रूप में बर्दवान विश्वविद्यालय के अनुसंधान सेवा केंद्र में शामिल हो गए। उन्होंने 1982 में बर्दवान विश्वविद्यालय से भौतिकी गैर रेखीय ऑप्टिकल लेजर उपकरण (Nonlinear Optical Laser Devices) में पीएचडी प्राप्त की। उन्होंने 1982 से 1984 तक टोक्यो विश्वविद्यालय में ऑप्टो-इलेक्ट्रानिक्स में रिसर्च किया, जो कि मैनबुशो स्कॉलरशिप (शिक्षा मंत्रालय, जापान सरकार) में और फुरुकवा इलेक्ट्रिक कंपनी लिमिटेड द्वारा ऑप्टिकल फाइबर टेक्नोलॉजी (1984-1986) में फॉरेन टेक्नोलॉजी में किया गया था; वृत्ति संघ (एओटीएस) और उद्योग मंत्रालय (एमआईईटीआई), जापानी सरकार ने वृत्ति प्राप्त की।

वह 1987 से 1993 तक क्रमशः कलकत्ता विश्वविद्यालय, हिंदुस्तान केबल्स लिमिटेड (भारत सरकार के स्वामित्व वाली), रानी दुर्गावती विश्वविद्यालय और सिडनी विश्वविद्यालय में वरिष्ठ वैज्ञानिक, प्रबंधक, रीडर और विजिटिंग वैज्ञानिक थे। वह 1993 से 1999 तक जापान के त्सुकुबा में इलेक्ट्रोटेक्निकल लेबोरेटरी और फेमटोसेकंड टेक्नोलॉजी रिसर्च एसोसिएशन (फेस्टा) में एसटीए और न्यू एनर्जी एंड डेवलपमेंट ऑर्गनाइजेशन (एनईडीओ) के फेलो थे।

उनका मुख्य शोध क्षेत्र नॉनलाइनियर, फाइबर और भौतिक ऑप्टिक्स में ऑप्टिकल सामग्रियों के प्रयोगात्मक और सैद्धांतिक अध्ययन पर था। प्रतिष्ठित पत्रिकाओं में विभिन्न शोध प्रकाशनों के अलावा, जापान में रहते हुए उन्होंने निम्नलिखित रचनाएँ लिखीं: 1) 1997 में यूएसए के एकेडमिक प्रेस द्वारा प्रकाशित संदर्भ पुस्तक "एप्लिकेशन के साथ ऑप्टिकल सामग्री के थर्मो-ऑप्टिक गुणांक की हैंडबुक"; 2) इंस्पेक/आईईई, लंदन, इंग्लैंड, 1998 द्वारा प्रकाशित पुस्तक, "प्रॉपर्टीज़ ऑफ़ ग्लासेस एंड रेयर-अर्थ डोप्ड ग्लासेस फॉर ऑप्टिकल फाइबर्स" में योगदानकर्ता; और 3) 1999 में संयुक्त राज्य अमेरिका के एकेडमिक प्रेस, फोर्ट वाशिंगटन, मैरीलैंड द्वारा प्रकाशित "इलेक्ट्रॉनिक हैंडबुक ऑफ ऑप्टिकल कॉन्स्टेंट्स ऑफ सॉलिड्स", प्रोफेसर एडवर्ड डी. पालिक के साथ सह-संपादक। ब्रिस्बेन से 4) 2005 में सुजाता घोष द्वारा प्रकाशित "हैंडबुक ऑफ रिफ्रैक्टिव इंडेक्स एंड डिस्पर्सन ऑफ वॉटर फॉर साइंटिस्ट्स एंड इंजीनियर्स" 5) सितंबर 2017 में से एक ई-बुक "अननोन फैक्ट्स ऑफ नेताजी: जापान एंड साउथईस्ट एशिया"; किंडल-अमेज़न द्वारा ऑस्ट्रेलिया से पूरी दुनिया प्रकाशित; 6) दिसंबर 2017 में बांकुरा, भारत से प्रकाशित, मनोबंजन घोष द्वारा हार्डकवर पुस्तक "नेताजी के बारे में अज्ञात तथ्य: जापान और दक्षिण पूर्व एशिया"; 7) नवंबर 2019 में, एक अद्यतन पेपरबैक पुस्तक

"नेताजी के अज्ञात तथ्य: जापान और दक्षिणपूर्व एशिया" अमेज़न, ऑस्ट्रेलिया द्वारा दुनिया भर में प्रकाशित की गई थी; 8) अमेज़न ने 11 मार्च 2021 को वर्ल्डवाइड नेताजी पर हिंदी ई-बुक जारी की; 9) "वैज्ञानिकों और इंजीनियरों के लिए पानी के अपवर्तक सूचकांक और फैलाव की पुस्तिका: पानी के थर्मो-ऑप्टिक और दबाव-ऑप्टिक गुणांक" सितंबर 2021 में अमेज़न द्वारा पुनः प्रकाशित किया गया; और 10) 2022 में, नोशन प्रेस ने भारत में "अजानित नेताजी सुभाष चंद्र बोस" नामक बंगाली पेपरबैक पुस्तक प्रकाशित की है।

एक पेटेंट जापान में है और दूसरा ऑस्ट्रेलिया में है; उनके पास संयुक्त राज्य अमेरिका में तीन कॉपीराइट वैज्ञानिक सॉफ्टवेयर हैं। 1989 से 1992 तक, उन्हें भारत सरकार के वैज्ञानिक और औद्योगिक अनुसंधान निदेशालय (डीएसआईआर) द्वारा प्रौद्योगिकी अधिग्रहण (फाइबर ऑप्टिक्स) में एक विशेषज्ञ के रूप में नामित किया गया था। वह इंडियन लेजर एसोसिएशन के संस्थापक आजीवन सदस्य और इंडियन फिजिकल सोसाइटी के आजीवन सदस्य हैं। वह कई वर्षों तक ऑप्टिकल सोसाइटी ऑफ इंडिया और अमेरिकन ऑप्टिकल सोसाइटी के सदस्य भी रहे। उन्हें 1996 में एक भौतिक विज्ञानी और शिक्षक के रूप में "मार्किस हूज़ हू इन द वर्ल्ड" में नामांकित और सूचीबद्ध किया गया था।

एक भौतिक विज्ञानी के रूप में उन्होंने एक नए बैंड गैप की पहचान की जिसे आइन्ट्रोपिक कहा जाता है, और उन्होंने निम्न फैलाव समीकरणों का उपयोग किया: 1) रेफ्रेक्टिवे इंडेक्स 2) बिरेफरिंगेंस 3) थर्मो-ऑप्टिक कोएफ़िशिएंट्स और 4) प्रेशर-ऑप्टिक कोएफ़िशिएंट्स, ट्रांसपेरेंट क्रिस्टल से सेमीकंडक्टर, ग्लासेज और ऑप्टिकल तरल पदार्थ तक सभी ऑप्टिकल पदार्थों के लिए व्यक्तिगत रूप से यूनिक मॉडल तैयार किया गया।

1990 में, उन्होंने फाइबर लेज़र, एम्प्लीफायरों और कंप्यूटर प्रौद्योगिकी का उपयोग "अभिसारिकास (ABHISARICAS)" के रूप में किया, एक भविष्य की संचार प्रणाली का दावा किया और इसे "टेलीमैटिक्स इंडिया" में प्रकाशित किया। "ABHISARICAS" के सात अंग्रेजी वर्णमाला को ऑप्टिकल और संचार प्रणाली के शब्दों से पहचाना जाता है जिसे 1994 में IEEE, JQE (USA) जर्नल द्वारा प्रकाशित किया गया था। 1997 में, अमेरिकन अकादमिक प्रेस द्वारा प्रकाशित एक संदर्भ पुस्तक में, उन्होंने दावा किया कि हिंदू पौराणिक कथाओं के अनुसार, भगवान कृष्ण ने अपने 'अभिसारिकासकों' के माध्यम से दुनिया की घटनाओं के बारे में जाना। अब अभिसारिकासकों में इंटरनेट, गूगल, फेसबुक, ट्विटर, यूट्यूब, इंस्टाग्राम, व्हाट्सएप, मोबाइल, टीवी, रेडियो आदि शामिल हैं।

अगस्त 1997 में, उन्होंने एक लेख लिखा, "भ्रष्टाचार! भ्रष्टाचार!! भ्रष्टाचार!!! भारत में भ्रष्टाचार" भारत की स्वतंत्रता की स्वर्ण जयंती से पहले और नेताजी के जन्म के शताब्दी के अवसर पर; उन्होंने इसे तत्कालीन प्रधानमंत्री और भारत के राष्ट्रपति को भेजा। राष्ट्रपति ने उनके प्रति अपनी भावनाओं को व्यक्त किया और उनकी सराहना की।

1999 के बाद से, वह भारतीय इतिहास, विशेष रूप से द्वितीय विश्व युद्ध के नेताजी सुभाष चंद्र बोस के अध्ययन के लिए जापान के डॉ. हिरोइयोशी इयाजीमा से प्रेरित हुए हैं।

यह किताब कुछ फर्जी पत्रकारों की रिपोर्टों पर आधारित काल्पनिक साजिशों पर आधारित नहीं है, मौजूदा प्रायोगिक आंकड़ों के सट्टेबाजी, हेरफेर और हेरफेर करने के बजाय, युद्ध के दौरान नेताजी की असली तस्वीरें और सच्चे सबूतों के आधार पर शोध, एक भौतिक विज्ञानी के इस अध्ययन के परिणाम कर दी है।

अध्ययन के अनुसार, कांग्रेस के राजनीतिक नेता नेहरू के आदेश पर 18 अगस्त 1945 को नेताजी की मृत्यु के बाद 1946 से कट्टर कांग्रेसी इतिहासकारों द्वारा भारत की स्वतंत्रता का विकृत इतिहास लिखा गया है। कांग्रेस के राजनीतिक नेताओं का यह झूठा दावा था कि "गांधी की अहिंसा" ने भारत को आज़ादी दिलाई।

नेताजी आजादी के तुरंत बाद कांग्रेस पार्टी (अंग्रेजों द्वारा भारतीयों को मूर्ख बनाने, शासन करने और लूटने के लिए 1885 में बनाई गई) को खत्म करना चाहते थे और उनकी योजना जापानी सरकार जैसी सरकारों द्वारा सभी भारतीयों के लिए मुफ्त शिक्षा अनिवार्य करने की थी। इसे जापान में 1868 में सम्राट मीजी द्वारा लागू किया गया था। उन्होंने दावा किया, "पश्चिम की ओर नहीं बल्कि पूर्व की ओर देखें" जहां उगता हुआ सूरज है। यदि नेताजी जीवित होते तो भारत का विभाजन नहीं होता।

नेताजी ने कभी भी गांधीजी को 'महात्मा' होने का दावा नहीं किया और उन्होंने अपनी आईएनए ब्रिगेड रेजिमेंट का नाम "गांधी, पटेल और नेहरू" नहीं रखा। दूसरी ओर, जुलाई से सितंबर 1944 तक रंगून के युद्धक्षेत्र में, नेताजी ने भारतीयों से गांधी और नेहरू दोनों को मारने और जला देने का आग्रह किया क्योंकि वे झूठे और बेईमान नेता थे।

एकमात्र वास्तविक अप्रत्यक्ष युद्ध अपराधी और स्वघोषित भारत रत्न पुरस्कार विजेता नेहरू ने 27 दिसंबर 1945 को दावा किया कि नेताजी एक युद्ध अपराधी थे जो स्टालिन से लेकर अपने बॉस क्लेमेंट एटली के संरक्षण में रूस में छिपे हुए थे। ब्रिटिश सरकार और संयुक्त राष्ट्र ने कभी भी नेताजी पर युद्ध अपराधी होने का दावा नहीं किया।

नेताजी और आईएनए ने भारत को आजादी दिलाई क्योंकि यह पुस्तक द्वितीय विश्व युद्ध के दौरान सचित्र साक्ष्य के साथ पहली बार सच्चाई और तथ्यों को उजागर करती है। कांग्रेस पार्टी के गांधी और नेहरू, मुस्लिम लीग के जिन्ना, हिंदू महासभा के सावरकर, कम्युनिस्ट पार्टी के नेताओं और उपरोक्त सभी राजनीतिक दलों के सदस्यों ने बहुत कम योगदान दिया। कुछ नेता भारत की आजादी नहीं चाहते थे।

डॉ. गोराचांद घोष 3520 से अधिक उद्धरणों के साथ एक Google विद्वान हैं।

Oaths ACT 1867
Statutory Declaration

AUSTRALIA and INDIA TO WIT {

I, Dr Gorachand Ghosh of 19 Abingdon Street, Woolloongabba, Brisbane, QLD-4102, in the State of Queensland, Australia and an Overseas Citizen of India (OCI) having permanent residential address at: Vill.- Bhimara, PO- Harmasra, PS- Taldangra, Dist.- Bankura, West Bengal, do solemnly and sincerely declare that:

1. As a Japanese Government Scholar, I had participated the Lecture of Prof S. Chandrasekhar (Nobel Laurate in December1983) on 15 April 1983 at the Tokyo University. For the first time I have come to know that the Japanese called Netaji Subhas Chandra Bose as 'Chandra Bose' from a Political Science Professor who had participated in the same lecture.

2. In 1995, I met Masayoshi Kakitsubo, personal secretary of 'Chandra Bose' in Tokyo. He died on 02 January 1997 and on that time I was on a holiday trip to Sydney to meet with my family.

3. Dr Hiroyoshi Yajima son of Masayoshi Kakitsubo was the director of the Electrotechnical Laboratory and I had worked under him as a Japanese Government STA and NEDO Fellow (April 1993 to May 1999).

4. In 1997, I wrote my first book "Handbook of Thermo-Optic Coefficients of Optical Materials with Applications" as a sole author and with the advice of Dr. Yajima it was published by the 'Academic Press of USA'.

5. I have received an album containing photos of Netaji, some Japanese and INA members with Kakitsubo in April 1999 before leaving Japan.

6. After receiving the latest photo of Kakitsubo and updated photo of Dr Yajima on 15 September 2017, I had submitted the eBook entitled "UNKNOWN FACTS OF NETAJI: JAPAN AND SOUTHEAST ASIA" and it was published by the Kindle-Amazon on 19 September 2017 from Australia throughout the world simultaneously.

7. On 8 October 2017, I have come to know that a gang of copyright violators led by Anuj DHAR of 'Mission Netaji' at New Delhi have stolen TWO photos of Netaji from the eBook and after cropping they have posted in the public domain (Facebook and Twitter). On 10 October 2017 I have reported it to the PMO, New Delhi for the first time.

8. Subsequesntly, they have stolen many copyrighted photos from the eBook and after cropping they have posted in the public domains such as Facebook, Twitter, internet and their business web-sites without my permission.

9. I have reported some of the cases to the PMO, Governors and Commissioners of Police at different states of India from time to time.

And I make this solemn declaration conscientiously believing the same to be true, and by virtue of the provisions of the Oaths ACT 1867.

Taken and Declared before me, at the Dutton Park Police Station.
This 28 day of August, 2018 }

Lynnette BARNES
JP (Mag Court) #75869

(Dr Gorachanf Ghosh)

JUSTICE OF THE PEACE

18 अगस्त 2023 को, लेखक ने 24 वर्षों के बाद नेताजी के 79वें मृत्यु समारोह पर रेंकोजी मंदिर का दौरा किया। उन्होंने अन्य प्रतिभागियों के साथ व्याख्यान दिया। डॉ. इयाजीमा ने समारोह में भाग लिया था।

अध्याय एक
सुभाष चंद्र बोस

मई 1943 से पहले का नेताजी का जीवन

1941 से 18 अगस्त 1945 को अपनी मृत्यु तक, नेताजी जर्मनी, जापान और दक्षिण पूर्व एशिया से भारत की आजादी की लड़ाई के लिए भारतीय राष्ट्रीय सेना के सबसे महान देशभक्त और क्रांतिकारी नेता थे।

सुभाष चंद्र बोस का जन्म 23 जनवरी 1897 को कटक (उड़ीसा) में एक प्रसिद्ध वकील परिवार में हुआ था। 23 जनवरी, 2021 को, नेताजी की 125वीं जयंती पर, भारत की केंद्र सरकार ने हमें आज़ादी दिलाने वाले हमारे सच्चे स्वतंत्रता सेनानी का सम्मान करने के लिए इस दिन को "पराक्रम दिवस" घोषित किया है। उनकी माता प्रभावती दत्त बोस और पिता जानकीनाथ बोस थे जो एक प्रसिद्ध बैरिस्टर थे। वह 14 बच्चों वाले परिवार में नौवें बच्चे थे। उन्होंने प्रोटेस्टेंट यूरोपियन स्कूल (अब स्टीवर्ट हाई स्कूल), कटक में पढ़ाई की। मैट्रिकुलेशन के लिए उन्हें रेवेंशिया कॉलेजिएट स्कूल में स्थानांतरित कर दिया गया। उन्होंने कलकत्ता विश्वविद्यालय के अंतर्गत प्रेसीडेंसी और स्कॉटिश चर्च कॉलेज में अध्ययन किया। उनका विषय दर्शनशास्त्र था। 1920 में आईसीएस परीक्षा देने से पहले वह इंग्लैंड गए और कैम्ब्रिज विश्वविद्यालय में अध्ययन किया। उन्होंने आईसीएस परीक्षा में चौथी रैंक हासिल की [1]। लेकिन उन्होंने ब्रिटिश राज का सेवक बनने के लिए किसी भी पद पर शामिल होने से सख्ती से इनकार कर दिया। वह कलकत्ता लौट आए और भारतीय राष्ट्रवादी आंदोलन में शामिल हो गए। कटक में, जानकीनाथ भवन वह स्थान है जहां सुभाष चंद्र बोस रहते थे और अब इसे एक संग्रहालय में बदल दिया गया है, जहां आपको उनके बचपन से लेकर स्वतंत्रता सेनानी के शुरुआती वर्षों तक के जीवन को देखने का मौका मिलता है।

1921 में, बोस स्वामी विवेकानन्द की प्रेरणा से राजनीति में शामिल हुए और अपने गुरु चितरंजन दास के मार्गदर्शन का पालन किया। उनका उद्देश्य भारत को स्वतंत्र कराना था और उन्होंने कहा कि देश पर केवल अंग्रेजों का शासन नहीं होना चाहिए। साथ ही उनकी मुलाकात कांग्रेस नेता मोहनदास करमचंद गांधी से हुई और वे कांग्रेस पार्टी में शामिल हो गये। प्रिंस ऑफ वेल्स की भारत यात्रा का सफलतापूर्वक बहिष्कार करने के लिए बोस और सीआर दास को क्रिसमस के दिन 1921 को गिरफ्तार कर लिया गया और छह महीने जेल की सजा सुनाई गई। अपनी रिहाई के बाद, बोस बाढ़ राहत, पत्रिका 'कलकत्ते फॉरवर्ड' के प्रकाशन के लिए संपादकीय सेवाओं और स्वराज पार्टी के लिए प्रचार में लगे रहे।

1924 में, बोस कलकत्ता निगम के सी.ई.ओ (CEO) थे और सीआर दास कलकत्ता के मेयर थे। 24 अक्टूबर 1924 को उन्हें फिर से गिरफ्तार कर लिया गया और ढाई साल तक मांडले जेल में रखा गया। वह 1928 से 1937 तक राजनीति में रहे और दो बार 'ब्रिटिश राज' द्वारा गिरफ्तार किये गये।

दूसरी ओर, 1915 में ब्रिटिश राज भारतीय स्वतंत्रता आंदोलन को विलंबित करने के लिए गांधीजी को दक्षिण अफ्रीका से भारत ले आया। ब्रिटिश राज ने भगत सिंह, चन्द्रशेखर आज़ाद और सुभाष चंद्र बोस जैसे क्रांतिकारी स्वतंत्रता सेनानियों के खिलाफ गांधीजी को "मानव फ़ायरवॉल" के रूप में इस्तेमाल किया। प्रथम विश्व युद्ध (24 जुलाई 1914 से 11 नवंबर 1918) में गांधीजी ने अंग्रेजों का समर्थन क्यों किया? गांधीजी ने प्रथम विश्व युद्ध के दौरान ब्रिटेन का समर्थन किया और 1918 के अंत में भारतीयों को ब्रिटिश सेना में स्वेच्छा से शामिल करने के आधिकारिक अभियान में शामिल हुए। सच तो यह है कि गांधीजी के मंच पर आगमन से भारत के स्वतंत्रता आंदोलन की चिंगारी भड़क उठी। 1900 के दशक की शुरुआत में, भारतीय नेताओं ने 1920 के दशक में अंग्रेजों को उखाड़ फेंकना चाहा। प्रथम विश्व युद्ध के ठीक बाद, कार्यवाहक ब्रिगेडियर-जनरल रेजिनाल्ड डायर ने अपनी सेना की ईमानदारी का परीक्षण करने के लिए ब्रिटिश भारतीय सेना के सैनिकों को अमृतसर में निहत्थे प्रदर्शनकारी भारतीय नागरिकों की भीड़ पर अपनी राइफलों से गोली चलाने का आदेश दिया। कम से कम 379 लोग मारे गए और 1,200 से अधिक घायल हुए। 30 मई 1919 को, रवीन्द्रनाथ टैगोर ने "पंजाब के लोगों के खिलाफ ब्रिटिश सेना की अमानवीय क्रूरता के विरोध में अपनी नाइटहुड (Knighthood) का त्याग कर दिया।" विडंबना यह है कि गांधी ने जनरल डायर को बार-बार माफ किया, जबकि उन्होंने लोगों को 'डायरवाद' के खिलाफ चेतावनी दी थी। 5 मार्च, 1931 को लंदन में गांधी-इरविन समझौते पर हस्ताक्षर किये गये। सरकार अधिकांश अनियंत्रित स्वयंसेवकों (जिन पर हिंसा का कोई आरोप नहीं था) को रिहा करने पर सहमत हो गई। यह एक राजनीतिक समझौता था। 23 मार्च 1931 को ब्रिटिश राज ने भगत सिंह के साथ सुखदेव थापर और शिवराम राजगुरु को फांसी दे दी। लेकिन गाँधीजी ने मृत्युदंड देने का नहीं किया, हालाँकि वे ऐसा कर सकते थे। उन्होंने अन्य क्रांतिकारी नेताओं को ब्रिटिश राज में फाँसी की सजा दिलाने के लिए आवश्यक दस्तावेज़ पर हस्ताक्षर किए।

हालाँकि, एमके गांधी के नेतृत्व में नमक सत्याग्रह [2] के दौरान बोस को फिर से जेल में डाल दिया गया। बोस ने गांधी-इरविन समझौते का विरोध किया और विशेष रूप से भगत सिंह और उनके सहयोगियों की फांसी के दौरान सविनय अवज्ञा आंदोलन के निलंबन का विरोध किया। बोस को गिरफ्तार कर लिया गया और 1936 तक यूरोप में निर्वासित कर दिया गया। वह 1936 में भारत लौट आए और अगले वर्ष तक फिर से जेल में डाल दिए गए। 1938 में, बोस को भारतीय राष्ट्रीय कांग्रेस के अध्यक्ष के रूप में चुना गया। जब सितंबर 1939 में द्वितीय विश्व युद्ध छिड़ गया, तो बोस जून 1940 में सेवाग्राम गए और आखिरी बार गांधीजी से अपील की कि यह अंग्रेजों के खिलाफ सब कुछ जोखिम में डालने का सही समय है। गांधीजी ने कहा, अभी सही समय नहीं है। इसके अलावा, गांधी और नेहरू कुछ साज़िशों और राजनीति में लगे रहे और बोस को 1939 में अपने दूसरे कार्यकाल के बाद कांग्रेस अध्यक्ष पद से इस्तीफा देने के लिए मजबूर होना पड़ा।

लोकतांत्रिक रूप से निर्वाचित कांग्रेस पार्टी अध्यक्ष बोस को गांधी और नेहरू ने अपना इस्तीफा देने के लिए कैसे मजबूर किया? वे लोकतंत्र का बिल्कुल भी पालन नहीं कर रहे थे, केवल गुलामी ही उनके लिए मुख्य लक्ष्य/मानक था। गांधी और नेहरू बनाम बोस के बीच की सभी आंतरिक राजनीति अभी भी जनता के लिए अज्ञात है। बोस ने 22 जून 1939 को "ऑल इंडिया फॉरवर्ड ब्लॉक" नामक एक नई पार्टी का गठन किया।

<u>द्वितीय विश्व युद्ध (1 सितम्बर 1939 से 2 सितम्बर 1945)</u>

विदेशी शक्तियों से सहायता माँगने में सुभाष चन्द्र को कोई नवीनता नहीं दिखी। "दुश्मन का दुश्मन मेरा दोस्त है" के सिद्धांत पर चलते हुए उन्होंने अन्य देशों की मदद से देशभक्ति की जंजीरों को तोड़ने का प्रयास किया। रूस से मदद मांगने पर सुभाष चंद्र को शुरुआत में निराशा हुई और वे बर्लिन में हिटलर से मिले लेकिन हिटलर से भी उन्हें निराशा हुई। सुभाष सदैव भारत की स्वतंत्रता के विचार में डूबे रहते थे, इसलिए उन्होंने हार नहीं मानी और त्रिशक्तियों (जर्मनी, इटली और जापान) से स्वतंत्रता की मान्यता की मांग की।

जब ब्रिटिश राज द्वारा भारत को द्वितीय विश्व युद्ध में भाग लेने के लिए मजबूर किया गया, तो बोस और उनकी पार्टी ने इसका विरोध किया और 1940 में एक विशाल आंदोलन कार्यक्रम शुरू किया। दूसरी ओर, गांधी और नेहरू ने द्वितीय विश्व युद्ध के लिए भारतीय सैनिकों की भर्ती के अभियान (1939-1944) में ब्रिटिश राज की सहायता की। बोस को फिर से कैद कर लिया गया; लेकिन इस बार उन्होंने भूख हड़ताल शुरू कर दी और अधिकारियों को उन्हें रिहा करने के लिए मजबूर होना पड़ा। हालाँकि उन्हें रिहा कर दिया गया था, बोस को एल्गिन रोड पर उनके पैतृक घर में नजरबंद रखा गया था, जिसे अब कलकाता में 'नेताजी भवन' के नाम से जाना जाता है। ब्रिटिश राज ने तत्कालीन कांग्रेस नेताओं की मदद से विभिन्न दुर्व्यवहारों द्वारा उन्हें मारने की कोशिश की। भागने से पहले बोस को 'ब्रिटिश राज' द्वारा 11 बार कैद/जेल किया गया था।

सुभाष चन्द्र का 'ग्रेट एस्केप' या "महानिष्क्रमण"

16/17 जनवरी 1941 को, बोस अपने भतीजे शिशिर कुमार बोस की मदद से अपने कलकाता स्थित घर से भाग निकले, जो अपनी कार कॉ कलकत्ता से गोमो (अब इसका नाम बदलकर 'नेताजी सुभाष चंद्र बोस जंक्शन' रखा गया)। वह कालका मेल (23 जनवरी 2021 को, नेताजी के 125वें जन्मदिन पर, केंद्र सरकार ने नेताजी के सम्मान में ट्रेन का नाम 'नेताजी एक्सप्रेस' रखा) में सवार हुए और पेशावर और बाद में काबुल पहुंचे। बोस ने एक इतालवी राजनयिक पासपोर्ट प्राप्त किया (काबुल में इतालवी दूतावास की मदद से) और रूस के रास्ते जर्मनी की यात्रा की और जर्मनी पहुंचने में कामयाब रहे। बोस अप्रैल 1941 में जर्मनी पहुंचे, जहां नेतृत्व ने भारतीय स्वतंत्रता के मुद्दे के रूप में उनके प्रति अप्रत्याशित दुविधा व्यक्त की। नवंबर 1941 में, जर्मन फंड की मदद से, बर्लिन में एक फ्री इंडिया सेंटर की स्थापना की गई और जल्द ही एक फ्री

इंडिया रेडियो की स्थापना की गई, जिस पर बोस जनवरी 1942 से ब्रिटिश राज के विरुद्ध प्रसारित किया गया था। स्वतंत्रता आंदोलन के विरुद्ध रात्रि में प्रसारण किया गया। भारत पर भविष्य में जर्मन नेतृत्व वाले आक्रमणों में सहायता के लिए इरविन रोमेल के अफ्रीका कोर द्वारा पकड़े गए भारतीयों से 3000 मजबूत फ्री इंडिया टाइगर आर्मी का गठन किया गया था। 'आजाद हिंद फौज' की स्थापना भारत की स्वतंत्रता के लिए लड़ने के लिए की गई थी। उनके नेतृत्व से प्रेरित होकर, बर्लिन में उनके अनुयायियों ने एक नेता के रूप में उनकी स्थिति को पहचानते हुए बोस को 'नेताजी' के रूप में सम्मानित किया।

मई 1942 के अंत में, एडॉल्फ हिटलर पहली बार नेताजी से मिले और भारत की आजादी के लिए नेताजी के समर्थन से इनकार करते हुए कहा, "भारत पर अगले दो सौ पचास वर्षों तक अंग्रेजों का शासन होना चाहिए।" हिटलर की इस टिप्पणी का नेताजी ने कड़ा विरोध किया।

दुनिया के दूसरी ओर, 1942 के वसंत तक, जापानी सैन्य सरकार ने सिंगापुर और अन्य दक्षिण पूर्व एशियाई देशों पर कब्जा कर लिया था। भारत पर जर्मन आक्रमण रुक गया और बोस दक्षिण पूर्व एशिया में जाने के लिए उत्सुक थे। हिटलर ने बोस को जापान जाने के लिए एक पनडुब्बी की व्यवस्था करने की प्रस्तावित की।

नेताजी के पत्र (एमिली शेंकल को पत्र 1934-1942)

एमिली ने नेताजी के निजी सचिव-सह-टाइपिस्ट के रूप में काम किया। कुछ भारतीयों को इस पर विश्वास नहीं हुआ क्योंकि वे जर्मनी में एमिली के साथ नेताजी के प्रेम संबंध [3] की कल्पना नहीं कर सकते थे। नेताजी भी एक आदमी थे।

अपने जीवन के लिए कभी भी किसी स्वार्थी वस्तु या लक्ष्य के लिए प्रार्थना न करें। हमेशा उसके लिए प्रार्थना करें जो मानवता के लिए अच्छा है - जो सभी समय के लिए अच्छा है - जो ईश्वर की दृष्टि में अच्छा है। व्यर्थ प्रार्थना करो। भारत मेरा पहला प्यार और मेरा एकमात्र प्यार है, नेताजी ने एमिली शेंकल से कहा।

सुभाष चंद्र बोस के करीबी दोस्त और राजनीतिक सहयोगी एसीएन नांबियार के मुताबिक, नेताजी एक विचारधारा के व्यक्ति थे, उनका एकमात्र विचार भारत की आजादी था, अगर आजादी के अलावा नेताजी के मन में कोई और विचार था, तो वह एमिली थीं। उसे एमिली से गहरा प्रेम था।

जून 1934 में सुभाष और एमिली की पहली मुलाकात वियना में हुई। 29 नवंबर, 1934 को इंडियन स्ट्रगल पुस्तक में केवल एमिली के नाम का उल्लेख किया गया है, और पुस्तक लिखने में मदद करने के लिए उन्हें धन्यवाद दिया गया है। इसी समय से उनका पत्र-व्यवहार शुरू हुआ, तब नेताजी यूरोप में निर्वासन में थे, अपने पिता की गंभीर बीमारी के बारे में सुनकर हवाई मार्ग से घर लौट रहे थे। 30 नवंबर 1934 को रोम से लिखे अपने पहले पत्र में नेताजी ने लिखा था कि मैं हमेशा एक बुरा पत्र लेखक रहा हूं, लेकिन मैं खुद को बुरा इंसान नहीं मानता हूं। यहां तक कि इस बुरे पत्र लेखक को भी जब भी मौका मिलता, वह एमिली को लिखने से कभी नहीं चूकता - कभी जेल से, कभी अस्पताल से, घर में नजरबंद होने से, या राजनीतिक उथल-पुथल से। 1934 से 1942 के बीच लिखे गये उनके 162 पत्र प्रकाशित हो चुके हैं। यह स्पष्ट है कि एमिलियो नियमित रूप से नेताजी को पत्र भेजते थे लेकिन उनमें से केवल 18 पत्र 1980 में एक पुराने सिगार बॉक्स में पाए गए थे।

यहां वह पत्र है जो नेताजी ने पिता की उनकी मृत्यु के बाद एमिली को लिखा था:

38/2 एल्गिन रोड या 1 वुडबर्न पार्क कोलकाता

07 दिसम्बर 1934

प्रिय शेंकल,

आज चार दिसम्बर है, मैं घर आ गया, रास्ते में तो कोई परेशानी नहीं हुई, पर घर पहुँचने में बहुत देर हो गयी। मेरे कलकत्ता पहुँचने से चालीस घंटे पहले, 2 दिसंबर को मेरे पिता ने इस मानव संसार को छोड़ दिया। मेरी माँ बहुत टूट गयी है; मेरे भाई-बहन उसे सांत्वना देने की भरपूर कोशिश कर रहे हैं। पश्चिम में रहने वाले किसी व्यक्ति के लिए हमारी मानसिकता को समझना कठिन है। एक हिंदू पत्नी अपने पति के जीवन से इस तरह बंधी होती है कि पति की मृत्यु के बाद पत्नी के लिए अपना जीवन बिताना असहनीय हो जाता है। हालांकि हमें उम्मीद है कि वह इस गहरे दुख से उबर जाएंगे. हाल ही में अक्सर रिश्तेदारों को छोड़कर हमारे परिवार के कई लोगों ने हमारे माता-पिता पर गहरी छाप छोड़ी है।

मुझे नहीं पता कि मैं भविष्य में आपको लिख पाऊंगा या नहीं। अगर मैं नहीं लिख सका तो कृपया मुझे गलत न समझें। अब मैं अपने ही घर में नजरबंद हूं। जैसे ही मैं कलकत्ता पहुंचा, मुझे यह आदेश जारी कर दिया गया। फिलहाल ब्रिटिश सरकार ने मुझे एक हफ्ते के लिए अपनी मां के साथ रहने की इजाजत दे दी है। इस एक सप्ताह में मैं अपने परिवार के बाहर किसी से संपर्क नहीं कर सकता या रह नहीं सकता, और मैं घर से बाहर भी नहीं

जा सकता, मुझे नहीं पता कि एक सप्ताह के बाद मुझ पर क्या नियम लागू किए जाएंगे। शायद मैं तुम्हें लिख भी नहीं सकता। मेरा भविष्य अभी भी बहुत अनिश्चित है। मेरे घर का पता 38/2 एल्गिन रोड या 1 वुडबर्न पार्क, कोलकाता है। पहला पता मेरी माँ का घर है और मैं अब वहीं रह रहा हूँ।

हवाई यात्रा बहुत अच्छी थी; अगर मुझे ये मानसिक चिंताएँ न होतीं तो मैं इसका और भी अधिक आनंद ले सकता था। हर दिन सूर्योदय बहुत सुंदर होता था। इन 5 दिनों में यूरोप और एशिया के इतने सारे देशों को पार करने का अनुभव काफी रोमांचक है।

माता-पिता को नमन, आपका हार्दिक अभिनंदन,

अंत

सुभाष चंद्र बोस

1941 के वसंत में एमिली बर्लिन में उनके साथ शामिल हो गईं। उस वर्ष के शेष समय और अगले वर्ष, 1942 के पहले आठ महीनों में, वे बर्लिन में घर पर एक साथ रहे। उनकी बेटी अनीता का जन्म 29 नवंबर 1942 को वियना में हुआ था। इस दौरान वह अक्सर एमिली से फोन पर बात करता था। वह दिसंबर 1942 में अपनी बेटी से मिलने वियना आये। एमिली जनवरी 1943 में बर्लिन में नेताजी के साथ थीं। फिर उन्होंने एमिली को रेडियो संदेश भेजे - लेकिन तब द्वितीय विश्व युद्ध और वियना पर आक्रमण शुरू हो गया था - इसलिए ब्रिटिश सिविल सेवकों ने सभी संचार बंद कर दिए।

खतरनाक पनडुब्बी यात्रा पर निकलने से ठीक पहले, 8 फरवरी, 1943 को नेताजी सुभाष चंद्र बोस ने अपने बड़े भाई शरत बोस को बंगाली में एक पत्र लिखा था कि मैं फिर से खतरे की राह पर चल रहा हूं, लेकिन इस बार घर की ओर, मुझे नहीं पता अगर मैं इस सड़क का अंत देख पाऊंगा, तो मैं यहां शादीशुदा हूं और मेरी अनुपस्थिति में मेरी एक बेटी है, कृपया उन्हें वह प्यार दें जो आपने मुझे जीवन भर दिया।

एक जर्मन पनडुब्बी में सवार होना और बाद में सिंगापुर के लिए रवाना होना

अटूट शक्तियों के प्रति दृढ़ विश्वास रखने वाले और अब क्षमाप्रार्थी नहीं होने के कारण, नेताजी 8 फरवरी 1943 को आबिद हसन के साथ एक जर्मन पनडुब्बी में सवार हुए। मेडागास्कर में, उन्हें एक जापानी पनडुब्बी में स्थानांतरित कर दिया गया, जहां से वे 6 मई 1943 को जापानी कब्जे वाले सुमात्रा में उतरे और बाद में सिंगापुर के लिए रवाना हुए। जापानी पनडुब्बी I-29 के चालक दल की जर्मन पनडुब्बी U-180

से मुलाकात के बाद, मेडागास्कर से 300 किमी दक्षिण-पूर्व में; इंपीरियल जापान की शेष यात्रा के लिए नेताजी अग्रिम पंक्ति में बैठे (28 अप्रैल 1943)। द्वितीय विश्व युद्ध में दो अलग-अलग नौसेनाओं की दो पनडुब्बियों के बीच यह एकमात्र नागरिक स्थानांतरण था।

रासबिहारी बोस

एक अन्य क्रांतिकारी स्वतंत्रता सेनानी रासबिहारी बोस [4] भारत से भाग गए (ब्रिटिश राज द्वारा उनके खिलाफ कई आरोपों के कारण) और जून 1915 से जापान में शरण ली।

1915 में [4] रासबिहारी बोस को उनके करीबी जापानी मित्रों, दक्षिणपंथी राष्ट्रवादी और पैन-एशियाईवाद के नेता तुयोशी इनुकाई, जापान के भावी प्रधान मंत्री और मित्सुरू टोयामा ने उनके सम्मान में रात्रिभोज दिया था।

बोस को अंततः विभिन्न पैन-एशियाई समूहों के साथ जापान में शरण मिली। उन्होंने 1915-1918 तक कई बार निवास और पहचान बदली, जबकि अंग्रेज जापानी सरकार पर रासबिहारी बोस को सौंपने का दबाव बना रहे थे। उन्होंने टोक्यो के शिंजुकु में नाकामुराया बेकरी के मालिक और कोक्को सोमा की बेटी ऐज़ो सोमा से शादी की। 1918 में पैन-एशियाई समर्थकों का उल्लेख किया और 1933 में जापानी नागरिक बन गये।

जापानियों के साथ बोस के सहयोग से बंगाली और जापानी संस्कृति के बीच मित्रता की शुरुआत हुई। पुराने दिनों में दोनों संस्कृतियाँ दिन में लगभग तीन बार चावल और मछली खाती थीं। मैं जानता हूं, जापानी लोग आम तौर पर भारतीयों को पसंद करते हैं, लेकिन बोस के चरित्र के कारण वे ज्यादातर बंगालियों को पसंद करते हैं। 105 साल पहले, शिंजुकु में नाकामुराया नामक एक बेकरी ने 1915 में एक क्रांतिकारी कदम उठाया, जिसने जापानी व्यंजनों को हमेशा के लिए बदल दिया। इसकी शुरुआत भारतीय क्रांतिकारी रासबिहारी बोस को आश्रय देने से हुई, जो द्वितीय विश्व युद्ध के दौरान जापान भाग गए थे। न्होंने, अपने ससुर के साथ साझेदारी में, बेकरी के ऊपर एक छोटा सा रेस्तरां स्थापित किया [5] जिसमें भारतीय शैली की करी और चावल परोसा जाता था, जिसे नाकामुरा की

करी के नाम से जाना जाता था। उस समय जापानी मीडिया ने बोस को 'नाकामुरा का बोस' और उनकी सिग्नेचर डिश 'इंडो-कारी' को 'प्रेम और क्रांति का स्वाद' बताया था।

नोबेल पुरस्कार विजेता रवीन्द्रनाथ टैगोर और रासबिहारी बोस की उनके जापानी 'माता-पिता' और उनकी पत्नी के साथ टोक्यो, जापान में एक दुर्लभ तस्वीर [4] ऊपर दिखाया गया है, पत्नी तोशिको सोमा के साथ रासबिहारी बोस की एक दुर्लभ तस्वीर [4]

आज भी जापानी रेस्तरां में बंगाली पतला चिकन शोरबा, चावल के साथ मसालेदार सब्जियां परोसी जाती हैं। बेकरी एक प्रमुख व्यावसायिक उद्यम बन गई और नाकामुरा की बेकरी जापानी स्टॉक एक्सचेंज में सार्वजनिक होने वाली पहली खाद्य कंपनी बन गई।

दक्षिण पूर्व एशिया में, बोस और ए.एम.नायर के साथ रासबिहारी ने जापानी अधिकारियों को भारतीय राष्ट्रवादियों के पक्ष में लाने और अंततः विदेशों से भारतीय स्वतंत्रता संग्राम को आधिकारिक और सक्रिय रूप से समर्थन देने में महत्वपूर्ण भूमिका निभाई। बोस द्वारा बुलाया गया एक सम्मेलन 28-30 मार्च, 1942 को टोक्यो में आयोजित किया गया था, जहाँ इंडियन इंडिपेंडेंस लीग (आईआईएल) की स्थापना करने का निर्णय लिया गया था। सम्मेलन में उन्होंने भारत की आज़ादी के लिए एक सेना खड़ी करने का आंदोलन चलाया। उन्होंने 22 जून 1942 को बैंकॉक में दूसरा सम्मेलन बुलाया। इसी सम्मेलन में सुभाष चंद्र बोस को लीग में शामिल होने और इसके अध्यक्ष का पद संभालने के लिए आमंत्रित करने का प्रस्ताव स्वीकार किया गया।

मलायन और बर्मा मोर्चों पर जापानियों द्वारा पकड़े गए भारतीय युद्धबंदियों को भारतीय स्वतंत्रता लीग में शामिल होने और भारतीय राष्ट्रीय सेना (आईएनए) में सैनिक बनने के लिए प्रोत्साहित किया गया, जिसका गठन 1 सितंबर 1942 को बोस की इंडियन नेशनल लीग की सैन्य शाखा के रूप में किया गया था।

हालाँकि उन्होंने आजाद हिंद आंदोलन के लिए झंडे का चयन किया और झंडा सुभाष चंद्र बोस को सौंप दिया। हालाँकि उन्होंने सत्ता हस्तांतरित कर दी, लेकिन उनकी संगठनात्मक संरचना बनी रही और रासबिहारी बोस का संगठनात्मक आधार था, इसलिए

सुभाष चंद्र बोस बाद में भारतीय राष्ट्रीय सेना (INA) के प्रमुख बने। द्वितीय विश्व युद्ध के अंत में मारे जाने से पहले उन्हें जापानी सरकार द्वारा ऑर्डर ऑफ़ द राइजिंग सन (द्वितीय श्रेणी) [4] से सम्मानित किया गया था। 21 जनवरी, 1945 को टोक्यो में उनका निधन हो गया।

1942 में दक्षिण पूर्व एशिया जापानी सैन्य कब्जे में था [6], जैसा कि नीचे दिखाया गया है। पूर्व यानी बर्मा, इम्फाल और असम से ब्रिटिश सेना से लड़ना नेताजी के लिए कोई बुरा विचार नहीं था।

1942 में अधिकांश दक्षिण पूर्व एशियाई देश जापानी साम्राज्य के अधीन थे, जिसे हरे रंग में दिखाया गया है।

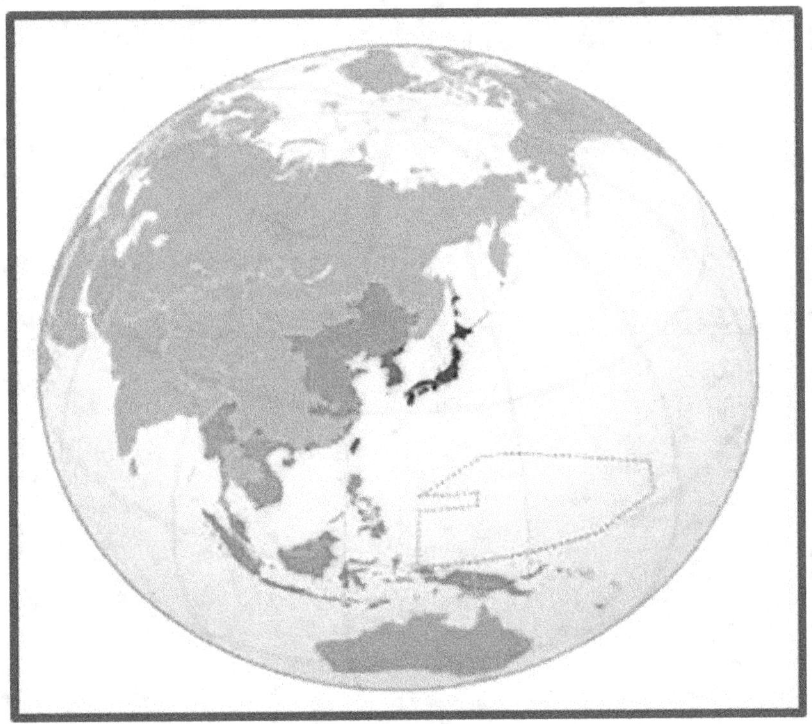

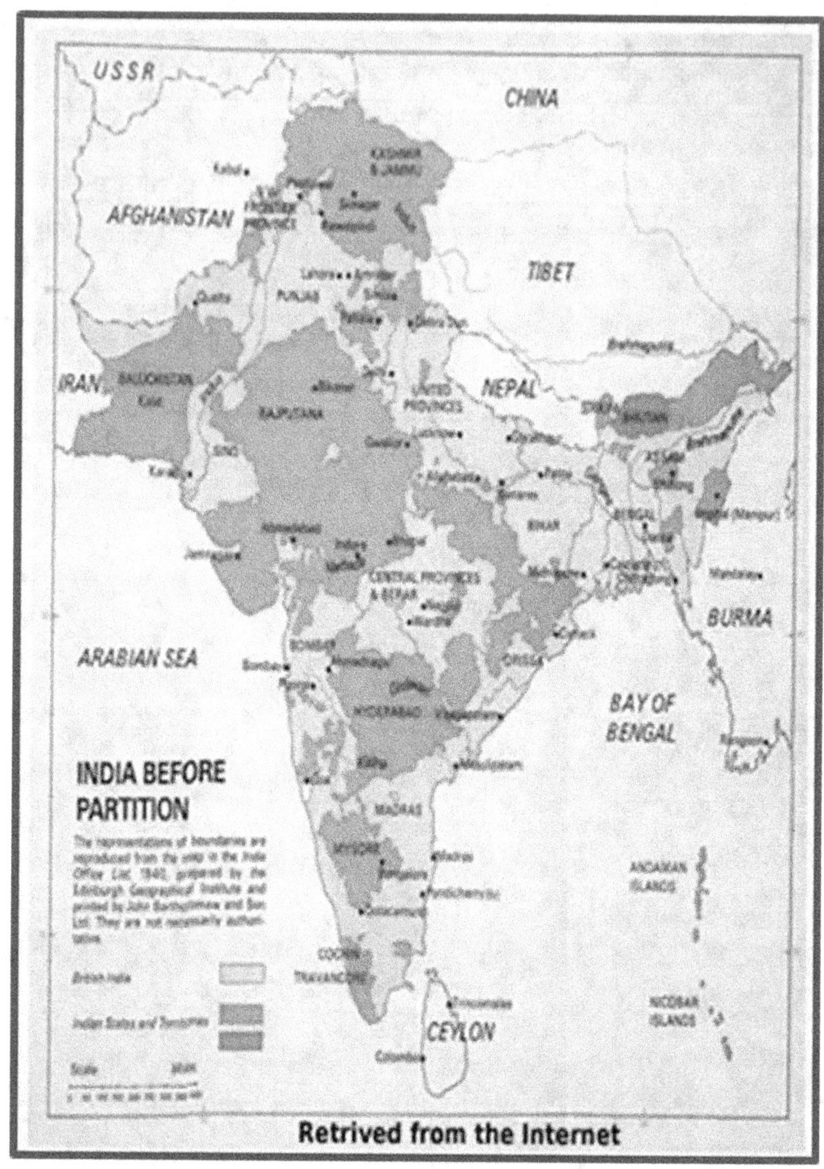

युवा पीढ़ी के विचार और ज्ञान के लिए यहां ब्रिटिश भारत का मानचित्र दिखाया गया है। कैसे भ्रष्ट राजनीतिक नेताओं ने अपने स्वार्थों के लिए और अपने आकाओं 'अंग्रेजों' की 'फूट डालो और राज करो' की नीति का पालन करते हुए भारत पर शासन करने के लिए देश को विभाजित कर दिया।

<h1 style="text-align:center">अध्याय ।।
नेताजी की पहली टोक्यो यात्रा</h1>

11 मई 1943 को टोक्यो में नेताजी का आगमन और भाषण

नेताजी, ए.सी. चटर्जी, हबीबुर रहमान खान और मोहम्मद ज़मान कियानी ने 11 मई 1943 को जापानी प्रधान मंत्री हिदेकी तोजो से मिलने के लिए सिंगापुर से टोक्यो [7] की यात्रा की। (पुस्तक [8] नारायण सान्याल द्वारा लिखित "मैंने नेताजी को देखा"; यहां उन्होंने जापान में नेताजी के आगमन की तारीख 16.05.1943 या 13.06.1943 का उल्लेख किया है। दोनों आगमन तिथियां गलत थीं, पुस्तक में युद्ध के मोर्चे पर कुछ गलत जानकारी है, किताब एक उपन्यास की तरह लिखी गई है और (कुछ लोगों की सुनी-सुनाई बातों पर आधारित है)। नेताजी के टोक्यो आगमन के बाद, जापानी प्रधान मंत्री हिदेकी तोजो ने उनका गर्मजोशी से स्वागत करने के लिए अपने आधिकारिक आवास पर एक रात्रिभोज पार्टी का आयोजन किया। इस पुस्तक में NP-1 से NP-15 तक क्रमांकित कुछ दुर्लभ तस्वीरें [7] दिखाई गई हैं।

ये सभी तस्वीरें मासाइयोशी काकित्सुबो ने अपने कैमरे से ली थीं/लीं। उन्होंने जापानी सरकार के विदेश मंत्रालय के तहत जापान और दक्षिण पूर्व एशिया (एसईए) में नेताजी के प्रवास के लिए संपर्क अधिकारी-सह-दुभाषिया के रूप में कार्य किया और बाद में नेताजी के निजी सचिव के रूप में कार्य किया। 1997 में उनकी मृत्यु के बाद, उनके बेटे, डॉ. हिरोइयोशी इयाजिमा को एक एल्बम में वे अद्भुत दुर्लभ तस्वीरें मिलीं, जिसमें 19 सितंबर 2017 को अमेज़ॉन ई-बुक पर मेरे पहले प्रकाशित को याद करने के लिए प्रत्येक फोटो एल्बम के पन्नों के बगल में उनकी लिखावट और स्क्रिप्ट थीं।

1995 में, लेखक ने उनके और उनके बेटे के साथ मेगुरो, टोक्यो स्थित उनके घर पर कुछ घंटों के लिए मुलाकात की थी और उन्होंने हमें स्वतंत्रता सेनानी नेताजी सुभाष चंद्र बोस के बारे में बताया था। उन्होंने सुझाव दिया कि जब भारत के केंद्र में कांग्रेस की सरकार नहीं होगी तब नेताजी पर एक किताब लिखी जाएगी। 1999 में डॉ. इयाजीमा ने लेखक को नेताजी पर अपने पिता के कुछ अप्रकाशित लेख और एल्बम दिए और उनसे निकट भविष्य में, यदि संभव हो तो एक पुस्तक लिखने का अनुरोध किया। एक भौतिक विज्ञानी के रूप में मैं अपने काम में काफी व्यस्त था, हालांकि एक बंगाली के रूप में मैं संस्कृति, परंपराओं और भूले हुए स्वतंत्रता सेनानी नायकों को सामने लाने और भारतीय स्वतंत्रता के विकृत इतिहास को सही करने के लिए इतिहास के उस हिस्से का अक्सर अध्ययन कर रहा था।

जैसा कि मैंने डॉ. हिरोइयोशी इयाजिमा से सुना, नेताजी ने उसी जोश, उत्साह और ईमानदारी के साथ एक महान युद्ध भाषण दिया जो उन्होंने अपने पिता से सुना था। सभी मंत्री, कर्मचारी उनके भाषण की सराहना करते थे और भारत की स्वतंत्रता के लिए भारत से बौद्ध संस्कृति का प्राचीन ऋण चुकाने में उनकी सहायता करना चाहते थे। नीचे उल्लिखित अवसर पर, मासाईयोशी काकित्सुबो को जापानी विदेश मंत्रालय और नेताजी के बीच दुभाषिया और संपर्क अधिकारी [7] के रूप में नियुक्त किया गया था। नेताजी ने प्रधान मंत्री जनरल तोजो से मिलने के लिए कहा, तोजो नेताजी को स्वीकार करने के लिए कुछ हद तक अनिच्छुक थे। हो सकता है कि टोजो को आईएनए के गुटों, मांगों और अहंकार के बारे में सूचित किया गया हो, और वह इसकी प्रभावशीलता और विश्वसनीयता के बारे में अनिश्चित था। लेकिन एक बार जब वह उनसे मिले तो तोजो ने खुद को नेताजी के करिश्माई चरित्र और ईमानदारी से बहुत प्रभावित पाया। यह नेताजी की सौभाग्यशाली परिस्थिति थी कि न केवल तोजो, बल्कि विदेश मंत्री शिगेमित्सु, सेना प्रमुख मार्शल सुगियामा और अन्य लोग जिनसे नेताजी मिले, उन्होंने उनकी ओर से बहुत सहयोग किया।

जैसा कि फोटो में दिखाया गया है, नेताजी ने अपना पहला भाषण टोक्यो में प्रधान मंत्री हिदेकी तोजो के आवास पर कुछ गणमान्य व्यक्तियों के सामने दिया।

नेताजी के भाषण की फोटो

जैसा कि हम देख सकते हैं, उन्हीं दिनों नेताजी अपना भाषण दे रहे थे और मासाइयोशी काकित्सुबो ने उसका कुशलतापूर्वक जापानी भाषा में अनुवाद किया। प्रधान मंत्री हिदेकी तोजो ने बर्लिन से टोक्यो पहुंचे हमारे प्रिय नेता और स्वतंत्रता सेनानी नेताजी का सम्मान किया। भारत में कम्युनिस्ट नेताओं ने बिना किसी सबूत के दावे किये नेताजी तोजो का एक कुत्ता थे, लेकिन वह नहीं था। श्री ए.सी. चटर्जी ने व्याख्यान में भाग लिया।

नेताजी के टोक्यो आगमन की 75वीं वर्षगांठ

(अमेज़न ऑस्ट्रेलिया द्वारा जुलाई 2018 और नवंबर 2019 में क्रमशः 'अपडेटेड' ई-बुक और पेपरबैक बुक में प्रकाशित अंग्रेजी पेज)

(11 मई 2018 को फेसबुक पर पोस्टिंग, कॉपीराइट © डॉ गोराचांद घोष 2018)

हमारी भारत माता की स्वतंत्रता के सैन्य समर्थन के लिए जापानी प्रधान मंत्री हिदेकी तोजो के आधिकारिक आवास पर नेताजी के आगमन की 75वीं वर्षगांठ (प्लैटिनम जुबली); नेताजी द्वितीय विश्व युद्ध में अंग्रेजों के साथ शामिल नहीं हुए, जहां गांधी और नेहरू ने जापान और जर्मनी के खिलाफ युद्ध में अपने ब्रिटिश बॉस का समर्थन किया और 1940 में ब्रिटिश साम्राज्य को युवा भारतीय लड़कों को सैन्य कर्मियों के रूप में भर्ती करने में मदद की। नेताजी को नजरबंद कर दिया गया और 16 जनवरी 1941 को एल्गिन रोड, कलकत्ता स्थित उनके पैतृक घर से उन्हें भारत छोड़ने के लिए मजबूर किया गया। ब्रिटिश राज ने इसे "सुभाष चंद्र बोस का महानतम पलायन 'महानिष्क्रमण' घोषित किया।" अफ़ग़ानिस्तान, रूस, जर्मनी, हिंद महासागर और सिंगापुर की यात्रा करने के बाद, नेताजी 11 मई 1943 को टोक्यो पहुँचे। उन्हें और उनके दल को प्रधान मंत्री के अतिथि के रूप में इंपीरियल होटल में ठहराया गया था।

18/19 सितंबर 2017 को किंडल अमेज़न द्वारा मेरी ई-बुक "नेताजी के अज्ञात तथ्य: जापान और दक्षिण पूर्व एशिया" के प्रकाशन से पहले, गुमनामी लोगों को नेताजी के बारे में कहां पता था?

अज्ञात लोगों के कुछ अपराधियों ने मेरी ई-बुक से कुछ कॉपीराइट छवियां चुरा लीं, उन्हें 'क्रॉप' किया, उन्हें फेसबुक, ट्विटर जैसे सोशल मीडिया पर पोस्ट किया, और उनकी कहानी बदलने की कोशिश की।

एक भौतिक विज्ञानी, सॉफ्टवेयर डेवलपर (1976 से) और आधुनिक ऑप्टिकल

फाइबर संचार प्रणालियों के एक टेक्नोक्रेट के रूप में, मैं हर किसी को नेताजी की सर्वोच्च पवित्र आत्मा का अपमान करते हुए देखता हूं। आप भारतीयों को मूर्ख बनाने की कोशिश कर रहे हैं, लेकिन याद रखें मैं नेताजी के आशीर्वाद से सभी अपराधियों को जेल में डालूंगा। वह आत्मा सही समय की प्रतीक्षा कर रही थी जैसा कि नेताजी के निजी सचिव (पीएस) ने मुझे उनकी मृत्यु से पहले सलाह दी थी।

गुमनामिस्ट सदस्यों, क्या मैं जापान में नेताजी की उनके पीएस, और अन्य लोगों के साथ अपनी मूल तस्वीरें, भारतीय या किसी अंतरराष्ट्रीय अदालत में दिखा सकता हूं? 18 अगस्त 1945 को एक विमान दुर्घटना में नेताजी की मृत्यु हो गई और 23 जनवरी 1977 को उन्होंने अपनी कुछ तस्वीरों के साथ नेताजी रिसर्च ब्यूरो (एन.आर.बी) में एक सेमिनार में संबोधन दिया। लेकिन कांग्रेस पार्टी और नेताजी रिसर्च ब्यूरो के बोस बंधु चुप रहे और 'भारत माता' को लूटना जारी रखने के लिए तथ्यों और तथ्यों को दबाते रहे; इसके अलावा कमीशन के नाम पर नेताजी के लापता होने के बारे में कई किताबें, उपन्यास आदि लिखना और अंत में उन्हें हत्यारा/डाकू गुमनामी बाबा (गू-बाबा) के रूप में बदनाम करना। जैसा कि मैंने शोध किया, गु-बाबा अनुज धर और विजय नाग के पिता थे। मुझे यह भी लगता है कि 'नेताजी को गुमनामी बाबा कहने' की साजिश के पीछे उनकी आत्मा का अपमान करने के पीछे एक शक्तिशाली बंगाली राजनीतिक कांग्रेसी नेता का हाथ है।

जैसा कि मैंने अब खुलासा किया है, नेताजी और आईएनए हमारी भारत माता के सच्चे स्वतंत्रता सेनानी हैं। साथ ही, आप देख सकते हैं कि अहिंसा ने हमें आज़ादी नहीं दिलाई, यह अंग्रेजों द्वारा अपनी कठपुतली, दास गांधी और नेहरू और अंततः भारतीयों को संतुष्ट करने के लिए एक भ्रमपूर्ण पाखंड या साजिश थी।

हमें यह कहावत याद रखनी चाहिए, "सच्चाई की हमेशा जीत होती है और वह अपने आप प्रकट हो जाता है"।

11 मई, 1943 को टोक्यो में नेताजी का पहला स्मरणोत्सव इस कॉपीराइट फोटो में दिखाया गया है जो मुझे नेताजी के निजी सचिव मासाईयोशी काकित्सुबो और उनके बेटे डॉ. हिरोइयोशी इयाजिमा द्वारा सुझाया गया था। अब सभी भारतीय नेताजी को अपना भाषण देते हुए और उनके बगल में खड़े होकर अपने पीएस का जापानी में अनुवाद करते हुए देख सकते थे, क्योंकि नेताजी को जापानी भाषा नहीं आती थी। प्रधानमंत्री तोजो चाहते थे कि भारत की आजादी में मदद के लिए नेताजी अपने धर्म का कर्ज भारत से चुकाएं।

जय हिन्द, वंदे मातरम, भगवान हमारी भारत माता को इस सदी में विश्व के सर्वश्रेष्ठ देशों में से एक के रूप में आशीर्वाद दे रहे हैं।

व्याख्यान के बाद गार्डन पार्टी

At the party Netaji and Koiso were planning for war

जापानी मंत्रियों के साथ गार्डन पार्टी में नेताजी: बाईं ओर से ऊपर की तस्वीर, वर्गास, काकित्सुबो और कोइसो; निचे नेताजी, काकित्सुबो; और कोइसो

Netaji, Koiso and Kakitsubo were talking in the Garden party in May 1943

टोक्यो में एक गार्डन पार्टी में नेताजी अन्य जापानियों से चर्चा कर रहे थे

गार्डन पार्टी में नेताजी जापानियों से चर्चा कर रहे थे

बगीचे की पार्टी में नशे में धुत जापानियों और कुछ विदेशियों को नेताजी घूर रहे थे

टोक्यो में एक गार्डन पार्टी में नेताजी वर्गास और कैसो के साथ शराब पी रहे थे और कांपै कोर रहे थे

टोक्यो में एक गार्डन पार्टी में नेताजी शिगेमित्सु और अन्य लोगों के साथ शराब "साके" पी रहे थे

18 मई, 1943 को कानागावा में सार्वजनिक बैठक

नेताजी के पहले सप्ताह के प्रवास और प्रधान मंत्री तोजो के साथ बैठक के बाद, 18 मई 1943 को कानागावा में भारतीय स्वतंत्रता के लिए एक रैली आयोजित की गई और इसका उद्घाटन प्रधान मंत्री हिदेकी तोजो ने किया। कृपया इसे लिंक के माध्यम से देखें।

https://www.youtube.com/watch?v=Xh930KBBT78&t=124s

Published by MARUMEGANENOOYAJI No. 159 on 25 October 2015

(मासाकी मियामोतो, जापान के सौजन्य से)

16 जून 1943 को टोक्यो में इंपीरियल डाइट बिल्डिंग में 82वें डाइट सत्र में प्रधान मंत्री हिदेकी तोजो का जोशीला भाषण

प्रधान मंत्री हिदेकी तोजो ने 16 जून 1943 को टोक्यो में इंपीरियल डाइट बिल्डिंग में 82वें डाइट सत्र में एक उग्र भाषण दिया। नेताजी के अंग्रेजों का गुलाम न बनने के साहस के लिए तोजो ने नेताजी की प्रशंसा की और भारत की आजादी के लिए अपना जीवन बलिदान कर दिया। भारत की आजादी के लिए सभी जापानियों ने तोजो का भरपूर समर्थन किया। तोजो ने घोषणा की कि जापानी भारत की स्वतंत्रता/अंग्रेजों के खिलाफ युद्ध में सहायता के लिए भारत से बौद्ध धर्म/संस्कृति के

प्राचीन ऋण को चुकाकर भारत की स्वतंत्रता के लिए नेताजी की मदद करना चाहते थे।

16 जून, 1943 को चंद्र बोस ने टोक्यो में इंपीरियल डाइट की 'बिरशी' नंबर मीटिंग में भाषण दिया। डायट सत्र में भाषण के बाद नेताजी डायट भवन की लॉबी में पत्रकारों से बात कर रहे थे।

हिदेकी तोजो के ओजस्वी भाषण और चंद्र बोस के भाषण की 75वीं वर्षगांठ

16 जून 1943 को भारतीय स्वतंत्रता के लिए टोक्यो में इंपीरियल डाइट की 82वीं बैठक में जापानी प्रधान मंत्री हिदेकी तोजो के उग्र भाषण और चंद्र बोस के भाषण की 75वीं वर्षगांठ है। नेताजी और तोजो हमारी भारत माता की आजादी के प्रमुख सूत्रधार थे।

(नेताजी और तोजो की उपरोक्त तस्वीरें: एनएचके, जापान के सौजन्य से)

भारत और जापान के बीच ऐतिहासिक रूप से जटिल द्वि-सांस्कृतिक संबंध रहे हैं जो लगभग 20वीं सदी से चले आ रहे हैं। हाल के दिनों में भारत में ब्रिटिश शासन के कारण इन सांस्कृतिक संबंधों में बाधा उत्पन्न हुई है। लेकिन यह निश्चित है कि भारत के स्वतंत्र होने पर यह सांस्कृतिक संबंध पुनः स्थापित हो जायेगा। कृपया MARUMEGANEOOYAJI द्वारा निर्मित YouTube से टोक्यो, जापान में डाइट हॉल में उनके करिश्माई चेहरे/आवाज़ को देखें/सुनें।

तोजो ने अंग्रेजों के गुलाम न बनने और भारत की आजादी के लिए अपना जीवन बलिदान करने के साहस के लिए नेताजी की प्रशंसा की। जैसे ही जापानियों ने भारत की आजादी के लिए तोजो की प्रशंसा/समर्थन किया, तोजो ने घोषणा की कि जापानी लोग नेताजी के अंग्रेजों युद्ध/स्वतंत्रता संग्राम में मदद करने के लिए भारत से अपना धर्म ऋण चुकाने के लिए तैयार हैं।

लेखक ने 16 जून 2018 को 75वीं वर्षगांठ के अवसर पर उपरोक्त छवियों और लिखित अंग्रेजी वक्तव्य को फेसबुक पर सार्वजनिक पोस्ट किया।

उपरोक्त तस्वीरों में, NP-1 11 मई, 1943 को प्रधान मंत्री हिदेकी तोजो के आवास पर जापान में नेताजी का गर्मजोशी से स्वागत करते हुए श्रद्धांजलि देने के लिए आयोजित रात्रिभोज पार्टी का प्रतिनिधित्व करता है। इस अवसर पर नेताजी ने मंत्री कोइसो, प्रधान मंत्री तोजो सहित कई मंत्रियों की उपस्थिति में उद्घाटन भाषण दिया। आई. एन. के श्री चटर्जी वहां उपस्थित थे। मिस्टर काकित्सुबो नेताजी के पीछे खड़े होकर समझा रहे थे। भाषण के ठीक बाद, NP-2 फोटो में कोइसो और नेताजी अपने दुभाषिया की उपस्थिति में नेताजी की एक दुर्लभ तस्वीर के साथ युद्ध की योजना बनाते हुए दिखाई दे रहे हैं। इसी तरह कोइसो के खूबसूरत चेहरे की एक और तस्वीर NP-3 में दिखाई गई है। NP-4 फोटो से NP-6 फोटो तक प्रूफ लेक्चर के बाद हर कोई गार्डन पार्टी का आनंद ले रहा है। फिलीपीन के राजदूत श्री वर्गास और कोइसो के साथ फोटो NP-7 में नेताजी की ऊर्जावान मनोदशा और मुस्कुराता हुआ चेहरा दिखाया गया है। जैसा कि फोटो NP-8 में दर्शाया गया है, नेताजी कोइसो और अन्य लोगों के साथ साके पी रहे थे। इसी तरह, गार्डन पार्टी में नेताजी मंत्री शिगेमित्सु के साथ शराब पी रहे थे, जैसा कि फोटो NP-9 में दिखाया गया है।

जापानियों ने सिंगापुर पर कब्ज़ा कर लिया

17 फरवरी 1942 को, सिंगापुर के पतन के दो दिन बाद, लगभग 45,000 भारतीय युद्ध कैदी (POWs) फेरार पार्क में एकत्र हुए। वहां अंग्रेजों ने उन्हें जापानियों को सौंप दिया। उन्हें आश्चर्य हुआ जब जापानियों ने उनका स्वागत किया और भारत की स्वतंत्रता के लिए अपना समर्थन देने का वादा किया।

इसके बाद ब्रिटिश सेना की 1/14वीं पंजाब रेजिमेंट के कप्तान मोहन सिंह ने भारत को आज़ाद कराने के लिए एक सेना के गठन का आह्वान किया। लगभग 20,000 सैनिक तुरंत आईएनए में शामिल हो गए (छवि; [9] ब्रिटिश आत्मसमर्पण, 1942)।

इससे पहले, जापानी सैन्य प्रशासन ने पूर्वी एशिया में विभिन्न भारतीय राष्ट्रवादी समूहों को ब्रिटिश विरोधी गठबंधन बनाने के लिए प्रोत्साहित किया था। इन भारतीय राष्ट्रवादी पार्टियों ने तब इंडियन इंडिपेंडेंस लीग (IIL) का गठन किया, जिसका मुख्यालय सिंगापुर में था। उसी समय, आईआईएल पूर्वी एशिया में भारतीय समुदायों के कल्याण की देखभाल करता था।

मार्च 1942 की शुरुआत में, जापानियों ने प्रस्ताव दिया कि आईएनए आईआईएल की सैन्य शाखा बन जाए, और रासबिहारी बोस, एक भारतीय क्रांतिकारी, जो पहले भारत से जापान भाग गए थे, उन्होंने इस आंदोलन का नेतृत्व किया। जून 1942 में बैंकॉक में इसकी आधिकारिक घोषणा की गई।

1942 के अंत तक, भारतीयों को तेजी से महसूस होने लगा कि जापानियों द्वारा उनका इस्तेमाल किया जा रहा है और उन्होंने भारतीय स्वतंत्रता लीग (आईआईएल) के नेता रासबिहारी बोस पर भरोसा किया। दिसंबर में, मोहन सिंह और अन्य आईएनए नेताओं ने जापानियों के साथ तीखी असहमति के बाद आईएनए को भंग करने का आदेश दिया। बाद में जापानियों ने मोहन सिंह को गिरफ्तार कर लिया और उन्हें पलाऊ उबिन में निर्वासित कर दिया। हालाँकि, 1943 में, नेताजी ने उन्हें INA में फिर से नियुक्त कर लिया।

सिंगापुर में नेताजी

14 जून 1943 को नेताजी और रासबिहारी बोस ने जापानी सेना के कमांडर-इन-चीफ, जनरल काउंट, फील्ड मार्शल, जुइची टेराउची से सिंगापुर स्थित उनके मुख्यालय में शिष्टाचार टेलीफोन कॉल की।

दोनों 2 जुलाई 1943 को सिंगापुर पहुंचे। टेराउची ने दोनों भारतीय नेताओं का गर्मजोशी से स्वागत किया. जापानी वॉर कॉलेज से स्नातक होने के बाद, जर्मनी में नेताजी के साथ आसानी से बातचीत करने वाले इस विशिष्ट जनरल ने जर्मनी में भी अध्ययन किया। टेराउची को नेताजी पसंद थे और वे बहुत अच्छे दोस्त थे। उन्हें व्यापक रूप से एक महाशक्तिशाली व्यक्ति के रूप में जाना जाता था।

अगले दिन, नेताजी ने भारतीय राष्ट्रीय सेना (आईएनए) की कमान संभाली और शहर के बाहरी इलाके में चिलचिलाती उष्णकटिबंधीय धूप में खड़े 13,000 अधिकारियों और पुरुषों की समीक्षा की। नेताजी ने अपने दर्शन को एक ओजस्वी एवं ऐतिहासिक ओजस्वी भाषण में व्यक्त किया। सिंगापुर में सेना के कैडेटों ने अपने गले में सफेद फूलों की दोहरी मालाएं डालकर नेताजी का स्वागत किया, जैसा कि लेखक द्वारा डॉ. हिरोइयोशी इयाजिमा से एकत्र की गई दो दुर्लभ तस्वीरों NP-10 और NP-11 [7] में दिखाया गया है। कोई भी व्यक्ति एल्बम में रखी तस्वीरों के बगल में हस्तलिखित नोट्स देख सकता है। NP-10 और NP-11 दोनों ही नेताजी की दुर्लभ तस्वीरें हैं और भारतीय कैडेटों के बीच उनकी

लोकप्रियता को आज भी याद किया जाता है। विश्व में पहली बार इस पुस्तक में प्रकाशित इस दुर्लभ तस्वीर के साक्ष्य के रूप में महिला कैडेट उन्हें सफ़ेद फूलों की माला भेंट करने के लिए एकत्र हुईं।

सिंगापुर हवाई अड्डे पर [10], नेताजी ने बर्मी नेता, डॉ. बा माओ से मुलाकात की और तोजो के आगमन पर उनका स्वागत करने के लिए प्रतीक्षा की। डॉ. बा माओ ने टिप्पणी की, "यह एक ऐतिहासिक उपलब्धि है।"

Netaji was welcomed by the Indian male cadets and garlanded with white flowers at Singapore on 2nd July 1943

आई.एन.ए के पुरुष कैडेटों ने सिंगापुर में सफेद फूलों की मालाओं से नेताजी का स्वागत किया

आईएनए महिला कैडेटों ने सिंगापुर में सफेद फूलों की मालाओं से नेताजी का स्वागत किया

दो दिन बाद, कैथे बिल्डिंग में एक समारोह में नेताजी ने आईआईएल और आईएनए का नेतृत्व संभाला। बोस ने अपनी प्रेरक बयानबाजी और करिश्मा के साथ उदास आईआईएल और आईएनए को तुरंत पुनर्जीवित किया। आईएनए, जिसमें पहले मुख्य रूप से युद्धबंदी शामिल थे, स्थानीय नागरिकों के शामिल होने से संख्या दोगुनी हो गई। बैरिस्टर से लेकर बागान श्रमिकों तक, जिनके पास कोई सैन्य अनुभव नहीं था, ऐसे कई भारतीय थे जो केवल हमारी भारत माता के लिए स्वतंत्रता प्राप्त करने के अच्छे कारण के लिए शामिल हुए थे।

जुलाई 1943 में, नेताजी ने आईएनए का सैन्य दौरा किया। निम्नलिखित छवियां सिंगापुर सरकार [11] संग्रह से ली गई हैं।

आईएनए का सैन्य निरीक्षण, 1943

पडांग पार्क में आई.एन. ए सैन्य परेड

6 जुलाई 1943 को, जापानी प्रधान मंत्री हिदेकी तोजो आईएनए का दौरा करने के लिए सिंगापुर [7] जा रहे थे।

एक प्रशिक्षित सेना सुनिश्चित करने के लिए, नेताजी ने आईएनए अधिकारियों के लिए ऑफिसर्स ट्रेनिंग स्कूल और नागरिकों/स्वयंसेवकों के लिए आज़ाद स्कूल की स्थापना की। तोजो से मिलने के बाद लगभग 45 युवकों को उन्नत प्रशिक्षण के लिए इंपीरियल जापानी सेना अकादमी भेजा गया। दक्षिण पूर्व एशिया में अपनी सभी शाखाओं के प्रयासों को मजबूत करने के लिए आईआईएल का पुनर्गठन किया गया था।

(यह छवि मासाकी मियामोतो, जापान से प्राप्त की गई थी)
यात्रा के बाद, तोजो और नेताजी युद्ध की योजनाएँ बना रहे थे [7]।

9 जुलाई 1943 को नेताजी का एकमात्र ऐतिहासिक जोशीला भाषण

9 जुलाई 1943 को सिंगापुर के पेडांग पार्क में आईएनए दर्शकों के लिए नेताजी का एकमात्र ऐतिहासिक उग्र भाषण [7]।

मुक्ति सेना! आज मेरे जीवन का सबसे गौरवपूर्ण दिन है। आज मुझे पूरी दुनिया को यह घोषणा करने का अनोखा और सम्मानजनक अवसर मिलने पर खुशी हो रही है कि भारतीय स्वतंत्रता सेना की स्थापना हो गई है। इस सेना ने अब सिंगापुर के युद्धक्षेत्रों में सैन्य बल का गठन किया, जो कभी ब्रिटिश साम्राज्य के मुख्य वाहकों में से एक था। यह केवल सेना ही नहीं थी जो भारत को ब्रिटिश शासन से मुक्त कराएगी; इसके बाद यही सेना स्वतंत्र भारत की भावी राष्ट्रीय सेना बनेगी। हर भारतीय को इस बात पर गर्व होना चाहिए कि यह सेना, उसकी अपनी सेना भारतीय नेतृत्व में पूरी तरह से संगठित है और ऐतिहासिक क्षण आने पर भारतीय नेतृत्व में युद्ध में उतरेगी।

ऐसे लोग हैं जिन्होंने कभी सोचा था कि साम्राज्य में सूर्य कभी अस्त नहीं होता था, कि यह एक शाश्वत साम्राज्य था। ऐसे विचार मुझे कभी परेशान नहीं करते। इतिहास ने मुझे सिखाया कि प्रत्येक साम्राज्य का अनिवार्य रूप से पतन और पतन होता है। इसके अलावा, मैंने अपनी आँखों से ऐसे शहर और किले देखे हैं जो कभी किलेबंदी हुआ करते थे, लेकिन जो पूर्व साम्राज्यों के कब्रिस्तान बन गए हैं। लेकिन आज ब्रिटिश साम्राज्य के कब्रिस्तान में खड़े होकर एक बच्चा भी आश्वस्त है कि सर्वशक्तिमान ब्रिटिश साम्राज्य अतीत की बात है।

जब 1939 में फ़्रांस ने जर्मनी के ख़िलाफ़ युद्ध की घोषणा की और अभियान शुरू हुआ, तो जर्मन सैनिकों की ओर से चिल्लाहट उठी - 'पेरिस, पेरिस!' दिसंबर 1941 में जब बहादुर निप्पॉन सैनिक मार्च पर निकले तो उनके मुंह से केवल एक ही शब्द निकला - 'सिंगापुर, टू सिंगापुर!' साथी! मेरे सैनिक! आपका युद्धघोष है - 'दिल्ली से दिल्ली!' हममें से कितने लोग व्यक्तिगत रूप से इस मुक्ति संग्राम में जीवित बचेंगे, मैं नहीं जानता? लेकिन मैं जानता हूं कि अंत में हमारी जीत होगी और हमारा काम तब तक पूरा नहीं होगा जब तक हमारे जीवित नायक ब्रिटिश साम्राज्य के एक और कब्रिस्तान - 'पुरानी दिल्ली का लाल किला' तक विजय मार्च नहीं करते। अपने पूरे सार्वजनिक जीवन में मैंने हमेशा महसूस किया है कि भारत, हालांकि अन्य तरीकों से आजादी के लिए तैयार है, लेकिन एक चीज की कमी है, वह है मुक्ति सेना। अमेरिका के जॉर्ज वॉशिंगटन अपनी सेना के कारण ही आजादी की लड़ाई लड़ पाए थे।

गैरीबाल्डी इटली को आज़ाद करा सका क्योंकि उसके पीछे सशस्त्र स्वयंसेवक थे। सबसे पहले आगे आना और भारतीय राष्ट्रीय सेना (आईएनए) को संगठित करना आपका अधिकार और सम्मान है। ऐसा करके आप हमारी आज़ादी की आखिरी बाधा को दूर कर रहे हैं। ऐसे नेक कार्य के लिए अग्रणी, मोहरा, खुश और गौरवान्वित रहें। मैं आपको याद दिला दूं कि आपके पास संपादन का कार्य दोगुना है। तुम्हें हथियारों के बल पर और

अपने खून की कीमत पर आजादी हासिल करनी होगी। फिर जब भारत स्वतंत्र हो जायेगा तो आपको स्वतंत्र भारत की एक स्थायी सेना संगठित करनी होगी जिसका कार्य हमारी स्वतंत्रता की सदैव रक्षा करना होगा। हमें अपनी राष्ट्रीय रक्षा एक ऐसी अटल नींव पर बनानी चाहिए जो हमारे इतिहास में फिर कभी हमारी स्वतंत्रता को न खोए।

एक सैनिक के रूप में आपको वफादारी, कर्तव्य और बलिदान के तीन आदर्शों को हमेशा संजोकर रखना चाहिए और उनके अनुसार जीना चाहिए। जो सैनिक अपने राष्ट्र के प्रति सदैव वफादार रहते हैं, जो हर परिस्थिति में अपना कर्तव्य निभाते हैं और जो अपने जीवन का बलिदान देने के लिए हमेशा तैयार रहते हैं, वे अजेय होते हैं। यदि आप भी अदम्य बनना चाहते हैं तो इन तीन आदर्शों को अपने हृदय में गहराई से अंकित कर लें।

एक सच्चे सैनिक को सैन्य और आध्यात्मिक प्रशिक्षण दोनों की आवश्यकता होती है। आपको, आप सभी को प्रशिक्षित करना चाहिए, ताकि प्रत्येक सैनिक को अपने आप पर अत्यधिक विश्वास हो, वह दुश्मन से बहुत बेहतर होने के बारे में जागरूक हो, नहीं डरे, किसी भी गंभीर स्थिति में पर्याप्त पहल करे और अपने कदम खुद उठाए। वर्तमान युद्ध के दौरान आपने अपनी आँखों से देखा है कि आश्चर्य, वैज्ञानिक प्रशिक्षण, साहस, निर्भयता और गतिशीलता से क्या-क्या प्राप्त किया जा सकता है। इस उदाहरण से आप सब कुछ सीखें और भारत माता में एक प्रथम श्रेणी की आधुनिक सेना का निर्माण करें।

5 अगस्त, 1943 को नेताजी का एक और भाषण

फिर, 5 अगस्त 1943 को, सुभाष चंद्र बोस ने पेडांग पार्क में आईएनए सैनिकों को संबोधित किया। उन्होंने उनसे सवाल किया कि क्या वे "जय हिंद" और "चलो दिल्ली" के नारे को अपना हिस्सा मानते हैं। सैनिकों की प्रतिक्रिया जबरदस्त और विस्मयकारी थी। आप जो अधिकारी हैं, मुझे कहना होगा कि मेरी जिम्मेदारी भारी है। हालाँकि इस दुनिया की हर सेना में एक अधिकारी का कर्तव्य वास्तव में महान है, लेकिन आपके मामले में यह बहुत अधिक है। हमारी राजनीतिक दासता के कारण हमें प्रेरित करने के लिए मुक्देन, पोर्ट आर्थर या सेडान जैसा कुछ भी नहीं।

हमें उन कुछ चीजों को भूलना होगा जो अंग्रेजों ने हमें सिखाई और जो उन्होंने नहीं सिखाई उन्हें सीखना होगा।

फिर भी, मुझे विश्वास है कि आप इस अवसर पर आगे बढ़ेंगे और उस कार्य को पूरा करेंगे जो आपके देशवासियों ने आपके बहादुर कंधों पर डाला है। हमेशा याद रखें कि अधिकारी सेना बना या बिगाड़ सकते हैं। यह भी याद रखें कि अंग्रेज कई मोर्चों पर हारे थे, मुख्यतः निकम्मे अधिकारियों के कारण। और यह भी याद रखें कि आपकी स्थिति से परे स्वतंत्र भारत सेना के भविष्य के जनरल स्टाफ का भार होगा। मुझे आप सभी से यह कहना चाहिए - इस कुल संग्रह में डों, मुझे कम से कम 300,000 सैनिक और 3 करोड़ रुपये, या तीस मिलियन डॉलर की उम्मीद है। मैं यह भी चाहता हूं कि एक बहादुर भारतीय महिला 'मौत को मात देने वाली रेजिमेंट' बनाए, जिसने 1857 में भारत के पहले स्वतंत्रता

संग्राम में 'झांसी की रानी' की तलवार लहराई थी। मित्रों, यूरोप में दूसरे मोर्चे के बारे में हम काफी समय से सुनते आ रहे हैं। लेकिन घर पर हमारे देशवासी अब गंभीर दबाव में हैं और दूसरे मोर्चे की मांग कर रहे हैं। मुझे पूर्वी एशिया में पूर्ण एकजुटता दीजिए और मैं आपसे एक दूसरे मोर्चे का वादा करता हूँ - भारतीय संघर्ष के लिए एक वास्तविक दूसरा मोर्चा।

Netaji was delivering lecture in front of the INA soldiers in 1943

स्थानीय भारतीय समुदाय ने उत्साहपूर्वक और तुरंत प्रतिक्रिया दी। लगभग हर भारतीय निवासी ने नेताजी को धन और कीमती सामान दान किया, और आईएनए की महिला सहायक वाहिनी तुरंत बनाई गई।

Netaji and Lakshmi were Inspecting the Women's Parade in Singapore

सिंगापुर: जुलाई-अगस्त 1943 में नेताजी की आईएनए सैन्य परिदर्शन

(उपरोक्त दो तस्वीरों के लिए जापान के मासाकी मियामोतो के सौजन्य से)

अनंतिम आज़ाद हिंद सरकार

21 अक्टूबर, 1943 को, बोस ने खुद को राज्य प्रमुख, प्रधान मंत्री और युद्ध मंत्री के साथ आजाद हिंद (स्वतंत्र भारत) की अनंतिम सरकार के गठन की घोषणा की। नेताजी सरकार बनाने के लिए दर्शकों को संबोधित कर रहे थे [7]।

अन्तरिम सरकार ने ही बोस को जापानियों के साथ समान स्तर पर बातचीत करने में सक्षम बनाया, और पूर्वी एशियाई भारतीयों को आईएनए में शामिल होने और समर्थन करने के लिए प्रोत्साहित किया।

नेताजी ने सिंगापुर के कैथी भवन में आज़ाद हिन्द प्रोविजनल सरकार के गठन की घोषणा की। इस घोषणा के तुरंत बाद, अनंतिम सरकार को जापान, बर्मा, क्रोएशिया, जर्मनी, फिलीपींस, नानकिंग चीन, मांचुकुओ, इटली, सियाम (थाईलैंड) से मान्यता प्राप्त हुई।

24 अक्टूबर को माओ की प्रोविजनल सरकार से नेताजी के नेतृत्व वाली प्रोविजनल सरकार को तत्काल मान्यता दे दी गई। नेताजी ने संघर्ष के दौरान हरसंभव सहायता के लिए बर्मा की सरकार और लोगों के प्रति हार्दिक आभार व्यक्त किया।

1942 में जापानियों द्वारा सिंगापुर में रखी गई वारहेड मिसाइलें
https://www.youtube.com/watch?v=c8BjOx5B6sE
29 अक्टूबर 2015 को MARUMEGANEOOYAJI द्वारा प्रकाशित
(जापान के मासाकी मियामोतो के सौजन्य से)

कैबिनेट फोटो

Cabinet Ministers of the Azad Hind Government

अक्टूबर 1943 में सिंगापुर में आज़ाद हिंद की अन्तरिम सरकार के कैबिनेट सदस्य।
पहली पंक्ति (दाएं से बाएं): लेफ्टिनेंट कर्नल एसी चटर्जी, लेफ्टिनेंट कर्नल जेके भोसले, डॉ. लक्ष्मी स्वामीनाथन, सुभाष चंद्र बोस, एएम सहाय और एसए अय्यर।

दूसरी पंक्ति (दाएं से बाएं): लेफ्टिनेंट कर्नल गुलजारा सिंह, लेफ्टिनेंट कर्नल शाह नवाज खान, लेफ्टिनेंट कर्नल अजीज अहमद, लेफ्टिनेंट कर्नल एमजेड कियानी, लेफ्टिनेंट कर्नल एनएस भगत, लेफ्टिनेंट कर्नल एहसान कादिर, लेफ्टिनेंट कर्नल लोगनाथन।

मंत्रिमंडल के सदस्य

लेफ्टिनेंट कर्नल एसी चटर्जी, वित्त मंत्री; डॉ. (कैप्टन) लक्ष्मी स्वामीनाथन, महिला संगठन मंत्री; श्री एएम सहाय, कैबिनेट सचिव; श्री एस.ए. अय्यर, प्रचार एवं प्रसार मंत्री; लेफ्टिनेंट कर्नल जेके भोसले, लेफ्टिनेंट कर्नल लोगनाथन, लेफ्टिनेंट कर्नल एहसान कादिर, लेफ्टिनेंट कर्नल एनएस भगत, लेफ्टिनेंट कर्नल एमजेड कियानी, लेफ्टिनेंट कर्नल शाह नवाज खान, लेफ्टिनेंट कर्नल गुलजारा सिंह, कर्नल हबीबुर रहमान खान, आईएनए प्रतिनिधि; रासबिहारी बोस, सर्वोच्च सलाहकार; करीम गियानी, बर्मा के सलाहकार; देबनाथ दास, सरदार ईशर सिंह, थाईलैंड के सलाहकार; डीएम खान, हांगकांग के सलाहकार; ए इलप्पा, एएन सरकार के सलाहकार, सिंगापुर।

आज़ाद हिंद अन्तरिम सरकार के गठन के साथ, भारतीय समुदाय को सशस्त्र संघर्ष के लिए संगठित करने के लिए कदम उठाए गए। मलाया, थाईलैंड और बर्मा में कई भारतीय

नागरिकों ने उत्साह के साथ प्रतिक्रिया व्यक्त की। अन्य लोगों ने आईएनए फंड में उदारतापूर्वक धन और सोना दान किया। सोना ज्यादातर उन महिलाओं से आया, जिन्होंने स्वेच्छा से अपने आभूषण दान कर दिए, और धनी भारतीय परिवारों ने बोस की सभाओं और बैठकों में भाग लेने के बाद बड़ी रकम अर्थ दान की। योगदान के अन्य रूपों में कपड़े, खाद्य पदार्थ और अन्य आपूर्तियाँ शामिल थीं जिनका उपयोग आईएनए कर सकता था। इस सरकार के गठन के बाद उन्हें 5-6 नवंबर, 1943 को टोक्यो में ग्रेटर ईस्ट एशिया सम्मेलन में भाग लेने के लिए आमंत्रित किया गया। अध्याय III में चर्चा की गई, उन्होंने 31 अक्टूबर 1943 को सिंगापुर छोड़ दिया।

अगस्त 1943 में, डॉ. बा माओ आदिपदी, राज्य के प्रमुख और साथ ही स्वतंत्र बर्मा के नए राज्य के प्रधान मंत्री बने। महान भारतीय युद्ध नायक सुभाष चंद्र बोस ने अपने सर्वोत्तम और उपयोगी दिन बर्मा में बिताए। करिश्माई स्वतंत्रता नायक डॉ. बा माओ ने प्रधान मंत्री और हिदेकी तोजो पर टिप्पणी की क्योंकि उन्होंने उन्हें और नेताजी को बहुत प्रभावित किया था और वास्तव में वह एकमात्र दक्षिण पूर्व एशियाई नेता थे जिनसे उनकी मुलाकात हुई थी। उनकी वास्तविक एशियाई संवेदनशीलता ने उन्हें अन्य एशियाई लोगों की वास्तविक समस्याओं को समझाया कि वे अक्सर सैन्यवादियों का विरोध करते थे, जिनकी भावनाएँ उनकी अपनी भूमि और लोगों तक ही सीमित थीं। यहां दिखाए गए अपनी आज़ाद हिंद सरकार के लिए नेताजी ने झंडे डिज़ाइन किए, साथ ही, युवा भारतीयों को दिखाए गए नेतृत्व की क्षमता के लिए उनकी उद्घोषणा भी की। सिंगापुर में INA का कार्यभार ग्रहण करते ही नेताजी ने INA के पुरुष ब्रिगेड का नाम गुरिल्ला रेजिमेंट (डिवीजन 1, 2, और 3) और महिला ब्रिगेड का नाम रानी झांसी रेजिमेंट रखा।

83वें डाइट सत्र में प्रधान मंत्री हिदेकी तोजो का भाषण

सिंगापुर से सभी सकारात्मक जानकारी प्राप्त करने के बाद, प्रधान मंत्री हिदेकी तोजो ने 26 अक्टूबर 1943 को इंपीरियल डाइट बिल्डिंग में 83वें डाइट सत्र में एक और भाषण दिया, जैसा कि नीचे वेब पते में दिखाया गया है।

https://www.youtube.com/watch?v=NYG1ArH40aU

MARUMEGANEOOYAJI, 29 अक्टूबर 2015 को प्रकाशित

(जापान के मासाकी मियामोतो के सौजन्य से)

इंपीरियल डाइट बिल्डिंग, टोक्यो

सिंगापुर दौरे और आईएनए का दौरा करने के बाद, प्रधान मंत्री हिदेकी तोजो डाइट बिल्डिंग में अपना भाषण दे रहे थे। जापानी स्वतंत्रता आंदोलन में मदद के लिए नेताजी की बातें बहुत ध्यान से सुन रहे थे।

सिंगापुर में आईएनए में नेताजी का भाषण

कैप्टन डॉ. लक्ष्मी स्वामीनाथन की झाँसी रानी रेजिमेंट का प्रमाण

पaseर वर्णित लोकप्रिय विश्व धर्मों द्वारा शांति और सद्भाव बनाए रखने के लिए विश्व युद्धों की अवधि के आधार पर गांधी और नेहरू दोनों को अप्रत्यक्ष रूप से 'युद्ध अपराधी' माना जाना चाहिए। उन्होंने द्वितीय विश्व युद्ध और 'ब्रिटिश राज' का समर्थन किया। इसके अलावा, उन्होंने नेताजी द्वारा बनाई गई भारतीय राष्ट्रीय सेना के खिलाफ लड़ने के लिए 'ब्रिटिश भारतीय सेना' को 1 मिलियन से बढ़ाकर 2.5 मिलियन करने में अंग्रेजों की मदद की। युद्ध में 87,000 से अधिक लोग मारे गए लेकिन ब्रिटिश और नेहरू के नेतृत्व वाली भारतीय सरकारों ने शहीदों को 'शहीद' के रूप में मान्यता नहीं दी। हमारे पास आज़ादी का कोई वास्तविक इतिहास नहीं है। वास्तविक अप्रत्यक्ष युद्ध अपराधी केवल नेहरू के नेतृत्व में कांग्रेस समर्थक इतिहासकारों द्वारा विकृत इतिहास थे।

== भारत नेताजी की बजह से ही स्वतंत्र हे ==

PROCLAMATION
(घोषणा)
(नेताजी की सिंगापुर में घोषणा)

आज़ाद हिंद सेना की अन्तरिम सरकार ने घोषणा की कि वे तब तक दृढ़ संकल्प के साथ लड़ते रहेंगे जब तक कि भारत की पूर्ण स्वतंत्रता प्राप्त नहीं हो जाती।

हम उन भारतीयों से अपील करते हैं जो अपनी अस्थि मज्जा दान करेंगे और सीधे स्वतंत्रता सेनानियों की मदद करेंगे।

मैं सभी देशभक्त भारतीयों से अपील करता हूं, चाहे वे महिला पुरुष और बच्चे हों, वे भारत के अंतिम स्वतंत्रता संग्राम में पूरे दिल से सहयोग करें।

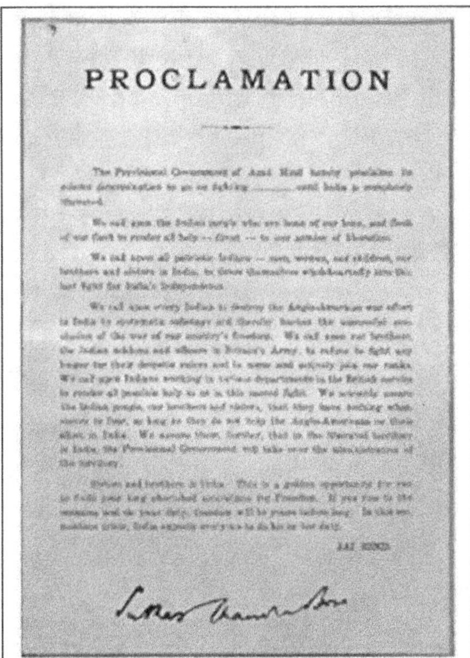

हम प्रत्येक भारतीय से आह्वान करते हैं कि वे लगातार विध्वंसक कृत्यों द्वारा ब्रिटिश अमेरिकी युद्ध प्रयासों को विफल करके अपनी स्वतंत्रता में तेजी लाएं और इस प्रकार हमारा देश स्वतंत्रता प्राप्त करने में सफल होगा। ब्रिटिश सेना में जितने भी भारतीय सैनिक हैं वे सब अत्याचारी के विरुद्ध लड़ाई में सहयोग न करके हमारी सेना में शामिल हो जाते हैं। मैं उन सभी लोगों से अपील करता हूं जो विभिन्न ब्रिटिश कार्यालयों में काम करते हैं कि वे हमारे स्वतंत्रता संग्राम में हमारी मदद करें। मैं अपने देश के भाइयों-बहनों को सच्चे दिल से विश्वास दिलाता हूं कि उन्हें ब्रिटिश अमेरिका यानी भारत की धरती से विदेशी ताकत से डरना नहीं चाहिए। हम जानते हैं कि भारत स्वतंत्र होगा और एक सैन्य सरकार स्वतंत्र देश पर शासन करेगी।

भारतीय भाइयों और बहनों, यह एक स्वर्णिम अवसर है, जिसका लाभ उठाकर भारत को अपनी आजादी हासिल करनी है। आजादी तभी जल्दी मिलेगी जब हर भारतीय सबसे बड़े संकट की घड़ी में अपने कर्तव्य के प्रति दृढ़ रहेगा।

जयहिन्द

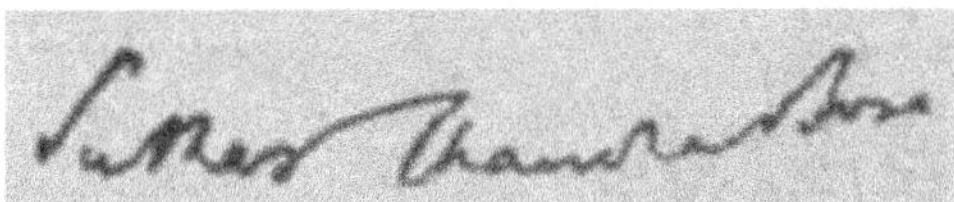

यूट्यूब लिंक

https://www.youtube.com/watch?v=OIsJLarFPOI

नेताजी सुभाष चंद्र बोस | द्वितीय विश्व युद्ध | एपिसोड एक | 25 अगस्त, 2020

हमें आजादी गांधीजी की अहिंसा ने नहीं, बल्कि नेताजी और आजाद हिंद फौज ने दी थी। इसके अलावा, गांधी के नेतृत्व वाली कांग्रेस पार्टी, जिन्ना के नेतृत्व वाली मुस्लिम लीग, सावरकर के नेतृत्व वाली हिंदू महासभा और कम्युनिस्ट पार्टी के नेता और उनके सदस्य बिल्कुल भी स्वतंत्रता सेनानी नहीं थे। इन नेताओं ने नेताजी और सैकड़ों हजारों भारतीय सेना (आईएनए) के बलिदान का लाभ उठाया और ग्रेटर भारत को विभाजित किया। सत्य की सदैव विजय होती है और वह स्वतः ही प्रकट हो जाता है।

इस एपिसोड में मैं आपको सुभाष चंद्र बोस के बचपन का संक्षिप्त इतिहास दिखाऊंगा। फिर उनका "महान पलायन" आया: जर्मनी भाग गए, सिंगापुर में नेताजी बन गए, जापान लौट आए और सिंगापुर लौट आए। उन्होंने सिंगापुर में भारतीय राष्ट्रीय सेना की कमान संभाली। उन्होंने 21 अक्टूबर 1943 को कैथी भवन, सिंगापुर में प्रोविजनल आज़ाद हिंद सरकार का गठन किया और उसी दिन से अखंड भारत के प्रधान मंत्री और युद्ध मंत्री थे।

English Version YouTube>> Netaji Subhas Chandra Bose WWII Episode 1: May 19, 2020.>> https://www.youtube.com/watch?v=AIQPZww-Gn8

Brief early life of Subhas Chandra Bose, becoming Netaji. Hero of WWII in Japan and Singapore. The FIRST Prime Minister and Minister of War for the Greater India since 21 October 1943.

अध्याय तीन
नेताजी की टोक्यो की दूसरी यात्रा

हनेडा हवाई अड्डे पर छह देशों के प्रधानमंत्रियों और राष्ट्रपतियों का स्वागत किया गया

31 अक्टूबर से 3 नवंबर, 1943 तक, प्रधान मंत्री हिदेकी तोजो और उनका दल हाल ही में स्वतंत्र हुए छह देशों के प्रधानमंत्रियों और राष्ट्रपतियों का गर्मजोशी से स्वागत करने के लिए हानेडा हवाई अड्डे पर पहुंचे।

31 अक्टूबर को, सुभाष चंद्र बोस अपने दल चटर्जी, खान और कियानी के साथ सिंगापुर से हानेडा हवाई अड्डे पर पहुंचे। बोस का स्वागत सफेद फूलों की मालाओं से किया गया। तोजो ने भी उनसे हाथ मिलाया।

1 नवंबर को चीन के राष्ट्रपति वांग चिंग-वेई पहुंचे। तोजो ने उनसे हाथ मिलाया, उसी दिन मांचुकुओ के प्रधान मंत्री चांग चुंग-हुई पहुंचे और तोजो ने हाथ मिलाकर उनका गर्मजोशी से स्वागत किया। फिलीपींस गणराज्य के राष्ट्रपति जोस पी. लॉरेल 2 नवंबर को पहुंचे और तोजो और उनके दल ने उनका स्वागत किया। 3 नवंबर को, थाईलैंड के राजकुमार वान वॉर्थिकॉन ग्रेटर ईस्ट एशिया सम्मेलन में भाग लेने के लिए पहुंचे, और तोजो ने उनका स्वागत किया। उसी दिन बिकले, बर्मा के प्रधान मंत्री माओ हानेडा हवाई अड्डे पर पहुंचे और तोजो और उनकी टीम ने हाथ मिलाकर उनका गर्मजोशी से स्वागत किया। 4 नवंबर

को पांच देशों के पांच प्रधानमंत्रियों ने टोक्यो के मध्य में एक रोड शो किया। टोक्यो में रहने वाले इन पांच देशों के निवासियों ने रोड शो में सड़क के किनारे खड़े होकर हाथ हिलाया और गर्मजोशी से उनका स्वागत किया। इन पांचों मंत्रियों को टोक्यो के राइस होटल में रखा गया था।

ग्रेटर ईस्ट एशिया सम्मेलन (Greater East Asia Conference)

31 अक्टूबर 1943 को, बोस 'जापान ग्रेटर ईस्ट एशिया कॉन्फ्रेंस' के पर्यवेक्षक के रूप में 5 और 6 नवंबर 1943 को आयोजित ग्रेटर ईस्ट एशिया सम्मेलन [7, 10] में भाग लेने के लिए टोक्यो लौट आए। बोस एक प्रतिनिधि के रूप में कार्य नहीं कर सके क्योंकि भारत जापान के घोषित 'ग्रेटर ईस्ट एशिया' के अधिकार क्षेत्र से बाहर था। मूलतः वे एक पर्यवेक्षक थे। लेकिन उन्होंने सम्मेलन में सबसे प्रभावशाली/रोचक भाषण 'पश्चिमी उपनिवेशवाद और साम्राज्यवाद' का विरोध करते हुए दिया। सम्मेलन के अंत में, आज़ाद हिंद सरकार को अंडमान और निकोबार द्वीप समूह पर सीमित आधिकारिक अधिकार क्षेत्र दिया गया, जिस पर युद्ध की शुरुआत में इंपीरियल जापानी नौसेना ने कब्जा कर लिया था।

ग्रेटर ईस्ट एशिया सम्मेलन भाग (1) यूट्यूब लिंक::
https://www.youtube.com/watch?v=gOi5bYkasW0&t=36s
Published by Tategoto Comrades 24 October 2021
हनेडा हवाई अड्डे पर नेताजी का स्वागत किया गया

**Glorious Imperial Japan, Greater East Asia Conference Vol.3
November 5, 1943
https://www.youtube.com/watch?v=SDqF7hlFDgk&t=10s
StarFox 12, 26 May 2014.**

इंपीरियल होटल की लॉबी में नेताजी और मामोरू शिगेमित्सु चर्चा में व्यस्त हैं

सम्मेलन की मेजबानी जापानी विदेश मंत्री शिगेमित्सु ने की थी और नेताजी सहित आईएनए के सभी प्रतिभागियों को टोक्यो के इंपीरियल होटल में ठहराया गया था। यह सम्मेलन इंपीरियल होटल में भी आयोजित किया गया था। शाम को, विदेश मंत्री मोमरू शिगेमित्सु ने इंपीरियल होटल की लॉबी में एक भोज का आयोजन किया। सम्मेलन में ली गई कुछ दुर्लभ तस्वीरें अगले पृष्ठ पर NP-16 से NP-27 तक अंकित दिखाई गई हैं।

https://www.youtube.com/watch?v=mWLTvU405ZE&t=19s
MARUMEGANENOOYAJI
(जापान के मासाकी मियामोतो के सौजन्य से)

मेज़ के अंत में बैठे डॉ. बा माओ के पीछे बाईं ओर अग्रभूमि में बर्मी प्रतिनिधिमंडल। भारतीय प्रतिनिधिमंडल मेज के अंत में दाईं ओर अग्रभूमि में नेताजी एससी बोस के पीछे बैठा है।

ग्रेटर ईस्ट एशिया सम्मेलन में सात प्रसिद्ध एशियाई पुरुष

5-7 नवंबर, 1943 को टोक्यो में ग्रेटर ईस्ट एशिया सम्मेलन में सात प्रसिद्ध एशियाई पुरुष बाएं से दाएं: डॉ. बा माओ, बर्मा के प्रधान मंत्री, चांग चुंग-हुई, मांचुकुओ के प्रधान मंत्री, वांग चिंग-वेई, चीन के राष्ट्रपति, हिदेकी तोजो, जापान के प्रधान मंत्री और रक्षा मंत्री, वान वर्थी कोन, प्रिंस थाईलैंड के, जोस पी. लॉरेल, फिलीपींस के राष्ट्रपति, सुभाष चंद्र बोस, स्वतंत्र भारत की आज़ाद हिंद सरकार के प्रमुख और प्रधान मंत्री।

टोक्यो जाते समय डॉ. बा माओ पहली बार सिंगापुर गए और वहीं पहली बार नेताजी से मिले। उन्होंने अपने नेतृत्व में एक विशाल जन आंदोलन की शुरुआत देखी, जिसने दक्षिण पूर्व एशिया के पूरे भारतीय लोगों को उनकी ओर से युद्ध में सक्रिय रूप से शामिल कर लिया। इतिहास में पहली बार, 1943 के अंत में कई स्वतंत्र एशियाई पड़ोसी ग्रेटर ईस्ट एशियन नेशंस के रूप में एक साथ मिले, जो 5 और 6 नवंबर 1943 को टोक्यो में इंपीरियल होटल में आयोजित किया गया था।

छह देशों जापान, चीन, थाईलैंड, मांचुकुओ, फिलीपींस और बर्मा ने एक साथ काम करने के विचार को स्वीकार किया। साथ ही आज़ाद भारत की आज़ाद हिन्द सरकार के मुखिया सुभाष चंद्र बोस भी पर्यवेक्षक के तौर पर मौजूद थे । यह वास्तव में एक इतिहास था [7,10]।

यह बैठक प्रधानमंत्री तोजो के आवास, इंपीरियल होटल में आयोजित की गई थी। यह अब एशिया था, और हम एशिया का प्रतिनिधित्व करने वाले एशियाई थे। इसमें एक अद्भुत, लगभग यादगार अनुभव था और यह बहुत यथार्थवादी और मजेदार था। प्रीमियर तोजो इस दृश्य पर हावी रहे, उन्हें एक साथ जाने के लिए अलग, चौकस और मिलनसार के रूप में देखा गया। मुख्य प्रतिभागी मांचुकुओ के प्रधान मंत्री चांग चुंग-हुई थे; थाईलैंड

के राजकुमार वान वार्थयाकोन; फिलीपीन के राष्ट्रपति जोस पी. लॉरेल; और आज़ाद भारत में आज़ाद हिन्द से नेताजी। डॉ. बा माओ को बर्मा के प्रधान मंत्री के रूप में प्रतिनिधित्व किया गया था। यह पूरी तरह से नये एशिया की आधिपत्य भावना थी। नेताजी ने इसे "एक पारिवारिक दल" कहा।

5 नवंबर, 1943 को सुबह 10 बजे, टोक्यो में इंपीरियल डाइट बिल्डिंग में तोजो द्वारा ग्रेटर ईस्ट एशियन नेशंस के सम्मेलन का आधिकारिक उद्घाटन किया गया। ग्रेटर ईस्ट एशिया के एक अरब लोगों का प्रतिनिधित्व करने वाले सात देशों के छियालीस प्रतिनिधियों, सहयोगियों और पर्यवेक्षकों ने भाग लिया। उद्घाटन समारोह में प्रीमियर तोजो सम्मेलन के अध्यक्ष थे। उनके पीछे जापानी सरकार के कई सदस्य बैठे थे, जिनमें नौसेना मंत्री एडमिरल शिमादा और विदेश मंत्री शिगेमित्सु भी शामिल थे। बैठने की व्यवस्था बहुत सरल और सबसे प्रभावशाली थी। जापानी सदस्य केन्द्रीय कक्ष में बैठे। चीन, मांचुकुओ और बर्मा तोजो के दाईं ओर बैठे, और थाईलैंड, फिलीपींस और भारत बाईं ओर बैठे। यह विशाल समागम एशिया में नई भावना के संचार की पहली दृश्य अभिव्यक्ति है।

तोजो ने सबसे पहले भाषण दिया, यह एक शानदार भाषण था, संक्षिप्त रूप से स्पष्ट निर्णय लेने वाला उन्होंने उन बुनियादी सिद्धांतों को बताया जिन पर पूर्वी एशियाई क्षेत्र में नई व्यवस्था स्थापित की जाएगी। नया आदेश न्याय की उस भावना पर आदेश देने के लिए था जो वृहत्तर पूर्वी एशिया में निहित थी। तोजो ने कहा, "यह अब नया एशिया है और हम एशियाई हैं जो एशिया का प्रतिनिधित्व करते हैं।"

तब चीन के राष्ट्रपति वांग चेंगवेई बोले और नाजुक गीतात्मक आवाज में बोले। वह निराशा, परिवर्तन, विश्वासघात की त्रासदी और अंततः एशियाई भावना और भाईचारे के भीतर भविष्य के लिए आशा की किरण बताता है। हम जीत चाहते हैं, हम वृहद पूर्वी एशिया के निर्माण में समृद्धि चाहते हैं। उनका भाषण इस प्रकार था---- "हम ग्रेटर ईस्ट एशिया युद्ध में जीत चाहते हैं, हम पूर्वी एशिया के निर्माण में समृद्धि चाहते हैं। सभी पूर्वी एशियाई देशों को अपने देश से प्यार करना चाहिए, पड़ोसियों से प्यार करना चाहिए और पूर्वी एशिया से प्यार करना चाहिए। हमारा चीनी आदर्श वाक्य चीन का पुनरुत्थान और पूर्वी एशिया की रक्षा है। सभी पूर्वी एशियाई देशों का अपना अलग चरित्र है। इसलिए एक ओर उनकी स्वतंत्रता और स्वायत्तता की रक्षा करना और दूसरी ओर दूसरों का सम्मान करना महत्वपूर्ण है।

थाईलैंड के प्रिंस वान ने गर्मजोशी भरा और संतुलित भाषण दिया. उन्होंने कहा, पूर्वी एशिया में समृद्धि की नीति जारी रहेगी. मांचुकुओ के प्रधान मंत्री च्यांग किसी अन्य व्यक्ति की तरह ही एशिया के प्रति जागरूक और अपनी जाति और लोगों के प्रति जागरूक थे। फिलीपींस के राष्ट्रपति लॉरेल ने एक जोशीला भाषण दिया, जो सीधे उनके दिल से निकला, जिसने एशियाई गुस्से और उन सभी के प्रति शत्रुता को बढ़ा दिया, जिन्होंने सदियों से इस लोगों को जगाया है। उन्होंने बताया कि पिछली शाम वे स्वागत समारोह में कैसे रोए थे, "जैसे ही मैंने आपके स्वागत कक्ष में प्रवेश किया, मेरी आँखों से आँसू बह निकले, और मुझे

एक मजबूत प्रेरणा महसूस हुई और मैंने कहा, 'पूर्व के एक अरब लोग, ग्रेटर ईस्ट एशिया के एक अरब लोग' -- - उन पर कैसे प्रभुत्व जमाया जा सकता है, --- उनमें से एक बड़े हिस्से पर विशेष रूप से इंग्लैंड और अमेरिका का प्रभुत्व है?" बृहत् पूर्वी एशिया के लोगों के हितों के लिए बर्मा, मांचुकुओ, थाईलैंड, चीन और यहां तक कि जावा, बोर्नियो और सुमात्रा के लोगों के सामान्य हित में सहयोग को अलग नहीं किया जा सकता है। मैं आपकी आशाओं को बढ़ाने और जापान के साथ एक ऐसे सघन और ठोस संगठन में एकजुट होने के लिए प्रतिबद्ध हूं, जिससे बढ़कर कोई ताकत नहीं हो सकती जो एक अरब ओरिएंटल्स के किसी भी आतंक को रोक सके ताकि वे बिना किसी बाधा के अपना भाग्य निर्धारित कर सकें, और कोई भी इसमें हस्तक्षेप न करे। हमारी भलाई के लिए संचालन।

डॉ. बा माओ का भाषण हृदयविदारक था। "मेरे एशियाई खून ने हमेशा दूसरों को एशियाई कहा है। अपने सपनों में, सोते हुए और चलते हुए, मैंने आसिया को अपने बच्चों को बुलाते हुए सुना", आज-- यहाँ फिर से आसिया की आवाज़ आ रही है, लेकिन इस बार सपना नहीं! मैंने उनमें आसिया की वही आवाज़ सुनी जो अपने बच्चों को इकट्ठा कर रही थी। यह हमारे एशियाई रक्त की पुकार है। यह हमारे दिमाग के बारे में सोचने का समय नहीं है, यह हमारे खून के बारे में सोचने का समय है और इसी खून के साथ यही सोच मुझे बर्मा से जापान तक ले आई।

5 नवंबर, 1943 को, नेताजी ने टोक्यो के इंपीरियल होटल में जीईएसी लंच में दोपहर का खाना खाने के समय एक सारांश भाषण दिया।

डॉ बा माओ ने कहा, "मुझे पूरा यकीन है कि नेताजी की कहानी हम सभी को पता है कि वह भारत के पुनरुद्धार, क्रांतिकारी भावना, अखंड होते हुए भी अविभाजित भारत के प्रतीक हैं। हमें यह जानकर खुशी होगी कि नेताजी अब हमें इसके लिए तैयार कर रहे हैं।" संघर्ष का वही रास्ता और अब अलग-थलग नहीं, उनके पीछे एक हजार पूर्वी एशियावासी थे, उन्होंने जोर देकर कहा कि स्वतंत्र भारत के बिना कोई स्वतंत्र एशिया नहीं होगा।

सम्मेलन के लिए 5 नवंबर को इंपीरियल होटल में विदेश मंत्री मामोरू शिगेमित्सु द्वारा प्रतिनिधियों को एक भोज दिया गया था।

सम्मेलन के अंत में, पेय पदार्थ पीते हुए, नेताजी फिलीपीन के राजदूत वर्गास और डॉ. माओ तथा मामोरू शिगेमित्सु से युद्ध में सहयोग के बारे में बात कर रहे थे।

दुनिया सचमुच बहुत तेजी से आगे बढ़ रही है। इससे पहले एशियाई लोगों के लिए इस तरह एक साथ आना असंभव रहा होगा। यहां एक नई दुनिया बन रही है, मैं महामहिम सभापति के भाषण में देखता हूं कि वास्तव में एक नई विश्व संरचना का आयोजन किया जा रहा है, एशियावासियों के लिए एक एशियाई दुनिया। उन्होंने एक घंटे तक अपना भाषण जारी रखा-

यह निष्कर्ष निकाला गया कि जीई को सह-समृद्धि क्षेत्र को बनाए रखना था: सह-अस्तित्व, सहयोग और सह-समृद्धि। आख़िरकार नेताजी ने वहां भाषण दिया. रैली के बाद दिए गए एक प्रेस साक्षात्कार के दौरान, नेताजी ने कहा कि, "सम्मेलन का मुख्य भाषण आदिपोदी डॉ. बा माओ द्वारा करिश्माई तरीके से दिया गया था, 'नेताजी के अनुसार' मुख्य भाषण यह था कि पूर्वी एशिया एक था।"

विधानसभा का संचालन कार्य 6 नवंबर को सुबह के सत्र के दौरान हुआ जहां सभी सदस्य खड़े हुए और सर्वसम्मति से एक संयुक्त घोषणा को अपनाया जिसमें तत्काल निर्णय का आह्वान किया गया।

1. ग्रेटर ईस्ट एशिया के देश आपसी सहयोग के माध्यम से अपने क्षेत्र की स्थिरता सुनिश्चित करेंगे और न्याय पर आधारित सामान्य समृद्धि और कल्याण की व्यवस्था बनाएंगे।

2. ग्रेटर ईस्ट एशिया के देश एक-दूसरे की संप्रभुता और स्वतंत्रता का सम्मान करके और पारस्परिक सहायता और स्नेह का प्रयोग करके अपने क्षेत्र में राष्ट्रों के भाईचारे को सुनिश्चित करेंगे।

3. ग्रेटर ईस्ट एशिया के देश एक-दूसरे की परंपराओं का सम्मान करके और प्रत्येक राष्ट्र की रचनात्मक प्रतिभा को विकसित करके ग्रेटर ईस्ट एशिया की संस्कृति और सभ्यता को बढ़ाएंगे।

4. ग्रेटर ईस्ट एशिया के देश पारस्परिक आधार पर घनिष्ठ सहयोग के माध्यम से अपनी आर्थिक प्रगति में तेजी लाने की कोशिश करेंगे और इस तरह अपने क्षेत्र की सामान्य समृद्धि को बढ़ाएंगे।

5. ग्रेटर ईस्ट एशिया के देश दुनिया के सभी देशों के साथ मैत्रीपूर्ण संबंध विकसित करेंगे, और जातिगत भेदभाव को खत्म करने, सांस्कृतिक सद्भाव को बढ़ावा देने और दुनिया भर में संसाधनों को खोलने के लिए काम करेंगे और इस तरह मानव जाति की प्रगति में योगदान देंगे।

फिर डॉ. माओ ने अगले दिन यानी 7 नवंबर, 1943 को हिबिया पार्क में मुख्य रूप से भारतीय स्वतंत्रता संग्राम के अवसर पर एक शानदार भाषण दिया और वह भूमिका एशियाई लोगों के रूप में हमारे अपने संघर्ष के समर्थन में नेताजी और एक बड़े एशियाई लोगों द्वारा निभाई गई थी। तोजो एक अच्छी लड़ाई की भावना चाहता था और बा माओ द्वारा अपने हिस्से को पूरा करने का वादा सुनकर प्रसन्न हुआ। बा माओ ने संबोधित किया, "पीढ़ियों तक बर्मी और भारतीयों को एक ही संघर्ष करना पड़ा। आपमें से अधिकांश लोग मेरे शब्दों का वास्तविक अर्थ नहीं समझेंगे। यह दुनिया की सबसे मजबूत, सबसे क्रूर,

सबसे शिकारी ताकतों के खिलाफ लड़ाई है। यह पुरुषों और बंदूकों के बीच की लड़ाई है। कहने की जरूरत नहीं कि हर बार बंदूक की जीत हुई। लोग उठे, लेकिन बंदूकों ने उन्हें हर बार कुचल दिया ---।

मुझे पूरा यकीन है कि नेताजी की कहानी हम सभी को पता थी क्योंकि वह भारत की पुनरुत्थानवादी, क्रांतिकारी भावना का प्रतीक थे—भारत विभाजित हो गया लेकिन फिर भी बरकरार है। और हम सभी को यह जानकर खुशी होनी चाहिए कि नेताजी अब हमें उसी संघर्ष के लिए तैयार कर रहे हैं, और अब अकेले नहीं बल्कि उनके पीछे हजारों करोड़ पूर्वी एशियाई लोग हैं। उन्होंने जोर देकर कहा कि स्वतंत्र भारत के बिना कोई स्वतंत्र एशिया नहीं होगा।"

नेताजी ने अपने सबसे ओजस्वी और जोशीले भाषणों में से एक में इसका जवाब दिया। एक बिंदु पर वह टूट जाता है और उसे सुनने वाले सभी लोगों पर धुंध का पर्दा पड़ जाता है जो अंत तक बरकरार रहता है। 7 नवंबर, 1943 को हिबिया पार्क में नेताजी ने कहा, "यह विजेताओं के बीच लूट का माल बांटने का सम्मेलन नहीं है। यह किसी कमजोर शक्ति को शिकार बनाने की साजिश का शिकार होने की परंपरा नहीं है, न ही यह किसी कमजोर पड़ोसी को धोखा देने की कोशिश करने की परंपरा है। यह स्वतंत्र राष्ट्रों की एक सभा है, एक ऐसी सभा जिसका उद्देश्य न्याय, प्राकृतिक संप्रभुता, पारस्परिक सहायता और अंतरराष्ट्रीय संबंधों में आश्वासन के पवित्र सिद्धांतों के आधार पर दुनिया के हिस्से में एक नई व्यवस्था बनाना है। मुझे नहीं लगता कि यह दुर्घटना, यह सभा उगते सूरज की भूमि में आयोजित की गई थी। यह पहली बार नहीं था कि दुनिया ने प्रकाश और मार्गदर्शन के लिए पूर्व की ओर रुख किया था। इस दुनिया में एक नई व्यवस्था बनाने के प्रयास पहले भी और अन्य जगहों पर भी किए गए हैं, लेकिन वे असफल रहे ---। तो चीजों की उपयुक्तता में---कि विश्व शो प्रकाश के लिए एक बार फिर पूर्व की ओर लौटता है----।

ब्रिटिश साम्राज्यवाद के विरुद्ध समझौताहीन संघर्ष के मार्ग के अतिरिक्त भारत के लिए कोई अन्य मार्ग नहीं है। यदि अन्य राष्ट्रों के लिए अंग्रेज़ों के साथ समझौते के बारे में सोचना संभव होता, तो कम से कम भारतीय लोगों के लिए यह सवाल से बाहर नहीं था; ब्रिटेन के साथ समझौते का मतलब गुलामी से समझौता था, और हमने आगे की गुलामी से समझौता न करने की कसम खाई----।

लेकिन हमें अपनी आजादी की ताकत लेनी होगी --- भारतीय लोगों ने अभी तक अपनी आजादी हासिल करने के लिए संघर्ष नहीं किया है। इसलिए, मैं दोहराता हूं कि हमें उस कार्य की विशालता के बारे में कोई भ्रम नहीं है जो हमारा इंतजार कर रहा है।वास्तव में मैं कह सकता हूं कि जब भी मैं अपनी कुर्सी पर बैठा, एक नए पूर्वी एशिया और एक नए एशिया का सपना देखता रहा, इससे पहले कि मेरे दिमाग की आंखों में किसी भी अग्रिम पंक्ति पर और भारत के मैदानी इलाकों में लड़ाई के दृश्य तैरते, मैं ऐसा नहीं सोचता। जानें कि हमारी अपनी प्राकृतिक सेना में से कितने जीवित बचेंगे, इसका हमारे लिए कोई महत्व

नहीं है। हम व्यक्तिगत रूप से जियें या मरें, युद्ध को जियें और भारत को स्वतंत्र देखने के लिये जियें जिसका परिणाम यह होगा कि भारत स्वतंत्र होगा------ यह सत्य है।

न्याय, पारस्परिक सहायता और सहायता के उत्साही सिद्धांतों के आधार पर एक नई व्यवस्था बनाने के लिए, आप एक ऐसा कार्य कर रहे हैं जो सबसे बड़ा कार्य है जिसकी मानव मस्तिष्क कल्पना कर सकता है। मैं ईश्वर से प्रार्थना करता हूं कि आपके प्रयास सफल हों।"

नेताजी के बोलने के बाद, प्रधान मंत्री तोजो ने अंडमान और निकोबार द्वीप समूह को स्वतंत्र भारत की सरकार की आज़ाद हिंद सेना को सौंपने के जापान के फैसले को उचित ठहराया। इसके बाद जो तालियाँ बजीं वह ज़बरदस्त थी। अपराह्न 3:17 बजे प्रधान मंत्री तोजो सम्मेलन को स्थगित करने की घोषणा करने के लिए फिर से उठे और ग्रेटर ईस्ट एशिया नेशंस की सभा समाप्त हो गई।

डॉ. बा माओ ने नेताजी पर टिप्पणी की [10] "एक बार जब आप उन्हें जान लेते हैं, तो आप उन्हें भूल नहीं सकते; उनकी महानता प्रकट हो गई थी। अन्य क्रांतिकारियों की तरह, उनकी महानता की कुंजी यह थी कि वे एक ही कार्य और सपने के लिए जिए, और इसलिए सेट हुए एक क्षण में ही वह उस भव्य, विशाल सपने का एक हिस्सा हासिल करने में सफल हो गए क्योंकि विश्व की ताकतों ने उन्हें विफल कर दिया, लेकिन नेताजी ऐसा नहीं कर पाए। युद्ध के दौरान उन्होंने जो आज़ादी हासिल की, वही कुछ साल बाद भारत को मिली आज़ादी की असली शुरुआत थी। केवल स्वाभाविक बात हुई: एक आदमी ने अनाज बोया और दूसरों ने उसके बाद फसल काटी।"

हाल ही में, लेखक ने नोट किया कि श्री सैइचिरो मिसुमी/मासुमी ने द्वितीय विश्व युद्ध के अनुभवी होने का दावा किया और नेताजी और आईएनए की मदद की। 2015 में, उन्हें भारत के प्रधान मंत्री मोदी से 'पद्म भूषण' पुरस्कार मिला। मुझे पता चला कि वह एक बिचौलिया व्यक्ति था और उसका उस समय आईएनए या आईआईएल या आईजे से कोई संबंध नहीं था। उन्होंने यह भी दावा किया कि नेताजी ने इंपीरियल होटल में तीसरी मंजिल पर अपने कमरे के पास रहने के लिए गलत नाम का इस्तेमाल किया था। उसने सच नहीं बताया। नेताजी को सैन्य जापानी सरकार द्वारा आमंत्रित किया गया था और वे आधिकारिक अतिथि के रूप में खान, कियानी और चटर्जी के साथ होटल में रुके थे, जैसा कि आप मासाइयोशी काकित्सुबो द्वारा रखी गई कई तस्वीरों में देख सकते हैं।

इसके अलावा, मासूमी ने टोक्यो और सिंगापुर में रासबिहारी बोस की भारतीय स्वतंत्रता आंदोलन गतिविधियों को अस्वीकार कर दिया। उसने जीवन भर भारतीय दूतावास, टोक्यो के माध्यम से द्वितीय विश्व युद्ध के बाद राम मूर्ति (आजाद हिंद बैंक लुटेरे) और उसके परिवार से फायदा उठाया। 1947 से, मासूमी मूल रूप से जेआईए/आईजेए के माध्यम से नेहरू के नेतृत्व वाली भारतीय सरकार द्वारा शासित भारत में आयात/निर्यात व्यवसाय में एक बिचौलिया था। उन्होंने कुछ जापानी फर्मों के साथ व्यापारिक संबंधों में 'लाइसेंस राज' के रूप में नेहरू, इंदिरा, राजीव की भी सहायता की। उन्हें भारत के साथ जेआईए संबंधों

के लिए सम्मानित किया जा सकता है लेकिन उनका नेताजी और आई.एन.ए से कोई लेना-देना नहीं है। चूंकि द्वितीय विश्व युद्ध के सभी दिग्गज मर चुके हैं, कोई भी तथ्य और सच्चाई नहीं बता सकता।

टोक्यो की अपनी पहली दो उल्लिखित यात्राओं के दौरान [7], नेताजी ने आईएनए के साथ जापान का सहयोग मांगा, जापान से आईएनए के साथ जापानियों के लिए मुख्य भूमिका निभाते हुए इम्फाल ऑपरेशन शुरू करने का आग्रह किया, और समझाया कि जापानी सेनाएं और यदि आईएनए द्वारा प्रवेश किया जा रहा है भारतीय क्षेत्र का हिस्सा, पूरा भारत अंग्रेजों को उखाड़ फेंकने के लिए उठ खड़ा होता। त्वरित कार्रवाई करने वाले व्यक्ति नेताजी प्रधानमंत्री तोजो को मनाते दिखे।

टोक्यो की अपनी दूसरी यात्रा पर, नेताजी को पूर्वी-एशिया सह-समृद्धि क्षेत्र के पर्यवेक्षक के रूप में आमंत्रित किया गया था जो भारत-बर्मा सीमा पर समाप्त हुआ। इस सम्मेलन में नेताजी ने सबसे प्रभावशाली भाषण दिया। दुभाषिया की सीट पर बैठे मसाइयोशी काकित्सुबो इतने भावुक हो गए कि वह अपने आंसुओं को अपने गालों पर बहने से नहीं रोक सके। सम्मेलन ने ग्रेट ईस्ट एशिया संयुक्त घोषणा को अपनाया और बर्मी सरकार के प्रमुख माओ ने "स्वतंत्रता के संघर्ष में भारत की पूर्ण सहानुभूति और समर्थन बढ़ाने" के लिए एक कदम उठाया, जिसे सर्वसम्मति से अपनाया गया। इस संकल्प के लिए नेताजी ने अपने सहयोगियों को धन्यवाद दिया।

प्रधान मंत्री हिदेकी तोजो के सम्मेलन के उद्घाटन को उच्च-स्तरीय प्रतिनिधियों और प्रतिभागियों के साथ तस्वीरों में कैद किया गया। इसी तरह, बाद की एक फिल्म में प्रधान मंत्री तोजो के साथ छह एशियाई देशों के छह प्रमुखों की उपस्थिति का स्मरण किया गया। जैसा कि दुर्लभ फोटो NP-17 में देखा जा सकता है, नेताजी ने उद्घाटन भाषण दिया। उन्होंने भाषण के बाद विदेश मंत्री शिगेमित्सु द्वारा दिए गए भोज में भाग लिया, जैसा कि फोटो NP-18 सहित अन्य सभी प्रतिभागियों और जापानी सरकार के मंत्रियों के साथ रिपोर्ट में दिखाया गया है। NP-19 की खूबसूरत तस्वीर में नेता जी फिलीपींस के राजदूत वर्गास के साथ युद्ध की रणनीति पर चर्चा कर रहे थे। डॉ. माओ और नेताजी के बीच सहयोग का वादा ऐतिहासिक महत्व का था और इसका प्रमाण दुर्लभ खूबसूरत फोटो NP-20 में मिलता है। सम्मेलन के बाद, सम्मेलन के नतीजे के लिए जापानी पत्रकारों द्वारा नेताजी का साक्षात्कार लिया गया। यह प्रेस कॉन्फ्रेंस उनकी महान दुर्लभ फोटो NP-21 द्वारा स्मरणीय है।

नेताजी की सैन्य अकादमी और अन्य स्थानों का दौरा

नेताजी ने जापानी इंपीरियल मिलिट्री अकादमी का दौरा किया और जैसा कि NP-22 में दिखाया गया है, यह जापानी और भारतीय इतिहास के लिए रक्षा क्षेत्र में एक-दूसरे के साथ सहयोग करने की एक महत्वपूर्ण घटना थी। 16 नवंबर, 1943 को नेताजी की मुलाकात

तत्कालीन गवर्नर श्री कीज़ो शिबुसावा से हुई जो एक परोपकारी व्यक्ति थे और एक शानदार तस्वीर यहां दिखाई गई है। यह छवि जापानी सरकार की वेबसाइट [6] से पुनर्प्राप्त की गई थी ।

इसके बाद नेताजी आईएनए प्रशिक्षु कैडेटों से मिलने के लिए अपने तीन सैन्य कर्मियों, ए सी चटर्जी, एम जेड कियानी और हबीबुर रहमान, जैसा कि फोटो NP-23 में याद किया गया है, के साथ जापानी प्रिपरेटरी मिलिट्री स्कूल क्षा डो गाकुइन गए। कॉलेज में कैडेटों द्वारा नेताजी का अनुभव किया गया था, जैसा कि दुर्लभ और महत्वपूर्ण फोटो NP-24 में दर्शाया गया है। NP-25 में नेताजी सैन्य प्रशिक्षण अभ्यास कार्यक्रम का अवलोकन कर रहे थे। इस पुस्तक के प्रकाशन के बाद कई जीवित भारतीय कैडेट (यदि कोई हों) जापान में अपने बीते दिनों को याद कर सकते हैं।

Dr Ba Maw was head of the Burmese Government firmly supported Netaji for India's independence at the Greater East Asia Conference on 6 Nov '43

बर्मी सरकार के प्रमुख डॉ. बा माओ ने 6 नवंबर 1943 को जीईएसी में भारत की स्वतंत्रता के लिए नेताजी के उद्देश्य का औपचारिक रूप से समर्थन किया और युद्ध पर चर्चा कर रहे थे।

Netaji was engaged in a press interview after the Greater East Asia Conference Lecture Mr Kakitsubo was translating in Japanese language

नेताजी और उनके संपर्क-सह-दुभाषिया काकित्सुबो सम्मेलन के बाद इंपीरियल होटल की लॉबी में जीईएसी में संवाददाताओं को जानकारी दे रहे थे।

यूट्यूब लिंक – टोक्यो, जापान में ग्रेटर ईस्ट एशिया सम्मेलन

Glorious Imperial Japan, Greater East Asia Conference Vol.2 November 5, 1943

https://www.youtube.com/watch?v=vxwQLbSK-Qg&t=295s

Published by StarFox 12 on 25 May 2014

Glorious Imperial Japan, Greater East Asia Conference Vol.3 November 5, 1943

https://www.youtube.com/watch?v=SDqF7hlFDgk&t=3s

Published by StarFox 12 on 26 May 2014

नेताजी और गवर्नर, बैंक ऑफ जापान की साक्षात्कार

कीज़ो शिबुसावा (गवर्नर बैंक ऑफ जापान, टोक्यो) ने 16 नवंबर 1943 को अपने कार्यालय में नेताजी का गर्मजोशी से स्वागत किया। इस फोटो में नेताजी के खुद के हस्ताक्षर वाली खूबसूरत तस्वीर दिखाई गई है

नेताजी ने 4 दिसंबर, 1943 को जापानी इंपीरियल मिलिट्री अकादमी का दौरा किया और इस अद्भुत तस्वीर में सैन्य शिक्षाविदों के साथ उनकी तस्वीर ली गई, जहां नेताजी छड़ी के साथ अग्रिम पंक्ति के बीच में बैठे थे।

6 दिसंबर 1943 को, नेताजी ने आईएनए कैडेटों के लिए प्रशिक्षण के सुविधाएँ के बारे में खान, चटर्जी और कियानी के साथ का डोगाकिन का दौरा किया।

नेताजी के आईएनए कैडेटों का अवलोकन

6 दिसंबर 1943 को, नेताजी जापानी मिलिट्री कॉलेज में अपने INA कैडेटों को दी जाने वाली प्रशिक्षण तकनीकों का अवलोकन कर रहे थे।

6 दिसंबर 1943 को, नेताजी आईएनए कैडेटों के सैन्य प्रशिक्षण प्रदर्शन को देख रहे थे

सूमो कुश्ती देखना गए

9 दिसंबर 1943 को, नेताजी और उनकी आईएनए टीम के 3 सदस्य प्रधान मंत्री तोजो और कोइसो के साथ रियोगोकू कोकुगिकन में सूमो कुश्ती देख रहे थे। मासाइयोशी काकित्सुबो ने यह शानदार फोटो ली और इसे अपने एल्बम में रखा, जैसा कि ऊपर फोटो NP-26 में दिखाया गया है।

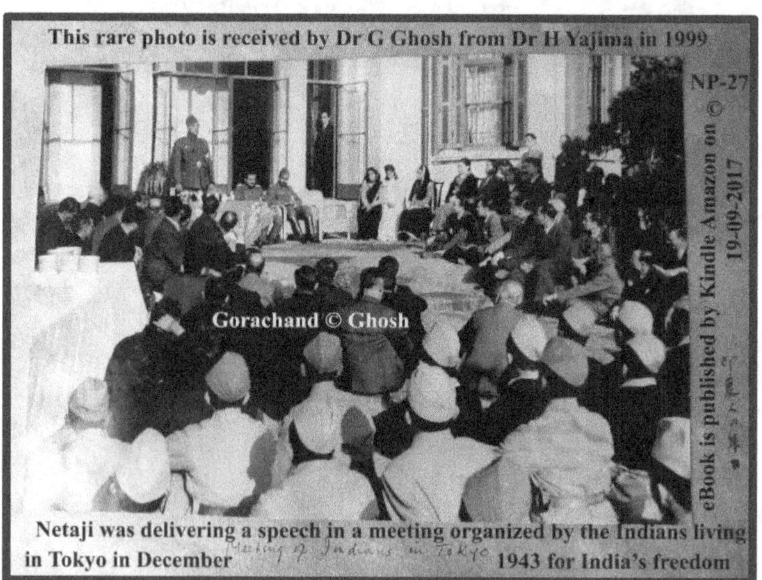

1943 में क्रिसमस की छुट्टियों की पूर्व संध्या पर, नेताजी ने टोक्यो में रहने वाले भारतीयों के लिए भारतीय स्वतंत्रता आंदोलन के समर्थन में एक भाषण दिया, जैसा कि ऊपर फोटो NP-27 में दिखाया गया है।

पश्चिमी साम्राज्यों द्वारा औपनिवेशिक शक्तियों का प्रभाव

https://www.youtube.com/watch?v=tHCG3uTjBFE&feature=youtube
(जापान के मासाकी मियामोतो के सौजन्य से)

द्वितीय विश्व युद्ध 1942 में, जापानी सेना ने अंडमान और निकोबार द्वीप समूह पर कब्ज़ा करने के लिए ब्रिटिश भारतीय सेना पर हमला किया।
(जापान के मासाकी मियामोतो के सौजन्य से)

1942 में द्वितीय विश्व युद्ध में इंपीरियल जापानी नौसेना द्वारा ब्रिटिश नौसेना वाहक हर्मीस को डुबो दिया गया था।

पश्चिमी साम्राज्य दूसरों को इंसान नहीं समझते थे

(जापान के मासाकी मियामोतो के सौजन्य से)

23 मार्च 1942 को जापानी सैन्य बलों ने "पोर्ट ब्लेयर" पर कब्ज़ा कर लिया।

अंडमान और निकोबार द्वीप समूह के हस्तांतरण का शीर्ष गुप्त विलेख

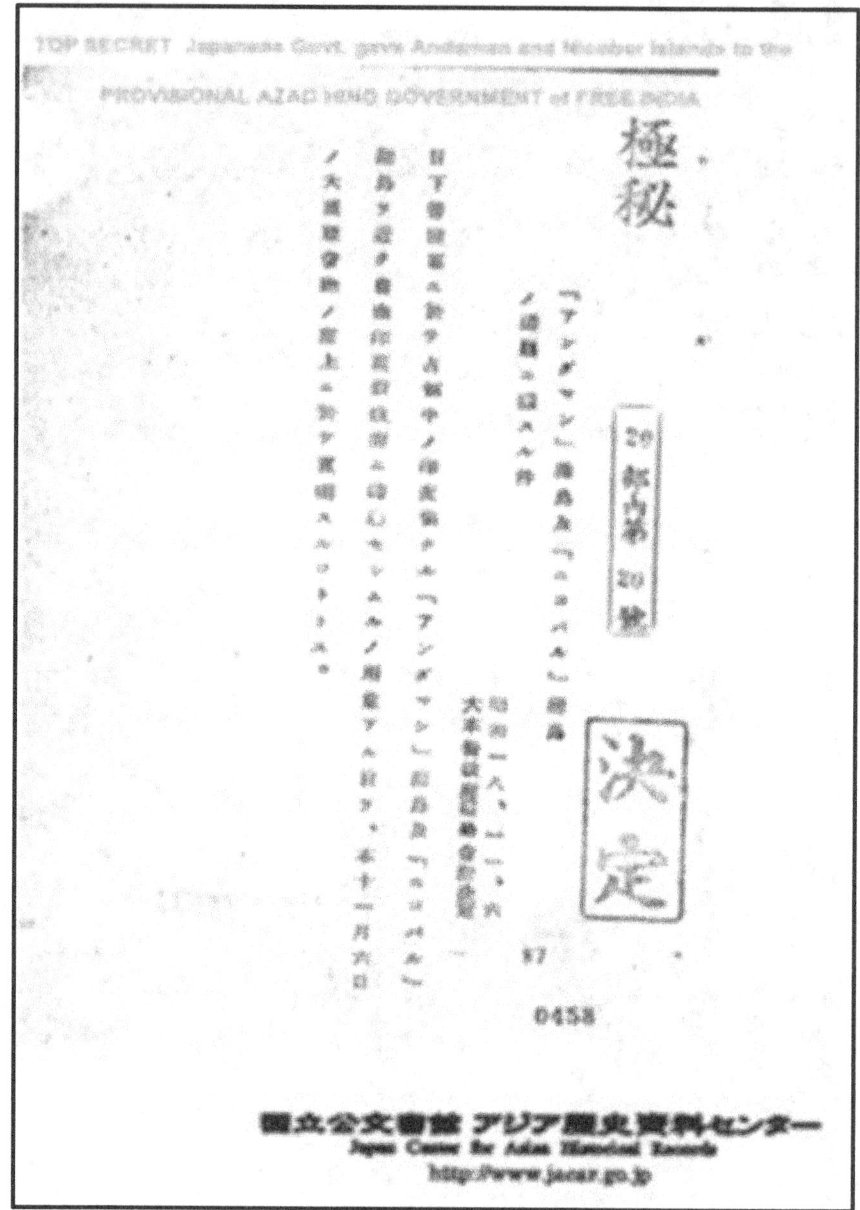

दिसंबर 1943 में अंडमान और निकोबार द्वीप समूह को अन्तरिम आज़ाद हिंद सरकार को सौंपने वाला शीर्ष गुप्त दस्तावेज़

29 दिसंबर 1943 को पोर्ट ब्लेयर में नेताजी का आगमन

29 दिसंबर 1943 को नेताजी एएम सहाय, रावत और डीएस राजू के साथ अंडमान पहुंचे। पोर्ट ब्लेयर में जापानी एडमिरल ने नेताजी का स्वागत किया। साथ ही, वहां रहने वाले उत्साही भारतीयों और बर्मी लोगों ने भी नेताजी का गर्मजोशी से स्वागत किया। नेताजी ने ऐतिहासिक सेलुलर जेल [12] का दौरा किया, जहां की दीवारों ने चुपचाप उन्हें राजनीतिक यातना के शिकार राजनीतिक कैदियों की पीड़ा के बारे में बताया। उन्होंने उस साहस और दृढ़ता को भी देखा जिसने अधिकारियों को घृणित बना दिया। नेताजी ने भारतीय नायकों के महान बलिदानों को श्रद्धांजलि अर्पित की।

30 दिसंबर, 1943 को, आज़ाद भारतीय धरती पर नेताजी द्वारा राष्ट्रीय ध्वज फहराया गया था, जो भारत में ब्रिटिश शासन के इतिहास में अपनी तरह का पहला मामला था। शत्रु से खोए हुए क्षेत्र को पुनः प्राप्त करने के सभी समारोह हर्ष और उल्लास के साथ किए गए। उपस्थित सभी लोगों ने मिलकर राष्ट्रगान गाया, जिससे इस अवसर की गंभीरता और बढ़ गई। दिन के दौरान रॉस द्वीप पर ब्रिटिश मुख्य आयुक्त के आवास पर राष्ट्रीय ध्वज फहराया गया। नेताजी को उम्मीद थी कि एक दिन नई दिल्ली में वायसराय के घर पर भी यही झंडा फहराया जाएगा।

1944 की पहली तिमाही में एक प्रेस साक्षात्कार में, नेताजी ने कहा कि अंडमान और निकोबार द्वीप समूह के अधिग्रहण के साथ, अनंतिम सरकार वास्तव में और साथ ही कानून में एक राष्ट्रीय इकाई बन गई [12]। अंडमान की मुक्ति का प्रतीकात्मक महत्व था, क्योंकि अंग्रेजों ने हमेशा उन्हें राजनीतिक कैदियों के लिए जेल के रूप में इस्तेमाल किया था। आंशिक रूप से भारतीय क्षेत्र स्वतंत्र होगा, लेकिन यह हमेशा भूमि का पहला टुकड़ा था

जो मायने रखता था। इन शहीदों की याद में अंडमान को 'शहीद-द्वीप' और निकोबार को 'स्वराज-द्वीप' नाम दिया गया।

दिसंबर 1943 में अंडमान जेल में नेताजी का आगमन

17 फरवरी 1944 को अंडमान और निकोबार द्वीप समूह का प्रशासन औपचारिक रूप से आज़ाद हिंद सरकार को सौंप दिया गया। गवर्नर के रूप में प्रशासक जनरल एडी लोगनाथन थे।

दिसंबर 1943 में, नेताजी सेल्यूलर जेल की ओर देख रहे थे

30 दिसंबर 1943 को झंडा फहराया

नेताजी वृहत्तर भारत के पहले प्रधानमंत्री थे
(जापान के मासाकी मियामोतो के सौजन्य से)

ध्वजारोहण स्थल पर एक पट्टिका

इसी महल में नेताजी सुभाष चंद्र बोस ने अंडमान में पहली बार भारतीय झंडा फहराया था
(जापान के मासाकी मियामोतो के सौजन्य से)

6 जनवरी 1944 को नेताजी का रंगून आगमन

यूट्यूब लिंक:
https://www.youtube.com/watch?v=C1v5XFplfRs&feature=youtu.be&t=7
m18s
Published by MARUMEGANENOOYAJI on 01 November 2015

नेताजी और उनकी सेना 6 जनवरी 1944 को बर्मा के रंगून पहुँचे और अगस्त 1945 में जापानियों की अंतिम हार तक वहीं रुके रहे। उन्हें बर्मा से अत्यधिक आतिथ्य और सहयोग प्राप्त हुआ। इसी समय, दोनों देशों के बीच संबंध और अधिक नाजुक हो गए और अंग्रेजों द्वारा एक बार महसूस किया गया नस्लीय तनाव व्यावहारिक रूप से गायब हो गया। बर्मा में नेताजी को एक बहुत ही ऊर्जावान और सक्रिय नेता के रूप में जाना गया। "अब आप क्या करने जा रहे हैं?" क्या डॉ. बा माओ ने उनके आगमन के साथ उनसे पूछताछ की? नेताजी ने उसे देखा और चिल्लाकर बोले, "क्यों, लड़ो जरूर।"

नेताजी सुभाष चंद्र बोस ने 7 जनवरी 1944 को आईएनए मुख्यालय को रंगून, बर्मा में स्थानांतरित कर दिया। उन्होंने आधिकारिक तौर पर बर्मा के प्रधान मंत्री डॉ. बा माव से मुलाकात की। बोस ने प्रधान मंत्री माओ के साथ पश्चिमी साम्राज्यों को नष्ट करने का वादा किया, जो बर्मा में एक स्वतंत्र भारतीय सरकार की प्रगति को आशीर्वाद देंगे।

आज़ाद हिन्द बैंक

आज़ाद हिन्द बैंक 5 अप्रैल 1944 को रंगून, बर्मा (भारत की अंतरिम अनंतिम सरकार का मुख्यालय) में की प्रतिष्ठा गई थी। देबनाथ दास अध्यक्ष थे। नेताजी ने भारत को ब्रिटिश राज से मुक्त कराने के लिए दुनिया भर में भारतीय समुदाय द्वारा योगदान किए गए धन का प्रबंधन करने के लिए बैंक की स्थापना की, और आज़ाद हिंद फौज के प्रबंधन के लिए बैंक की सेवाओं का उपयोग किया। बैंक ने जापान से जुड़े सभी देशों में अपनी शाखाएँ बनाए रखीं। सिक्के नोटों के रूप में जारी किए जाते थे और ये नोट आमतौर पर एक तरफ मुद्रित होते थे। आज़ाद हिन्द सरकार ने एकत्रित धन को बैंक में रख लिया। प्रारंभ में बैंक की अधिकृत पूंजी पांच करोड़ रुपये और चुकता पूंजी ढाई करोड़ रुपये थी। नोटों की कुछ तस्वीरें [13] यहां दिखाई गई हैं।

29 जनवरी 1945 को जापान के कब्जे वाले बर्मा की राजधानी रंगून के भारतीय निवासियों ने एक सप्ताह तक चलने वाला कार्यक्रम आयोजित किया। यह आजाद हिंद प्रोविजनल सरकार के प्रमुख नेताजी का 48वां जन्मदिन था। नेताजी की दाढ़ी के विपरीत, सोना तोला "कुछ हद तक उनका विरोधी था, जैसा कि ह्यू टोए [14] ने अपनी जीवनी 'द स्प्रिंगिंग टाइगर' में, भारतीय राष्ट्रीय सेना और नेताजी सुभाष चंद्र बोस पर लिखे नोट्स में लिखा है।"

उस सप्ताह 2 करोड़ रुपये से अधिक का दान एकत्र किया गया, जिसमें 80 किलोग्राम से अधिक सोना भी शामिल था। नेताजी ने 20वीं सदी में किसी भी भारतीय नेता द्वारा सबसे बड़ा युद्ध संदूक उठाया था। हालाँकि, 1945 तक, इसका कोई फायदा नहीं हुआ क्योंकि जापानी सेना और आईएनए को बर्मा में एक पुनर्जीवित मित्र गठबंधन का सामना करना पड़ा। 24 अप्रैल 1945 को नेताजी अस्थायी सरकारी खजाने के साथ बैंकॉक लौट आये।

अराकान, कोहिमा और इंफाल में अग्रिम पंक्ति की लड़ाई

4 फरवरी 1944 को, INA ने पश्चिमी बर्मा के अराकान में अपनी पहली गोली चलाई। यह नेताजी के लिए गौरव का दिन था। योजना के अनुसार, जापानियों ने 7 मार्च की रात को अपना हमला शुरू कर दिया। रेन्या मुतागुची ने अपने दिन के आदेश से अपने लोगों को आंदोलित कर दिया। 18 मार्च को आईएन के लिए भी गर्व का दिन था क्योंकि उसने भारत में प्रवेश किया था। उसके बाद एक क्रिया के बाद दूसरा क्रम क्रमिक रूप से चलता है। आईएनए ने 8 सेक्टरों में 800 मील की लड़ाई लड़ी, जैसा कि नेताजी ने एक रेडियो प्रसारण भाषण में बताया था, दक्षिण में अराकान से लेकर हुकोंग और चिन हिल्स से होते हुए कोहिमा और उत्तर में इंफाल के मैदानी इलाकों तक।

22 मार्च, 1944 को अराकान ऑपरेशंस के मेजर मिसाइलरी नेताजी सुभाष चंद्र बोस को भारतीय राष्ट्रीय सेना का सर्वोच्च सम्मान थंडर-ए-जिन मेडल मिला। फिर, बोस की आमने-सामने की लड़ाई में हर योद्धा के साथ हाथ मिलाते हुए, उन्होंने उनके परिश्रम को दिल की गहराइयों से महसूस किया।

मार्च तक एक बड़ा आक्रमण शुरू किया गया और भारतीय सीमा को एक बार फिर से पार कर लिया गया और जापानी और भारतीय सेना ने मणिपुर और असम में मार्च किया [15] मार्च और अप्रैल में, कोहिमा और इंफाल के महत्वपूर्ण शहरों के लिए लड़ाई अपने चरम पर पहुंच गई। आईएनए ने वहां अपनी सबसे बड़ी लड़ाई लड़ी और उसने अपनी सबसे बड़ी जीत हासिल की और अंततः उसे अपनी सबसे बड़ी हार का सामना करना पड़ा क्योंकि वह पूरी तरह से कम संख्या में और उसके पास एक भी विमान नहीं था।

इंफाल की ऐतिहासिक लड़ाई, यूट्यूब लिंक

https://www.youtube.com/watch?v=PdHE7Jrbtg&feature=youtu.be&t=2 m >>Published by MARUMEGANENOOYAJI on 2 November 2015

(जापान के मासाकी मियामोतो के सौजन्य से)

भारत में गहराई तक घुसकर कोहिमा और आसपास की पहाड़ियों पर कब्ज़ा कर लिया और इंफाल पर हमला करने और घुसने के लिए तैयार हो गए जब जापानियों ने उन्हें रोका। अंग्रेजों ने हवा में बड़े-बड़े बम गिराए, जबकि जापानियों और भारतीयों ने हर जगह गोलीबारी की और पूरी जगह को अंधा कर दिया, और फिर बारिश शुरू हो गई।

हालाँकि, उनका आत्मविश्वास तब थोड़ा हिल गया जब 6 अप्रैल को; जापानियों ने इम्फाल से केवल चार मील उत्तर में नुन्शिगाम की एक पहाड़ी पर कब्ज़ा कर लिया। सिमुन्स ने इम्फाल के आसपास बनाई गई खुफिया प्रणाली पर गर्व किया, लेकिन संपूर्ण जापानी पैदल सेना रेजिमेंट के पूरी तरह से अप्रत्याशित आगमन का पता लगाने में विफल रहे। भयंकर युद्ध करके पहाड़ी पर पुनः कब्ज़ा करने का प्रयास किया गया। यह केवल 13 अप्रैल को पूरा हुआ लेकिन दोनों पक्षों को भारी नुकसान उठाना पड़ा और कार्रवाई के दौरान अंग्रेजों ने बड़ी संख्या में अधिकारियों को खो दिया। इम्फाल के दक्षिणपूर्व में जापानियों को 'गोरखाओं' और 20वीं डिवीजन के भारतीय सैनिकों के खिलाफ भारी लड़ाई का सामना करना पड़ा। 14 अप्रैल को आईएनए ने मणिपुर की राजधानी इंफाल से 45 किमी दूर मैरांग शहर पर कब्जा कर लिया।

इंफाल के दक्षिण में ट्रिडिम रोड पर भी भीषण लड़ाई हुई। लड़ाई की तीव्रता इतनी थी कि घेराबंदी हटने के बाद भी यह जारी रही। इम्फाल की घेराबंदी के दौरान दिए गए पांच विक्टोरिया क्रॉस में से चार यहीं जीते गए थे।

कोहिमा में जापानियों की हार के बाद इंफाल के रक्षकों ने बहुत मदद की क्योंकि इसका मतलब था कि वहां तैनात मित्र सेनाएं दक्षिण की ओर बढ़ सकती थीं और जापानी रियर पर प्रभावी ढंग से हमला कर सकती थीं। मुतागुची ने जवाब में अपने तीन वरिष्ठ

अधिकारियों को बर्खास्त कर दिया, जिससे इम्फाल के आसपास तैनात जापानी सेना के मनोबल में कोई मदद नहीं मिली क्योंकि घेराबंदी से पहले जापानी सेना की ऐसी कार्रवाई अभूतपूर्व थी। 22 जून को कोहिमा में ब्रिटिश सैनिक औपचारिक रूप से इम्फाल से लगभग बीस मील उत्तर में 5वें भारतीय डिवीजन के जवानों के पास इम्फाल-कोहिमा रोड पर माइलस्टोन 107 पर पहुंचे। इसने घेराबंदी के अंत का संकेत दिया। 18 जुलाई 1944 को जापानी हाई कमान इस बात पर सहमत हुआ कि बर्मा/भारत सीमा के अंदर, बर्मा पर चिंडविन नदी की ओर वापसी आवश्यक थी। जापानियों को 53,000 लोग हताहत हुए और ब्रिटिश 17,000 लोग मारे गए और घायल हुए।

इम्फाल पराजय की वास्तविक कहानी के कई पहलू हैं, जिन पर काफी असहमति है। जैसा कि भारतीय सेना ने कहा था, यह जापानियों और भारतीयों के बीच इरादों के टकराव का परिणाम था। दोनों शहर में प्रवेश करना चाहते थे और इसकी जीत की प्रशंसा करना चाहते थे। 18 अप्रैल, 1944 को, इंफाल आईएनए के लिए पूरी तरह से खुला था – बस एक पत्थर की दूरी पर, जैसा कि एक भारतीय अधिकारी ने वर्णन किया था। क्षेत्र के भारतीय सैन्य गवर्नर नियुक्त किए गए, नई मुद्रा को तत्काल प्रचलन और उपयोग के लिए तैयार रखा गया और सैन्य कब्जे के लिए सभी व्यवस्थाएं की गईं। तब जापानियों ने हस्तक्षेप किया। यह भारतीय धरती पर पहली वास्तविक जीत की ओर ले जा रहा था और वे स्वयं भी यही चाहते थे; इसके अलावा, वे इम्फाल को अपने सम्राट को उनके 43वें जन्मदिन, जो 29 अप्रैल को पड़ता था, के उपहार के रूप में भेंट करना चाहते थे। वे इंफाल की जीत का फायदा उठाना चाहते थे।

4 फरवरी 1944 को नेताजी ने सैन्य अभियान का नेतृत्व किया

द्वितीय विश्व युद्ध इंफाल ऑपरेशन ध्वजारोहण

इंफाल के मुइरंग में झंडा फहराया लेकिन अंत में हार गए

उस समय घटी प्रतिकूल घटनाओं की प्रतिक्रिया का प्रतिकार करने के लिए कर्नल हिरोका ने नेताजी से सम्राट के जन्मदिन पर एक रेडियो प्रसारण तैयार करने को कहा। लेकिन नेताजी की अपनी योजनाएं, महत्वाकांक्षाएं और उनके सबसे मजबूत कारण थे। उन्होंने सही तर्क दिया कि भारत पर जापानी आक्रमण से भारतीयों में विभाजन की भावना पैदा होगी और उनकी बड़ी आबादी ब्रिटिश पक्ष में चली जाएगी, जबकि भारतीय धरती पर आईएनए की उपस्थिति जो वास्तव में भारत के एक महत्वपूर्ण हिस्से पर कब्जा करने में सफल रही, वह पूरे भारत में थी। सबसे कठोर प्रभाव पड़ेगा। दुनिया पहली बार आईएनए और उसके युद्ध के बारे में सुनेगी और हजारों लोग भारत की ओर आएंगे। जब दोनों सेनाएं इस सवाल पर बहस कर रही थीं, तो पहली गति खो गई और ब्रिटिशों ने अपने अतिरिक्त सैनिकों को घटनास्थल पर भेज दिया, विमान और टैंकों की कमी के कारण जापानी हमला कम हो गया, और इम्फाल हार गया और एक लंबी घटनाहीन वापसी शुरू हुई।

लेकिन नेताजी ने बहादुरी से हार स्वीकार कर ली. उन्होंने लोगों को सत्य का उपदेश दिया कि युद्ध में विजय के रूप में ही अंतिम युद्ध की शुरुआत होती है। "भारत लंबी दूरी का देश है, उन्होंने फिर याद दिलाया, और भारतीय लोग लंबी यात्राओं के आदी हैं।"

लोकप्रिय नेता के रूप में जाने वाले नेताजी ने अपनी भारतीय राष्ट्रीय सेना की वीरता के साथ ब्रिटिश सेना से लड़ाई की।

INA का मुख्य कार्यालय रंगून में स्थित है। यहां तक कि जब नेताजी ने भारत की अनंतिम सरकार की घोषणा की, तब भी उन्होंने मुख्यालय के रूप में रंगून को चुना। इसके अलावा, नेताजी ने आम बर्मी और राष्ट्रपिता आंग सान के साथ एक विशेष संबंध बनाए रखा। जनरल आंग सान ने विभिन्न अवसरों पर नेताजी की भावनाओं का उचित प्रतिनिधित्व किया।

जैसा कि अगले पृष्ठ पर फोटो NP-28 में दिखाया गया है, 31 अक्टूबर 1944 को, नेताजी अपने तीन सैन्यकर्मियों के साथ टोक्यो गए।

दक्षिणपूर्व एशिया (एसईए) में आईएनए आंदोलन के दौरान, किसी ने एक बार नेताजी से कहा था, "सर, हमें आईएनए का इतिहास लिखना चाहिए"। इस पर नेताजी ने जवाब दिया, "चलो इसे बनाते हैं, एक दिन दुनिया के किसी भी हिस्से से कोई और इसे लिखेगा, जय हिंद"।

एक भौतिकशास्त्री के रूप में मुझे नेताजी पर इतनी महत्वपूर्ण पुस्तक लिखने का कोई विचार नहीं था। विश्व युद्ध की यह महत्वपूर्ण ऐतिहासिक पुस्तक नेताजी के निजी सचिव मासाइयोशी काकित्सुबो और उनके पुत्र डॉ. हिरोइयोशी इयाजीमा (जापानी) की मदद से ही लिखी गई थी। यह पुस्तक तथ्यों और सच्चाई पर आधारित है जैसा कि मासाइयोशी काकित्सुबो की खूबसूरत तस्वीरों और अप्रकाशित लेखों से पता चलता है। द्वितीय विश्व युद्ध में नेताजी पर अधिकांश भारतीय पुस्तकें, विशेष रूप से बंगालियों की, बिना किसी व्यावहारिक साक्ष्य के षड्यंत्र के सिद्धांतों और अफवाहों पर आधारित हैं।

डॉ. गोराचांद घोष

सितंबर 1944 में चंद्र बोस की प्रोफ़ाइल

Profile of Chandra Bose in September 1944

6 जनवरी, 2021 को डॉ. गोराचंद घोष द्वारा, फेसबुक और ट्विटर पर सार्वजनिक पोस्टिंग

https://www.nationalarchives.gov.uk/education/resources/the-road-to-partition/profile-krishna-bose/

Profile of Chandra Bose with caricature by Miguel Covarrubias, Collier's Magazine 30th September 1944 (FO 371/41783) (UK Government Archive).

(हिंदी में अनुवाद डॉ. गोराचंद घोष द्वारा)

मिगुएल कोवारुबियास द्वारा व्यंग्यचित्र के साथ चंद्र बोस की प्रोफ़ाइल, कोलियर की पत्रिका 30 सितंबर 1944 (एफओ 371/41783) (यूके सरकार अभिलेखागार)

दोषी>>सुभाष चंद्र बोस>>एल.आई.आई.आई

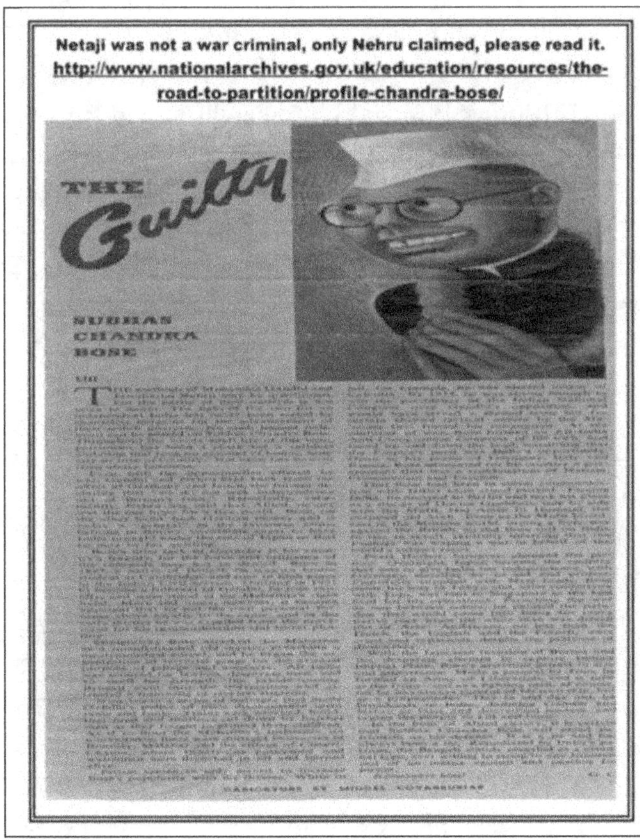

महात्मा गांधी और जवाहरलाल नेहरू की युद्ध नीतियों और उद्देश्यों के बारे में सवालों की गुंजाइश है। अपने हितों की पूर्ति के लिए भारत की आजादी का शर्मनाक सौदा किया गया, जबकि सुभाष चंद्रा को ऐसा कोई समझौता स्वीकार नहीं था। उन्होंने बिना शर्त अपना जीवन युवा राष्ट्रवाद के लिए समर्पित कर दिया। उनकी ईमानदारी, निष्ठा, देश प्रेम गणना से परे है। वे आधारहीन कार्य करने के पक्ष में नहीं थे।

जब जर्मनी और जापान ने भारत को युद्धकालीन लाभ देना चाहा, तो गांधीजी और नेहरू ने उन्हें अस्वीकार कर दिया और घोषणा की... हम अंग्रेजों की कीमत पर आजादी नहीं चाहते। नेहरू बार-बार कहते रहे कि उन्होंने विश्व युद्ध में अंग्रेजों की मदद करके एक स्वतंत्र देश बनाने का सपना देखा था। उन्होंने यह भी कहा कि नेताजी देशद्रोही थे क्योंकि वह बर्मा युद्ध में जर्मन धन और जापानी सैनिकों के साथ भारत को जापान को सौंपना चाहते थे।

इस बात से इनकार नहीं किया जा सकता कि दबाव और गुप्त रणनीति के तहत नेताजी को पार्टी छोड़ने के लिए मजबूर किया गया, जो देश की संकटपूर्ण स्थिति में एक विडंबना है। वह 1897 में पैदा हुए एक बंगाली थे। वह कैम्ब्रिज में ऑनर्स छात्र थे। वे भारतीय सिविल सेवा में उच्च पदों पर रहे। 1921 में उन्होंने अपनी नौकरी छोड़ दी और गांधीजी के अनुयायी बन गये और जल्द ही महात्मा गांधी के दाहिने हाथ बन गये। धीरे-धीरे, अंततः यह स्पष्ट हो गया कि गांधीजी ने अपनी ध्यान संबंधी अवधारणा को कानून से ऊपर लागू किया, जिसे सुभाष स्वीकार नहीं कर सके और इस कारण उन्हें एक गुप्त साजिश का शिकार बनाकर तीस के दशक की शुरुआत में आंदोलन से निष्कासित कर दिया गया।

बोस ने गांधीजी पर सीधा हमला बोला और कहा कि अंग्रेजों की हर बात बिना सवाल किए स्वीकार करना आपकी मूर्खता, पुरातनपंथ, मेनिमुखो यानी सीधे बात न कर पाने की निशानी है। इसके बाद उन्होंने देश की आज़ादी के लिए एक उग्रवादी समूह बनाया लेकिन नरसंहार से बचना चाहते थे। पूरे भारत में ऐसे बेईमान, साहसी लोग हैं जो अपनी पूरी ऊर्जा जनता को भड़काने में लगा देते हैं। बंगाल में हताश विश्वविद्यालय के छात्र भी इससे आकर्षित हुए और इसका अनुसरण किया। फिर शुरू हुआ वह राक्षसी अध्याय जिसमें लोगों ने गांधीवादी सिद्धांतों की अवहेलना की और सब कुछ विफल कर दिया। ट्रेनों में तोड़फोड़ की जाती है, इमारतों में आग लगा दी जाती है और यहां तक कि माताएं भी अपने बच्चों की रक्षा के लिए तांगियों से लड़ती हैं। महात्मा गांधी के अहिंसक आंदोलन की अवहेलना में, बॉम्बे, मालाबार और चौरीचौरा गांवों में नरसंहार किए गए और इक्कीस पुलिसकर्मियों और निरीक्षकों को तेल छिड़क कर जला दिया गया। कारावास के दौरान बोस की लोकप्रियता बढ़ी, जिसके परिणामस्वरूप 1938 के चुनावों में उन्हें कलकत्ता के मेयर के रूप में चुना गया।

सुभाष चंद्र भारतीय राष्ट्रीय कांग्रेस में दूसरा राष्ट्रपति चुनाव आसानी से जीत सकते थे और गांधीजी की दूसरी पार्टी के रूप में देश की सेवा कर सकते थे, लेकिन कुछ कट्टरपंथियों ने गांधीजी को प्रभावित किया और बोस को इस्तीफा देने के लिए मजबूर किया। युद्ध की पूर्व संध्या पर, बोस ने स्वयं अखिल भारतीय समझौता-विरोधी कांग्रेस पार्टी का गठन किया। तेजी से उभरते देश के सम्राट पेरिल भारत को मौका देंगे। बोस ने जर्मनी, इटली और रूस की खुले तौर पर प्रशंसा की और कहा कि भारत को नाजीवाद, साम्यवाद और फासीवाद के संयोजन वाली सरकार बनाने की जरूरत है।

बोस ने गुप्त रूप से हिटलर के साथ बातचीत की लेकिन भारत के प्रति उसके रवैये को महसूस करने पर उन्होंने तुरंत बर्लिन छोड़ दिया और डॉ. गोएबल्स के साथ जुड़ गए। मुफ़्ती के साथ-साथ हज अमीन एल हसन ने अरबों की पुरानी शपथ को तोड़ दिया। मुफ्ती ने यहां तक घोषणा की कि दुनिया भर के मुसलमान अंग्रेजों के खिलाफ पवित्र युद्ध में उतरेंगे। इस अवसर पर, बोस ने प्रभावी ढंग से भारतीयों को ब्रिटिश बंधनों से मुक्त होने के लिए विद्रोह करने का आह्वान किया। इसके अलावा, युद्ध के उत्थान और पतन के बीच पृथ्वी की सामग्री तेजी से आधी हो जाएगी।

हालाँकि, पर्ल हार्बर ने तस्वीर बदल दी। रातों-रात, जापान वह देश बन गया जो भारत को आज़ादी देगा, जर्मनी मदद और सुरक्षा के लिए खड़ा था। प्रचुर मात्रा में नाज़ी निधियों की आपूर्ति के साथ, बोस टोक्यो के लिए रवाना हुए और तोजो के साथ एक सम्मेलन के बाद उन्हें अपने अभियानों के लिए सबसे अच्छे क्षेत्र के रूप में सिंगापुर भेजा गया। रंगों के बीच युद्ध को बढ़ावा देने के लिए, उन्होंने उस स्वर्ग को चित्रित किया जो श्वेत व्यक्ति को एशिया से निष्कासित किए जाने पर प्रत्येक मूल जाति का बन जाएगा। अमेरिकी, डच, अंग्रेज़ और फ़्रेंच से कम नहीं, लोकतंत्र के दिखावे के तहत भी क्रूर और लालची थे।

बर्मा पर जापानी आक्रमण और इम्फाल की भारतीय भूमि पर कब्जा करने के बेताब प्रयास के साथ बोस के अभियानों का आकार और महत्व बढ़ गया। तोजो द्वारा सेनापति बनाए जाने के बाद, उन्होंने एक मुक्ति सेना का गठन किया और अब वह हमेशा युद्ध में जाने के प्रति सचेत रहते थे, लेकिन एक उपदेशक के रूप में। *उन्होंने दिन-ब-दिन भारत में अभियान चलाया, गांधी और नेहरू को झूठा और बदनाम नेता बताया और लोगों को मारने और जलाने का आह्वान किया।*

मित्र देशों की जीत के क्षण में, यह निश्चित है कि सुभाष चंद्र बोस अपने बचाव के लिए देशभक्ति की वकालत करेंगे। यह झूठ है और हमेशा झूठ ही रहा है। भारत के देशभक्तों द्वारा अस्वीकृत किए गए, बंगाली आपराधिक किस्म के व्यक्ति के रूप में सामने आते हैं, जो सत्ता के लिए पागलपन और जुनून के कारण किसी भी आधार का सहारा लेने के लिए हमेशा तैयार रहते हैं।

उसे याद---

जी.सी.

31 अक्टूबर 1944 को नेताजी और उनके तीन कैप्टन सिंगापुर हवाई अड्डे पर टोक्यो जा रहे थे

== भारत नेताजी की बजह से ही स्वतंत्र हे ==

यूट्यूब लिंक:

https://www.youtube.com/watch?v=ZD01FeUYbGU

नेताजी सुभाष चंद्र बोस | द्वितीय विश्व युद्ध } भाग दो | 1 सितम्बर 2020

गांधीजी की अहिंसा से नहीं, बल्कि नेताजी और आजाद हिंद फौज यानी आईएनए ने हमें आजादी दिलाई। इसके अलावा, गांधी के नेतृत्व वाली कांग्रेस पार्टी, जिन्ना के नेतृत्व वाली मुस्लिम लीग, सावरकर के नेतृत्व वाली हिंदू महासभा और कम्युनिस्ट पार्टी के नेता और उनके सदस्य बिल्कुल भी स्वतंत्रता सेनानी नहीं थे। इन नेताओं ने नेताजी और सैकड़ों हजारों भारतीय सेना (आईएनए) के बलिदान का लाभ उठाते हुए ग्रेटर भारत को विभाजित किया। हो गया यदि नेताजी जीवित होते तो भारत का विभाजन नहीं होता और भारत संयुक्त राज्य अमेरिका के बाद दुनिया का दूसरा विकसित देश बन गया होता।

21 अक्टूबर 1943 को स्वतंत्र भारत की अनंतिम आजाद हिंद सरकार के प्रधान मंत्री, नेताजी सुभाष चंद्र बोस और द्वितीय विश्व युद्ध के दौरान जापान के प्रधान मंत्री और रक्षा मंत्री हिदेकी तोजो, ग्रेटर भारत की स्वतंत्रता के मुख्य वास्तुकार थे। साथ ही, वे युद्ध के बाद औपनिवेशिक शासकों से दक्षिण पूर्व एशियाई देशों की स्वतंत्रता के मुख्य वास्तुकार भी थे। 1940 के बाद से द्वितीय विश्व युद्ध में नेताजी और आई.एन. के खिलाफ ब्रिटिश राज का समर्थन करके गांधी और नेहरू सच्चे अप्रत्यक्ष युद्ध अपराधी थे। भारत छोड़ो आंदोलन ब्रिटिश राज को खुश करने के लिए गांधीजी का दिखावा था। गांधीजी और उनके साथियों को 10 अगस्त 1942 से 6 मई 1944 तक पुणे के आगा खान पैलेस में कैद रखा गया था। इसके अलावा, नेहरू और कांग्रेस कार्य समिति के बारह सदस्यों को 9 अगस्त 1942 से 28 मार्च 1945 तक अहमदनगर किले में कैद रखा गया था। तथाकथित जेल में रखे जाने के बावजूद, नेहरू लेडी माउंटबेटन के साथ अक्सर संवाद करने के लिए अहमदनगर किले से दिल्ली आते थे। चूंकि लेडी माउंटबेटन अकेली थी। ब्रिटिश राज ने उनके साथ भारत के राजाओं की तरह सभी विशेषाधिकारों का व्यवहार किया। नेहरू ने ब्रिटिश राज से सभी प्रकार की सामग्री प्राप्त की और वहीं अपनी प्रसिद्ध पुस्तक 'डिस्कवरी ऑफ इंडिया' लिखी। उन्होंने इस पुस्तक में 1938 में कांग्रेस अध्यक्ष पद की मानहानि और

इम्फाल की लड़ाई में उनकी हार के लिए नेताजी के बारे में दो से तीन वाक्य (पृष्ठ 422 और 469) लिखे। नेहरू के नेतृत्व वाली कांग्रेस सरकार ने दावा किया कि भारत को गांधीजी की अहिंसा से आजादी मिली। यह वास्तविक अप्रत्यक्ष युद्ध अपराधी नेहरू द्वारा निर्देशित कांग्रेस के कट्टर इतिहासकारों द्वारा लिखा गया विकृत इतिहास था। इसके अलावा, नेहरू लंदन में अपने युवा विश्वविद्यालय के दिनों से ही ब्रिटिश राज के अनौपचारिक दामाद थे।

जैसा कि नेताजी के निजी सचिव मसाइयोशी काकित्सुबो ने सुझाव दिया था, मैं आपको द्वितीय विश्व युद्ध के दौरान नेताजी के बारे में तथ्य और जानकारी दे रहा हूं। जापान ग्रेटर ईस्ट एशिया सह-समृद्धि के क्षेत्र के लिए 5-6 नवंबर 1943 को ग्रेटर ईस्ट एशिया सम्मेलन में भाग लेने के लिए तोजो द्वारा नेताजी को आमंत्रित किया गया था। नेताजी अपने तीन कप्तानों खान, चटर्जी और कियानी के साथ 31 अक्टूबर 1943 को टोक्यो गए। इस कड़ी में मैं 5-6 नवंबर, 1943 को इंपीरियल डाइट बिल्डिंग के व्याख्यान कक्ष में टोक्यो में ग्रेटर ईस्ट एशिया सम्मेलन के छह प्रसिद्ध व्यक्तियों के आगमन और उनके भाषण प्रस्तुत करूंगा। मैं एनएचके के दुर्लभ वीडियो के माध्यम से 7 नवंबर 1943 को हिबिया पार्क में उनका सार्वजनिक भाषण भी प्रस्तुत करूंगा। इसके अलावा, मैं कॉपीराइट उल्लंघनकर्ता-अपराधी अनुज धर द्वारा नेताजी को गुमनामी बाबा के रूप में बदनाम करने और द्वितीय विश्व युद्ध के इतिहास को विकृत करने के बारे में एक स्लाइड दिखाऊंगा।

यूट्यूब लिंक: https://www.youtube.com/watch?v=aPPf485p94I&t=658s

नेताजी सुभाष चंद्र बोस | द्वितीय विश्व युद्ध | भाग तीन | सितम्बर 6, 2020

सत्य की हमेशा जीत होती है और भारतीय स्वतंत्रता का वास्तविक इतिहास अब अपने आप सामने आने वाला है।

जैसा कि नेताजी के निजी सचिव मासाईयोशी काकितसुबो (जापान) ने सुझाव दिया था, मैं आपको द्वितीय विश्व युद्ध के दौरान नेताजी के बारे में तथ्य और जानकारी दे रहा हूं। ग्रेटर ईस्ट एशिया सम्मेलन के बाद नेताजी और उनके दल (खान, चटर्जी और कियानी) ने टोक्यो के इंपीरियल होटल से अन्य कर्तव्य निभाए। बैंक ऑफ जापान के गवर्नर के साथ बैठक। टोक्यो में आईएनए प्रशिक्षण सुविधाओं का अपनी आंखों से अवलोकन करना। जापानी सैन्य प्रशिक्षण महाविद्यालय का दौरा। प्रसिद्ध कोकुगिकन हॉल में उच्च पदस्थ जापानी सैन्यकर्मियों के साथ सूमो कुश्ती देखने जा रहा हूँ। भारत की स्वतंत्रता के लिए टोक्यो में रहने वाले भारतीयों द्वारा आयोजित एक बैठक को संबोधित करते हुए।

29 दिसंबर 1943 को नेताजी सिंगापुर के रास्ते टोक्यो से अंडमान लौटे और उनके साथ एएम सहाय, रावत और डीएस राजू भी थे। पोर्ट ब्लेयर में जापान के एडमिरल ने उनका गर्मजोशी से स्वागत किया। साथ ही वहां रहने वाले उत्साही भारतीयों और बर्मी लोगों ने नेताजी के लिए गर्मजोशी से स्वागत की व्यवस्था की। 30 दिसंबर, 1943 को आजाद भारत की धरती पर नेताजी द्वारा राष्ट्रीय ध्वज फहराया गया था। 7 जनवरी, 1944 को नेताजी और उनकी सेना रंगून, बर्मा पहुँचे। नेताजी को फूलों की माला पहनाई गई। उन्होंने आईएनए गुरिल्ला रेजिमेंट, डिवीजन एक, दो और तीन का दौरा किया।

रंगून के युद्धक्षेत्रों से, उन्होंने भारत में दिन-ब-दिन प्रचार किया, गांधी और नेहरू को झूठा और बदनाम नेता बताया, और लोगों को मारने और जलाने का आह्वान किया। 1944 में, नेताजी ने अपने युद्धक्षेत्र रंगून से कभी भी गांधी को "राष्ट्रपिता" नहीं कहा। आईएनए और ब्रिटिश भारतीय सेना के बीच लड़ाई की वीडियो क्लिपिंग।

30 दिसंबर 2018 को पीएम मोदी द्वारा निकोबार द्वीप में ध्वजारोहण की 75वीं वर्षगांठ है। इसके अलावा, मैं कॉपीराइट उल्लंघनकर्ता-अपराधी अनुज धर द्वारा बनाए गए एक गुमनामी बाबा के रूप में नेताजी की मानहानि और द्वितीय विश्व युद्ध के इतिहास को विकृत करने के बारे में कुछ स्लाइड दिखाऊंगा।

Somebody can watch the YouTube(s) in English. The YouTube(s) links in English are shown below:

Netaji Subhas Chandra Bose WWII Episode 2: May 28, 2020

YouTube Link: https://www.youtube.com/watch?v=J4P9ATWWy-4

Netaji at the Greater East Asia Conference in Tokyo on 5-7 Nov 1943. Tojo handed over the Andaman and Nicober islands to rule by the Azad Hind Govt. of Netaji. It was a great success of the Asiatic conference.
Netaji Subhas Chandra Bose WWII Episode 3: June 1, 2020

YouTube Link: https://www.youtube.com/watch?v=srXmo__SRDw

After returning from Japan to Andaman, Netaji hoisted the national flag in the Indian soil on 30 December 1943. Then he moved to Rangoon and war started from 2nd February 1944. The INA hoisted the national flag at the top of the Moirang hill on 14 April 1944 but lost the war and the INA returned to Rangoon. In Sept 1944 Netaji claimed Gandhi and Nehru as the false and discredited leaders and did radio broadcast day in and day out from the warfare field urging the people of India to kill and burn them.

अध्याय चतुर्थ
नेताजी की टोक्यो की तीसरी और अंतिम यात्रा

31 अक्टूबर 1944 को टोक्यो में नेताजी, खान, चटर्जी और कियानी का आगमन
31 अक्टूबर 1944 को, नेताजी, ए.सी. चटर्जी, आई.एन. फर्स्ट डिवीजन के लेफ्टिनेंट कर्नल कियानी, और वाइस चीफ ऑफ स्टाफ मेजर हबीबुर रहमान खान के साथ टोक्यो लौट आए। श्री इसोदा, मोमरू शिगेमित्सु और आई.आई.एल. सहित शाही कर्मचारियों के प्रतिनिधि, उनकी बैठक का बेसब्री से इंतजार कर रहे थे। नेताजी की पिछली दो यात्राओं के बाद से टोक्यो बदल गया था। और जैसे ही नेताजी की योजना शहर के करीब पहुंची, लगभग 100 अमेरिकी बी-29 बमवर्षकों ने टोक्यो के आसमान पर भीषण हमला बोल दिया। भारतीयों [7] को गैमुशो गेस्टहाउस ले जाया गया जहां वे दस दिनों तक रहे। वे जापानी आधिकारिक अतिथि के रूप में गैमुशो गेस्टहाउस में रुके थे।

इम्फाल अभियान की विफलता और प्रशांत महासागर में सायपन द्वीप के नुकसान के बाद तोजो सरकार गिर गई। तोजो टोक्यो के पास अपने गांव के घर में एक शांत और आरामदायक जीवन जी रहा था। टोक्यो में अपने पहले दिन, नेताजी ने नवनियुक्त प्रधान मंत्री कुनियाकी कोइसो से मुलाकात की। उन्होंने विदेश मंत्री, सेना और नौसेना मंत्रियों और वित्त मंत्री से पुराने अधिग्रहण को नवीनीकृत करने का आह्वान किया।

प्रधान मंत्री ने नेताजी के लिए राजकीय रात्रिभोज की मेजबानी की और भारत की स्वतंत्रता के लिए जापानी लोगों की मदद करने का वादा किया। उन्होंने भारत में किसी भी क्षेत्रीय आर्थिक और वित्तीय लाभ की तलाश न करने की तोजो की पहले की प्रतिबद्धता को भी नवीनीकृत किया। प्रधान मंत्री कोइसो अपने मंत्रियों की उपस्थिति में भाषण देते हैं जिसे दिखाया गया है। कोइसो ने यह भी कहा कि जापान भारत की स्वतंत्रता के लिए भारत के प्राचीन सांस्कृतिक ऋण का भुगतान कर रहा है। कोइसो ने नेताजी को अपने "फर्स्ट ऑर्डर ऑफ द राइजिंग सन" पुरस्कार से सम्मानित करने की भी पेशकश की, लेकिन नेताजी ने यह कहते हुए मना कर दिया कि जब भारत स्वतंत्र हो जाएगा तो वह इस पुरस्कार को सहर्ष स्वीकार कर लेंगे। एक अन्य रात्रिभोज का आयोजन नेताजी के पुराने मित्र विदेश मंत्री मोमरू शिगेमित्सु ने किया था।

अपनी टोक्यो यात्रा के दौरान, नेताजी के मस्तिष्क का इंफाल ऑपरेशन विफल हो गया, लेकिन वे निराश नहीं हुए। उन्होंने जापानियों और भारतीयों दोनों के एक बड़े दर्शक वर्ग को संबोधित किया, जो टोक्यो के हिबिया पब्लिक हॉल में दो घंटे से अधिक समय तक खचाखच भरा रहा। उन्होंने भारत के स्वतंत्रता संग्राम में उनकी सहानुभूति और उदार सहयोग के लिए जापान सरकार और लोगों को धन्यवाद दिया और भारत की स्वतंत्रता प्राप्त होने तक संघर्ष जारी रखने का दृढ़ संकल्प व्यक्त किया।

वह जापान से अधिक समर्थन चाहते थे। जब भाषण ख़त्म हुआ तो दर्शकों ने तालियों की गड़गड़ाहट और खड़े होकर उनका अभिनंदन किया। नेताजी ने 'टोक्यो इंपीरियल यूनिवर्सिटी' में छोटे लेकिन अधिक परिष्कृत दर्शकों के बीच व्याख्यान दिया और फिर बड़ी सफलता के साथ हुआ। इन भाषणों की व्याख्या करते हुए, श्री काकित्सुबो ने कहा, "मैं भाषण देने की कला में नेताजी की निपुणता की प्रशंसा करता हूँ। मुझे 'भगवान बुद्ध की भूमि' की स्वतंत्रता के लिए लड़ रहे भारत की ओर से जापानी सद्भावना और सहानुभूति का एक बड़ा भंडार महसूस हुआ। नेताजी ने मुझसे कहा कि जितने अधिक दर्शक होंगे, उन्हें घर पर भाषण देने का उतना ही अधिक एहसास होगा।"

गैमुशो गेस्टहाउस में ठहरें

Khan, Chatterjee, Netaji and Kiani are taking photo in front of the Gaimusho Guest House, Tokyo on 4 November 1944

मासाइयोशी काकित्सुबो ने अपने बाएं हाथ की तर्जनी को नेताजी के कंधे पर रखा नवंबर 1944 में प्रधान मंत्री जनरल कोइसो अपने आधिकारिक आवास पर नेताजी (प्रधान मंत्री और युद्ध मंत्री, अनंतिम आजाद हिंद सरकार) का स्वागत करते हुए, प्रथा के अनुसार जापानी खातिर पेय के साथ थैले के बाद नेताजी का स्वागत करते हुए चित्रित किए गए। नेताजी को जापानी साके पीना बहुत पसंद था। जैस्मिन देशे में जदाचारंग हैं, विदेश में निमोंग नास्ति। नेताजी शराब पीने के अच्छे शौकीन थे और जापानी पेय साके का आनंद लेते थे।

NP-30   Gorachand © Ghosh   ©

Netaji was in the Gaimusho Guest House on 4 Nov 1944

This rare photo is *at Government Guest House* collected by Dr. G. Ghosh from Dr. *1944* Hiroyoshi Yajima in April 1999.

नेताजी गाइमुशो गेस्टहाउस में थे और मसाइयोशी उनके पीछे खड़े थे

यह जापान के कुछ गणमान्य व्यक्तियों के साथ गर्मजोशी से स्वागत किया गया फोटो था। यह अद्भुत यादगार तस्वीर विदेशी गेस्ट हाउस के लॉन में ली गई थी जहां अतिथि भारतीय कुर्सियों पर बैठे थे और अन्य सभी जापानी मंत्री और गेस्टहाउस अधिकारी एक उल्लेखनीय जापानी मेजबान प्रणाली के रूप में उनके पीछे खड़े थे। उनके निजी सचिव मसाइयोशी काकित्सुबो नेताजी के ठीक पीछे उनके कंधे पर उंगली रखकर खड़े थे 4 नवंबर, 1944 को, गेस्टहाउस के लॉन में नेताजी और उनके तीन सदस्यों, खान, चटर्जी और कियानी गैमुशो की तस्वीरें खींची गई

कोइसो का भाषण

31 अक्टूबर, 1944 को प्रधान मंत्री जनरल कोइसो ने नेताजी के टोक्यो आगमन के अवसर पर अपने आधिकारिक आवास पर भाषण दिया

प्रप्रधान मंत्री जनरल कोइसो ने अपने आधिकारिक आवास पर नेताजी से मुलाकात की, जहां एशियाई देशों (भारत और जापान) के दो प्रमुखों ने श्री काकित्सुबो की उपस्थिति में हाथ मिलाया, जो दो एशियाई देशों की भावी पीढ़ियों के लिए एक महान और यादगार गवाह था

Prime Minister General Koiso was welcoming Netaji, the Prime Minister and Minister of war of the Provisional Azad Hind Government of India in his official residence in November 1944

स्वागत है नेताजी

This rare photo is collected by Dr G Ghosh from Dr H Yajima of Tokyo in April 1999

6 नवंबर 1944 को नेताजी शिगेमित्सु और अन्य मंत्रियों के साथ जीईएसी संयुक्त घोषणा समिति की वर्षगांठ में शामिल हुए

नेताजी का ओजस्वी भाषण

6 नवंबर 1944 को नेताजी ने शिगेमित्सु के साथ ग्रेटर ईस्ट एशिया सम्मेलन की संयुक्त घोषणा समिति की पहली वर्षगांठ में भाग लिया। जैसा कि फिल्म में दिखाया गया है, उन्होंने समिति की उपस्थिति में एक उग्र भाषण भी दिया

विदेश मंत्री मामोरू शिगेमित्सु ने 5 नवंबर, 1944 को हिबिया पब्लिक हॉल में आधिकारिक तौर पर भाषण शुरू किया

हिबिया पब्लिक हॉल में नेताजी का ओजस्वी भाषण

नेताजी हिबिया पब्लिक हॉल में उग्र भाषण दे रहे थे और उनके पीएस मासाइयोशी काकित्सुबो (जापानी) ने इसका जापानी भाषा में अनुवाद किया था।

नवंबर 1944 में, नेताजी जापानियों और भारतीयों के सामने बोल रहे थे और उनके पीएस मासाइयोशी ने उनका अनुवाद किया था

भारत की आजादी के लिए 6 नवंबर 1944 को नेताजी ने टोक्यो के हिबिया पब्लिक हॉल के अंदर सैकड़ों जापानी और भारतीयों को संबोधित किया

टोक्यो इंपीरियल यूनिवर्सिटी में नेताजी का भाषण

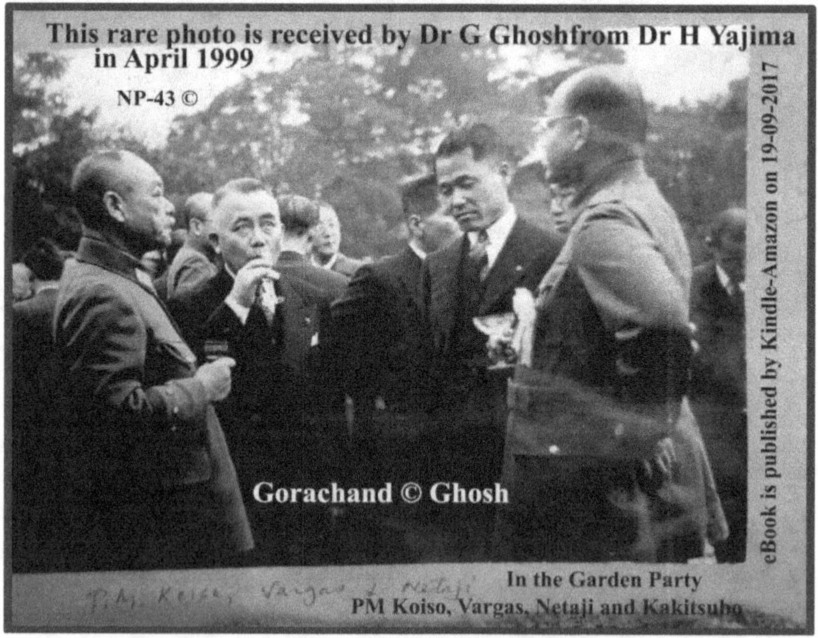

टोक्यो इंपीरियल यूनिवर्सिटी में व्याख्यान (ऊपर चित्र) देने के बाद प्रधान मंत्री कोइसो, काकित्सुबो और वर्गास के साथ शराब पीते हुए नेताजी (नीचे चित्र)

उद्यान सम्मेलन

भाषण के बाद नेताजी ने बगीचे के लॉन में प्रधान मंत्री कोइसो, वर्गास, काकित्सुबो और अन्य लोगों के साथ शराब पी

एक विदेशी प्रेस कॉन्फ्रेंस में नेताजी

1944 के अंत में, टोक्यो के हिबिया पब्लिक हॉल में अपने भाषण के बाद नेताजी विदेशी प्रेस कॉन्फ्रेंस में व्यस्त थे

इंडो-जापानी एसोसिएशन के अध्यक्ष श्री मार्किस ओहकुमा ने 1944 में टोक्यो में जापानियों और भारतीयों पर एक बैठक को संबोधित किया था

टोक्यो में इंपीरियल पैलेस की ओर नेताजी

नेताजी और मासाइयोशी काकित्सुबो नए साल की पूर्व संध्या 1945 पर सम्राट हिरोहितो का स्वागत करने के लिए टोक्यो के इंपीरियल पैलेस की ओर जा रहे थे

तब तक इंफाल ऑपरेशन की विफलता और प्रशांत महासागर में सायपन द्वीप के नुकसान के बाद तोजो सरकार गिर चुकी थी। जनरल तोजो शांत और सेवानिवृत्त जीवन जीते थे। नेताजी तोजो द्वारा आईएनए की मदद के लिए किए गए कार्यों के लिए उनका आभार व्यक्त करना चाहते थे। इसलिए, वह तोजो से तमाकावा, टोक्यो में उसके गाँव के घर पर मिले। भारी बारिश के कारण कंट्री हाउस के बगल की सड़क इतनी संकरी और गीली थी कि उन्हें कार से बाहर निकलना पड़ा और संकरी सड़क पर धान के खेतों से होकर गुजरना पड़ा। जैसे ही वे घर के पास पहुँचे, तोजो की छोटी बेटियों ने करीने से बंधे हुए, स्वागत में अपना सिर झुका लिया। तोजो और नेताजी फिर से मिले और इस बारे में बात करके खुश हैं कि आखिरी बार उन्हें देखने के बाद क्या हुआ था। उन्हें श्रीमती तोजोर घर के पिछवाड़े में उगाए गए शकरकंद खिलाए गए। तोजो ने नेताजी की स्मृति और दृष्टि में उन्हें सम्मान की तलवार भेंट की। जनवरी 1945 के मध्य में नेताजी रंगून लौट आये।

टोक्यो की अपनी अंतिम और अंतिम यात्रा पर, काकित्सुबो को पता चला कि नेताजी के तीन उद्देश्य थे: (1) जापानी सरकार से आईएनए को और सहायता प्रदान करने का अनुरोध करना, जो यदि आवश्यक हो, तो अपने दम पर गुरिल्ला युद्ध करने के लिए भारतीय क्षेत्र में प्रवेश कर सके; (2) सोवियत राजदूत से संपर्क करना और उन्हें सोवियत संघ में प्रवेश की संभावना के बारे में समझाना, अगर जापान युद्ध हार जाता; और (3) स्वतंत्र भारत की अनंतिम सरकार से जापानी सरकार 'हिकारी किकन' के बिना जापानी सरकार से सीधे संवाद करने के लिए एक राजनयिक दूत भेजने का अनुरोध करना।

स्वतंत्र भारत की अन्तरिम सरकार से सरकारी 'हिकारी किकान' के बिना जापान सरकार से सीधे संवाद करने के लिए एक राजनयिक दूत भेजने का अनुरोध किआ। पहले अनुरोध के रूप में, जापान के लिए मौजूदा कठिन परिस्थितियों को पूरा करना कठिन होता। अपनी दूसरी इच्छा के अनुसार वह सोवियत राजदूत से मिलने में असफल रहे जिन्होंने काकित्सुबो को नेताजी का पत्र बिना खोले/पढ़े लौटा दिया। जहाँ तक उनके तीसरे लक्ष्य की बात है, नेताजी इसे साकार करने में सफल रहे क्योंकि जापानी सरकार उनके लिए एक राजनयिक दूत भेजने पर सहमत हो गई।

नेताजी और उनके तीन सैन्यकर्मियों को टोक्यो के गैमुशो गेस्टहाउस में ले जाया गया और कुछ तस्वीरें ली गईं जैसा कि दिखाया गया है: फोटो NP-29 में गेस्ट हाउस के सामने नेताजी के पीछे चटर्जी, खान, काकित्सुबो और दो अन्य मंत्री खड़े थे; नेताजी के घर के सामने उनकी एक दुर्लभ सुंदर पूर्ण आकार की तस्वीर, जिसमें श्री काकित्सुबो उनके पीछे खड़े हैं, जैसा कि फोटो NP-30 में दर्शाया गया है। इसी तरह, एक और शानदार यादगार फोटो, जहां NP-31 की फोटो में अतिथि भारतीय कुर्सियों पर बैठे थे और अन्य सभी जापानी मंत्री और गेस्टहाउस अधिकारी उनके पीछे एक महत्वपूर्ण जापानी मेजबान प्रणाली के रूप में खड़े थे। भारत के वास्तविक स्वतंत्रता सेनानियों के कार्यों को याद करने के लिए कुर्सी पर बैठे हुए एक और तस्वीर ली गई थी; तस्वीर NP-32 में दिखाई गई है जहां खान, चटर्जी और कियानी नेताजी के पीछे खड़े थे।

दुर्लभ फोटो NP-33 में अंकित, प्रधान मंत्री कुनियाकी कोइसो ने 31 अक्टूबर 1944 को टोक्यो में नेताजी के आगमन का सम्मान करने के लिए एक रात्रिभोज पार्टी की मेजबानी की। प्रधान मंत्री कोइसो अपने मंत्रियों की उपस्थिति में भाषण देते हैं जिसे दिखाया गया है। नवंबर 1944 के पहले सप्ताह में, प्रधान मंत्री जनरल कोइसो ने नेताजी को अपने आधिकारिक निवास पर आमंत्रित किया, जहां एशियाई देशों (भारत और जापान) के दो प्रमुखों ने संपर्क अधिकारी श्री काकित्सुबु की उपस्थिति में हाथ मिलाया, जो एक भव्य और अंततः था, यादगार घटना।

ग्रेटर ईस्ट एशिया सम्मेलन की पहली वर्षगांठ के लिए नेताजी 5 नवंबर 1944 को टोक्यो थे और उन्हें फोटो NP-36 में मंत्री शिगेमित्सु और कई अन्य मंत्रियों से मुलाकात करते हुए दिखाया गया है। 6 नवंबर, 1944 को जापानी मंत्रियों को संबोधित करते हुए नेताजी, फोटो NP-37 में दर्शाया गया है।

विदेश मंत्री मामोरू शिगेमित्सु ने 5 नवंबर 1944 को हिबिया पब्लिक हॉल में नेताजी द्वारा दिए गए भाषण की आधिकारिक शुरुआत की, जहां शिगेमित्सु बोल रहे थे, जबकि नेताजी दाहिनी ओर बैठे थे। NP-38 की तस्वीर में बाकी सभी मंत्री और जापानी और भारतीय हॉल में बैठे हुए थे। उसी अवसर पर, शिगेमित्सु के बाद, नेताजी ने विश्व प्रसिद्ध हिबिया पब्लिक हॉल में एक और उग्र भाषण दिया, जिसमें भारत को स्वतंत्रता दिलाने में मदद मांगी गई। डायस में रहते हुए, श्री काकित्सुबो साथ-साथ नेताजी के भाषण की

व्याख्या भी कर रहे थे। ऐसी ही एक और तस्वीर NP-40 में है दिखाई जा रही है अंदर उसी हिबिया पब्लिक हॉल में करीब दो हजार जापानी और भारतीयों के सामने नेताजी भाषण दे रहे थे, ये अनोखी यादगार तस्वीर NP-41 में दिखाई गई ह। उन्होंने भारत के स्वतंत्रता संग्राम में उनकी सहानुभूति और उदार सहयोग के लिए जापान सरकार और लोगों को धन्यवाद दिया और भारत की स्वतंत्रता प्राप्त होने तक संघर्ष जारी रखने का दृढ़ संकल्प व्यक्त किया। उन्होंने जापान से अधिक समर्थन मांगा और भगवान और भगवान बुद्ध से भारत की स्वतंत्रता के लिए प्रार्थना करने का अनुरोध किया। जब भाषण ख़त्म हुआ तो दर्शकों ने तालियां बजाकर उनका अभिनंदन किया।

लेखक ने यह शानदार फोटो भारत के स्वतंत्रता दिवस की 70वीं वर्षगांठ यानी 15 अगस्त 2017 को फेसबुक पर पोस्ट की, जिसे कई लोगों ने लाइक और कमेंट किया. इसके अलावा, लेखक की टिप्पणी 69 हजार में से शीर्ष टिप्पणी थी। इस टिप्पणी को अगले अध्याय में दर्शाया गया है।

दूसरे दिन, नेताजी को टोक्यो इंपीरियल यूनिवर्सिटी में कुछ परिष्कृत बुद्धिजीवियों, विद्वानों और विश्वविद्यालय के प्रोफेसरों को संबोधित करने के लिए आमंत्रित किया गया था, जैसा कि फोटो NP-42 में दिखाया गया है। भाषण के बाद फिलीपीन के राजदूत वर्गास, प्रधान मंत्री कोइसो, नेताजी और श्री काकित्सुबो फोटो NP-43 में सेक पीते हुए, दो समान तस्वीरें जहां नेताजी बहुत ऊर्जावान हैं और प्रतिभागियों के साथ गपशप कर रहे हैं, फोटो NP-44 और NP-45 में दिखाए गए हैं। 21 नवंबर को विदेश मंत्री शिगेमित्सु ने रात्रिभोज दिया, जिसमें डॉ. बा माओ ने बात की। सम्मेलन के बाद नेताजी ने विदेशी प्रेस को साक्षात्कार दिया, जैसा कि एक यादगार फोटो NP-46 में दर्शाया गया है। नेताजी, चटर्जी, खान और कियानी ने इंडोजापानी एसोसिएशन द्वारा आयोजित एक बैठक में भाग लिया, जहां राष्ट्रपति मार्किस ओहकुमा ने ब्रिटिश राज से भारतीयों की मुक्ति के लिए भारतीयों का समर्थन करने के लिए भाषण दिया, जैसा कि NP-47 में दिखाया गया है।

नए साल की पूर्व संध्या, 1 जनवरी, 1945 को, जैसा कि फोटो NP-48 में दिखाया गया है, नेताजी कार द्वारा इंपीरियल पैलेस में भारत की आजादी के लिए उनका आशीर्वाद लेकर सम्राट हिरोहितो से मिलने जा रहे थे। यह फोटो अमेज़न ई-बुक में प्रकाशित होने वाली दुनिया की पहली फोटो है। हालाँकि, कुछ कॉपीराइट उल्लंघनकर्ताओं, नई दिल्ली में "मिशन नेताजी" और कोलकाता में "नेताजी रिसर्च ब्यूरो" के अपराधियों ने इन छवियों को ई-बुक से चुरा लिया है। और काट-छाँट के बाद अपनी व्यावसायिक वेबसाइटों और पुस्तकों पर विज्ञापन पोस्ट किए। कॉपीराइट कानून के अनुसार, मैंने भारत सरकार और भारतीय पुलिस को दुनिया भर में समान कॉपीराइट कानून को समान चरणों में बनाए रखने के लिए सूचित किया है। दोनों संगठन क्रमशः 2001 और 1957 से ही नेताजी की आत्मा को बदनाम करने के अपने धंधे में लगे हुए थे/हैं।

आज़ाद हिंद की अन्तरिम सरकार को जापानी दूतावास

उपरोक्त समझौते के अनुसार, श्री तेरुओ हचिया को दिसंबर 1944 के अंत में नेताजी सरकार में मंत्री के रूप में नियुक्त किया गया था [7], जिसमें प्रथम सचिव के रूप में श्री काकित्सुबो सहित पांच सचिव शामिल थे। हालाँकि, यातायात की स्थिति के कारण, उनके लिए रंगून तक आगे बढ़ना लगभग असंभव लग रहा था। फरवरी 1945 की शुरुआत में, वे एसएस आवा मारू द्वारा क्यूशू में हाकाटा बंदरगाह छोड़ सकते थे, जिसे मित्र राष्ट्रों द्वारा दक्षिण पूर्व एशिया में युद्ध अपराधियों को हथियार और दवा ले जाने के लिए सुरक्षित परिवहन प्रदान किया गया था। जहाज पर बड़े नीले क्रॉस का निशान था जिसे मित्र देशों की ओर से किसी भी गलत हमले से बचने के लिए एहतियात के तौर पर रात में रोशन किया जाता था। लेकिन सुरक्षित संचालन उपायों के बावजूद, मित्र देशों की पनडुब्बी डूब गई, और चमत्कारिक रूप से बचावकर्ताओं में से एक को छोड़कर सभी, लगभग दो हजार, मारे गए। श्री काकित्सुबो ने कहा, "हम साइगॉन में जहाज से उतरे और वहां से एक बमवर्षक विमान में बैंकॉक के लिए उड़ान भरी।" विमान की कमी के कारण बैंकॉक से रंगून तक हवाई यात्रा बेहद कठिन थी। मंत्री हचिया ने मार्च के मध्य में रंगून का दौरा किया। लेकिन नेताजी ने उन्हें लेने से इनकार कर दिया क्योंकि वह "उनके पास प्रशस्ति पत्र नहीं ले गये थे।" श्री काकित्सुबो को 3 अप्रैल, 1945 को रंगून जाने की अनुमति दी गई। नेताजी और विदेश मंत्री जनरल एसी चटर्जी ने उनका गर्मजोशी से स्वागत किया। बमबारी से रंगून बुरी तरह क्षतिग्रस्त हो गया और शहर को पानी और बिजली की आपूर्ति से वंचित कर दिया गया। बर्मी मोर्चे पर युद्ध की स्थिति तेजी से बिगड़ रही थी और उन्हें जल्द ही रंगून से हटना पड़ा।

20 अप्रैल को उनकी नींद गोलियों की आवाज से खुली, यह पाया गया कि पड़ोसी घर में रहने वाले सैन्य पुलिस अधिकारी अचानक घर में कीमती सामान छोड़ गए थे और बर्मी एक-दूसरे पर गोलीबारी करते हुए पीछे छोड़े गए कीमती सामान को लूट रहे थे। उन्हें जनरल हितारो किमुरा के मुख्यालय में टेलीफोन द्वारा सूचित किया गया कि जनरल और अन्य रैंकिंग अधिकारी मौलमिन लौट आए हैं और लेगेशन स्टाफ को भी किसी भी तरह मौलमिन लौटना होगा।

रंगून लड़ाई की त्रासदी

यहां तक कि जनरल आंग सान [16] भी नेताजी में दृढ़ता से विश्वास करते थे और सुभाष चंद्र बोस को बर्मा और बर्मी लोगों का एक ईमानदार मित्र मानते थे। द्वितीय विश्व युद्ध के दौरान, नेताजी और आंग सान करीब थे और लगातार संपर्क में आए। 24 जुलाई 1946 को रंगून सिटी हॉल में एक भाषण के दौरान जनरल आंग सान ने कहा, "मैं नेताजी को उससे पहले भी जानता था, मैंने 1940 में कलकत्ता में पहली बार उनके बलिदान और संघर्ष की जीवन कहानी पढ़ी थी।

कुल मिलाकर उनकी अपनी किताब 'द इंडियन स्ट्रगल 1920-42' उन दिनों भारत और बर्मा में प्रतिबंधित कर दी गई थी।"

आंग सान ने कहा, "मैं उन्हें बर्मा और बर्मी लोगों के एक ईमानदार दोस्त के रूप में भी जानता था। उनमें और मेरे बीच पूरा आपसी विश्वास था और हालांकि समय हम दोनों के खिलाफ था, हम संयुक्त कार्रवाई के चरण में नहीं आ सके। अपने-अपने देशों की आज़ादी के साझा लक्ष्य के लिए उन दिनों हमारा एक विचार था कि किसी भी घटना में और कुछ भी हो, आईएनए और बीएएनक्यू (बर्मी नेशनल आर्मी) को कभी भी एक-दूसरे से नहीं लड़ना चाहिए।"

4 फरवरी 1945 को बर्मा में आईएनए को नेताजी का ऐतिहासिक संबोधन

"तुम मुझे खून दो, मैं तुम्हें आजादी दूंगा"

"दोस्तों, 12 महीने पहले पूर्वी एशिया में भारतीयों के सामने टोटल असिमिलेशन या मैक्सिमम सैक्रिफाइस का एक नया एजेंडा रखा गया था। आज मैं आपको पिछले वर्ष की हमारी उपलब्धियों का लेखा-जोखा दूंगा और आने वाले वर्ष के लिए हमारी मांगें आपके सामने रखूंगा। लेकिन, ऐसा करने से पहले, मैं चाहता हूं कि आप एक बार फिर महसूस करें कि आपके पास स्वतंत्रता हासिल करने का एक सुनहरा अवसर है। अंग्रेज एक वैश्विक संघर्ष में लगे हुए थे और संघर्ष के दौरान उन्हें कई मोर्चों पर हार का सामना करना पड़ा। इस प्रकार दुश्मन काफी कमजोर हो गया है, जिससे आजादी के लिए हमारा संघर्ष पांच साल पहले की तुलना में बहुत आसान हो गया है। अपनी मातृभूमि को ब्रिटिश शासन से मुक्त कराने का यह दुर्लभ और ईश्वर प्रदत्त अवसर सदी में एक बार आता है।

मैं हमारे संघर्ष के परिणाम को लेकर बहुत आशावादी हूं, क्योंकि मैं केवल पूर्वी एशिया के तीस मिलियन भारतीयों के प्रयासों पर निर्भर नहीं हूं। भारत के भीतर एक महान आंदोलन चल रहा है और हमारे लाखों देशवासी स्वतंत्रता प्राप्ति के लिए अधिकतम कष्ट उठाने और बलिदान देने के लिए तैयार हैं। दुर्भाग्य से, 1857 के महान संग्राम के बाद से हमारे देशवासी निहत्थे हैं, जबकि शत्रु सशस्त्र है। इस आधुनिक युग में बिना हथियारों और बिना आधुनिक सेना के निहत्थे लोगों के लिए स्वतंत्रता हासिल करना असंभव है। प्रोविडेंस की कृपा और उदार निप्पॉन की मदद से, पूर्वी एशिया के भारतीयों के लिए स्वतंत्रता और उन सभी धार्मिक और अन्य मतभेदों की खोज में एक व्यक्ति के साथ एकजुट होना संभव हो गया, जिन्हें अंग्रेजों ने भारत के भीतर पैदा करने की कोशिश की थी। परिणामस्वरूप, अब हमारे पास संघर्ष की स्थितियों का एक सफल संयोजन है जो हमारे संघर्ष की सफलता का पक्षधर है और हम केवल यही चाहते हैं कि भारतीय स्वतंत्रता की कीमत चुकाने के लिए आगे आएं। 'टोटल मोबिलाइजेशन' कार्यक्रम के तहत मैंने आपसे लोगों, धन और सामग्री की मांग की। पुरुषों के संबंध में, मुझे आपको यह बताते हुए खुशी हो रही है कि मैंने पहले ही पर्याप्त भर्ती कर ली है।

पूर्वी एशिया के हर कोने-चीन, जापान, इंडो-चीन, फिलीपींस, जावा, बोर्नियो, सेलेब्स, सुमात्रा, मलाया, थाईलैंड और बर्मा से रंगरूट हमारे पास आए। आपको विशेष रूप से आपूर्ति और परिवहन की समस्या को संतोषजनक ढंग से हल करने के लिए अधिक जोश और ऊर्जा के साथ लोगों, धन और सामग्रियों को जुटाना जारी रखना चाहिए।

हमें मुक्त क्षेत्रों में प्रशासन और पुनर्निर्माण के लिए जीवन के सभी क्षेत्रों से अधिक पुरुषों और महिलाओं की आवश्यकता है। हमें ऐसी स्थिति के लिए तैयार रहना चाहिए जहां कोई दुश्मन किसी विशेष क्षेत्र से हटने से पहले बेशर्मी से झुलसी हुई पृथ्वी नीति लागू करेगा और नागरिक आबादी को निकालने के लिए मजबूर करेगा जैसा कि बर्मा में प्रयास किया गया था।

युद्ध के मोर्चों पर जवानों और रसदों को भेजने की समस्या अत्यंत महत्वपूर्ण है। यदि हम ऐसा नहीं करते तो हम मोर्चों पर अपनी सफलता बरकरार रखने की आशा नहीं कर सकते। न ही हम भारत में अधिक गहराई तक प्रवेश की आशा कर सकते हैं।

आपमें से जो लोग घरेलू मोर्चे पर काम करना जारी रखते हैं, उन्हें यह कभी नहीं भूलना चाहिए कि पूर्वी एशिया और विशेष रूप से बर्मा-फ्रंट मुक्ति युद्ध के लिए हमारा आधार है। यदि यह आधार मजबूत नहीं होगा तो हमारी युद्ध शक्तियाँ कभी विजयी नहीं हो सकेंगी। याद रखें कि यह 'संपूर्ण युद्ध' है, न कि केवल दो ताकतों के बीच का युद्ध। यही कारण है कि मैं पूर्व में 'संपूर्ण एकीकरण' के बारे में पूरे एक साल से इतना जोर दे रहा हूं।

एक और कारण है कि मैं चाहता हूं कि आप होम फ्रंट को ठीक से देखें। आने वाले महीनों में मैं और मंत्रिमंडल की युद्ध समिति में मेरे सहयोगी अपना पूरा ध्यान युद्ध के मोर्चे पर और भारत के भीतर क्रांति को क्रियान्वित करने पर केंद्रित करने का इरादा रखते हैं। परिणामस्वरूप, हम पूरी तरह से आश्वस्त होना चाहते हैं कि हमारी अनुपस्थिति में भी फाउंडेशन का काम सुचारू और निर्बाध रूप से चलता रहेगा।

मित्रों, एक साल पहले जब मैंने आपसे कुछ मांगा था तो मैंने आपसे कहा था कि अगर आप मुझे 'संपूर्ण एकजुटता' देंगे तो मैं आपको 'दूसरा मोर्चा' दूंगा। मैंने यह वादा पूरा किया है.' हमारे अभियान का पहला चरण ख़त्म हो चुका है. हमारी विजयी सेना, निप्पोनी सैनिकों के साथ कंधे से कंधा मिलाकर लड़ते हुए, दुश्मन को पीछे छोड़ चुकी है और हमारी प्यारी मातृभूमि की पवित्र धरती पर बहादुरी से नहीं लड़ रही है।

अब आगे के काम के लिए अपनी कमर कस लें। मुझे आदमी, पैसा और सामग्री चाहिए थी। वे मुझे भरपूर मात्रा में मिले। अब मेरी और भी मांगें हैं. पुरुषों, धन और सामग्रियों में हमें बहादुर कार्यों और वीरतापूर्ण संघर्षों के लिए प्रेरित करने की प्रेरक शक्ति है।

भारत को आज़ाद देखना और जीना आपके लिए एक गंभीर गलती होगी क्योंकि जीत आपकी पहुंच में है। स्वतंत्रता का आनंद लेने के लिए जीने की इच्छा नहीं होनी चाहिए। लंबी लड़ाई अभी भी हमारे सामने है, आज हमारी केवल एक ही इच्छा होनी चाहिए: मरने की इच्छा ताकि भारत जीवित रह सके -

एक शहीद की मृत्यु का सामना करने की इच्छा ताकि मुक्ति का मार्ग शहीदों के खून से प्रशस्त हो।

दोस्त! मुक्ति संग्राम में मेरे साथियों! सबसे बढ़कर, आज मैं आपसे एक चीज़ की माँग करता हूँ। मुझे तुम्हारा खून चाहिए. जो खून दुश्मनों द्वारा बहाए गए खून का बदला ले सकता है, वही खून आजादी की कीमत चुका सकता है। *"तुम मुझे खून दो, मैं तुम्हें आजादी दूंगा!"*

रंगून से सितांग

श्री काकित्सुबो जल्दी से नेताजी के पास पहुंचे, जो उन्हें पहले से ही स्थिति की जानकारी होने के कारण मिले थे। उन्होंने नेताजी को जल्द से जल्द मौलमिन जाने के लिए मनाने की पूरी कोशिश की। लेकिन उन्होंने ऐसा करने से साफ इनकार कर दिया क्योंकि पहले ही बहुत देर हो चुकी थी क्योंकि दुश्मन सेना रंगून की ओर बढ़ रही थी, ताकि वह 'झांसी की रानियों' को पीछे छोड़ सकें, जिन्होंने उन पर निर्भर होकर सैन्य सेवा के लिए स्वेच्छा से काम किया था, उन्होंने फैसला किया कि वह लड़ना पसंद करेंगे। भागने के क्रम में रंगून में मृत्यु। उन्होंने उन्हें बताया कि आईएनए के पास जापानी सेना की तुलना में दुश्मन की गतिविधियों के बारे में अधिक सटीक जानकारी है और उन्होंने जापानी सेना से रानियों को निकालने के लिए उन्हें रेलवे कारें उपलब्ध कराने का अनुरोध किया। हिकारी किकन के प्रमुख जनरल सबुरो इशादो ने भी नेताजी को पद छोड़ने के लिए पूरी कोशिश की। श्री काकित्सुबो को एक कठिन परिस्थिति में रहना पड़ा क्योंकि वह नहीं चाहते थे कि नेताजी को पीछे छोड़ दिया जाए या दुश्मन सेना द्वारा मारे जाने या पकड़े जाने के लिए रंगून में ही रखा जाए। उन्होंने नेताजी से भारत को स्वतंत्र कराने का उनका दीर्घकालिक लक्ष्य प्राप्त होने तक सदैव जीवित रहने का अनुरोध किया। इस बीच, रंगून में दुश्मन के आगे बढ़ने की सूचना आ रही थी। 23 अप्रैल को आख़िरकार नेताजी पीछे हटने को तैयार हो गये।

उस रात, जापानी और भारतीय रंगून के एक पार्क में एकत्र हुए और चमकदार चाँदनी थोड़ी धीमी हो गई। इससे पहले मंत्री हचिया, कलकत्ता में जापान के कार्यवाहक महावाणिज्य दूतावास, श्री काकित्सुबो और दुभाषिया काजुहिको ओह्टा कार से रंगून छोड़कर रंगून विरासत में शामिल हुए। लेकिन कार बहुत ज्यादा खिंच गई थी और सड़क इतनी उबड़-खाबड़ थी कि जब वे रंगून से कुछ मील दूर थे तो वह टूट गई। पीछे हटती जापानी सेना की एक सैन्य लॉरी ने उन्हें उठा लिया।

पेगु पहुँचने से एक दिन पहले उन्होंने विश्राम लिया। वे एक ऐसे गाँव में गए जो उन्हें पूरी तरह से सुनसान लगा लेकिन जहाँ हवाई हमले के आश्रय स्थल थे, जहाँ वे दिन के समय बमबारी के दौरान रुके थे। रात में वे वावा की ओर जाते हैं जहां उन्हें पता चलता है कि फ्रिज में कुछ भी नहीं है। खंभों से बंधे तख्तों से बने चमचमाते पुल पर चलकर उन्होंने नदी पार की। श्री काकित्सुबो ने रानी की सेना के सदस्यों को नदी पार करने के बाद अपनी राइफलें सिर के ऊपर रखकर अपनी वर्दी सुखाते हुए नदी के किनारे बैठे देखा।

अगले दिन उन्होंने नदी तट से दूर शरण ली क्योंकि यह क्षेत्र दुश्मन के विमानों के लिए आसान लक्ष्य था। रात में उन्हें नेताजी ने लिंकन कार में चलने के लिए आमंत्रित किया। जब आईएनए सेनाएं आगे बढ़ने लगीं तो जनरल कियानी गायब हो गए। जब वे अगली बार फिर उपस्थित हुए, तो उन्होंने पाया कि शीर्ष अधिकारी भी नेताजी की कड़ी फटकार से बचे नहीं थे; उससे पहले सड़क गीले चिपचिपे धान के खेतों में गायब हो गई। श्रीमान, काकित्सुबो कार से बाहर निकले और किसी ठोस जमीन की तलाश की जो लिंकन कार के भारी वजन को संभाल सके। नेताजी कार के अंदर थे, उन्होंने और जनरल इसोदा, जो एक निष्पक्ष और दयालु व्यक्ति थे, ने भी नेताजी की कार को टक्कर मार दी। लेकिन कार अंततः गहरी कीचड़ में फंस गई और रुक गई। सुबह-सुबह उन्हें कई वाहन गीले खुले मैदानों में छोड़े गए मिले, जहां हवाई हमलों से कोई सुरक्षा नहीं थी। उन्हें कार छोड़कर सीतांग की ओर मार्च करना पड़ा। सौभाग्य से उस दिन जब तक वे सीतांग नदी तक नहीं पहुँचे, दुश्मन के विमान उनके पास नहीं आये। उस रात श्री काकित्सुबो ने एक नाव पर सवार होकर नदी पार की, जब वह नेताजी के साथ नीचे उतरे, और दो मजबूत सिखों ने सफेद लिनन में लपेटा हुआ एक भारी लकड़ी का बक्सा (आजाद हिंद बैंक का सोना) ले लिया। उसने पहले उन्हें कार में अपनी सीट के पीछे देखा था। सीतांग एक बड़ी नदी है जो बारिश के पानी से भरी होती है और तेजी से बहती है। बाद में नेताजी ने गर्व से उन्हें बताया कि जापानी सैनिकों ने उनके सभी छोड़े गए वाहनों को बरामद कर लिया है और उन्हें सीतांग नदी के तट पर ले गए हैं। लेकिन उन्हें अभी वहीं रुकना पड़।

सितांग त्रासदी

नदी पार करने के बाद, वे ट्रेकिंग करते हुए सुबह-सुबह आराम करने के लिए सितांग हिल्स में आईएनए अल्टीग्राफ बैटरी पहुंचे। श्री काकित्सुबो ने टिप्पणी की, "मैं आईएनए सैनिकों के साथ सुबह दूध के साथ स्वादिष्ट गर्म चाय कभी नहीं भूला हूँ।" उस दिन दो घंटे के हवाई हमले के बाद, वह पहाड़ियों पर सीतांग नदी तक चले गए और एक प्राकृतिक आश्रय स्थल पर पहुंचे, जहां उन्होंने उनके पैरों के एक युवा अधिकारी मसामी त्सुरुता को देखा, जो कुछ दिन पहले उनके साथ रंगून छोड़ गए थे। मौलमेन के पास अपनी आजीविका के लिए हिकारी किकन सैनिक थे। उसने उसे बताया कि नदी पार करने के बाद परिवहन की कमी के कारण उसे पैदल चलने के लिए कहा गया था। वह डायरिया से पीड़ित था. जब उन्होंने सुना कि नेताजी और सेना के कर्मचारी नदी पार कर चुके हैं, तो उन्होंने उनकी एक कार में लिफ्ट मांगी। उन्होंने नेताजी की प्रशंसा की जो उस दिन हवाई हमले के दौरान अविचल रहे। श्री काकित्सुबो त्सुरुता के साथ अप्रत्याशित पुनर्मिलन पाकर खुश थे। लेकिन उन्होंने उन्हें समझाया कि उनका कोई भी वाहन नदी पार नहीं किया है और हमेशा की तरह, नेताजी तब तक आगे बढ़ने के लिए सहमत नहीं होंगे जब तक कि उनकी मांगें पूरी

नहीं हो जातीं। उन्होंने सीतांग को दुश्मन के तोपखाने की आग की चपेट में आने से पहले एक कार पकड़ने की सलाह दी - वे पहले से ही तोपखाने की प्रगति सुन सकते थे। त्सुरुता से संबंध विच्छेद करने के बाद और जब वह एक पहाड़ी झोपड़ी में सो रहा था, तब वह जाग गया और एक जापानी सैनिक ने उसे त्सुरुता की दुखद घटनाओं के बारे में सूचित किया। उन्हें लगा कि बर्मी गुरिल्लाओं ने त्सुरुता पर हमला किया होगा। मंत्री हचिया और दुभाषिया ओह्टा वहां पहुंचे जहां त्सुरुता को गंभीर रूप से घायल बताया गया था। श्री काकित्सुबो गोलियों से भरी पिस्तौल लेकर नेताजी से मदद मांगने के लिए दौड़े।

पहाड़ी, जिसमें कुछ झाड़ियाँ थीं, बम विस्फोट के परिणामस्वरूप बड़े-बड़े गड्ढों से भर गई। पहाड़ी के आधे ऊपर उसने देखा कि नेताजी एक घर के बाहर असहाय खड़े हैं। उन्हें घटना के बारे में पहले ही सूचित कर दिया गया था और बताया गया था कि त्सुरुता जल्द ही वहां आएंगे। जब उसने देखा कि त्सुरुता को एक टैंकर में लाया जा रहा है तो वह लगभग बेहोश हो गया था। त्सुरुता को सिर और कई अन्य जगहों पर गंभीर चोटें आईं। उसकी छोटी उंगलियां नहीं थीं. विदेश मंत्री जनरल चटर्जी, जो एक चिकित्सक भी थे, एक भारतीय नर्स के साथ त्सुरुता के इलाज में शामिल हुए, जिन्होंने कुशलतापूर्वक त्सुरुता के सिर का मुंडन किया और उसे पूरी तरह से पट्टी बांध दी। गंभीर रूप से घायल होने के बावजूद, त्सुरुता ने कभी दर्द की शिकायत नहीं की और नर्स के साथ मजाक किया। उसने दूध मांगा जिसे जल्द ही उसने उल्टी कर दी। रक्त आधान और अन्य अस्पताल सुविधाओं की कमी के कारण उन्हें बचाना मुश्किल हो रहा था, यह घटना कैसे घटी इसकी जांच में बताया गया कि श्री काकित्सुबो को अलविदा कहने के बाद, वह खो गए और एक अर्ध-नग्न सैनिक के पास जाकर दिशा-निर्देश मांगने लगे। पहाड़ी। लेकिन सैनिक अंग्रेजी नहीं समझता था और हिंसक था, जब त्सुरुता उससे दूर हो गया तो उसने उस पर हमला कर दिया। अंत में, उन्होंने श्री काकित्सुबो से अपनी पत्नी को यह बताने के लिए कहा, जिसे उन्होंने डेढ़ साल से नहीं देखा था, कि वह हमेशा उनसे प्यार करते थे। उसका हाथ काटना पड़ा क्योंकि वह सड़ रहा था और उसने गंभीर दर्द की शिकायत की थी। कुछ घंटों बाद उनकी मृत्यु हो गई। आईएनए ने उन्हें समझाया कि एक भारतीय संतरी ने त्सुरुता को उसकी गोरी त्वचा के कारण अंग्रेजी जासूस समझ लिया था। त्सुरुता जापान से नये थे।

सितांग से बैंकॉक

उस रात आईएनए और हिकारी किकन के बीच स्पष्ट रूप से गंभीर चर्चा हुई। नेताजी बहुत निराश हुए, गुस्से में बातचीत से बाहर चले गए और घोषणा की; "हम अपने-अपने रास्ते चलेंगे।" हमेशा की तरह, नेताजी ने रैली से पहले आईएनए के गठन पर विस्तृत निर्देश दिए। उन्होंने आईएनए को मोहरा, मुख्य और रियर-गार्ड में विभाजित किया और जनरल इसोदा और मंत्री हचिया के साथ एक स्पष्ट चांदनी आकाश में प्रस्थान किया। श्री काकित्सुबो वस्तुतः एकमात्र जापानी थे जो दौरे पर उनके साथ थे। उन्हें नहीं पता था कि

वे मौलमीन की ओर जा रहे थे या भारत-बर्मा सीमा की ओर।

बोदी के सिर तक उनके साथ चलते समय, उन्होंने उनसे कहा कि जिन्होंने बर्मीज़ इंडिपेंडेंस आर्मी (बीआईए) के सामने विद्रोह किया है, उन पर हमला किया जाना चाहिए। श्री काकित्सुबो ने घोषणा की, "मेरी राय में उन्हें लड़ना नहीं चाहिए, नेताजी के साथ झूठ बोलना चाहिए क्योंकि आत्मघाती दस्ता तुरंत कार्रवाई करेगा।" नेताजी कई अन्य विषयों पर बात करते रहे, लेकिन वे इतने उनींदी और थके हुए थे कि आधी नींद में सो गये।

अगली सुबह वे भोजन और आराम के लिए जंगल में निकल गये। उन्होंने थोड़े काले पानी के एक छोटे से तालाब की खोज की, जो रेत से छनने के बाद भी लाल भूरे रंग का दिखता था। उनमें से प्रत्येक को दलिया चावल की एक प्लेट दी गई जो खलीपेट के लिए मुश्किल से पर्याप्त थी। जनरल भोसले, जो विशाल और मोटे थे, ने शिकायत की कि वह खलीपेट तक मार्च नहीं कर सकते। उस रात या अगली रात, जनरल इसोदा, मंत्री हचिया, ओहटा और कुछ जापानी सैनिक एक मोटर वाहन में दिखाई दिए और काकित्सुबो को लिफ्ट की पेशकश की। वह ओहटा और कुछ जापानी सैनिकों को लेकर एक वाहन में चढ़ गए, लेकिन एक पोंटून पुल पर बिलिन नदी पार करने के बाद वाहन खराब हो गया। सितांग के बाद उन पर शायद ही कभी हवाई हमले हुए। इसलिए, उन्होंने कभी-कभी गधा गाड़ियों में, फुर्सत के साथ अपनी यात्रा फिर से शुरू की। रात में ऐसा महसूस हुआ कि ओहटा, जो हिंदुस्तान में रह रहा था, ने एक भारतीय परिवार से रुकने का अनुरोध किया क्योंकि वे विद्रोही बर्मीज़ से डरते थे।

कुछ दिनों बाद वे मौलमिन पहुंचे, जहां बीमार और घायल सैन्य और नागरिक लोगों की भीड़ थी। विमान पर हमला करते समय, वे वर्षा जल में आश्रय ढूंढते हैं। चूंकि आवास की स्थिति ख़राब थी और उनके पास करने के लिए कुछ नहीं था, इसलिए उन्होंने बैंकॉक जाने का फैसला किया। दिन में जंगल में आराम करते हुए वे केवल रात में ही यात्रा कर सकते थे, ट्रेन की यात्रा थका देने वाली थी। कुछ रातों तक ट्रेन चली ही नही। जब वे बैंकॉक के पास एक अजीब से बड़े शहर में पहुंचे, तो उनकी मुलाकात दूतावास के कर्मचारियों से हुई, जिन्होंने उनके उपयोग के लिए आने वाले सभी कपड़ों को साफ किया और धोया। उन्होंने लगभग एक महीने पहले रंगून छोड़ दिया था, अपनी दाढ़ी मुंडवा ली थी, दोस्तों के कपड़े पहने थे और पहली बार गर्म पानी से स्नान किया था। बैंकॉक में प्रवेश करने पर ऐसा लगा मानो वे लॉरियों के कारवां के विजयी सैनिक हों। नेताजी बैंकॉक में रहते थे और अपनी पार्टी के सदस्यों खान, चटर्जी और कियानी के साथ अक्सर सिंगापुर जाते थे।

सिंगापुर में द्वितीय विश्व युद्ध का स्मारक

इंफाल ऑपरेशन की हार के बाद, 8 जुलाई 1945 को नेताजी ने आईएनए के "अज्ञात योद्धाओं" की याद में सिंगापुर के एस्प्लेनेड में आईएनए युद्ध स्मारक की आधारशिला

रखी। युद्ध स्मारक पर आईएनए के आदर्श वाक्य अंकित थे: एकता (एथन), विश्वास (एट माड) और बलिदान (कुर्बानी)।

आईएनए के शहीदों को श्रद्धांजलि देते हुए उन्होंने कहा, "भारत की आने वाली पीढ़ियाँ जो गुलाम के रूप में नहीं बल्कि स्वतंत्र व्यक्ति के रूप में पैदा होंगी, आपके महान बलिदान के कारण आपका नाम धन्य करेंगी और गर्व से मणिपुर, असम और का प्रचार करेंगी।" बर्मा युद्ध में आपने उनका विरोध किया, संघर्ष किया और कष्ट सहे। लेकिन अस्थायी विफलता के माध्यम से आप अंतिम सफलता और गौरव का मार्ग प्रशस्त करते हैं।

बैंकॉक में रहते हैं

बैंकॉक पहुंचने से कुछ दिन पहले जर्मनी ने मित्र राष्ट्रों के सामने आत्मसमर्पण कर दिया था और जापान की मजबूत पकड़ हर जगह ढह गई थी। श्री काकित्सुबो ने बैंकॉक के बाहरी इलाके में धान के खेतों के बीच में खड़े अपने घर पर नेताजी से मुलाकात की। अनंतिम सरकार ने व्यावहारिक इकाई के रूप में कार्य करना लगभग बंद कर दिया क्योंकि कैबिनेट मंत्री हनोई से सिंगापुर तक दक्षिण पूर्व एशिया में बिखरे हुए थे। ऐसे में नेताजी ने गंभीरता से सोचा होगा कि उन्हें क्या करना चाहिए? उसके पास बहुत कम विकल्प बचे थे। यदि जापान गिर गया तो उसे मित्र राष्ट्रों द्वारा पकड़ लिया जा सकता था, लेकिन उसे इस स्थिति से बचना चाहिए।

उनके सामने एकमात्र विकल्प यह था कि वह भारत के स्वतंत्रता संग्राम को जारी रखने के लिए सोवियत संघ जाएँ। विडम्बना यह है कि यूरोपीय मोर्चे पर सोवियत संघ ब्रिटेन, जो कि नेताजी का प्रमुख शत्रु था, के लिए लड़ रहा था, लेकिन उसने जापान के साथ तटस्थता बनाए रखी। नवंबर 1944 में नेताजी ने जापान में सोवियत संघ के राजदूत से संपर्क करने की कोशिश की लेकिन बिना किसी प्रतिक्रिया के मामले को कूड़ेदान में फेंक दिया गया।

अमेरिका द्वारा हिरोशिमा और नागासाकी पर परमाणु बमबारी

6 अगस्त 1945 को अमेरिका ने हिरोशिमा पर परमाणु बम गिराया और तीन दिन बाद 9 अगस्त को नागासाकी पर एक और बम [17] गिराया गया। इस अवसरवादी स्थिति में, सोवियत संघ जापान के खिलाफ युद्ध में शामिल हो गया और 9 अगस्त को तुरंत मंचूरिया पर कब्जा कर लिया।

15 अगस्त, 1945 को, सम्राट हिरोहितो ने अपने लोगों से कहा कि जापान अब युद्ध नहीं लड़ सकता और साथ ही भारतीय भूमि को भी मुक्त नहीं किया जाएगा। विचाराधीन सेना पराजित हो गई, तितर-बितर हो गई, आत्मसमर्पण कर दिया गया और पिंजरे में बंद कर दिया गया। साथ ही, नेता भाग गया है और तीन दिनों के भीतर उसकी मृत्यु हो सकती है। उपमहाद्वीप पर ब्रिटेन की पकड़ पहले की तरह उल्लेखनीय रूप से मजबूत बनी रही।

चूँकि 1943 में जर्मनी से दक्षिण पूर्व एशिया पहुंचने से पहले नेताजी ने रूस की यात्रा को सुविधाजनक बनाने के लिए जापान का पक्ष मांगा था, इसलिए जापानी अधिकारियों के

बीच राय विभाजित थी। हालाँकि जापान ने 15 अगस्त को मित्र राष्ट्रों के सामने आत्मसमर्पण कर दिया, जापानी सरकार अंततः उसे मंचूरिया में स्थानांतरित करने के लिए सहमत हो गई।

16 अगस्त को सुबह 9 बजे, नेताजी ने आदेश दिया, "सेओनान, यानी सिंगापुर से मेरी अनुपस्थिति के दौरान मेजर जनरल एम जेड कियानी आज़ाद हिंद की अन्तरिम सरकार का प्रतिनिधित्व करेंगे। 16-8-1945 को सुबह 10:30 बजे, नेताजी कुछ सरकारी अधिकारियों के साथ हबीबुर रहमान खान के साथ एक जापानी सैन्य बमवर्षक विमान में सिंगापुर से बैंकॉक के लिए रवाना हुए। वे 15:30 बजे बैंकॉक पहुंचे।

बैंकॉक से साइगॉन होते हुए ताइहोकू तक नेताजी की उड़ान

17 अगस्त को सुबह 7:30 बजे, दो हमलावर बैंकॉक से साइगॉन के लिए रवाना हुए। भारतीय पक्ष की टीम में शामिल थे: नेताजी, श्री अय्यर, कर्नल एचआर खान, कर्नल गुलजारा सिंह, श्री देबनाथ दास, लेफ्टिनेंट कर्नल प्रीतम सिंह और एक बमवर्षक में मेजर आबिद हसन। एक अन्य बमवर्षक में, टीम में शामिल थे: हिकारी किकन प्रमुख लेफ्टिनेंट जनरल इसोदा और अनंतिम आज़ाद हिंद सरकार के मंत्री एच ई हचिया। सुबह 10:30 बजे साइगॉन पहुंचे।

17 अगस्त को साइगॉन में, नेताजी आई.एन.ए कर्नल हबीबुर रहमान खान के साथ एक मित्सुबिशी सैन्य बमवर्षक (KI-21, "टाइप-97, भारी बमवर्षक") पर सवार हुए, जबकि लेफ्टिनेंट जनरल सुनामासा शिदेई मंचूरिया जा रहे थे सोवियत सेना के पास जापानी सेना से मिलने और 14:35 पर ताइवान हवाई अड्डे पर घातक बमवर्षक दुर्घटना ताइहोकू हवाई अड्डे पर, दुर्घटना में जनरल शिदेई और दो अन्य सैनिकों की तुरंत मृत्यु हो गई। उड़ान योजना का विस्तृत यात्रा कार्यक्रम अगले अध्याय में दिखाया गया है जहाँ नेताजी की मृत्यु सिद्ध होती है।

नेताजी का पूरा शरीर गंभीर रूप से जल गया था और उन्हें सैन्य नानमन अस्पताल में भर्ती कराया गया था, जहां उन्होंने 18 अगस्त को सेना अस्पताल में मरने से पहले अपने दाहिने हाथ कर्नल हबीबुर रहमान खान से बात की थी। ऐसे ही एक बमवर्षक की तस्वीर दिखाई गई ह।

कर्नल हबीबुर रहमान खान ने दुर्घटना के हलफनामे में अपने प्रत्यक्षदर्शी बयान [19] की गवाही दी क्योंकि वह भी उसी विमान में विमान के पीछे बैठे थे। नेताजी गंभीर रूप से जल गए और कुछ घंटों बाद 18 अगस्त 1945 को कर्नल हबीबुर रहमान से यह कहते हुए मर गए: "मुझे नहीं लगता कि मैं इस दुर्घटना से बच पाऊंगा। जब आप लौटें तो मेरे देशवासियों को बताना कि मैंने अपने देश की आजादी के लिए आखिरी दम तक लड़ाई लड़ी। और दुनिया की कोई भी ताकत अब हमारे देश को बांध कर नहीं रख सकत। उन्हें लड़ते रहना चाहि। भारत जल्द ही स्वतंत्र हो जाएगा।"

22 अगस्त 1945 को शिदेई और चंद्र बोस की मृत्यु का समाचार

इस दुखद बम दुर्घटना के बाद, सभी प्रमुख जापानी समाचार पत्रों (अंग्रेजी और जापानी) ने 22 अगस्त, 1945 को यह खबर छापी कि "ताइहोकू हवाई अड्डे पर एक बम दुर्घटना में चंद्र बोस और एडमिरल जनरल त्सुनुमासा शिदेई की मृत्यु हो गई।" यहां एक अखबार की कटिंग दिखाई गई ह।

त्सुनुमासा शिदेई का ताबूत, [20] ऊपर दिखाया गया है, ताइहोकू से टोक्यो लाया गया था और टोक्यो में उनका अन्तरिम संस्कार किया गया था।

इयासुकुनी मंदिर

अपनी ड्यूटी के दौरान मारे गए जापानी सैन्य कर्मियों की राख को ऊपर दिखाए गए इयासुकुनी मंदिर [21] में रखा गया है।

चित्र [7] NP-49 में सुनामसा शिदेई के लिए प्रार्थना समारोह दिखाया गया है।

टोक्यो के रेनकोजी मंदिर में चंद्र बोस की अस्थियाँ

दूसरी ओर, नेताजी का ताबूत आकार में लंबा था और उसे त्सुनुमासा शिदेई के ताबूत के साथ एक बॉम्बर में टोक्यो नहीं लाया जा सकता था। इसलिए, 22-8-1945 को ताइहोकू सैन्य हवाई अड्डे के बाहर नेताजी के शरीर का अंतिम संस्कार किया गया और 23 अगस्त 1945 को राख एकत्र की गई। अंततः 18 सितंबर को अस्थियों को रेनकोजी श्राइन में स्थापित करने के लिए टोक्यो लाया गया।

रेंकोजी मंदिर के पुजारी 1945 से हर दिन नेताजी की आत्मा के लिए प्रार्थना कर रहे हैं। भारत के पूर्व प्रधान मंत्री अटल बिहारी वाजपेयी, इंदिरा गांधी, जवाहरलाल नेहरू और राष्ट्रपति राजेंद्र प्रसाद सहित कई गणमान्य व्यक्तियों ने नेताजी की आत्मा को श्रद्धांजलि देने के लिए मंदिर का दौरा किया।

नारायण सान्याल ने 1970 में इस मंदिर का दौरा किया और अपनी प्रसिद्ध पुस्तक [22] "नेताजी रहस्यो संधाने" लिखी। उन्होंने प्रार्थना पुस्तिका में "ज्योतु नेताजी" लिखा। उन्हें वहां गए भारतीय राजनीतिक नेताओं द्वारा लिखे गए नोट्स भी मिले: 1) जवाहरलाल नेहरू ने अंग्रेजी में लिखा लेकिन सान्याल ने अनुवाद किया, "बुद्ध के शब्दों को मानव जाति की शांति में शासन करने दें। हस्ताक्षर, जवाहरलाल नेहरू, 13.10.57", 2) विडंबना यह है कि राजेंद्र प्रसाद ने देवनागरी लिपि में हिंदी में लिखा था और उसे पुनर्प्राप्त नहीं किया जा सका। यहां तक कि सान्याल भी नेताजी की आत्मा के लिए उस हाथ से लिखे गए संदेश को नहीं पढ़ सके। 3) इंदिरा गांधी ने अंग्रेजी में लिखा लेकिन सान्याल ने इसका अनुवाद किया, "बुद्ध का प्रकाश हमें सत्य के मार्ग, शांति के मार्ग और सेवा के मार्ग पर ले जाए। हस्ताक्षर, इंदिरा गांधी, 26.06.69।"

नारायण सान्याल ने अपनी किताब खोसला आयोग से पहले लिखी थी और उन्होंने अपनी किताब में उल्लिखित प्रत्यक्षदर्शी साक्ष्यों के कारण ही नेताजी की मृत्यु को समझा था। लेकिन उन्होंने सुरेश चंद्र के दस्तावेज़ पर संदेह करते हुए 1956 में नेताजी की मृत्यु पर विश्वास नहीं किया।

रेंकोजी मंदिर में तीन प्रधानमंत्रियों और एक राष्ट्रपति का संदेश

वर्तमान में नीचे दो पट्टिकाएँ दिखाई गई हैं जिन पर भारत के तीन प्रधानमंत्रियों और एक राष्ट्रपति द्वारा नेताजी को दिया गया संदेश अंकित है। यहां उनके संदेश और हस्ताक्षर जापानी भाषा में उत्कीर्ण हैं। अंग्रेजी अनुवाद डॉ. इयाजीमा द्वारा। लेखक ने बांग्ला/हिंदी में अनुवाद किया है।

"9 दिसंबर 2001 को अटल बिहारी वाजपेयी रेंकोजी मंदिर में नेताजी के बारे में हस्ताक्षर और संदेश के साथ एक काले संगमरमर की पट्टिका। वाजपेयी ने लिखा, "मुझे दो बार रेंकोजी जाकर खुशी हुई, जहां भारतीय सत्यरंग संघर्ष के महान नेता नेताजी सुभाष चंद्र बोस का स्मारक संरक्षित है"

"एक और काले संगमरमर की पट्टिका पर गणमान्य व्यक्ति के हस्ताक्षर हैं: इस मंदिर में उपस्थित होना और चंद्र बोस को श्रद्धांजलि अर्पित करना मेरी खुशी है; 14 अक्टूबर 1958, राष्ट्रपति राजेंद्र प्रसाद। बुद्ध का लक्ष्य मनुष्य को शांति बहाल करना है; 13 अक्टूबर, 1957, प्रधान मंत्री जवाहरलाल नेहरू। बुद्ध का प्रकाश लोगों में सच्चा हृदय और शांति लाएगा; 26 जून, 1969, प्रधान मंत्री इंदिरा गांधी"

यह हमारा दुर्भाग्य है कि मुखार्जी आयोग के मुखार्जी ने नेताजी की मृत्यु का सच उजागर करने के लिए इस मंदिर या यासुकुनी मंदिर का दौरा नहीं किया। द्वितीय विश्व युद्ध के दौरान ताइहोकू के बुनियादी सिद्धांतों को भुला दिए जाने के बाद मुखार्जी, मुखार्जी आयोग के मुरखर्जी थे। ताइहोकू 25 अक्टूबर, 1945 तक जापानी सैन्य सरकार के अधीन रहा और सभी महत्वपूर्ण दस्तावेजों को टोक्यो में सैन्य अभिलेखागार में ले जाया गया। उन्होंने कैसे दावा किया कि कोई विमान दुर्घटना नहीं हुई थी? हर साल 18 अगस्त को, नेताजी की पुण्य तिथि पर, टोक्यो में भारतीय उच्चायोग के अधिकारी मंदिर अधिकारियों द्वारा आयोजित समारोह में जाते हैं।

बैंकॉक से टोक्यो काकित्सुबो की वापसी

काकित्सुबो ने 15 अगस्त 1945 को वियतनाम के डाला में 'सम्राट का रेडियो प्रसारण' सुना; मार्शल टेराउची ने मुख्यालय में मित्र राष्ट्रों के सामने जापान के आत्मसमर्पण की घोषणा की। उसे याद नहीं आ रहा था कि वह उस समय वहां क्यों था। इसके तुरंत बाद, वह बैंकॉक लौट आए लेकिन मित्र राष्ट्रों को अपनी सेना के आत्मसमर्पण में सहायता करने के लिए साइगॉन लौट आए। तुरंत ही उन्हें 17 अगस्त 1945 को मित्र राष्ट्रों द्वारा गिरफ्तार कर लिया गया। उनका कैमरा, रेडियो और अन्य सभी दस्तावेज़ उनसे छीन लिए गए और उनकी आँखों के सामने नष्ट कर दिए गए।

लेकिन उन्हें साइगॉन में एक नागरिक शिविर में रखा गया और बाद में मार्शल टेराउची के साथ युद्धपोत काशीमा में सिंगापुर स्थानांतरित कर दिया गया और जुरोंग में एक नागरिक शिविर में रखा गया। आख़िरकार अगस्त 1946 में उन्हें जापान लौटा दिया गया। घर लौटने से कुछ समय पहले, मंत्री हचिया दिल्ली से लौटते समय शिविर में शामिल हुए, जहाँ वे लालदुर्ग (लाल किल्ला) मामले में आई.एन.ए गवाह के रूप में पेश हुए।

उन्होंने उनसे सुना कि नेहरू और लॉर्ड माउंटबेटन ने आईएनए मुकदमे में काकित्सुबो को युद्ध अपराधी बनाने के लिए उसकी तलाश की थी, लेकिन साइगॉन में हिरासत में होने के कारण वह उसका पता नहीं लगा सके। भगवान महान हैं और अंग्रेजों के गुलाम और कठपुतली ने श्री नेहरू द्वारा युद्ध अपराधी न समझकर उनकी जान बचाई। लेकिन लेखक आश्वस्त हैं कि कलकत्ता विश्वविद्यालय के कानून स्नातक, न्यायमूर्ति राधाबिनोद पाल नेहरू द्वारा उनके खिलाफ लगाए गए युद्ध आपराधिक आरोपों से बच सकते थे।

डॉ. गोराचाँद घोष

मासाइयोशी काकित्सुबो द्वारा नेताजी पर नोट्स

जब द्वितीय विश्व युद्ध की समाप्ति के दो साल बाद भारत को आजादी मिली तो नेताजी की भविष्यवाणी सही साबित हुई। लेकिन आत्म-त्यागी, सहृदय, करिश्माई नेता हमारे साथ बने हुए हैं। मैंने सोचा कि यदि नेताजी कुछ वर्ष और जीवित रहते तो भारतीय उपमहाद्वीप का राजनीतिक विकास कुछ अलग होता।

नेताजी एक सार्वभौमिक नेता थे और उनमें कोई पूर्वाग्रह, धार्मिक या सांप्रदायिक भावना नहीं थी और उनके संपर्क में आने वाले सभी लोग उनसे प्यार और सम्मान करते थे। उनके नेतृत्व में, आज़ाद हिंद की अनंतिम सरकार ने भारतीय राष्ट्रीय सेना को एक घनिष्ठ रूप से एकीकृत, सामंजस्यपूर्ण इकाई बनाया। 18 अगस्त 1945 को नेताजी की मृत्यु आकस्मिक थी।

1941 में कलकत्ता से काबुल तक की रेल यात्रा, 1943 में जर्मनी से पूर्वी एशिया तक की यात्रा पनडुब्बी में उन्होंने जो एकमात्र साथी आबिद हसन को चुना, और 1945 में साइगॉन से मंचूरिया तक की यात्री वह उनकी धार्मिक आस्था नहीं थी। उन्होंने खान और कियानी के दो मुस्लिम साथियों के साथ 1943 और 1944 के बीच तीन बार जापान का दौरा भी किया।

ब्रिटिश सरकार और संयुक्त राष्ट्र (यूएन) ने कभी यह दावा नहीं किया कि नेताजी युद्ध अपराधी थे। केवल अंग्रेजों के कठपुतली और गुलाम नेहरू ने अपने बॉस क्लेमेंट एटली से दावा किया था कि नेताजी एक युद्ध अपराधी थे और रूस में स्टालिन द्वारा संरक्षित थे। नेहरू और गांधी ने भारतीयों को मूर्ख बनाने, षड्यंत्र के सिद्धांतों पर भारत पर शासन करने और द्वितीय विश्व युद्ध में नेताजी के 18 अगस्त 1945 लापता होने के रहस्य पर विश्वास नहीं किया। उन्होंने अपने कांग्रेसी कट्टरपंथियों (उदाहरण के लिए, उनकी बहन विजय लक्ष्मी पंडित और डॉ. सर्वपल्ली राधाकृष्णन, जो 1947-1952 में रूस में भारत के राजदूत थे और केवल नेहरू का समर्थन करने के लिए वहां जीवित नेताजी को देखा था) का इस दावे में पुरजोर समर्थन किया कि नेताजी रूस में थे।

यूट्यूब लिंक

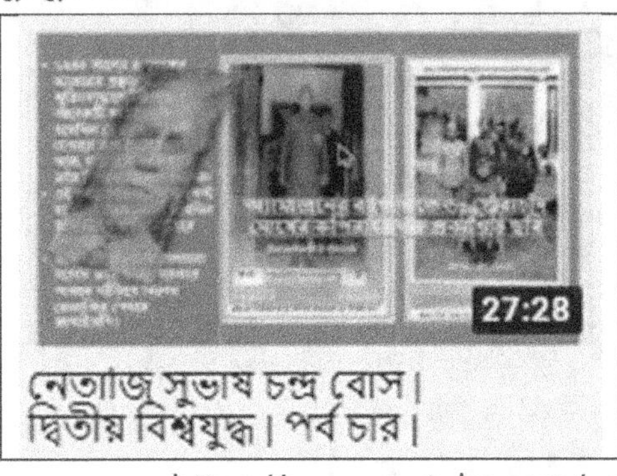

नेताजी सुभाष चंद्र बोस | द्वितीय विश्व युद्ध | भाग चार | सितम्बर 15, 2020

https://www.youtube.com/watch?v=F7k9fD59UyM

सत्य की हमेशा जीत होती है और भारत की सच्ची आजादी का इतिहास अब अपने आप सामने आने वाला है। गांधी जी की अहिंसा से नहीं, बल्कि नेताजी और आजाद हिंद फौज यानी आईएनए ने हमें आजादी दिलाई। इसके अलावा, गांधी के नेतृत्व वाली कांग्रेस पार्टी, जिन्ना के नेतृत्व वाली मुस्लिम लीग, सावरकर के नेतृत्व वाली हिंदू महासभा और कम्युनिस्ट पार्टी के नेता और उनके सदस्य बिल्कुल भी स्वतंत्रता सेनानी नहीं थे। इन नेताओं ने नेताजी और सत्तासी हजार भारतीय राष्ट्रीय सेना (आईएनए) के बलिदान का लाभ उठाया और ग्रेटर भारत को विभाजित किया।

यदि नेताजी जीवित होते तो भारत का विभाजन नहीं होता और भारत संयुक्त राज्य अमेरिका के बाद दुनिया का दूसरा सबसे विकसित देश बन गया होता। 21 अक्टूबर 1943 को स्वतंत्र भारत की अनंतिम आजाद हिंद सरकार के प्रधान मंत्री नेताजी सुभाष चंद्र बोस और द्वितीय विश्व युद्ध के दौरान जापान के प्रधान मंत्री और रक्षा मंत्री हिदेकी तोजो, ग्रेटर भारत की स्वतंत्रता के मुख्य वास्तुकार थे। साथ ही, वे युद्ध के बाद औपनिवेशिक शासकों से दक्षिण पूर्व एशियाई देशों की स्वतंत्रता के मुख्य वास्तुकार भी थे।

यह एपिसोड ग्रेटर ईस्ट एशिया कॉन्फ्रेंस (5-6 नवंबर, 1944) की पहली वर्षगांठ में भाग लेने के लिए नेताजी और उनके तीन कप्तानों, खान, चटर्जी और कियानी की टोक्यो यात्रा का वर्णन करता है। इसके अलावा, जनवरी 1945 के मध्य में उनकी वापसी तक जापान में नेताजी की गतिविधियों का प्रदर्शन किया गय।

https://www.youtube.com/watch?v=Sa6_VMLESSQ

नेताजी सुभाष चंद्र बोस | द्वितीय विश्व युद्ध | एपिसोड पांच [समाप्ति] | 24 सितंबर, 2020

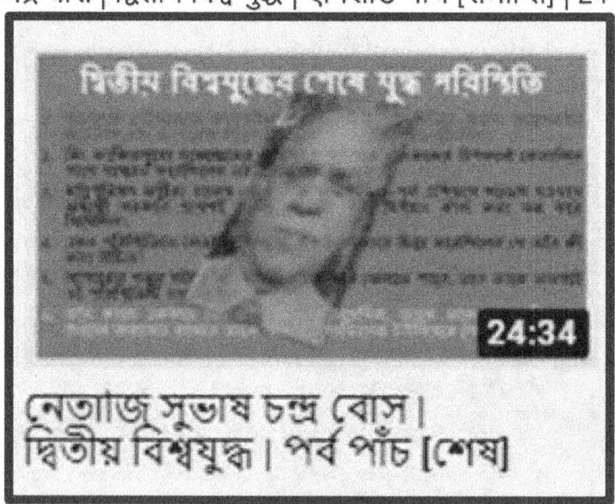

यह नेताजी के द्वितीय विश्व युद्ध की आखिरी कड़ी है। द्वितीय विश्व युद्ध के ठीक बाद, 18 अगस्त 1945 को ताइहोकू के नानमोन सैन्य अस्पताल में एक विमान दुर्घटना में नेताजी की मृत्यु हो गई। नेताजी की 75वीं पुण्य तिथि यानी 20 अगस्त 2020 से पहले, मैं नेताजी के निजी सचिव स्वर्गीय मासाइयोशी काकितसुबो की ओर से भारत सरकार से अनुरोध

करता हूं कि वे नेताजी की अस्थियों को उनकी मातृभूमि में वापस लाएं और बनारस में हाल ही में निर्मित नेताजी मंदिर में अस्थियों को रखें। जय हिंद!

YouTube(s) Links in English based on this chapter:
https://www.youtube.com/watch?v=Mt0j_jTqb2o
https://www.youtube.com/watch?v=AzWh8OVV2DA

Netaji Subhas Chandra Bose WWII Episode 4; Jun 9, 2020
This episode has described the visit of Netaji and his three captains, Khan, Chatterjee and Kiani to Tokyo to participate the 1st Anniversary of the Greater East Asia Conference (5-6 November 1944). Also, activities of Netaji are shown in Japan until his return in the middle of January 1945.

Netaji Subhas Chandra Bose WWII Episode 5, Jun 18, 2020.
This is the last episode of Netaji in the WWII. Just after the WWII, Netaji died in a plane crash on 18 Aug 1945 at the NanMon military hospital in Taihoku. Before the 75th death anniversary of Netaji i.e., on 18 Aug 2020, I have requested to the Indian Government on behalf of late Masayoshi Kakitsubo, personal secretary of Netaji to bring back the ashes of Netaji to his motherland and to keep it in the Netaji temple recently built at Varanasi. JAI HIND.

27 मार्च 1999 डॉ. हिरोइयोशी इयाजिमा ने यह तस्वीर ली

== भारत नेताजी की बजह से ही स्वतंत्र है ==

नेताजी सुभाष चंद्र बोस की मृत्यु के प्रमाण पर लेख

द्वितीय विश्व युद्ध के दौरान आज की तरह कोई संचार व्यवस्था नहीं थी। यहां तक कि, एंग्लो-अमेरिकन पत्रकारों ने कुछ त्रुटियों की सूचना दी और उन्हें समाचार पत्रों में प्रकाशित किया। यहां मैं नेताजी की मृत्यु से संबंधित लेखों की सिलसिलेवार रिपोर्ट प्रस्तुत कर रहा हूं।

द्वितीय विश्व युद्ध के बाद डॉ. बा माओ का संदेश

22 अगस्त, 1945 को डॉ. बा माओ ताइवान हवाई अड्डे से होते हुए जापान भाग रहे थे और कुछ दिन पहले ही उन्हें यहीं एक विमान दुर्घटना में नेताजी की मृत्यु का समाचार मिला था। उसका दिमाग इतना थका हुआ और धुंधला था कि उसने जो कुछ भी सुना उसका पूरा अर्थ नहीं समझ पाया। बाद में उसे झटके की पूरी ताकत महसूस हुई। डॉ. बा माओ ने अपनी पुस्तक [10] में ताइहोकू हवाई अड्डे पर नेताजी की मृत्यु के बारे में स्पष्ट रूप से लिखा है।

इसके अलावा, युद्ध के अंत में, डॉ. बा माओ ने अपनी पुस्तक [10] में लिखा, "किसी भी मुद्दे का निर्णय मानव आत्मा द्वारा कामिकेज़ भावना द्वारा किया जाएगा ---। बस दो प्रश्न पूछें। 1) एशिया ने ऐसा क्यों किया क्या पूरी सभ्यता पूर्व से ही अपनी पिछली परंपराओं को खो चुकी है? 2) हमने अतीत में क्या हासिल किया, इसका उत्तर बहुत सरलता से दिया जा सकता है। पूर्वी एशिया ने अतीत खो दिया क्योंकि वह यहां से भविष्य की ओर नहीं जा सका। वह इससे फंस गया था. भौतिकवादी युग में वह स्वयं को भौतिकवादी वातावरण में समायोजित नहीं कर सका। उन्होंने आध्यात्मिक और भौतिक दोनों समयों में आध्यात्मिक होने का प्रयास किया, जिसका परिणाम यह हुआ कि जब दुनिया चल रही थी तो वे आगे नहीं बढ़ सके और वे पिछड़ गये। नई दुनिया न तो भौतिकवादी है और न ही आदर्शवादी; यह यथार्थवादियों के लिए है।

पूर्वी एशिया में जो कुछ हुआ वह युद्ध जैसा था - यह एक जनक्रांति थी। हमें सच्चा क्रांतिकारी बनने के लिए पूर्वी एशियाई क्रांति का अनुसरण करना होगा क्योंकि अतीत की महान क्रांतियों का अनुसरण किया गया और उन्हें दबा दिया गया। यह हर किसी की क्रांति है, और हर घर और हर शहर में एक क्रांतिकारी मोर्चा है। क्रांति को जीतने का यही तरीका है। इसमें शामिल प्रतिज्ञाओं में से एक थी: हम निप्पॉन और अन्य पूर्वी एशियाई देशों के साथ निकटतम संघ में एंग्लो-अमेरिकी दुश्मनों के खिलाफ देश की उदासीनता की रक्षा के पहले राष्ट्रीय कार्य के लिए बिना शर्त खुद को समर्पित करेंगे।"

फॉर्मोसा के ताइहोकू में विमान दुर्घटना पर भारतीय राष्ट्रीय सेना के कर्नल हबीबुर रहमान खान का बयान

(अमेज़न ऑस्ट्रेलिया द्वारा सितंबर 2017 और नवंबर 2019 में क्रमशः 'ई-बुक' और 'पेपरबैक' में प्रकाशित अंग्रेजी पेज)

अवर्गीकृत फाइलों से एक महत्वपूर्ण रिपोर्ट (सच्ची प्रति)

16-8-1945 को सुबह 10:30 बजे नेताजी सुभाष चंद्र बोस कुछ सरकारी और सैन्य अधिकारियों के साथ एक जापानी बमवर्षक विमान में सिंगापुर से बैंकॉक के लिए रवाना हुए। हम 15-30 बजे बैंकॉक पहुँचे।

17-8-1945 को 07:30 बजे दो हमलावर साइगॉन के लिए रवाना हुए।

भारतीय पक्ष में शामिल थे: नेताजी सुभाष चंद्र बोस, श्री अय्यर, कर्नल हबीबुर रहमान खान, कर्नल गुलजारा सिंह, श्री देबनाथ दास, लेफ्टिनेंट कर्नल प्रीतम सिंह और मेजर ए हसन।

हिकारी किकन के प्रमुख लेफ्टिनेंट जनरल इसोदा और आज़ाद हिंद की अनंतिम सरकार में जापान के मंत्री महामहिम हचिया ने दूसरे विमान से यात्रा की। सुबह लगभग 10:45 बजे साइगॉन पहुँचे और दक्षिणी कमान के साथ बातचीत शुरू हुई।

लगभग 15:45 पर लेफ्टिनेंट जनरल इसोदा, एच ई हचिया और मुख्यालय दक्षिणी स्टाफ अधिकारी कर्नल टाडा ने नेताजी को सूचित किया कि एक बमवर्षक विमान में दो सीटें उपलब्ध थीं जो उसी दिन 17:00 बजे साइगॉन से रवाना हुई थीं। इस सीट का आनंद लेना तय हुआ और मैं नेताजी के साथ था।

विमान ने 17:15 बजे साइगॉन हवाई अड्डे से उड़ान भरी। क्वांगतुंग आर्मी चीफ ऑफ स्टाफ लेफ्टिनेंट जनरल शिदेई सहित वरिष्ठ जापानी अधिकारी भी उसी विमान में यात्री थे। हमने फ्रेंच इंडो-चाइना में तुरान में रात बिताई, जहां हम 19:45 बजे पहुंचे।

18-8-1945 को 07:00 बजे, हम तुरान से शुरू हुए और 14:00 बजे फॉर्मोसा में ताइहोकू पहुँचे। यहां हम करीब 35 मिनट तक रुके। फ्लाइट ने 14:35 बजे उड़ान भरी. इसने अभी ज्यादा ऊंचाई हासिल नहीं की थी और हवाई क्षेत्र के बाहरी इलाके में था, जब सामने से एक जोरदार विस्फोट की आवाज सुनाई दी। दरअसल, हवाई जहाज का एक प्रोपेलर टूट गया था।

विमान तुरंत जमीन पर दुर्घटनाग्रस्त हो गया और आगे और पीछे दोनों तरफ आग लग गई। दुर्घटना के समय विमान में नेताजी की स्थिति इस प्रकार थी: एक जापानी अधिकारी पायलट के ठीक पीछे बैठा था और नेताजी उसके बायीं ओर थे। उसके ठीक दाईं ओर पेट्रोल टैंक था। मैं नेताजी के पीछे था, नेताजी सामने बायीं ओर से विमान से उतरे। मैंने उसका पीछा किया और ऐसा करने में हमें आग से गुजरना पड़ा। जैसे ही मैं बाहर आया तो देखा कि नेताजी के कपड़ों में सिर से पैर तक आग लगी हुई थी। मैं उसके कपड़े उतारने में मदद करने के लिए दौड़ा। अपने कपड़े उतारने के दौरान, कुचलने के दौरान

सिर पर गंभीर चोटों के अलावा उसका शरीर गंभीर रूप से जल गया। मेरे अनुसार दुर्घटना के दौरान साइड टैंक से पेट्रोल उसके कपड़ों पर लग गया। 15 मिनट के भीतर हमें निकटतम निप्पॉन आर्मी अस्पताल ले जाया गया। लगभग 15:00 बज रहे थे, मुझे चेहरे और शरीर के जलने के अलावा सिर और शरीर पर गंभीर चोटें आईं।

नेताजी को तुरंत इलाज दिया गया लेकिन उनकी हालत बेहद गंभीर थी। चिकित्सा अधिकारियों ने निप्पॉन का इलाज करने की पूरी कोशिश की लेकिन दुर्भाग्य से उसी दिन 21:00 बजे (टीटी) उसकी मृत्यु हो गई। अपनी मृत्यु से पहले वह सचेत और बिल्कुल शांत थे। उन्होंने जब भी मुझसे बात की तो भारत की आजादी के बारे में ही बात की। मरने से पहले उन्होंने मुझसे कहा कि उनका अंत निकट है और उन्होंने मुझसे अपने देशवासियों को निम्नलिखित शब्दों में एक संदेश देने के लिए कहा: "मैंने भारत की आजादी के लिए अंत तक लड़ाई लड़ी है और अब उसी प्रयास में अपना जीवन दे रहा हूं। देशवासियों! आज़ादी की लड़ाई जारी रखें, भारत बहुत पहले ही स्वतंत्र हो जायेगा। आज़ाद हिन्द अमर रहें।"

दुर्घटना के तुरंत बाद लेफ्टिनेंट जनरल शिदेई और दो अन्य जापानी अधिकारियों की मृत्यु हो गई, और अन्य सभी गंभीर रूप से घायल हो गए। मैंने सैन्य अधिकारियों से अनुरोध किया कि वे शव को सिंगापुर या टोक्यो, अधिमानतः सिंगापुर पहुंचाने की व्यवस्था करें। उन्होंने हर तरह की मदद का वादा किया। मुझे बताया गया कि शव के लिए एक बॉक्स और हवाई जहाज की व्यवस्था की जा रही है और उन्होंने साइगॉन और टोक्यो को दुर्घटना के बारे में सूचित कर दिया है। 21-8-1945 को एक वरिष्ठ जापानी स्टाफ अधिकारी ने मुझे अस्पताल में सूचित किया कि बॉक्स की लंबाई इसे विमान में ले जाने की अनुमति नहीं देती है। उन्होंने सुझाव दिया कि शव का अंतिम संस्कार ताइहोकू में किया जाए। कोई अन्य विकल्प न देखकर मैं इस सुझाव पर सहमत हो गया और 22-8-1945 को सैन्य अधिकारियों के निर्देशन में ताइहोकू में अंतिम संस्कार किया गया। अस्थियाँ 23-8-1945 को एकत्र की गईं।

मैंने सेना के अधिकारियों से अनुरोध किया है कि वे दाह संस्कारों को टोक्यो ले जाने की व्यवस्था करें जहां उन्हें सुरक्षित स्थान पर रखा जा सके और बाद में सेथन से उन्हें भारत ले जाया जाएगा।

ऊपर दुर्भाग्यपूर्ण त्रासदी का सच्चा विवरण है और मैंने अधिकारियों से दाह संस्कार ठीक से करने का अनुरोध किया है और एक दिन भारत को अपने उत्कृष्ट नायक की मृत्यु के बारे में सच्चाई पता चल जाएगी।

ताइहोकू, ताइवान, 24 अगस्त, 1945

लंदन और कलकत्ता में श्री सुभाष चन्द्र बोस की मृत्यु का समाचार

शीर्षक: हवाई जहाज दुर्घटना में चोट लगने के बाद श्री सुभाष चंद्र बोस की मृत्यु जेएपी समाचार एजेंसी ने 22 अगस्त 1945 को लंदन में और 26 अगस्त 1945 को कलकत्ता में हिंदुस्तान स्टैंडर्ड अखबार में प्रकाशित किया।

यहां अखबारों की खबरों की कटिंग दिखाई जाती है।

लंदन 22 अगस्त- श्री सुभाष चंद्र बोस की मृत्यु की घोषणा आज जापानी समाचार एजेंसी ने की। एजेंसी ने कहा कि श्री बोस की विमान दुर्घटना में घायल होने के बाद जापान के एक अस्पताल में मृत्यु हो गई। एजेंसी ने यह भी कहा: "आजाद हिंद की अनंतिम सरकार के प्रमुख श्री बोस अगस्त में जापान सरकार से जुड़े थे। 18 अगस्त, 1945 को रात 9 (टोक्यो का समय) बजे उनकी मृत्यु हो गई। ------ समाचार जारी है।"

नेहरू ने ब्रिटेन को चेतावनी दी: "अगर उनकी बहुमूल्य जान चली गई तो यह एक त्रासदी होगी," भारतीय राष्ट्रीय सेना के बारे में चिंता व्यक्त करते हुए, और उसी अखबार के पहले पन्ने पर छपी।

फिग्स रिपोर्ट के मुख्य अंश (कर्नल जॉन फिग्स, भारतीय राजनीतिक खुफिया सेवा, 25 जुलाई 1946)

निम्नलिखित पैराग्राफ में नामित व्यक्तियों से एक-पर-एक पूछताछ के परिणामस्वरूप, यह पुष्टि हुई कि एस.सी बोस की मृत्यु 18 अगस्त, 1945 को स्थानीय समयानुसार 17:00 और 20:00 के बीच ताइहोकू सैन्य अस्पताल (नानमोन वार्ड) में हुई थी। मृत्यु का कारण कई बार जलने और सदमे के कारण हृदय गति रुकना था। नीचे नामित सभी व्यक्तियों से अलग-अलग समय पर पूछताछ की गई, लेकिन घटनाओं के कई विवरण सार और विवरण दोनों में इस बात से सहमत हैं कि मामले के ज्ञान को सामान्य अनुभव माना जा सकता है। पूर्व-व्यवस्थित मनगढ़ंत बातों को खारिज किया जाना चाहिए क्योंकि पूछताछ से पहले अधिकांश संबंधित व्यक्तियों के पास एक-दूसरे के साथ संवाद करने का कोई अवसर नहीं था।

फिग्स रिपोर्ट [23] के शेष चार पृष्ठों में विमान दुर्घटना में जीवित बचे दो लोगों, लेफ्टिनेंट कर्नल नोनोगाकी, सकाई और डॉ. योशिमी के साक्षात्कार शामिल हैं, जिन्होंने अस्पताल में बोस का इलाज किया था और पोस्टमार्टम प्रक्रियाओं में शामिल थे। 1979 में, लियोनार्ड गॉर्डन ने स्वयं घर पर जापानी अर्दली डॉ. योशिमी और जापानी अधिकारी लेफ्टिनेंट हयाशिदा का साक्षात्कार लिया, जिन्होंने "लेफ्टिनेंट कर्नल नोनोगाकी, सकाई और (हवाई जहाज) के उपचार के माध्यम से बोस की राख को ताइपे से जापान पहुंचाया था। दुर्घटना में जीवित बचे मेजर कोनो।"

फिग्स रिपोर्ट और लियोनार्ड गॉर्डन [24, 25] की जांच ने चार तथ्यों की पुष्टि की: 1) दुर्घटना 18 अगस्त 1945 को ताइहोकू हवाई अड्डे के पास हुई, और सुभाष चंद्र बोस एक यात्री थे; 2) उसी दिन नजदीकी सैन्य अस्पताल में बोस की मृत्यु; 3) ताइहोकू में बोस का दाह संस्कार; और 4) बोस की अस्थियों को टोक्यो स्थानांतरित करना।

22 अगस्त, 1946 को, दक्षिण पूर्व एशिया में सुप्रीम अलाइड कमांडर के मुख्यालय में नियुक्त एक सैन्य प्रति-खुफिया अधिकारी लेफ्टिनेंट कर्नल जॉन फिग्स ने अपने वरिष्ठ, लॉर्ड लुईस माउंटबेटन को एक रिपोर्ट सौंपी। फिग्स ने निष्कर्ष निकाला कि नेताजी की वास्तव में फॉर्मोसा (अब ताइवान) में एक विमान दुर्घटना में मृत्यु हो गई थी।

फ्राउ एमिली शेंकेल के लिए कल्याण का ट्रस्ट डीड - श्रीमती बोस

(अमेज़न ऑस्ट्रेलिया द्वारा जुलाई 2018 और नवंबर 2019 में क्रमशः 'अपडेटेड' ई-बुक और पेपरबैक बुक में प्रकाशित अंग्रेजी पेज)
कॉपीराइट © डॉ. गोराचंद घोष 2018
(21 सितंबर 2018 को फेसबुक पर सार्वजनिक पोस्टिंग)
अवर्गीकृत फ़ाइलों से पुनर्प्राप्त

23 मई 1954 को, भारतीय प्रधान मंत्री जवाहरलाल नेहरू और पश्चिम बंगाल के मुख्यमंत्री डॉ. बिधान चंद्र रॉय ने श्रीमती बोस के लिए फ्राउ एमिली शेंकेल के पक्ष में 2 लाख रुपये का 'ट्रस्ट डीड' बनाया। यह पैसा INA फंड से प्राप्त हुआ था जो निखिल भारत कांग्रेस कमेटी में निहित है। अब सच्चाई सामने आ गई है कि यह कल्याण **स्वर्गीय श्री सुभाष चंद्र बोस** की बेटी अनीता बोस के भरण-पोषण, शिक्षा और उन्नति के लिए बनाया गया था। नेताजी सुभाष चंद्र बोस के 1953 के विदेश मंत्रालय पर भारत के राष्ट्रीय अभिलेखागार की सार्वजनिक फ़ाइल से (ए चटर्जी, 6/01/2016) निम्नलिखित सामग्री पुनः प्राप्त कर ली गई है, 1953 फ़ाइल संख्या F.2-Pol(Aus)/53।

8 मई 1953 को, श्री एलजे सिंह ने "पीपुल्स मीटिंग" में प्रधान मंत्री जवाहरलाल नेहरू से पूछा: ए) क्या भारत सरकार को पता है कि श्री सुभाष चंद्र बोस अपने पीछे फ्राउ शेंकेल नामक पत्नी और अनीता बोस नामक बेटी को वियना में छोड़ गए हैं!?; (बी) यदि हां, तो सरकार परिवार के भरण-पोषण के लिए राज्य सहायता बढ़ाने के लिए क्या कदम उठाएगी,

सी) क्या सरकार ने श्री सुभाष चंद्र बोस की पत्नी और बेटी को भारत वापस लाने के लिए कोई प्रस्ताव दिया है; और डी) यदि हां, तो ऐसे प्रस्ताव का परिणाम क्या है?

जवाहरलाल नेहरू ने उत्तर दिया- क) हाँ। महिला का नाम फ्राउ शेंकेल है। (बी), (सी) और (डी) ने सरकार को सूचित किया कि महिला को भारत आने के लिए आमंत्रित किया गया था, लेकिन उसने वियना में रहना पसंद किया। उन्हें वित्तीय सहायता की पेशकश की गई, कभी-कभी निजी स्रोतों से कुछ सहायता की पेशकश की गई, लेकिन महिला ने नियमित रूप से ऐसी किसी भी वित्तीय सहायता को स्वीकार करने से इनकार कर दिया।

श्री एलजे सिंह का एक प्रश्न था - क्या मैं जान सकता हूँ कि क्या भारत सरकार ने कलकत्ता में नेताजी सुभाष चंद्र बोस के परिवार के अन्य सदस्यों से राजकीय सहायता बढ़ाने के बारे में संपर्क किया था? उनकी पत्नी और बेटी को भारत वापस लाने के लिए और यदि हां तो उनकी प्रतिक्रिया क्या है?

जवाहरलाल नेहरू ने उत्तर दिया: भारत सरकार की प्रतिक्रिया या पारिवारिक प्रतिक्रिया? किसकी प्रतिक्रिया? श्री एलजे सिंह द्वारा उत्तर - परिवार के सदस्यों से प्रतिक्रिया।

श्री जवाहरलाल नेहरू ने उत्तर दिया - इन प्रश्नों का उत्तर देने में कुछ कठिनाई हुई क्योंकि इनके बारे में कुछ अच्छी ख़बरें हैं। जहां तक भारत सरकार का सवाल है, हम पिछले तीन या चार वर्षों से इसके बारे में जानते हैं और हम हर संभव मदद, निमंत्रण और अपनी शक्ति में सब कुछ देने के लिए उत्सुक हैं, लेकिन कुछ ऐसा करने के लिए जो शायद संभव नहो, और स्वागत है। हम सबसे पहले बोस परिवार के वयस्कों का ध्यान आकर्षित करते हैं; जहां तक मुझे पता है उन्होंने इस मुद्दे को अलग से और सीधे तौर पर निपटाया है।

तब से, उपरोक्त प्रश्न और उत्तर 9 जून 1953 को सार्वजनिक बैठक में रखे गए, जैसा कि विदेश मंत्रालय, भारत सरकार, नई दिल्ली के पत्र की शुरुआत में उल्लेख किया गया है।

7 जुलाई 1953 को, वाईईडी गुंडाविया ने डॉ. केवी रामास्वामी, अताशे और उप-परामर्शदाता, वियना में भारतीय सेना के प्रतिनिधि को "अत्यंत गुप्त" के रूप में चिह्नित एक पत्र भेजा; फ्राउ शेंकेल के बारे में आप जो कुछ भी जानते हैं, उसका एक पूर्ण और विस्तृत नोट तैयार करने के बारे में - और रिकॉर्ड, वित्तीय इत्यादि के बारे में सब कुछ, और जो कुछ भी आप स्थानीय रूप से जानते हैं। मैं चाहता हूं कि जब मैं 17 तारीख को वियना आऊं तो आप इसे मेरे लिए तैयार रखें। यदि समय बहुत कम है, तो आप मुझे बता सकते हैं कि आप हमसे कब मिल सकते हैं, लेकिन उस स्थिति में मुझे 18 अगस्त को साल्ज़बर्ग में मिलने की उम्मीद है।

17 दिसंबर 1953 को डॉ. बी सी रॉय ने मैडम सुभाष चंद्र बोस, सी/ओ द इंडियन लीगेशन, वियना को एक पत्र लिखा था- "प्रिय मैडम, मुझे आपकी बेटी के बारे में पिछले

साल हुई बातचीत याद रहेगी। आपको यह भी याद होगा कि अखिल भारतीय कांग्रेस कार्यकारी समिति आपकी बेटी के लिए 'ट्रस्ट मनी की एक राशि' रखना चाहती थी। अब आपकी बेटी के लिए आवंटित की जाने वाली राशि का एक बड़ा हिस्सा नेताजी सुभाष चंद्र बोस के करियर को दर्शाने वाली एक फिल्म के निर्माण के माध्यम से जारी किया गया था। उपलब्ध राशि 2 लाख रुपये है, जो लगभग 15,000 अंग्रेजी पाउंड के बराबर है। सुझाव यह है कि इस पैसे को आपकी बेटी के लिए एक ट्रस्ट के रूप में रखा जाना चाहिए, जो इस राशि पर तब तक ब्याज अर्जित करेगी जब तक कि वह कानूनी तौर पर बैंक खाते का उपयोग नहीं कर लेती है, जब वह तदनुसार पैसे खर्च करने की स्थिति में नहीं होती है। ब्याज दर 35 अंग्रेजी पाउंड प्रति माह होगी।

कांग्रेस कार्य समिति ने पंडित नेहरू और मुझे इस ट्रस्ट के आयोजन की जिम्मेदारी सौंपी। इसलिए मैं चाहता हूं कि आप हमें निम्नलिखित के बारे में बताएं: 1) आपके अनुसार ट्रस्ट किसके साथ स्थापित किया जाना चाहिए, ट्रस्टी कौन होगा; 2) हमें प्राथमिकता देनी चाहिए कि आप ट्रस्टी या आपके द्वारा नामित किसी अन्य व्यक्ति के नाम का उपयोग करें।

दूसरी ओर, यदि आप ट्रस्टी नहीं बनना चाहते हैं, तो हम पैसा सरकार के आधिकारिक ट्रस्टी के हाथों में छोड़ देंगे जो आपकी बेटी के आत्मनिर्भर होने तक देय राशि पंर नियमित ब्याज जमा करेगा। मुझे खेद है कि यह कमोबेश एक व्यावसायिक पत्र है, लेकिन हम वास्तव में बच्चे के लिए कुछ व्यवस्था करने के इच्छुक हैं और मुझे खुशी है कि कार्य समिति ने एक ट्रस्ट बनाने का निर्णय लिया है। कृपया मुझे बताएं कि आप इसके बारे में क्या सोचते हैं।

भवदीय, बीसी रॉय"

नेताजी बोस की बेटी के लिए फंड 18 दिसंबर 1953 को द हिंदू में और 20 दिसंबर 1953 को द हिंदू वीकली रिव्यू में प्रकाशित हुआ था - एआईसीसी द्वारा रखे गए 2 लाख रुपये नेताजी सुभाष चंद्र बोस की 11 वर्षीय बेटी के लिए रखे गए थे। यह पैसा INA फंड से लिया गया है। प्रतिभूतियों की इस राशि में और निवेश करने का निर्णय लिया गया; कांग्रेस अध्यक्ष जवाहरलाल नेहरू और पश्चिम बंगाल के मुख्यमंत्री डॉ. बी सी रॉय ने इस उद्देश्य के लिए यूपीआई के लिए एक ट्रस्ट स्थापित करने की अनुमति प्राप्त की।

17 जनवरी, 1954 को एमिली शेंकल ने डॉ. बी. सी. रॉय को जवाब दिया, "महामहिम, मैं आपके 17 दिसंबर, 1953 के पत्र के लिए धन्यवाद देती हूं, जो कार्य समिति ने मेरी बेटी के लिए तय किया है। मैंने इस मामले पर बहुत ध्यान से विचार किया है और निर्णय लिया कि मैं ट्रस्टी बनने के लिए सहमत हो जाऊंगी, महामहिम द्वारा बताए गए विकल्पों के संबंध में, आप कृपया मुझे अपनी सुविधा के लिए ट्रस्ट डीड के विभिन्न ड्राफ्ट भेजें? मुझे ब्योरे की पूरी जानकारी नहीं है और मैं स्थिति को स्पष्ट रूप से समझना चाहती हूं।

मैं आभारी रहूंगा यदि आप कृपया मुझे बताएं कि "आधिकारिक ट्रस्टी" कौन है, उसकी शक्तियां क्या हैं और किन परिस्थितियों में मेरी बेटी के वयस्क होने पर पूरी राशि हस्तांतरित

कर दी जाएगी। मैं इस अवसर पर महामहिम को नव वर्ष की हार्दिक शुभकामनाएँ देती हूँ,

भवदीय, एमिली शेंकेल"

17 जनवरी, 1954 को, वी. वी. रामास्वामी, लेगेशन ऑफ इंडिया, वियना ने प्रेस को उपरोक्त संदेश दिए, और बर्न में भारतीय राजदूत, वाई. डी. गुंडाविया को एक पत्र में, डॉ. रॉय और श्रीमती बोस के बीच पत्राचार के बारे में बताया। 19 जनवरी, 1954 को राजदूत ने उपरोक्त मामले के संबंध में प्रधान मंत्री के विशेष सहायक, पी.एम. हाउस, नई दिल्ली, श्री ओ.पी. मथाई को एक पत्र भेजा।

फ्राउ एमिली शेंकेल और उनकी बेटी अनीता ने बर्न में भारतीय दूतावास से मंत्रालय को एक नोट सौंपा।

इस बैठक के बाद, जवाहरलाल नेहरू ने व्यक्तिगत रूप से 26 जनवरी 1954 को बर्न, स्विट्जरलैंड में भारतीय दूतावास के श्री वाई.डी. गुंडाविया को एक पत्र लिखा। पत्र में कहा गया है, "मेरे प्रिय गुंडेविया, मैंने सुभाष बोस की बेटी की ओर से प्रस्तावित ट्रस्ट के संबंध में मथाई को संबोधित आपका 19 जनवरी का पत्र देखा है।

हम सुभाष बोस की बेटी के लिए 2 लाख रुपये आवंटित कर रहे हैं। फिलहाल हम इस राशि का डॉ. बीसी रॉय और मेरे संयुक्त नाम से एक अलग खाता खोल रहे हैं। हम कुछ ब्याज कमाने के लिए कुछ अल्पकालिक प्रतिभूतियों में पैसा निवेश करेंगे। संभवतः हमें ब्याज के रूप में प्रति माह लगभग 500/- रुपये मिलेंगे।

अभी तक ट्रस्ट डीड का कोई ड्राफ्ट तैयार नहीं किया गया है। दरअसल हमने इस मामले पर कोई विचार नहीं किया, क्योंकि हम आगे कोई कदम उठाने से पहले फ्राउ शेंकेल से जवाब चाहते थे। अब जब उन्होंने जवाब दे दिया है और ट्रस्टियों में से एक बनने के लिए सहमत हो गए हैं, तो हम वकीलों के परामर्श से मामले को आगे बढ़ाएंगे और जैसे ही वे इसे तैयार कर सकते हैं, मसौदा भेजेंगे। इसमें कोई हड़बड़ी नहीं ह। इस बीच पैसा अलग रखा जाएगा और समय-समय पर ब्याज आकर्षित किया जाएगा। हम यह ब्याज नियमित रूप से फ्राउ शेंकेल को भेजने की व्यवस्था कर सकते हैं। ट्रस्ट डीड संभवतः तब तक चलेगा जब तक कि नाबालिग वयस्क नहीं हो जाता, जब पैसा या प्रतिभूतियां पूरी तरह से निहित हो जाती हैं।

जहाँ तक मैं देख सकता हूँ, आधिकारिक ट्रस्टियों का प्रश्न ही नहीं उठता। हालाँकि, मैं इस मामले को देखूंगा और आपको बाद में लिखूंगा।

लेकिन मैं यह मानता हूं कि फ्राउ शेंकेल को ब्याज नियमित रूप से भेजा जा सकता है। इसे भेजने का सबसे अच्छा तरीका क्या होगा? क्या इसे वियना में हमारे उप-सलाहकार रामास्वामी को या सीधे फ्राउ शेंकेल को भेजा जाना चाहिए? कृपया रामास्वामी से कहें कि वे ये सारी जानकारी उन तक पहुंचाएं और उनका उत्तर प्राप्त करें।

प्रिय, ट्रस्टी, शायद फ्राउ शेंकेल के अलावा एक और ट्रस्टी होना चाहिए।

इति- जवाहरलाल नेहरू के हस्ताक्षर।"

2 फरवरी 1954 को, वाई डी गुंडाविया ने प्रधान मंत्री जवाहरलाल नेहरू के नई दिल्ली संबोधन का उत्तर लिखा। पत्र है "मेरे प्रिय, क्या मैं फ्राओ शेंकेल और ट्रस्टियों के संबंध में आपके 26 जनवरी के पत्र को धन्यवाद रसीद के साथ स्वीकार कर सकता हूं? मैं कल एक पखवाड़े के लिए ऑस्ट्रिया जा रहा हूं - और मैं खुद उस महिला से बात करूंगा और आपको वापस लिखूंगा इसके बारे में।"

इति- (य दे गुंडाविया)।"

20 फरवरी 1954 को, वाईडी गुंडाविया ने श्री जवाहरलाल नेहरू को लिखा, "मेरे प्रिय, यह मेरे 2 फरवरी (नंबर F.2-Pol(Aus)/53) की निरंतरता में है। जब मैं अंदर था तब फ्राउ शेंकेल चाय की मेज पर मेरे साथ थे। वियना और मैंने उसे बताया कि आपने 26 जनवरी के अपने आखिरी पत्र में क्या कहा था। मैंने उससे कहा कि अब सरकारी ट्रस्टी का सवाल है नहीं उठाया गया है और आप मसौदा दस्तावेज़ भेजेंगे और यदि वह कुछ करना चाहता है तो वह हमें अपनी टिप्पणियाँ दे सकता है।

मैंने उससे पूछा कि क्या वह चाहता है कि पैसा सीधे उसे भेजा जाए और, जैसा कि मुझे उम्मीद थी, वह उत्सुक था कि यह पैसा उसे हमारी लीगेशन द्वारा दिया जाना चाहिए। इस तरह वह आय पर स्थानीय कर लगाने से बचने की उम्मीद करता है, जो अन्यथा पर्याप्त हो सकता है। मैंने संकेत दिया कि किसी भी तरह से उसकी सहायता करना हमारा व्यवसाय नहीं होगा, न ही हमें नियमित भुगतान शुरू होने पर ऑस्ट्रियाई सरकार से मामले को गुप्त रखने की उम्मीद करनी चाहिए। इसका यह पहलू निःसंदेह उसका व्यवसाय है।

जैसा कि आप जानते हैं, उन्हें पिछले कुछ समय से नियमित प्रेषण के लिए बोस परिवार से 200 या 300 रुपये मिलते रहे हैं। विभिन्न कारणों से उन्हें उम्मीद है कि यह अब बंद होने जा रहा है। मैंने उनसे पूछा, क्या वह रामास्वामी के पक्ष में अभी भी शेष राशि से परे हमसे कोई तत्काल वित्तीय सहायता चाहते हैं, और यह भी कहा कि उन्होंने रामास्वामी से उन्हें वर्तमान में भुगतान करने का अनुरोध किया है, और वह उनसे कुछ पैसे मांगेंगे समय-समय पर, जब भी आवश्यकता हो।

इति-, (वाई. डी. गुंडेविया)

20 फरवरी, 1954 के उसी दिन, वाईडी गुंडाविया ने वियना लीगेशन के डॉ. केवी रामास्वामी को एक पत्र लिखा - "मेरे प्रिय रामास्वामी, मैंने फ्राउ शेंकेल के संबंध में दूतावास के संगीत कार्यक्रम की पुरानी "रिकॉर्ड" फ़ाइल देखी है। दिवंगत मंत्री देसाई की मृत्यु तक काफी पत्राचार हुआ है, लेकिन मई 1951 के बाद बहुत कम।" वित्तीय पक्ष पर, विशेष रूप से, कुछ पत्राचार से पता चलता है कि 1950 में आपको £127.18 भेजा गया था और फिर अक्टूबर 1952 में, शायद एक और £100 भेजा गया था। मैं चाहता हूं कि यह फ़ाइल दूतावास के कॉन्सर्ट में पूरी हो। मैंने इसके बारे में फिर से सोचा है और जो मैंने आपको बताया था उसके विपरीत, मुझे लगता है कि आपके लिए सबसे अच्छा तरीका यह है कि आप अपनी पूरी फ़ाइल बैग के माध्यम से यहां भेजें। मेरे कुछ महत्वपूर्ण पत्रों की प्रतिलिपि बनाई जाएगी और फिर फ़ाइल आपको वापस कर दी जाएगी। आपको इस बात का कोई

डर नहीं है कि कागजात खो जायेंगे या गुम हो जायेंगे। फ़ाइल मेरे नाम से संबोधित की जा सकती है.

इति-, (वाई डी गुंडेविया)।

डॉ. रामास्वामी ने 23 फरवरी 1954 को एक पत्र में सभी दस्तावेज़ राजदूत वाई.डी. गुंडाविया, आईसीएस, भारतीय राजदूत, भारतीय दूतावास, बर्न को भेजे। 19 मई 1954 को, वाई डी गुंडाविया आईसीएस ने श्री सी एस झा, संयुक्त सचिव, भारत सरकार, विदेश मंत्रालय, नई दिल्ली को एक पत्र लिखा और इसकी प्रतिलिपि डॉ. के वी रामास्वामी, उप परामर्शदाता और अताशे, भारतीय सेना, वियना को जानकारी के लिए भेजा गया। पत्र में लिखा है, "मेरे प्रिय झा, हालिया घोषणा में, आपने यूरोप और अफ्रीका के लिए संयुक्त सचिव का पद संभाला है। मुझे नहीं पता कि इस नाजुक कहानी का जवाब किसे दूं। यदि यह प्रोटोकॉल है, तो क्या आप कृपया चोपड़ा को पत्र अग्रेषित करेंगे!

इस मिशन और प्रधान मंत्री का संभवतः प्रधान मंत्री सचिवालय में फ्राओ एमिली शेंकेल के साथ काफी संपर्क था, जो अब स्वर्गीय श्री सुभाष चंद्र बोस की पत्नी के रूप में पहचानी जाती हैं। विवाह की पुष्टि श्री सुभाष चंद्र बोस द्वारा अपने भाई को 8 फरवरी 1943 को बांग्ला में लिखे एक पत्र के आधार पर की गई थी।

फ्राउ शेंकेल ने अब वियना में हमारी लीगेशन से अपनी बेटी अनीता शेंकेल-बोस को भारतीय नागरिक के रूप में पंजीकृत करने का अनुरोध किया है। शायद यह अनुरोध इसलिए किया गया है क्योंकि भारत से बच्चों के लिए विशिष्ट धनराशि उपलब्ध कराए जाने की उम्मीद है। प्रधानमंत्री को इसकी जानकारी है और संभवत: वह इस मामले को निजी तौर पर संभाल रहे हैं।

इन घटनाक्रमों को देखते हुए, बच्चे को भारतीय नागरिक के रूप में पंजीकृत करने का कोई कारण नहीं होना चाहिए। हालाँकि, मैं अपनी ओर से कार्रवाई करने से पहले मंत्रालय की आधिकारिक मंजूरी चाहूंगा, क्योंकि यह एक महत्वपूर्ण व्यक्तिगत मामला है, ताकि सरकार आश्वस्त हो सके कि इसे एकीकृत किया जाएगा।

आपका वफादार,
(वाई डी गुंडाविया के हस्ताक्षर)

ट्रस्ट डीड का निर्माण

हम, (1) इलाहाबाद के स्वर्गीय मोतीलाल नेहरू के पुत्र जवाहरलाल नेहरू, जो अब नई दिल्ली में रहते हैं; (2) कलकत्ता शहर के नंबर 36 वेलिंगटन स्ट्रीट के मृतक प्रकाश चंद्र रॉय के पुत्र डॉ. बिधान चंद्र रॉय ने नीचे घोषणा की है:

"जबकि" भारतीय राष्ट्रीय कांग्रेस की कार्यकारी समिति ने नेताजी सुभाष चंद्र बोस की बेटी अनीता बोस के लाभ के लिए अखिल भारतीय कांग्रेस समिति द्वारा रखे गए आईएनए फंड से केवल 2,00,000/- (दो लाख रुपये) आवंटित किए;

"और जबकि" उक्त राशि भारतीय राष्ट्रीय कांग्रेस की कार्यकारी समिति द्वारा अलग प्रावधान और उपयोग के लिए हमारे पास रखी गई है। हम इस ट्रस्ट भरोसे से 2,00,000/- (दो लाख रुपये) को निवेश के लिए कानून द्वारा अनुमत किसी भी तरीके से निवेश करने के लिए हमारे द्वारा ट्रस्ट (इसके बाद "ट्रस्ट फंड" के रूप में संदर्भित) पर रखा जाएगा, अर्थात् : -

(1) हम ट्रस्ट फंड की आय का भुगतान कथित नेताजी सुभाष चंद्र बोस की पत्नी फ्राउ शेंकेल को करेंगे और उनकी मृत्यु के बाद ऐसे व्यक्ति को, जैसा कि हम उचित रूप से सोच सकते हैं, उक्त अनीता बोस को भुगतान करेंगे। अनीता बोस के 21 वर्ष की आयु प्राप्त करने तक भरण-पोषण, शिक्षा और उन्नति के लिए और

(2) अनीता बोस के 21 वर्ष की आयु प्राप्त करने के बाद, हम उन्हें धनराशि हस्तांतरित कर देंगे, बशर्ते कि यदि वह उक्त प्राप्य आयु प्राप्त करने से पहले मर जाती हैं; यदि वह जीवित है तो हम ट्रस्ट फंड को फ्राउ शेंकेल को हस्तांतरित कर देंगे और यदि वह जीवित नहीं है तो हम ट्रस्ट फंड को भारतीय राष्ट्रीय कांग्रेस को हस्तांतरित कर देंगे।

हम आगे घोषणा करते हैं कि यदि हममें से किसी की मृत्यु हो जाती है या वह ट्रस्ट की गतिविधियों को चलाने में असमर्थ हो जाता है या राष्ट्रीय ट्रस्ट से सेवानिवृत्त होना चाहता है, तो हम भारतीय राष्ट्रीय कांग्रेस की कार्यकारी समिति की सहमति से एक नया ट्रस्टी नियुक्त करते हैं और उसके स्थान पर सेवानिवृत्त हो जाते हैं। ट्रस्टी के झूठ बोलने या अक्षम हो जाने या सेवानिवृत्ति के बदले में किसी नियुक्ति विलेख को निष्पादक के रूप में मान्यता दिए बिना नए ट्रस्टियों के साथ संयुक्त रूप से निधि द्वारा निहित किया जाना।

इसके साक्ष्य में हमने आज एक हजार नौ सौ चौवन मई के तेईसवें दिन इस घोषणा पर हस्ताक्षर किए हैं।

कैलास नाथ काटजू और आरए किदवई की उपस्थिति में जवाहरलाल नेहरू द्वारा हस्ताक्षरित।

डॉ. कैलास नाथ काटजू और आरए किदवई की मौजूदगी में, बिधान चंद्र रॉय द्वारा हस्ताक्षरित।

<u>प्रधान मंत्री सचिवालय</u>

24 मई, 1954 को एम. ओ. मथाई ने लिखा:

1. मैंने कल प्रधान मंत्री और डॉ. बी.सी. रॉय पर हस्ताक्षर किए **स्वर्गीय श्री सुभाष चंद्र बोस** की ओर से हस्ताक्षरित और निष्पादित एक ट्रस्ट डीड की प्रति विदेश मंत्रालय द्वारा रिकॉर्ड में रखी गई है। बच्चे का मूल दस्तावेज सुरक्षित अभिरक्षा के लिए वियना स्थित अखिल भारतीय कांग्रेस कमेटी के कार्यालय में जमा करा दिया गया है।

2. मेरे पास वियना में दस्तावेज़ की एक प्रति है **स्वर्गीय श्री सुभाष चंद्र बोस** की पत्नी फ्राओ शेंकेल को बताने के लिए बर्न में हमारे राजदूत श्री वाई.डी. गुंडाविया को जानकारी भेज रहा हूं।

3. ट्रस्ट डीड द्वारा कवर किए गए 2 लाख रुपये पूर्व-भारतीय राष्ट्रीय सेना निधि से प्राप्त होते हैं, जो **स्वर्गीय श्री सुभाष चंद्र बोस द्वारा** आयोजित।

(एम एवं मथाई) के हस्ताक्षर।

उसी दिन, 24 मई को, एम. ओ. मथाई ने श्री वाई. डी. गुंडाविया को राजनयिक बैग में एक पत्र भेजा। पत्र है- "मेरे प्रिय गुंडेविया, मैं विदेश मामलों के महासचिव को भेजे गए एक नोट की एक प्रति और उसके संलग्नक की एक प्रति संलग्न करता हूं। उनकी जानकारी के लिए कृपया **स्वर्गीय श्री सुभाष चंद्र बोस** की पत्नी फ्राओ शेंकेल को भेजें। वियना, ट्रस्ट डीड की एक प्रति देने के लिए कदम उठाएं।

आपका वफादार (एम और मथाई के हस्ताक्षर)

31 मई 1954 को, वाईडी गुंडाविया ने वियना लीगेशन में डिप्टी काउंसलर और अटैची डॉ. केवी रामास्वामी को एक पत्र लिखा, "मेरे प्रिय, रामास्वामी, क्या आप कृपया मेरे पत्र क्रमांक एफ 2 के साथ हुए पत्राचार का संदर्भ लेंगे- Pol (Aus)/53, 19 जनवरी, 1954? प्रधान मंत्री और डॉ. बीसी रॉय ने "ट्रस्ट डीड" को अंतिम रूप दे दिया है और मुझसे इसकी एक प्रति फ्राउ शेंकेल को भेजने का अनुरोध किया गया है। मैं दस्तावेज़ की दो प्रतियां संलग्न कर रहा हूं, जिनमें से एक महिला को सौंपी जा सकती है और दूसरी आपकी विरासत फ़ाइल में रखी जाएगी।

आपका वफादार,
(वाई डी गुंडाविया के हस्ताक्षर)

प्रेस सूचना ब्यूरो, एबी पत्रिका (इलाहाबाद) 25 अप्रैल 1956: विमान दुर्घटना में नेताजी की मृत्यु कैसे हुई; साइगॉन हवाई अड्डे से घातक उड़ान की अब तक की अनकही कहानी (लेखक द्वारा 2016 की अवर्गीकृत फ़ाइल से पुनर्प्राप्त)

पहली बार, साइगॉन से नेताजी सुभाष चंद्र बोस की अंतिम यात्रा, ताइपे हवाई अड्डे पर विमान दुर्घटना, अस्पताल में उनके अंतिम क्षणों का ग्राफिक विवरण उपलब्ध है। नेताजी के लापता होने के बाद से अब तक इस दुर्घटना का ब्यौरा देश के सामने नहीं आया है।

श्री हिरण सिंह और श्री देवेन दास, जो कुछ समय से नेताजी के लापता होने के रहस्य को सुलझाने के लिए काम कर रहे थे, ने व्यक्तिगत साक्षात्कार और पत्राचार के माध्यम से कई जापानी और भारतीय नागरिकों से संपर्क किया जो रहस्य पर प्रकाश डाल सकते थे। कोलकाता में चल रहे नेताजी जांच आयोग के मद्देनजर श्री सिंह और श्री दास ने मीडिया को सूचना जारी कर कहा है कि वे इस रहस्य को सुलझाने की कोशिश कर रहे हैं।

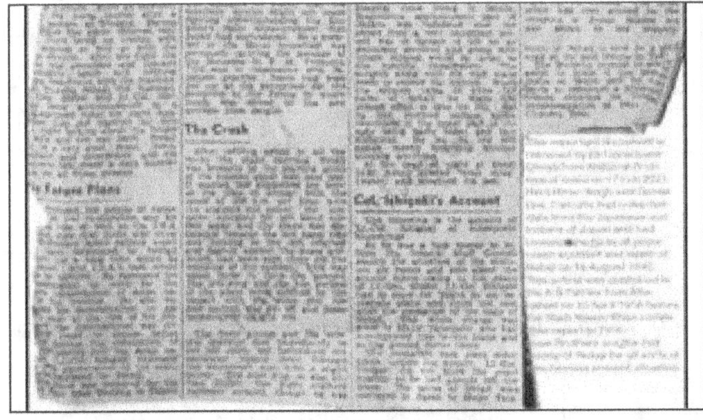

<u>टकराव:</u>
पेट्रोल भरने के बाद नेताजी सहित सभी टैंकों को रनवे के शुरुआती बिंदु पर लाया गया, जिसे अंतिम आधे से घटाकर दो कर दिया गया। इसने पूरी शक्ति से इंजन के साथ 200 किलोमीटर प्रति घंटे की रफ्तार से उड़ान भरी, बाएं हाथ का प्रोपेलर उड़ गया और विमान बाईं ओर असंतुलित मोड़ में चला गया, नीचे छू गया और चट्टानों के ढेर से टकरा गया, जो कि रनवे कास्ट था, लगभग जमीन से 3 फीट की ऊंचाई पर स्थित है।

ऊपरी केबिन में फॉरवर्ड गनर और वायरलेस ऑपरेटर की तुरंत मौत हो गई, लेकिन सौभाग्य से नेविगेटर मामूली चोटों के साथ आपातकालीन दरवाजे से नीचे गिर गया। पायलट मराज़ान, लेफ्टिनेंट जनरल सुनामासा शिदेइओ मराज़ान। फ्लाइट इंजीनियर विमान में चढ़ने के बाद बच गया, क्या हुआ यह देखने के लिए बाहर आओ। उन्होंने देखा

कि हबीबुर रहमान ने नेताजी को विमान से जमीन पर खींच लिया और उनके कपड़े फाड़ दिये। नेताजी के पीछे बैठे रहमान गंभीर रूप से झुलस गए। नेताजी के शरीर का ऊपरी हिस्सा दो-तिहाई जल गया था।

अंतिम क्षण में:

तत्काल बचाव कार्यों के लिए आपातकालीन जमीनी बलों को भेजा गया है। लेफ्टिनेंट कर्नल इशिगाकी, बिगड़ते काम को संभालने वाले एक स्टाफ सदस्य के रूप में, उन्हें टोक्यो को एक वायरलेस संदेश भेजने के लिए मुख्यालय जाना पड़ा, जिससे बचाव अभियान के बाद टीम के बाकी सदस्यों को दुर्घटना के बारे में पता चल सके। जब वे मुख्यालय से दुर्घटनास्थल पर लौटे तो उन्होंने पाया कि नेताजी को पहले ही सैन्य अस्पताल (नानमन वार्ड) ले जाया जा चुका था। सर्जन ने स्टाफ के साथ मिलकर घायलों को बचाने की तैयारी की। जब सर्जन को नेताजी का नाम पता चला तो उसने उनकी जान बचाने की पूरी कोशिश की। लेकिन भीषण लपटों से शरीर का ऊपरी हिस्सा दो-तिहाई जल गया और मुंह में पानी आ गया। वह बिस्तर पर नंगा लेटा हुआ था, वह बिना कुछ कहे साँस लेता रहा।

लगभग रात 9:30 बजे (ताइहोकू समय), नेताजी ने "मिजू-मिजू" (पानी) मांगा और 18 अगस्त 1945 को अंतिम सांस ली।

कर्नल इशिगाकी का विवरण:

निम्नलिखित घटनाएं लेफ्टिनेंट कर्नल इशिगाकी द्वारा बताई गई हैं।

चूँकि वह लेफ्टिनेंट जनरल शिदेई की मृत्यु के कारण दक्षिणी वायु सेना और जमीनी बलों की स्थिति के बारे में जनरल स्टाफ काउंसिल को सूचित करने के प्रभारी थे। लेफ्टिनेंट कर्नल इशिगाकी को तुरंत टोक्यो जाना पड़ा और नेताजी के शरीर का अंतिम संस्कार नहीं किया जा सका। पूरी जिम्मेदारी मेजर इडाहो ताकाहाशी को दी गई, जो वायु और जमीनी बलों में उनके साथ थे।

शवों का अंतिम संस्कार हवाईअड्डे के बाहर कहीं किया गया। लेफ्टिनेंट कर्नल इशिगाकी को सटीक स्थान नहीं पता था क्योंकि वह पहले ही जगह छोड़ चुके थे। मेजर इडाहो ताकाहाशी और कर्नल हबीबुर रहमान खान द्वारा नेताजी की राख को जापान ले जाया गया। क्यूशू के फुकुओका हवाई अड्डे पर, अवशेषों को पांचवीं वायु सेना को सौंप दिया गया, और वहां से अवशेषों को ट्रेन द्वारा टोक्यो ले जाया गया, जहां नेताजी के व्यक्तिगत अवशेषों के साथ एक लकड़ी के बक्से में दो सोने से जड़े हुए दांत थे।

लेफ्टिनेंट कर्नल ताकाकुरा और टोक्यो में जनरल स्टाफ काउंसिल कार्यालय के एक स्टाफ सदस्य ने अवशेष ले लिए। उन्होंने उन्हें बड़ी गोपनीयता के साथ प्राप्त किया और उन्हें कर्मचारियों के कार्यालय को सौंप दिया। दुर्घटना के लगभग एक सप्ताह बाद, जनरल स्टाफ कार्यालय में उथल-पुथल मच गई। मित्र राष्ट्रों द्वारा कब्जा शुरू होने के बाद भी, कोई भी संगठन इसमें शामिल नहीं होना चाहता था और वर्षों बाद तक सटीक जानकारी

एकत्र नहीं की जा सकी, जब प्रेस ने नेताजी की मृत्यु और भारत में जनता की राय के बारे में लिखना शुरू किया। कुछ लोग अब भी मानते हैं कि नेताजी कहीं जीवित थे।

<u>लेफ्टिनेंट कर्नल ताकामुरा:</u>

लेफ्टिनेंट कर्नल ताकामुरा का विवरण नीचे दिया गया है। उन्होंने स्टाफ कार्यालय गार्ड से राख प्राप्त की और फिर आईएनए के श्री मूर्ति और टोक्यो में निदेशक रहे अन्य लोगों के साथ परामर्श के बाद राख को कियोशी मोचीजुकी के नेतृत्व वाले जापानी बौद्ध मंदिर रेनकोजी में भेज दिया। उस दौरान विभिन्न मंदिरों का दौरा किया गया और जटिल मामलों में शामिल होने के लिए शरण का अनुरोध किया गया। पुजारी मोचीजुकी ने टोक्यो में भारत सरकार के राजनयिक प्रतिनिधि के अनुरोध पर प्रस्ताव स्वीकार कर लिया। यह मंदिर हिरनौची, नानको-कू, टोक्यो में स्थित है और निचिरेन संप्रदाय से संबंधित है।

<u>पुजारी मोचीजुकी का विवरण इस प्रकार है:</u>

पुजारी को कोई झिझक नहीं हुई, उसे हड्डी मिल गई, हालाँकि उस पर एक विवादास्पद मामले में फँसने का ख़तरा था। कहा जाता है कि भारत के राजनयिक प्रतिनिधि और आईएनए के कुछ सदस्य एक छोटे समूह द्वारा अनुमोदित पहली मासिक स्मारक सेवा के बाद समारोह में भाग लेंगे। धीरे-धीरे यह बात जापान के लोगों को पता चल गई और अब जापान के उस मंदिर में नेताजी का वार्षिक सम्मेलन आयोजित किया जाता है। अगर भारत के लोग चाहें तो मोचीजुकी अस्थियाँ भारत भेजना बंद नहीं करेंगे और वह भारत में नेताजी चंद्र बोस के सम्मान में एक अनोखा मंदिर बनाना चाहते हैं।

नाकामुरा ने भारतीय राष्ट्रपति प्रसाद को नेताजी की मृत्यु की सूचना दी (लेखक द्वारा अवर्गीकृत फ़ाइल 2016 से प्राप्त)

उपरोक्त दो दुर्लभ तस्वीरें और प्रसाद को संबोधित पत्र लेखक द्वारा भारत के राष्ट्रीय अभिलेखागार की अवर्गीकृत फाइलों से प्राप्त किया गया है। दोनों तस्वीरें **1943** में बैंकॉक में ली गई थीं।

मैं अब श्री प्रसाद को लिखे नाकामुरा के पत्र का अनुवाद कर रहा हूं।

441 सकई

मुसाशिनो शि, टोक्यो

4 अक्टूबर 1958

राष्ट्रपति प्रसाद,

मुझे आपको नेताजी की दो तस्वीरें देने का सौभाग्य प्राप्त हुआ है, जिन पर लगभग 15 साल पहले स्वर्गीय चंद्र बोस की लिखावट है। जब मैं युद्ध के दौरान बैंकॉक में कमांडर इन चीफ था, तो मुझे एक निजी मित्र के रूप में उनके साथ जुड़ने के कई अवसर मिले।

आपका पसंदीदा

यह नाकामुरा

23 जनवरी 1965 को "नेताजी रिसर्च ब्यूरो" कलकत्ता में नेताजी की जयंती समारोह के अवसर पर डॉ. बा माओ का भाषण

मैं आपको बताना चाहता हूं कि आपने मुझे उस समय अपने साथ रहने के लिए कहकर जो सम्मान दिया है, उसके लिए मैं कितना आभारी हूं, जब आप एक महान और प्रिय राष्ट्रीय शख्सियत की स्मृति का जश्न मना रहे हैं। वास्तव में नेताजी बोस [26] उनसे भी बढ़कर थे। जैसा कि ऐतिहासिक परिप्रेक्ष्य अब इसे संभव बनाता है, नेताजी कुछ हद तक एक एशियाई व्यक्ति हैं, जिनकी छाया पिछले युद्ध के दौरान दुनिया के इस हिस्से पर मंडरा रही थी और तब से वहीं है। युद्ध के दौरान अधिकांश समय उनके साथ रहने वाले व्यक्ति के रूप में मैं आपको आश्वस्त कर सकता हूं कि मैंने जो कहा है वह सच है। मैंने स्वयं ऐसा होते देखा है। मैंने लगभग शुरुआत से ही उन वर्षों के दौरान नेताजी के कार्यों और उपलब्धियों की पराकाष्ठा देखी, कि कैसे उन्होंने पूरे दक्षिण पूर्व एशिया में बिखरे हुए कच्चे माल को एक स्वतंत्र भारतीय राज्य और सरकार और सेना में फैलाया और उन्हें विश्व युद्ध में एक सकारात्मक ताकत बनाया। एक अकेला दिमाग एक सपने को हकीकत में बदल देगा। इसने मध्य पूर्व से होकर आधी दुनिया में भारतीय सपने का पालन किया, और फिर रूस और जर्मनी, फिर एशिया के सुदूर इलाकों तक, फिर से दक्षिण पूर्व एशिया तक और अंत में बर्मा तक और भारत भर में कुछ अद्भुत हफ्तों के लिए भारतीय सीमा तक। जल्द ही इस व्यक्ति और उसके सपने ने उसके 30 लाख देशवासियों के दिलों को प्रज्वलित कर दिया, जिन्होंने दक्षिण पूर्व एशिया के हर कार्यालय, बाजार और कार्यशाला से उसके कॉल का जवाब दिया और उसने जो भी मांगा, उसे दिया। बोस के आगमन के एक वर्ष के भीतर, आज़ाद हिंद एक पूर्ण राज्य बन गया जिसे एक नहीं बल्कि नौ राज्यों ने मान्यता दी; इसने एक विशाल क्षेत्र प्राप्त कर लिया, इसकी सेना बर्मा भारत सीमा के आठ सेक्टरों में लड़ रही थी और जल्द ही भारतीय धरती पर कदम रखा, गर्व से मुक्ति का झंडा फहराया,

और वहां एक बड़ी निर्णायक जीत के करीब पहुंच गई। जब एक ही सपने से उत्पन्न होने वाली सभी वास्तविकताएं आधी दुनिया के साथ दुर्घटनाग्रस्त हो गईं, तो सपने देखने वाले ने अपने सपने को दुर्घटनाग्रस्त होते देखने से इनकार कर दिया, लेकिन अन्य तरीकों और स्थानों पर इसका पालन करने की कोशिश की। लेकिन, जैसा कि हम सभी बहुत दुखद रूप से जानते हैं, यह अकेला और दुखद स्वप्रद्रष्ट अचानक एक ऐसे सन्नाटे में गायब हो गया जो आज तक बरकरार है लेकिन भारत का सपना जारी रहा। यह अन्य सड़कों पर चलने के लिए दूसरे हाथों में चला गया। मुझे यह सोचकर अच्छा लगता है कि हम आज यहां एक महान एशियाई स्वप्रद्रष्टा की स्मृति में श्रद्धांजलि अर्पित करने के लिए आए हैं, जो अचानक हमें छोड़कर चला गया, और हम सभी के लिए उपहार के रूप में "सोने से भी अधिक समृद्ध" के अधूरे सपने छोड़ गए। आज वह सपना एक स्वतंत्र और संप्रभु भारत की अंतिम वास्तविकता में बदल गया है और मैं पाकिस्तान में भी शामिल हो सकता हूं।

बोस ने एक बार मुझसे कहा था, "मेरे पास अक्सर रहस्यमय क्षण आते हैं", जब मैं सब कुछ छोड़कर प्रार्थना और ध्यान में अपना जीवन जीना चाहता हूं। "लेकिन मुझे भारत के आज़ाद होने तक इंतज़ार करना होगा।" आज़ाद भारत के सपने ने उन्हें हमेशा निराश किया।

एशिया में अधिकांश युद्धों के दौरान हम हथियारबंद साथी थे। दरअसल, मेरा मानना है कि इसीलिए आपने आज मुझसे बात करने के लिए कहा है और इसीलिए मैं ऐसा कर रहा हूं। नेताजी और मैंने अपने लोगों की मुक्ति के समान लक्ष्य को प्राप्त करने के लिए समान मित्रों के साथ दुश्मन के खिलाफ लड़ाई लड़ी। परिणामस्वरूप, हमारी लगभग सभी समस्याएँ, कठिनाइयाँ, खतरे, वास्तव में वह सब कुछ जो उस समय के दौरान वास्तव में मायने रखता था, कमोबेश वही थे। कोई भी युद्धकालीन बंधन इससे अधिक संपूर्ण नहीं हो सकता। इस स्थिति में हम दोनों के लिए अच्छा होगा कि हम उस पुरानी कहावत को याद रखें कि अगर हम एक साथ नहीं रह सकते, तो अलग रह सकते हैं। तो हमने यही किया; हम तब तक साथ रहेंगे जब तक यह सब खत्म नहीं हो जाता। इस तरह हमारे रास्ते आपस में जुड़ गए।

लेकिन नेताजी के बारे में आपसे बात करने का सबसे अच्छा तरीका यह है कि हम अपने सहयोगियों के कारण उनके बारे में जो कुछ भी जानते हैं, उसे बताएं, उनकी कहानी को वैसे ही बताएं जैसा कि हुआ था और उनकी मौलिक महानता को स्वयं प्रकट होने दें, जो उनके लिए एक सच्ची श्रद्धांजलि थी।

सबसे पहले, मैं आपको बता सकता हूं कि जुलाई 1943 में सिंगापुर में उनसे पहली बार मिलने से पहले भी, मैंने बोस के बारे में, अन्य बर्मी राजनेताओं की तरह, एक अस्पष्ट और बल्कि रोमांटिक तरीके से सुना था, लेकिन वास्तव में हम उनकी कल्पना करते हैं भारत के सबसे उत्साही, उग्रवादी और प्रगतिशील नेताओं में से एक मैं ऐसा करने में सक्षम था। हमने बाद में सुना कि उन्हें मांडले जेल में अनिश्चित काल के लिए कैद कर दिया गया, एक

ऐसी घटना जिसने उन्हें हमारे और हमारे संघर्ष के करीब ला दिया। जैसा कि आप में से कई लोग शायद जानते हैं, बर्मी लोग प्रेरक लोग हैं; धार्मिक रूप से, हम बल और हिंसा के पाप को बौद्धों का अधिकार मानते हैं, लेकिन राजनीति में हम हमेशा वास्तव में विश्वास नहीं करते हैं, क्योंकि उदाहरण के लिए, हम क्रांतिकारी हिंसा के बिना सफलतापूर्वक चलाए गए जन क्रांतिकारी संघर्ष के बारे में सोच भी नहीं सकते हैं, और यह उतना ही हिंसक है यह लोगों के लिए वास्तविक और क्रांतिकारी प्रतीत होगा और इसलिए उनके जीतने की संभावना अधिक होगी। ऐसे युग में जब दिमाग भारत के लोगों और घटनाओं का अवलोकन कर रहा था, यह अपरिहार्य था कि वे सुभाष चंद्र बोस जैसे युवा, प्रतिभाशाली, क्रांतिकारी व्यक्ति और विशेष रूप से युवाओं को आकर्षित करें। इसलिए बोस बर्मा में कई लोगों के लिए नई भारतीय क्रांतिकारी लहर के प्रतीक बन गए, और जब उन्होंने एक नई राह ली और अपना फॉरवर्ड ब्लॉक बनाया तो इसने हमें बढ़ते राष्ट्रीय आंदोलन के अधिक अस्थिर हिस्से के करीब ला दिया। यह युद्ध सिद्ध होने के बाद हुआ और जैसे ही हम इसके लिए तैयार हुए, हमने सशस्त्र संघर्ष शुरू करने के लिए अपना फ्रीडम ब्लॉक बनाया। इस प्रकार भारतीय और बर्मी युद्धकालीन लड़ाई के बीच पहली कड़ी थी।

बोस ने सबसे पहले जर्मनी से विदेशी सहायता मांगी और जर्मनों द्वारा पकड़े गए भारतीय युद्धबंदियों के साथ एक भारतीय मुक्ति सेना को संगठित करने का प्रयास करते हुए, मैं जापान लौट आया और 1940 में कुछ युवाओं को गुप्त सैन्य प्रशिक्षण के लिए वहां भेजने में मदद की, और अंततः उस वर्ष बर्मा स्वतंत्रता सेना पूरी तरह से संगठित थी और उसके पास सैन्य बल थे और उसने जापानी सेना के साथ बर्मा में मार्च किया। तो, सितारे या कुछ और लड़ाई के दौरान हमारी अंतिम मुलाकात और सहयोग के लिए रास्ता तैयार करते हैं।

नेताजी की मूल कहानी को जारी रखने के लिए, एशिया में युद्ध में हमारे साथ शामिल होने वाली भारतीय सेना के नेता के रूप में सिंगापुर में उनकी नाटकीय उपस्थिति से पहले भी, उनका नाम इस क्षेत्र में व्यापक रूप से प्रचलित था, क्योंकि जब लोग भारत के बारे में सोचते थे तो वे उनके बारे में अधिक सोचते थे। किसी भी अन्य की तुलना में, और उनके विचारों को समाप्त करने के बाद, उनकी प्रसिद्धि लगभग प्रसिद्ध हो गई क्योंकि वह युद्ध में प्रवेश करने के लिए तैयार होने से पहले उनके सामने खड़े थे। इसने यह साबित करके हम सभी को एक नई आशा दी कि एशिया में अन्य लोग साम्राज्यवादी दुश्मनों के खिलाफ हमारे साथ लड़ने के लिए आगे आए, यह हमारे लिए एक संकेत था कि एशियाई पुनरुत्थान और क्रांति सच्ची और व्यापक थी। सुभाष चंद्र बोस और तीस करोड़ भारतीयों को वे हमारे लिए युद्ध में लाए, और पूरे पूर्वी एशिया में उनका प्रभाव महान था।

जैसे-जैसे मैं कहानी को चरण दर चरण खोलूंगा, मैं नेताजी बोस के साथ अपनी पहली मुलाकात का वर्णन करूंगा। यह जुलाई 1943 में सिंगापुर में हुआ था, या शोनान जैसा कि इसका नाम है, बोस को टोक्यो से शहर लाया गया था, जहां प्रीमियर तोजो पहुंचे थे। मैं बर्मा की आसन्न स्वतंत्रता की घोषणा द्वारा उठाए

गए विशिष्ट प्रश्नों को संबोधित करने के लिए सिंगापुर भी गया था।

तोजो के बारे में यहां कुछ अवश्य कहा जाना चाहिए। युद्ध के पहले वर्षों के दौरान उसने जापान पर पूरी तरह से प्रभुत्व जमा लिया। वह अपने हर काम में साहसी, गतिशील और स्पष्ट दृष्टि वाले थे और कभी भी आधे-अधूरे कदमों में विश्वास नहीं करते थे। यह दृढ़ इच्छाशक्ति ही थी जिसके कारण शुरुआती वर्षों में उनकी जीत हुई और बाद में जब जापान युद्ध हारने लगा तो उनका पतन हो गया। वह बहुत दूरदर्शी भी थे। जब जापान ने दक्षिण पूर्व एशियाई देशों को स्वतंत्रता देने का निर्णय लिया, तो यह सकारात्मक रूप से राजनीतिक था; जापान ने विजय प्राप्त की और कब्ज़ा कर लिया; उन्होंने देखा कि उन देशों के पूरे समर्थन के बिना जापान कभी भी युद्ध नहीं जीत सकता। मेरा मानना है कि यह वास्तव में तोजो के निर्णय के कारण था कि यह एक महत्वपूर्ण क्षण में आया। युद्ध का संचालन करने वाली सेनाओं में से केवल उन्हें ही एशियाई मुक्ति और नियति की अस्पष्ट बातों से अधिक, विजयी राष्ट्रों की रक्षा के लिए अपना कुछ देने की आवश्यकता का एहसास हुआ, और जहां तक वे स्वयं चिंतित थे, इसका कोई मतलब नहीं हो सकता था। और बिना किसी गंतव्य के, उन्होंने यह भी देखा कि विजय के बाद भी वास्तव में स्वतंत्र राज्यों से बना ग्रेटर ईस्ट एशिया का केवल इतना दूरदर्शी विचार ही कायम रह सकता उस समय सत्ता में रहने वाले कई जापानियों के पास, विशेषकर सशस्त्र बलों में, दूर तक देखने के लिए पर्याप्त दृष्टि नहीं थी, और परिणामस्वरूप हम उन लोगों से निपटने में अविश्वसनीय परेशानी में थे जो हमारे देश में आए थे। इन स्थानीय सेनाओं ने नव स्वतंत्र राज्य को वास्तव में स्वतंत्र मानने से यथासंभव इनकार कर दिया और इस प्रकार उन्हें ऐसे समय में दुश्मनों में बदल दिया जब उन्हें मित्र के रूप में गंभीर रूप से आवश्यकता थी। आख़िरकार तोजो ने अपनी स्थिति खोना शुरू कर दिया, पुराने सैन्यवादियों ने कब्ज़ा कर लिया, नए राज्य धीरे-धीरे अलग हो गए और इस तरह युद्ध-विरोधी प्रतिरोध का रास्ता तैयार हो गया।

तोजो बोस ने मुझे काफी प्रभावित किया और वास्तव में उन्होंने अन्य दक्षिण पूर्व एशियाई नेताओं के साथ भी ऐसा ही किया। हमने पाया कि वह वास्तव में हमारी समस्याओं को समझते थे और अक्सर सेना की ओर से इनकार करने का अभिनय करके इसे दिखाते थे। संयोग से, वह स्वयं एक सैन्य व्यक्ति थे, क्योंकि जापान की अधिकांश सैन्य सफलताएँ उसी समय थीं। लेकिन आवश्यकतानुसार तोजो बहुत अलोकप्रिय हो सकता था, जैसा कि उसके खिलाफ सेना के अंतिम विद्रोह से साबित हुआ। जब बोस और मैंने नवंबर 1944 में टोक्यो की अपनी आखिरी आधिकारिक यात्रा की, तो हमने उनसे मुलाकात की, हालांकि वह तब आसमान के नीचे रह रहे थे। यह कृतज्ञता और स्मरण का कार्य है कि हम महसूस करते हैं कि हम उनके आभारी हैं। तोजो ने इसकी बहुत गहराई से सराहना की और पूरे जापान ने इस पर ध्यान दिया। नेताजी के पास लौटते हुए, मैंने उन्हें पहली बार सिंगापुर हवाई अड्डे पर देखा, जहाँ हम तोजो के आगमन की प्रतीक्षा कर रहे थे। वह एक अच्छा, आकर्षक

शरीर वाला, लंबा, सीधा, सुंदर और सबके साथ सहज रहने वाला था। तोजो के आने के बाद ही जापानी अधिकारी हमें साथ लाए और हम दोनों का गर्मजोशी से स्वागत करके चले गए। उनमें से एक ने नाटकीय ढंग से टिप्पणी की, "यह एक ऐतिहासिक बैठक है।" वह शायद सही थे, लेकिन मुझे ऐसा बिल्कुल भी नहीं लगा। अमूर्तता मेरे दिमाग में कभी नहीं आई। मैंने बोस को बस एक बहुत ही भौतिक उपस्थिति के रूप में देखा, जिसका सुसंगत और सरल प्रभाव और व्यक्तित्व सैन्य वैभव और शक्ति के भव्य, चमकदार तमाशे में भी उभर कर सामने आया। तब मेरी सोच आश्चर्यचकित होने लगी, जिससे कि अतीत और वर्तमान का अटूट संबंध हो गया, और मैंने बोस को लंबी और जोशीली भारतीय क्रांति के प्रतीक के रूप में देखना शुरू कर दिया, जिसने अंततः व्यापक एशियाई क्रांति में अपना रास्ता बना लिया, जिसने पूरे एशिया को बदल दिया। मैं उसी मूड में था। इससे भी बढ़कर, मुझे ऐसा लग रहा था कि मैं भारत में एक क्रांति का गवाह बन रहा हूं, क्योंकि हमारे साथ बोस की मौजूदगी इस बात का संकेत थी कि लंबे समय से चले आ रहे देश अपने निष्क्रिय दर्शन से अंत तक सत्ता को पूरा करने के अधिक यथार्थवादी दर्शन की ओर मुड़ रहा था। ऐसे समय में जब दुनिया की आधी शक्तियां दूसरी आधी ताकतों से लड़ रही थीं। मेरे लिए जो हमेशा मानता था कि भारत और बर्मा में मुक्ति संघर्ष एकल और अविभाज्य था, यह एक क्षणभंगुर क्षण था जिसने मेरी सभी आशाओं और सपनों को पुनर्जीवित कर दिया।

यह पहली मुलाकात एक संक्षिप्त और औपचारिक थी और हम दोनों ही बेहतर जानते थे कि हमें करीब से देख रहे अजीब सैन्य पुरुषों की पूरी भीड़ के सामने कुछ और करना है। तुरंत यह व्यवस्था की गई कि बोस शीघ्र ही मुझसे संपर्क करें। तोजो की हममें निरंतर रुचि जल्द से जल्द ऐसी अंतरंग मुलाकात का मार्ग प्रशस्त करती है।

अगले कुछ दिनों में नेताजी अपने आंदोलन और ऊर्जा को एक साथ लाने में बहुत व्यस्त रहे, इससे पहले उन्होंने अपने देशवासियों की एक सार्वजनिक बैठक की, जिसके बाद उन्हें पूर्वी एशिया में भारतीय स्वतंत्रता लीग का नेतृत्व दिया गया और उन्होंने स्वीकार कर लिया और प्रीमियर तोजो के साथ भारतीय राष्ट्रीय सेना की समीक्षा की। जिसे उन्होंने लगभग रातोंरात बनाया, एक बार फिर एक विशाल भारतीय सार्वजनिक बैठक आयोजित की और संबोधित किया, जिसे उन्होंने समझदारी से "चलो दिल्ली" के ऐतिहासिक नारे के साथ आयोजित किया और फिर कुल मिलाकर युद्ध शुरू करने के अपने आदेश के साथ युद्ध शुरू किया, जिसे उन्होंने शानदार ढंग से किया।

तोजो के जाने के तुरंत बाद, मैं और नेताजी खुल कर बात करने लगे। हमने कई बड़ी चीजों के बारे में बात की, लेकिन ज्यादातर युद्ध और हमने अपने लोगों के लिए जितना संभव हो सके उतना कैसे हासिल किया। मैं उन अधिकांश बातों को भूल गया हूँ जो हमने एक दूसरे से कही थी। लेकिन एक बात जो हमेशा मेरी स्मृति में रहेगी वह है मुझ पर नेताजी का प्रभाव। स्पष्ट रूप से, यह बहुत बड़ा था। नेताजी ने हाल ही में जर्मन और रूसी नेताओं से मुलाकात की थी और पश्चिम में युद्ध के संपूर्ण

चरित्र को भी देखा था और इससे पूरे विश्व संघर्ष के बारे में उनका दृष्टिकोण काफी यथार्थवादी हो गया था। मैंने यह यथार्थवाद जापानियों के साथ-साथ अपने संघर्ष से भी सीखा। इसका परिणाम हमारे बीच मन का सच्चा मिलन था। लेकिन जहां मैं स्वभाव से संवेदनशील था और अक्सर अपने दृष्टिकोण में कुछ हद तक व्यक्तिपरक हो जाता था, वहीं नेताजी ने अपने व्यक्तिपरक और वस्तुनिष्ठ रवैये के बीच एक शांत, नैदानिक उद्देश्य या बल्कि एक नाजुक संतुलन दिखाया। ऐसा नहीं है कि उसके पास भावनात्मक क्षण नहीं थे; वे उनके कई भाषणों या लिखित भाषणों में प्रचुर मात्रा में थे; लेकिन जब वह काम पर होता था तो वह उन सभी को बंद रखता था। तब वह, उस वाक्यांश के अनुसार था जो एक बार लेनिन का वर्णन करने के लिए इस्तेमाल किया गया था, "एक कुल्हाड़ी जो सोचती है" जैसा कि मैंने देखा, वह उनकी ताकत का मुख्य स्रोत था। शांति से और बिना किसी स्वार्थ या आत्म-धोखे के उन्होंने हर स्थिति का सामना किया, चाहे वह अच्छी हो या बुरी या दोनों का स्वाभाविक मिश्रण हो: उन्होंने उन सभी को एक संपूर्ण चित्र में लाया और फिर वह अपने निष्कर्ष पर पहुंचे। कार्ययोजनाओं पर तेजी से काम किया जा रहा है। इसके पीछे आस्था और नियति की एक व्यापक भावना थी, व्यक्तिगत और राष्ट्रीय दोनों, लगभग रहस्यमय या भाग्यवादी, जैसा कि कुछ लोग इसे कहते थे।

जब बोस वास्तव में अपने विषय पर आए, तो उन्होंने आपको यह एहसास दिलाया कि आप किसी व्यक्ति की नहीं, बल्कि किसी बड़ी और अवैयक्तिक शक्ति की बात सुन रहे हैं, जो अचानक लंबे समय से पीड़ित, मौलिक शक्ति को तोड़ रही है। मैंने उन सभी समान शक्तियों के बारे में सोचा जो विभिन्न देशों के इतिहास में समय-समय पर प्रकट हुईं और उन्हें महान बनाया। नेताजी ने ऊर्जा, गतिशीलता, समर्पण और उद्देश्य की भावना के आवश्यक गुणों का प्रदर्शन किया। यह विचार मेरी पहली मुलाकात में भी मेरे मन में आया था और जब भी मैं उन वर्षों को याद करता हूं तो यह विचार वापस आ जाता है।

युद्ध में प्रवेश करने से पहले हम उन सभी बुनियादी सवालों पर सहमत थे जिनके बारे में हम सोच सकते थे कि युद्ध ने उठाए थे, कि युद्ध हर मायने में हमारा था, कि ब्रिटिश उपनिवेशवाद हमारा दुश्मन था जिसके साथ हम कभी समझौता नहीं कर सकते थे, कि युद्ध दुश्मन था किसी के शत्रु और उसके मित्र और सहयोगी के बारे में, कि जिस सड़क पर हम थे, उस पर वापस जाना संभव नहीं था। यह हमारे साहचर्य की शुरुआत थी, और इसके बारे में और कुछ कहने की आवश्यकता के बिना, हमने अंत में जो कहा था उसका पालन किया। जैसा कि आप दोनों जानते हैं कि ऐसा करना हम दोनों को महंगा पड़ा, लेकिन हमने ऐसा करने का वादा किया और हमने अपना वादा ईमानदारी से निभाया। हम और अधिक नहीं कर सके। अगली बार हम अगस्त 1943 में मिले, जब बर्मा ने अपनी स्वतंत्रता की घोषणा की। मैंने व्यक्तिगत रूप से नेताजी को रंगून समारोह में आने के लिए आमंत्रित किया और वह आये और समारोह के गवाह बने। उन्होंने हमें ब्रिटेन और अमेरिका पर युद्ध की घोषणा करते हुए भी सुना। मैंने सपने में फिर से उसकी आँखों में

वही देखा जो मैंने पहले देखा था लेकिन अब वह थोड़ी उदास और भूखी थी और उसकी मुस्कान भी। चुपचाप, हमने कारण का अनुमान लगाया। बर्मा को युद्ध के माध्यम से अपनी स्वतंत्रता हासिल करने वाले पहले उपनिवेश के रूप में देखते हुए, उन्होंने भारत और उसकी सेना के आगे एक लंबी और निराशाजनक यात्रा की कल्पना की होगी, इससे पहले कि भारत भी स्वतंत्र हो जाए।

सिंगापुर लौटने पर नेताजी ने तुरंत कार्रवाई की। अक्टूबर 1943 में उन्होंने आज़ाद हिन्द के स्वतंत्र एवं संप्रभु राज्य की सरकार की स्थापना की घोषणा की; उसी दिन नए राज्य ने ब्रिटेन और अमेरिका के खिलाफ युद्ध की घोषणा की और अगले महीने नेताजी टोक्यो में ग्रेटर ईस्ट एशिया सम्मेलन में हमारे साथ शामिल हुए, जहां उन्होंने चीन, मांचुकुओ, थाईलैंड, फिलीपींस और बर्मा के राष्ट्राध्यक्षों से मुलाकात की। उन्होंने सभी का गर्मजोशी से स्वागत किया। इस बार वह वर्दी में एक बहादुर, उग्रवादी व्यक्ति थे और अपने साथ हर जगह अपने महान और दयनीय देश की आभा और स्वतंत्र और महान होने के लिए लंबा संघर्ष लेकर आए थे। वह केवल एक पर्यवेक्षक के रूप में हमारे साथ बैठे थे, क्योंकि स्वतंत्र भारत अभी भी क्षेत्र के बिना एक राज्य था, लेकिन त्जो ने जल्द ही अंडमान और निकोबार द्वीप समूह को नए राज्य को सौंपकर इसे ठीक कर दिया। तोजो ने एक और काम किया। उन्होंने मुझसे सम्मेलन के अंतिम सत्र में मुख्य भाषण देने के लिए कहा, जो नेताजी और भारतीय मुद्दे के बारे में था, जो एक बड़ी अंतरराष्ट्रीय सभा की उपस्थिति में आयोजित किया गया था। उन्होंने कहा कि वास्तव में उनके पास पूरी दुनिया को सुनने के लिए एक अच्छा युद्ध भाषण था और मैंने अपना सर्वश्रेष्ठ प्रयास किया। मैंने वास्तव में इसे करने की बहुत कोशिश की। मेरा मुख्य विषय यह था कि एशिया या उसका कोई भी भाग तब तक वास्तव में स्वतंत्र नहीं हो सकता जब तक कि भारत स्वतंत्र न हो। यह मेरी अपेक्षा से बहुत कम गिर गया, क्योंकि इसका असर उन जातीय समूहों पर पड़ा जो पहले से ही सम्मेलन से उत्तेजित थे, जो पूर्ण एशियाई दर्जा लेने के लिए एशियाई देशों की पहली सभा थी। नेताजी ने मेरे भाषण पर जो प्रतिक्रिया दी, वह सबसे मार्मिक थी जो मैंने अब तक सुनी है। जैसे ही वह गया, उसकी आवाज़ टूट गई और उसकी आँखें धुँधली हो गईं। यह उन लोगों के लिए वास्तव में एक मादक, मंत्रमुग्ध कर देने वाला क्षण था जिन्होंने उन्हें बोलते हुए सुना था।

1943 के अंत में, नेताजी ने मुझसे अपना मुख्यालय बर्मा में स्थानांतरित करने की अनुमति मांगी। मुझे उन्हें यह बताने की ज़रूरत नहीं थी कि अपने सैन्य अभियानों की सफल शुरुआत के लिए उन्हें जितना संभव हो सके भारत में रंगून बेस से काम करना होगा। मैं उनका खुले दिल से स्वागत करता हूं; और इसलिए जनवरी, 1944 में, नेताजी और उनकी सरकार और सेना बर्मा पहुंचे और 1944 में जापानियों की अंतिम हार तक वहीं रहे। वे परम बर्मी हैं आतिथ्य और सहयोग मिला। साथ ही दोनों के बीच संबंध घनिष्ठ हो गए और नस्लीय तनाव जो कभी अंग्रेजों के अधीन था, गायब हो गया।

नेताजी और मैं अक्सर मिलते थे, हमारी सामान्य समस्याओं पर चर्चा करते थे और एक-दूसरे की मदद करने की पूरी कोशिश करते थे।

मैंने कहा है कि बोस के पास बहुत ताकत थी। वह बर्मा में एक सकारात्मक बवंडर बन गये। अपने आगमन के कुछ महीनों के भीतर उसने अपनी सेना को अराकान में कार्रवाई के लिए भेजा और फिर आगे उत्तर और अंततः उत्तर-पश्चिम में भारतीय सीमा पर भेजा। भारतीय स्वतंत्रता सेना ने अपनी अधिकांश लड़ाइयाँ उसी उत्तर-पश्चिमी क्षेत्र में लड़ीं। जैसा कि मैंने आपको पहले बताया था, वह अभी-अभी भारत में घुसा था, कोहिमा और आसपास की पहाड़ियों पर कब्जा कर लिया था और 18 अप्रैल, 1944 को इम्फाल पर हमला करने और प्रवेश करने के लिए तैयार था जब जापानियों ने उसे रोक दिया। जापानियों के अपने कार्यों के लिए चाहे जो भी सैन्य या राजनीतिक कारण हों, यह पूरे युद्ध के दौरान नेताजी और उनकी सेना के लिए सबसे घातक झटका साबित हुआ। तब से उस बहादुर और पीड़ित छोटी सेना के लिए एक के बाद एक विपत्तियाँ आती गईं। ब्रिटिशों के पास हवाई मार्ग से भारी सुरक्षा बल था, जबकि जापानियों और भारतीयों के पास कोई भी नहीं था और उनके सभी विमान नष्ट हो गए थे, इसलिए वे आँख मूँद कर लड़ रहे थे; और फिर बारिश हो रही थी। अव्यवस्था और भ्रम की स्थिति में छोटी सेना को पीछे हटने के लिए मजबूर होना पड़ा।

नेताजी ने बहादुरी से हार स्वीकार कर ली। मैं निश्चित रूप से यह नहीं कह सकता कि वह अपने भीतर कैसा महसूस करता था, लेकिन बाहरी तौर पर वह पहले जैसा ही आदमी था। उन्होंने तुरंत लोगों को पूरी सच्चाई बताई और कहा कि युद्ध में केवल आखिरी लड़ाई और जीत ही मायने रखती है, और अपने सैनिकों को पुनर्गठित करके अपने शब्दों पर काम करना शुरू कर दिया ताकि वे दूसरे दिन लड़ने के लिए तैयार हो सकें।

इम्फाल में हार और निराशा की असली कहानी मैं यहां नहीं बता सकता, लेकिन जब किसी दिन पूरी तरह बताई जाएगी तो पता चलेगा कि उस लंबे, निराशाजनक रूप से असमान संघर्ष के दौरान नेताजी बोस ने वास्तव में अपना सबसे अच्छा समय बिताया था। और पीड़ादायक था पीछे हटना और उसके बाद पुरानी सेना के खाली हाथों से एक नई सेना का खड़ा होना।

और इस प्रकार हम उस अंतिम त्रासदी पर आते हैं जो अप्रैल 1945 में शुरू हुई थी। हमारे चारों ओर सब कुछ बदल रहा था और बर्मा में ब्रिटिश सेनाएं ध्वस्त हो रही थीं। मुझे जापानी सेना के रंगून से मौलमीन तक सैकड़ों मील पीछे हटने से पहले नेताजी के साथ अपना आखिरी साक्षात्कार याद है। हमने पहले अंग्रेजों द्वारा बर्मा पर कब्ज़ा करने के बाद एक साथ युद्ध जारी रखने की योजना बनाई थी, लेकिन जब बर्मी सेना ने जापानियों का विरोध किया तो हमें इसे छोड़ना पड़ा। वह हम दोनों के लिए बहुत अंधकारमय समय था। नेताजी को बर्मा में ऑपरेशन के आधार से वंचित कर दिया गया था; वास्तव में वह इतना वंचित था कि उसे लगभग कहीं और शून्य से शुरुआत

करने के बारे में सोचना पड़ा।   अगर मुझे ठीक से याद है, तो उस आखिरी मुलाकात में हमने मुश्किल से ही बात की थी, क्योंकि हम पहले से ही एक-दूसरे के विचारों को जानते थे और आश्वस्त थे कि हार से उनमें बदलाव नहीं आएगा।

बहरहाल, कुछ कहने के लिए मैंने नेताजी से पूछा कि उनकी अगली योजना क्या है। "क्यों," उसने शांति से सिगरेट जलाई, "फिर से शुरू करूंगा और तैयार होने पर लड़ूंगा। हम और क्या कर सकते हैं? लड़ाई जारी रहनी चाहिए।" ये शब्द मेरे अपने विचारों को इतना प्रतिध्वनित करते थे कि मैं लगभग रो पड़ा। मेरे मामले में निस्संदेह अंग्रेजों के हाथ में बर्मा और बर्मी सेना थी और मेरे पास कुछ भी तैयार नहीं था। कम से कम कुछ समय के लिए तो मैं कुछ नहीं कर पाऊंगा। मैंने यह बात नेता जी को समझायी और वह पूरी तरह समझ गये। बाद में मैंने उन्हें अपने लोगों से यह कहते हुए सुना, "अब जब जर्मनी और इटली युद्ध से बाहर हो गए हैं, तो हमें जापानियों को तब तक युद्ध में बनाए रखना चाहिए जब तक वे युद्ध में हैं; और अगर उन्हें भी बाहर कर दिया जाए तो हमें लड़ना होगा।" मेरे मामले में, निःसंदेह, बर्मा और बर्मी सेना अंग्रेजों के हाथों में थी, और ये शब्द उस व्यक्ति के जीवन के सबसे बड़े संकट के समय की भावना और चरित्र का सार प्रस्तुत करते हैं।

इसलिए अंत में हमने अपने-अपने आदमियों के साथ रात में पैदल और टूटी-फूटी लॉरियों से पुल रहित नदियों के पार, बीच के जंगल, दुश्मन के विमानों की बमबारी और मशीन-गन से होते हुए और पूरे मार्ग को बेरहमी से तबाह करते हुए, मौलमिन तक लंबी वापसी करने की कोशिश की। यह सिर्फ नरक था. मौलमीन पहुँचने पर मैं पीछे रह गया, मैंने वृढ़ निश्चय किया कि जब तक जापानी वहाँ लड़ते रहेंगे तब तक मैं बर्मा नहीं छोड़ुँगा। हालाँकि, नेताजी बैंकॉक के लिए रवाना हो गए जहाँ से वह काम फिर से शुरू करने के लिए सिंगापुर लौट आए।

फिर मैंने सुना, 22 अगस्त 1945 को जब मेरा विमान टोक्यो के रास्ते में ताइवान में रुका। वहां मेरे साथ आए जापानी अधिकारी ने मेरे लिए यह दुखद समाचार सुनाया। दिन-रात जिस संकट से मैं लगातार गुज़र रहा था, उसके कारण इस अधिकारी ने जो कहा था, वह मेरे दिमाग में बिल्कुल नहीं आया। आश्चर्य की बात है कि मैंने यह तब सुना जब मैं एक नियमित रिपोर्टिंग कार्य कर रहा था जो मुझे तब करना था जब मैं उड़ रहा था या नीचे छू रहा था। एक रात के आराम के बाद, अगली सुबह जब मैं हवाई क्षेत्र पर पहुंचा तो मैंने उसी अधिकारी से त्रासदी का विवरण मांगा। उसने मुझे बताया उसके समाप्त होने के तुरंत बाद, मेरे विमान का पायलट मुझे समझाने आया कि उस दिन टोक्यो की हमारी यात्रा कितनी खतरनाक थी। *वह जानना चाहते थे, नेताजी के भाग्य के बारे में सुनने के बाद भी मैं जाना चाहता था। "बेशक," मैंने उसे डाँटा, "तुरंत जाने दो और अगर रास्ता ख़त्म हो जाए तो पूरा रास्ता ख़त्म करो।" अविश्वसनीय रूप से, हम टोक्यो पहुंचे। अगले दिन शहर के सभी अखबारों के पहले पन्ने पर नेताजी की मौत की खबर थी।*

नेताजी की मौत से जुड़ी फाइलें सार्वजनिक की गईं

(अमेज़ॉन ऑस्ट्रेलिया द्वारा सितंबर 2017, जुलाई 2018 और नवंबर 2019 में क्रमशः
ई-बुक, 'अपडेटेड' ई-बुक और पेपरबैक बुक में प्रकाशित अंग्रेजी पेज
प्रकाशित)

भारत सरकार और पश्चिम बंगाल सरकार द्वारा 2016 में नेताजी सुभाष चंद्र बोस से संबंधित फाइलों की घोषणा की गई।

जापान में अपने प्रवास और निवास की दूसरी अवधि (अप्रैल 1993 से मई 1999) के दौरान मैंने मासाइयोशी काकित्सुबो और उनके बेटे डॉ. हिरोईयोशी ईयाजिमा से सुना कि नेताजी सुभाष चंद्र बोस की मृत्यु 18 अगस्त 1945 को मित्सुबिशी KI97 बमवर्षक विमान दुर्घटना के बाद हुई थी। मासाइयोशी 1944 से 1945 तक द्वितीय विश्व युद्ध के दौरान नेताजी के निजी सचिव थे। मैं अपने प्रिय नेता 'नेताजी' को कई बार टोक्यो के रेंकोजी मंदिर में श्रद्धांजलि, सलाम और सम्मान देने में सक्षम हुआ हूं, जहां 18 सितंबर, 1945 से उनकी अस्थियां रखी हुई हैं।

इस घटना को अब 1956 और 1974 में भारत सरकार द्वारा आयोजित दो आयोग रिपोर्टों द्वारा सत्यापित किया गया है, जिन्हें 2016 में अवर्गीकृत फाइलों से पुन: पुष्टि की गई है।

भारत में क्रमशः नेहरू और इंदिरा द्वारा 1945 में नेताजी सुभाष चंद्र बोस के रहस्यमय ढंग से गायब होने के आसपास के तथ्यों और परिस्थितियों की जांच करने के लिए शाह नवाज खान (आईएनए के पूर्व सदस्य) समिति (1956) और न्यायमूर्ति जी.डी. खोसला आयोग (1974) को सरकार द्वारा नियुक्त किया गया। घोषित रिपोर्ट में 1993 से मेरी सर्वोत्तम जानकारी के अनुसार निम्नलिखित मायने रखता है।

दो समितियों में गवाह

केइकिची अराई-एयर फोर्स में कैप्टन थे, फुत्सुकासा यूनिट नंबर 2793 के थे और नेताजी के साथ एक ही विमान में थे (पृ.134 और 148)।

तेरू हचिया-हवाई दुर्घटना का भी सदस्य था और 16 अगस्त 1945 को नेताजी के साथ साइगॉन गया था (पृष्ठ 129, 135, 148 और 166)।

सबुरो इसोदा - 7.1.1944 से चीन में लेफ्टिनेंट जनरल और हिकारी-किकन के प्रमुख थे। उन्होंने 17 अगस्त 1945 की शाम को नेताजी के साइगॉन प्रस्थान को देखा (पृष्ठ 148 और पृष्ठ 165)।

डॉ टी त्सुरुता-ताइहोकू नानमोन सैन्य अस्पताल में एक चिकित्सा अधिकारी के रूप में कार्यरत थे। 18 अगस्त 1945 को नेताजी की मृत्यु के समय वे उपस्थित थे (पृ. 134, 154 और 165)।

Declassified Files Relating to Death of Netaji
Declassified Files by the Government of India and by the Government of West Bengal, India in 2016

On my 2nd period of stay and living in Japan (April 1993 to May 1995), I had listened from Masayoshi Kakitsubo and Dr. Hiroshi Yajima, son of Masayoshi Kakitsubo, personal secretary of Netaji that Netaji Subhas Chandra Bose was killed by the Mitsubishi Ki 97 bomber plane crash accident on 18 August 1945. I also paid my respect, salute and homage many times to our beloved leader 'Netaji' at the Renkoji Temple, Tokyo, where his ashes are kept since 18 September 1945.

The incident is now verified by the two Commission Reports organized by the Government of India in 1956 and 1974 that were declassified in 2016 as follows:

Shah Nawaz Khan (ex-member of INA) Committee (1956) and Mr. Justice G. D. Khosla Commission (1974) were appointed by the Government of India, by Nehru and Indira, respectively, to enquire about the facts and circumstances relating to the disappearance of Netaji Subhas Chandra Bose in 1945. In the declassified reports the following points are matching with my knowledge since 1993.

WITNESSES IN THE TWO COMMISSIONS

Kaikichi Arai - was a captain in the air force belongs to Fitsukusa unit No. 2793, and accompanied with Netaji in the same plane. p.134 and 148.

Tomio Machiya - was a member of the plane crash accident and went with Netaji up to Saigon on 16 Aug 1945. p.129, 135, 148 and 165.

कियोशी मोचिजुकी- उन्हें 18 सितंबर 1945 को नेताजी की अस्थियाँ प्राप्त हुईं (पृष्ठ 129, 157 और 166)।

तारो कोनो- जापानी सेना में एक प्रमुख और नियमित अधिकारी थे। दुर्घटना के समय वह नेताजी के साथ एक ही विमान में थे (पृष्ठ 150 और 161)।

इदाहो ताकाहाशी- एक प्रमुख एवं नियमित सेना अधिकारी थे। दुर्घटना के समय वह नेताजी के साथ एक ही विमान में थे (पृष्ठ 150 और 161)।

तात्सुओ हयाशिदा-ताइहोकू के मुख्यालय में फॉर्मोसा सेना में द्वितीय लेफ्टिनेंट थे। वह 5 सितंबर 1954 को नेताजी के दो बक्सों को टोक्यो ले गए (पृष्ठ 127, 150 और 161)।

शिरो नोनोगाकी लेफ्टिनेंट कर्नल थे और उनकी नेताजी से पहली मुलाकात 17 अगस्त 1945 को साइगॉन हवाई अड्डे पर हुई थी। दुर्घटना के समय वह ताइहोकू जाने वाले उसी विमान में नेताजी के साथ थे (पृ.154); लेफ्टिनेंट कर्नल और 7वें एयर डिवीजन के स्टाफ अधिकारी और दुर्घटनाग्रस्त टाइप 97 भारी बमवर्षक के फ्लाइट कैप्टन थे (पृ.134)।

सुगुइया मियाता - एक कर्नल थे, जिन्हें फॉर्मोसा (अब ताइहोकू) में सेना मुख्यालय से जुड़े वायु कर्मचारी अधिकारी के रूप में नियुक्त किया गया था। 19-20 अगस्त, 1945 को उन्होंने अस्पताल का दौरा किया।

डॉ. गोराचाँद घोष

18 अगस्त 1945 को नेताजी की मृत्यु के बारे में तथ्य, मोहन सिंह (1909-1989) द्वारा

(अमेज़न ऑस्ट्रेलिया द्वारा जुलाई 2018 और नवंबर 2019 में क्रमशः 'अपडेटेड' ई-बुक और पेपरबैक बुक में प्रकाशित अंग्रेजी पेज)

कॉपीराइट © डॉ. गोराचंद घोष 2018

(23 सितंबर 2018 को फेसबुक पर सार्वजनिक पोस्टिंग)

मोहन सिंह एक ब्रिटिश भारतीय सैन्य अधिकारी, आईएनए के संस्थापक थे और द्वितीय विश्व युद्ध के दौरान आईएनए में शामिल हुए थे। नेहरू ने उन्हें लाल किले के मुकदमे में युद्ध अपराधियों से बचाया। वह एम.पी. थे और उन्होंने "आजाद हिंद फौज" के सदस्यों को भारत के स्वतंत्रता सेनानियों के रूप में मान्यता देने का प्रयास किया। लेकिन गांधी और नेहरू ने उस दिशा में उनके आंदोलन को रोक दिया। उन्होंने 1973 में नेताजी की मौत पर विमान दुर्घटना का सच बताया।

सत्य को दबाना एक आपराधिक अपराध है। 18 अगस्त 1945 को नेताजी की मृत्यु के तथ्य जैसे मुख्य दोषी चंद्र के बोस के मोहन सिंह, कांग्रेस के प्रबल समर्थक पत्रकार अनुज धर और बोस-ब्रदर्स के प्रतिनिधि, नेताजी की सबसे बड़ी पवित्र आत्मा को अपमानजनक बाबा के रूप में बदनाम करने में क्यों लगे हुए हैं? बिना किसी वैज्ञानिक प्रमाण के उसे मार डाला? मात्र झूठी गवाही, साहित्यिक चोरी और कॉपीराइट उल्लंघन के आधार पर मुख्य अपराधी अनुज दहर द्वारा नेताजी के खिलाफ लिखी, प्रकाशित, बेची गई चार षड्यंत्रकारी पुस्तकें; लोगों का पैसा लूटने और पूरे भारत में नेताजी के खिलाफ कुछ अपमानजनक भाषण भेजने में व्यस्त।

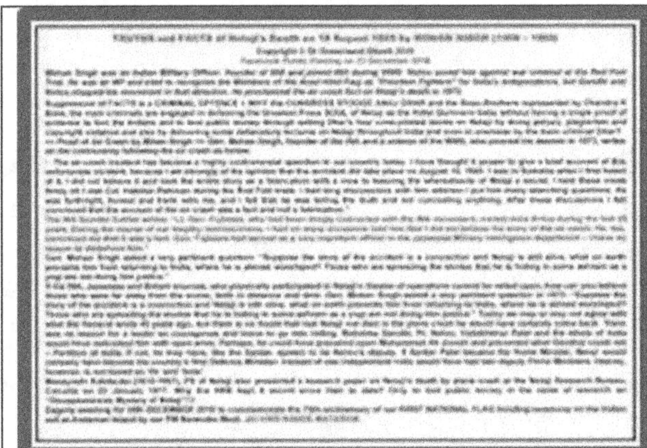

मोहन सिंह के विमान दुर्घटना के साक्ष्य. आईएनए के संस्थापक और द्वितीय विश्व युद्ध के अनुभवी जनरल मोहन सिंह ने 1973 में अपने संस्मरणों में विमान दुर्घटना से जुड़े विवाद को इस प्रकार लिखा है:-

"विमान दुर्घटना की घटना आज हमारे देश में एक बहुत ही विवादास्पद प्रश्न बन गई है। मैंने इस दुर्भाग्यपूर्ण घटना का संक्षिप्त विवरण देना उचित समझा, क्योंकि 18 अगस्त 1945 को हुई दुर्घटना के बारे में मेरी दृढ़ राय है। मैं उस समय सुमात्रा में था मैंने पहली बार इसके बारे में सुना।

137

लाल किल्ला मुकदमे के दौरान कर्नल हबीबुर रहमान से मिलने तक मैं इन विचारों पर दृढ़ता से कायम रहा। मेरी उनसे लंबी चर्चा हुई और इस दौरान मैंने उनसे कई सवाल पूछे। वह मेरे साथ सीधा, ईमानदार और स्पष्ट था और मुझे लगा कि वह मुझसे सच कह रहा था और कुछ भी नहीं छिपा रहा था। इस चर्चा के बाद मुझे विश्वास हो गया है कि विमान दुर्घटना की घटना मनगढ़ंत नहीं है।"

आईएनए संस्थापक ने यह भी लिखा, "लेफ्टिनेंट जनरल फुजिवारा, जो आईएनए आंदोलन से गहराई से जुड़े हुए थे, ने पिछले 25 वर्षों में तीन बार भारत का दौरा किया। हमारी लंबी यादों के दौरान, मैंने अक्सर उन्हें विमान दुर्घटना की कहानी सुनाई। मैं नहीं जानता।" मैं इस पर विश्वास नहीं करता। उन्होंने मुझे यह भी आश्वासन दिया कि यह सच है। जनरल फुजिवारा ने जापानी सैन्य खुफिया में एक बहुत ही महत्वपूर्ण अधिकारी के रूप में कार्य किया है - मेरे पास उन्हें नकारने का कोई कारण नहीं है।" जनरल मोहन सिंह ने उनसे एक बहुत ही प्रासंगिक सवाल पूछा: "मान लीजिए कि दुर्घटना की कहानी एक धोखा है और नेताजी अभी भी जीवित हैं और आखिर कौन सी चीज़ उन्हें भारत लौटने से रोकती है, जहां उनकी लगभग पूजा की जाती है? क्या कोई ऐसी कहानी है जिसमें वह छुपे हुए हैं?" एक योगी के रूप में आश्रम कहानियाँ फैला रहा है।" वे उसे जज नहीं कर रहे हैं।"

यदि आईएनए, जापानी और ब्रिटिश स्रोतों, जिन्होंने नेताजी के ऑपरेशन थिएटर में शारीरिक रूप से भाग लिया था, पर भरोसा नहीं किया जा सकता है, तो हम उन लोगों पर कैसे भरोसा कर सकते हैं जो दूरी और समय दोनों में बहुत दूर थे। उन्होंने कहा, "जनरल ने 45 साल पहले जो लिखा था, हम आज उससे सहमत हो भी सकते हैं और नहीं भी, लेकिन इसमें कोई संदेह नहीं है कि अगर विमान दुर्घटना में उनकी मृत्यु नहीं हुई होती तो नेताजी वापस लौट आए होते।'' किसी भी नेता के इतने निर्भीक और वीभत्स होने का कोई कारण नहीं था। महात्मा गांधी, पंडित नेहरू, वल्लभभाई पटेल और पूरे भारत ने उनका खुले दिल से स्वागत किया। शायद, वह मुहम्मद अली जिन्ना पर जीत हासिल कर सकते थे और वह रोक सकते थे जो गांधीजी नहीं कर सके - भारत का विभाजन। यदि नहीं, तो वह सरदार की तरह नेहरू के सहायक बनने के लिए सहमत हो सकते हैं। यदि सरदार पटेल गृह मंत्री बनते तो निश्चय ही नेताजी देश के पहले रक्षा मंत्री बनते। भारत में एक की जगह दो उपप्रधानमंत्री होंगे। हालाँकि, इतिहास 'अगर' और 'लेकिन' पर आधारित नहीं है।"

हमारे प्रधान मंत्री नरेंद्र मोदी द्वारा अंडमान द्वीप पर भारतीय धरती पर भारत के पहले राष्ट्रीय ध्वज फहराने के समारोह की 75वीं वर्षगांठ मनाने के लिए 30 दिसंबर 2018 का इंतजार कर रहा हूं। जय हिंद !! वंदे मातरम!!!

डॉ. गोराचाँद घोष

नेताजी सुभाष चंद्र बोस, 81वीं जयंती, आधिकारिक स्मारिका

अंग्रेजी पेज को अमेज़ॉन ऑस्ट्रेलिया द्वारा क्रमशः जुलाई 2018 और नवंबर 2019 में 'अपडेटेड' ई-बुक और पेपरबैक बुक के रूप में प्रकाशित किया गया था।

साथ ही, इस पेज को 29 अप्रैल 2020 को फेसबुक पर और 5 मई 2020 को ट्विटर पर एक सार्वजनिक पोस्टिंग के रूप में पोस्ट किया गया था।

(डॉ. घोष मासाइयोशी के पुत्र डॉ. इयाजीमा से संग्रहित, टोक्यो, 1999)

नेताजी का भाषण 1977; जैसा कि मैं नेताजी को जानता हूं; जापान, भारत में मासाइयोशी काकित्सुबो 1936-37

1936 से 1937 तक मेरे भारत प्रवास के दौरान मुझे कलकत्ता में महावाणिज्य दूतावास कार्यालय में उप-वाणिज्यदूत के रूप में नेताजी से मिलने का कोई अवसर नहीं मिला। मेरे भारत आगमन के तुरंत बाद वह यूरोप से भारत लौट आए लेकिन बंबई पहुंचते ही उन्हें गिरफ्तार कर लिया गया और लंबी अवधि के लिए जेल में डाल दिया गया। बेशक, मुझे पहले से ही पता था कि उन्होंने 1920 में भारतीय सिविल सेवा के लिए कठिन परीक्षा उत्तीर्ण की थी। सिविल सेवा ने उन्हें विलासिता और सम्मान का जीवन देने का वादा किया था, लेकिन उन्होंने एक स्वतंत्रता सेनानी का कांटेदार रास्ता चुना। उन दिनों मेरा मुख्य काम भारत-जापान व्यापार समझौते के नवीनीकरण के लिए बातचीत में भाग लेना था, जापान के भारत में रहने के दौरान मुझे कलकत्ता में महावाणिज्य दूतावास में मेरे उप-वाणिज्यदूत के रूप में नेताजी से मिलने का कोई अवसर नहीं मिला। 1936 से 1937 तक मेरे भारत आगमन के तुरंत बाद वह यूरोप से भारत लौट आए लेकिन बंबई पहुंचते ही उन्हें गिरफ्तार कर लिया गया और लंबी अवधि के लिए जेल में डाल दिया गया। बेशक, मुझे पहले से ही पता था कि उन्होंने 1920 में भारतीय सिविल सेवा के लिए कठिन परीक्षा उत्तीर्ण की थी।

सिविल सेवा ने उन्हें विलासिता और सम्मान का जीवन देने का वादा किया था, लेकिन उन्होंने एक स्वतंत्रता सेनानी का कांटेदार रास्ता अपनाया।

उन दिनों मेरा मुख्य कार्य भारत-जापान व्यापार समझौते के नवीनीकरण के लिए वार्ता में भाग लेना था, जो जापान से कपास स्टेपल के निर्यात को भारत से कच्चे कपास के आयात से जोड़ता था। कपास स्टेपल का निर्यात भारत से कच्चे कपास के आयात से जुड़ा था।

भारतीय पक्ष का प्रतिनिधित्व वाणिज्य सचिव टी. ए. स्टीवर्ट ने किया, बाद में ह्यूग डॉव ने उनका स्थान लिया, जिन्होंने ग्रे बीन उत्पादों पर जापान की तुलना में बड़ा कोटा लगाने की कोशिश की, जो भारत में बड़ी मात्रा में उत्पादित किए जा रहे थे और लंकाशायर उत्पादों के साथ प्रतिस्पर्धा करने वाली परिष्कृत वस्तुओं जैसे ब्लीच या मुद्रित टुकड़े के सामान के लिए कोटा कम करने के लिए।

(अपने भाषणों और लेखों में उन्होंने 18 अगस्त 1945 को नेताजी की मृत्यु का दावा किया था, लेकिन नेताजी रिसर्च ब्यूरो ने भारतीयों को मूर्ख बनाने और उनके लापता होने के रहस्य से पर्दा उठाने के लिए उनकी मृत्यु को गुप्त रखा)

राष्ट्र की ओर से नेताजी को श्रद्धांजलि, द स्टेट्समैन 24.1.1977

स्टाफ रिपोर्टर द्वारा

(अमेज़न ऑस्ट्रेलिया द्वारा जुलाई 2018 और नवंबर 2019 में क्रमशः 'अपडेटेड' ई-बुक और पेपरबैक बुक अंग्रेजी में प्रकाशित)

रविवार को कोलकाता और उपनगरों में नेताजी सुभाष चंद्र बोस की 80वीं जयंती मनाई गई। सभी क्षेत्रों में समारोह आयोजित किए गए और सुबह में नेताजी के चित्रों के साथ कई जुलूस निकाले गए। श्यामबाजार में, पांच सड़कों के पार और राजभवन के सामने प्रांगण में नेताजी की प्रतिमा के चरणों में पुष्पांजलि अर्पित की गई।

जापानी राजनयिक सेवा के पूर्व सदस्य श्री एम. काकित्सुबो ने नेताजी भवन में नेताजी रिसर्च ब्यूरो द्वारा आयोजित नेताजी ओरेशन 1977 में अपने भाषण के संदर्भ में कहा कि यदि नेताजी जीवित होते तो उपमहाद्वीप में राजनीतिक स्थिति अलग होती। उन्होंने नेताजी को सांप्रदायिक और धार्मिक पूर्वग्रहों से मुक्त एक सच्चा नेता बताया।

श्री काकित्सुबू 1943 में जापानी विदेश मंत्रालय में नेताजी के दुभाषिया और संपर्क अधिकारी थे और 1944 में रंगून में नेताजी की स्वतंत्र भारत की अन्तरिम सरकार के जापानी मिशन के पहले सचिव थे। उन्होंने कहा कि नेताजी ने शुरू में उत्तर-पश्चिम सीमा के माध्यम से भारत में प्रवेश करने के लिए यूरोप में एक भारतीय राष्ट्रीय सेना खड़ी करने की योजना बनाई थी। लेकिन स्टेलिनग्राद में जर्मनी की विफलता ने उसे अपनी योजनाएँ बदलने के लिए मजबूर कर दिया। श्री काकित्सुबू 40 साल पहले कलकत्ता में अपने देश के उप परामर्शदाता थे और उन्होंने कहा कि युद्ध के समय जापान के प्रधान मंत्री जनरल

तोजो, नेताजी से उनकी पहली मुलाकात के बाद बहुत प्रभावित हुए थे। जापान में भारत के प्रति काफ़ी सद्भावना और सहानुभूति थी।

उन्होंने कहा कि 1944 में नेताजी ने टोक्यो में सोवियत राजदूत श्री जैकब मलिक से संपर्क करने की कोशिश की, लेकिन असफल रहे।

23 अप्रैल, 1945 को जब नेताजी रंगून से निकले तो श्री काकित्सुबो उनके साथ थे। उन्होंने कहा कि नेताजी रंगून छोड़ने के लिए सहमत हो सकते हैं क्योंकि उन्होंने इस बात पर जोर दिया था कि आईएनए की महिला ब्रिगेड झाँसी रानी वाहिनी के सदस्यों को निकाला जाना चाहिए। उन्होंने कहा कि जापान के आत्मसमर्पण के बाद सोवियत संघ द्वारा अस्वीकार किये जाने वाले नेताजी पहले व्यक्ति थे।

पश्चिम बंगाल के मुख्यमंत्री श्री सिद्धार्थ रॉय, जिन्होंने नेताजी रिसर्च ब्यूरो के काम की सराहना की, ने कहा कि यह इतिहासकारों का कर्तव्य है कि वे आजादी में नेताजी के योगदान का विश्लेषण करें और यह पता लगाएं कि उन्होंने कितनी जल्दी आईएनए का गठन किया था।

अध्यक्षता गवर्नर ए.एल डायस ने की, उन्होंने कहा, नेताजी न केवल स्वतंत्रता सेनानी थे, बल्कि आईएनए के प्रमुख भी थे; उनके पास इस बात का स्पष्ट दृष्टिकोण था कि देश को अधिकतम लोगों के कल्याण के लिए कैसे चलाया जाना चाहिए।

उन्होंने कहा कि यह स्वीकार किया जाना चाहिए कि नेताजी द्वारा परिकल्पित सामाजिक व्यवस्था अभी तक स्थापित नहीं हुई है। उन्होंने कहा कि नेताजी की जयंती मनाने को प्रोत्साहित नहीं किया जाना चाहिए। नेताओं को आदर्शों को वास्तविकता में बदलने के लिए प्रभाव पैदा करना चाहिए।

राजभवन के निकट नेताजी की प्रतिमा के नीचे केंद्रीय नेताजी जन्मोत्सव समिति की ओर से आयोजित बैठक में पूर्व मुख्यमंत्री अजय मुखर्जी ने कहा कि नेताजी मार्क्सवादी नहीं बल्कि समाजवादी थे, अध्यक्षता पश्चिम बंगाल प्रदेश कांग्रेस अध्यक्ष श्री अरुण मैत्रा ने की।

नगरपालिका मामलों के राज्य मंत्री श्री सुब्रत मुखर्जी ने घोषणा की कि केंद्रीय नगरपालिका भवन में नेताजी और देशबंधु चितरंजन दास की संगमरमर की मूर्तियाँ स्थापित की जाएंगी। निगम स्कूल के विद्यार्थियों ने सुबह चित्रकला प्रतियोगिता में भाग लिया। नगर निगम भवन में नेताजी के जीवन से जुड़ी तस्वीरों की प्रदर्शनी लगाई गई।

हमारे श्रीरामपुर संवाददाता कहते हैं: तारकेश्वर में एक बैठक को संबोधित करते हुए, पूर्व मुख्यमंत्री श्री पीसी सेन ने लोगों से नेताजी के आदर्शों का पालन करने का आग्रह किया। हुगली चिनसुराह टाउन कांग्रेस कमेटी की पहल के तहत चिनसुराह में एक बैठक आयोजित की गई जहां नेताजी की संगमरमर की मूर्ति पर माल्यार्पण किया गया। फॉरवर्ड ब्लॉक भी फंक्शन करता है।

दुर्गापुर में हमारे स्टाफ संवाददाता ने कहा: युवाओं और बच्चों ने दुर्गापुर, बर्दवान और आसनसोल में जुलूस निकाले, हमारे दिल्ली कार्यालय ने जोड़ा: रविवार को एक बैठक में

राज्यसभा में कांग्रेस के उपनेता श्री रणधीर सिंह ने नेताजी को क्रांतिकारी बताया और कहा, "स्वतंत्रता संग्राम में उनकी भूमिका के लिए राष्ट्र उनका ऋणी है।"

आजाद हिंद फौज समिति ने नेताजी पार्क में एक आमसभा का आयोजन किया और शीर्ष नेताओं ने संबोधित किया।

दिल्ली प्रदेश कांग्रेस कमेटी के पूर्व सैनिक प्रकोष्ठ ने राजघाट से लेकर नेताजी पार्क तक जुलूस निकाला। आईएनए अधिकारियों और कई कांग्रेस नेताओं ने जुलूस का नेतृत्व किया जिसके बाद एक सार्वजनिक बैठक हुई जिसकी अध्यक्षता कांग्रेस कमेटी के अध्यक्ष श्री अमरनाथ चावला ने की।

अखिल भारतीय स्वतंत्रता सेनानी संघ के एक समारोह में नेताजी के आदमकद चित्र का अनावरण किया गया।

समाचार ने यह भी कहा: फॉरवर्ड ब्लॉक कार्यकर्ताओं द्वारा मार्च, पार्टी के झंडे फहराना और गांधी मैदान में नेताजी की प्रतिमा पर माल्यार्पण करना, पटना में उनकी जयंती के मुख्य आकर्षण हैं।

बैठक में केंद्र से 23 जनवरी को सार्वजनिक अवकाश घोषित करने का आग्रह किया गया।

बिहार सरकार से मैदान में वर्दीधारी नेताजी की आदमकद कांस्य प्रतिमा स्थापित करने के अपने वादे को पूरा करने की भी अपील की गई।

कटक में स्कूली बच्चों द्वारा जुलूस निकाला गया। लोगों का तांता नेताजी सुभाष सेवा सदन में आया जहां नेता जी का जन्म हुआ था।

अगरतला में घरों, व्यावसायिक प्रतिष्ठानों, शैक्षणिक संस्थानों और कांग्रेस भवनों पर राष्ट्रीय ध्वज फहराया गया। त्रिपुरा के मुख्यमंत्री श्री सुखमय सेन गुप्ता ने नेताजी सुभाष विद्यानिकेतन में ध्वजारोहण किया।

जम्मू-कश्मीर विधानसभा के अध्यक्ष श्री एके गनी द्वारा जम्मू में नेताजी की आदमकद संगमरमर की मूर्ति का अनावरण किया गया। उन्होंने लोगों से आग्रह किया कि वे नेताजी की नीतियों का अनुसरण करें और देश की आजादी की रक्षा में मदद करें।

केंद्रीय कृषि मंत्री श्री शाह नवाज़ खान द्वारा पोर्ट ब्लेयर में नेताजी की एक कांस्य प्रतिमा का अनावरण किया गया। आईएनए में कई द्वीपवासियों और स्वतंत्रता सेनानियों के एक समूह और नेताजी के करीबी सहयोगियों ने भाग लिया। श्री शाह नवाज खान, जो आईएनए में थे और गृह राज्य मंत्री श्री एफएच मोहसिन की अध्यक्षता में थे, ने स्वतंत्रता संग्राम में अंडमानी लोगों की निकटता को याद किया।

(डॉ. गोराचाँद घोष द्वारा 1999 में डॉ. इयाजीमा, मासाईयोशी सन के पुत्र, टोक्यो से संग्रहित)

== भारत नेताजी की बजह से ही स्वतंत्र हे ==

डॉ. गोराचाँद घोष

23 जनवरी 1978 को नई दिल्ली में कुमागाई द्वारा लिखी गई समाचार रिपोर्ट

(यह जापानी पेज अमेज़न ऑस्ट्रेलिया द्वारा जुलाई 2018 और नवंबर 2019 में क्रमशः
'अपडेटेड'ई-बुक और पेपरबैक बुक के रूप में अमेरिका में प्रकाशित किया गया था)
(डॉ. इयजीमा ने इसका अंग्रेजी में अनुवाद किया और लेखक ने इसका बंगाली/हिंदी में अनुवाद किया)

Collected from Masayoshi san's son Dr Yajima
of Tokyo by Dr Gorachand Ghosh in 1999

भारत की आजादी के लिए द्वितीय विश्व युद्ध के दौरान जापानी सेना के साथ सहयोग करने के कारण चंद्र बोस लंबे समय तक छाया में रहे। हाल ही में उन्हें एक स्वतंत्रता सेनानी के रूप में सम्मानित किया गया था और 81वीं कांग्रेस के दौरान उनका चित्र/तस्वीर भारतीय संसद के सेंट्रल हॉल में लटका दिया गया था, जिससे उनका सम्मान बहाल हुआ।

चंद्र बोस एक बार भारत से जापान लौटे, इम्फाल ऑपरेशन में उन्होंने सिंगापुर में रहने वाले भारतीयों, भारतीय राष्ट्रीय सेना को संगठित किया, जापानी सेना के साथ सहयोग किया, उन्होंने द्वितीय विश्व युद्ध में मित्र राष्ट्रों, मुख्य रूप से ब्रिटिशों के खिलाफ लड़ाई लड़ी और स्वतंत्रता का लक्ष्य रखा लेकिन युद्ध में पराजित. जापान जाते समय फॉर्मोसा में एक विमान दुर्घटना में उनकी मृत्यु हो गई।

(एक कहानी यह भी है कि जापानी सेना ने इस दुर्घटना की योजना बनाई थी)

ब्रिटिश नियंत्रण में, भारतीय राष्ट्रीय सेना के सैनिकों पर जापानी सेना के साथ साजिश रचने के संदेह में नई दिल्ली की अदालत में मुकदमा चलाया गया। बोस और सैनिकों के साथ गंभीर दुर्व्यवहार किया गया। स्वतंत्रता के बाद, राष्ट्रीय कांग्रेस पार्टी के 30 वर्षों के नियंत्रण में पूर्व गांधीशक्ति बोस और सैनिकों के साथ विधर्मी के रूप में व्यवहार किया गया। तत्कालीन गांधीवादी सत्ता ने उस टाइम कैप्सूल को दफना दिया जिसमें आजादी का इतिहास सामने आया। *लेकिन इसमें कहा गया कि बोस और उनकी व्यक्तिगत पार्टी के सैनिकों के नाम याद और पहचाने नहीं जाने चाहिए।*

पिछले साल मार्च में, भारतीय कांग्रेस ने जनता पार्टी को सत्ता हस्तांतरित कर दी, और भारत की स्वतंत्रता में बोस के योगदान का कई लोगों ने पुनर्मूल्यांकन किया। बोस की जीवनी हाल ही में प्रकाशित हुई थी। पुस्तक ने जापानी सेना के साथ थाई-बर्मा रेलवे के भारतीय श्रमिकों की बातचीत में सुधार करने के उनके प्रयासों को स्पष्ट किया, जिसे नेताजी के संशोधन (उनके उत्पादन का एक शब्द) में स्थानांतरित कर दिया गया था।

महात्मा गांधी के समकक्ष उनके चित्र का अनावरण ऊपरी और निचली संसद की अध्यक्षता कर रहे प्रधान मंत्री मोरारजी देसाई और मंत्रिमंडल के अन्य सदस्यों की उपस्थिति में किया गया, राष्ट्रपति नीलम संजीव रेड्डी ने उनके चित्र का अनावरण किया, इस कार्यक्रम का टीवी द्वारा प्रसारण किया गया।

दोपहर में प्रधान मंत्री मोरारजी देसाई ने समारोह में भाग लिया और नेताजी की उपलब्धियों की प्रशंसा की। यह भाषण नई दिल्ली के लाल किले में आयोजित किया गया था, जहाँ भारतीय युद्ध अपराधियों पर मुकदमा चलाया गया था।

(1999 में डॉ. गोराचाँद घोष टोक्यो में मासाइयोशी के पुत्र डॉ. इयाजीमा, से संग्रहित)

Death Certificate of Chandra Bose issued by Doctor Yoshimi Taneyoshi [56]

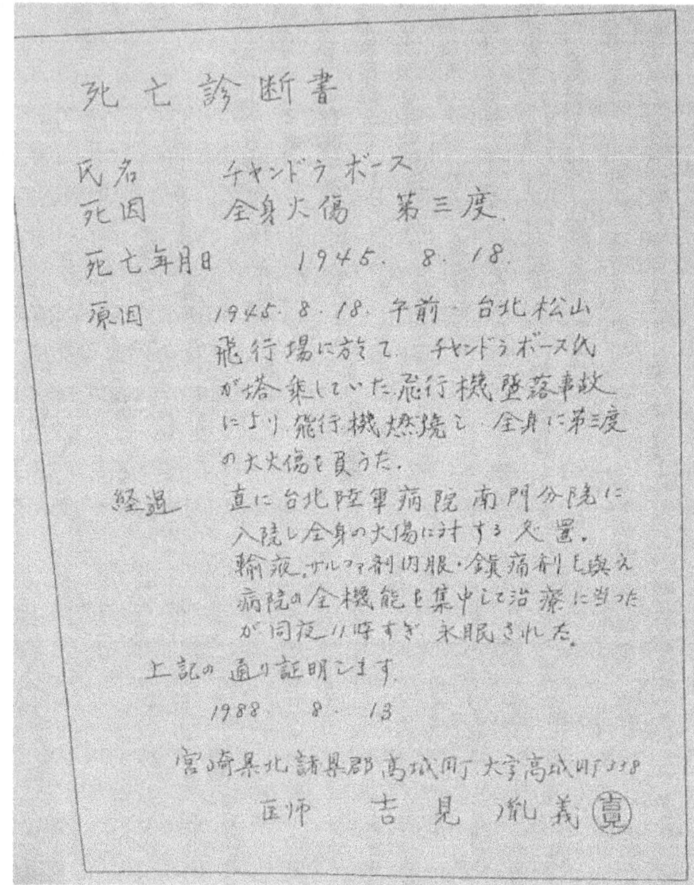

Medical Certificate

Patient's Name: Chandra Bose

Cause of Death: Burn on full body.

Accident Situation: 18.8.1945 AM at Son Shan Airport, Taipei, in the aircraft Mr. Bose took a seat that had erupted, and he got burnt seriously.

Details: When the accident happened, he was immediately carried into Nam Men hospital, Taipei, and be taken emergency treatment, transfusion, sulfur internal medicine, anodyne, lenitive, but a few minutes later 11PM he had expired.

I herewith testimony above on 13.8.1988

Dr. Yoshimi Taneyoshi (Sealed)

Takagi-cho 338, Ooaza, Takagi-machi, Kitamorokat District, Miyazaki Prefecture

An Appeal to Former Officers and the People Concerned with INA Regards the Ashes and Remains of Late Netaji Subhas Chandra Bose [56]

M. HAYASHI
3096, NOGONITO, TAMA-KU,
KAWASAKI-SHI, JAPAN.
Dated April   1983.

RE :   AN APPEAL TO FORMER OFFICES AND THE PEOPLE CONCERNED
       WITH INA REGARDS THE ASHES AND REMAINS OF LATE NETAJI
       SUBHAS CHRANDRA BOSE.

Gentlemen.

It has passed 38 years since Late Netaji Subhas Chandra Bose died
in an air crush at Taiwan Air Port in 18th,day of August 1945.
We who knew Netaji have been observing his birthday January 23rd
and his death anniversary August 18th,every year and it is that we
feel very sad and sorry to say that the ashes and remains of this
Great Netaji Subhas Chandra Bose who was a supreme commander of INA
and a leader of Provisional Government of Free India is still in
Rekoji Temple at Tokyo has not been returned to his Motherland up
to now.
We have contacted our Foreign Dept many a times and the answers were
that the Indian Government has not yet recognized his death and that
they cannot do anything but wait,and even the Indian Ambessy in Japan
gave the same answers.
However,that you must understand that longer we keep waiting,the
people who knows and respect Netaji gets lesser and lesser and at the
end their will be nobody to pay respect his remains which we feel
very sorry.
Therefore, we appeal to our and his commarades the former officers
and people concerned with INA to get the Netaji's Ashes and Remains
back to India and may his ashes rest in peace in River Ganga.

Yours sincerely,

TADASHI KATAKURA.
Tadashi Katakura
President.

Masao Hayashi
Masao Hayashi
Secretary.

I.N・Aの将兵に遺骨返還のアピールをした英文。
これに応じたシャー・ヌワーズ将軍、サイガル大佐、デロン大佐
他有志のサイン

राष्ट्रीय, भारतीय विद्रोही स्मृति में, बोस की राख मातृभूमि से बहुत दूर है

(जुलाई 2018 और नवंबर 2019 में क्रमशः 'अपडेटेड' ई-बुक और पेपरबैक बुक में अमेज़ॅन ऑस्ट्रेलिया द्वारा प्रकाशित अंग्रेजी पेज)

(डॉ. गोराचाँद घोष का संग्रह: द जापान टाइम्स; शुक्रवार, 3 सितंबर 1993 पृष्ठ 3)

<u>मियुकी अराई, स्टाफ लेखक</u>

भारतीय क्रांतिकारी सुभाष चंद्र बोस की राख लगभग 48 वर्षों से टोक्यो के एक मंदिर में रखी हुई है, जापानी युद्ध के दिग्गजों ने लंबे समय से उनकी स्वदेश वापसी का आग्रह किया था। बोस के रिश्तेदारों द्वारा दायर एक मामला, जो लगातार कोशिश कर रहे हैं, कहते हैं कि उन्हें विश्वास नहीं है कि वह मर चुके हैं। लगभग 30 जापानी दिग्गज 1958 से भारतीय अधिकारियों से सुगिनामी वार्ड में रेंकोजी मंदिर से बोस की राख को हटाने का आग्रह कर रहे हैं।

उनकी स्मृति में स्थापित संस्था, सुभाष चंद्र बोस अकादमी के अनुभवी दिग्गज असफल भारत अभियान में रणनीतिक साजिशों में शामिल थे।

उन्होंने और उनके रिश्तेदारों ने हाल ही में 18 अगस्त 1945 को बोस की मृत्यु की 48वीं वर्षगांठ मनाने के लिए एक स्मारक स्थापित किया।

बोस, जिन्होंने अंग्रेजों से आजादी की वकालत की, जापानी प्रायोजित बर्मा अभियान के दौरान मित्र राष्ट्रों के विरुद्ध भारतीय स्वयंसेवकों की एक सेना का नेतृत्व किया।

विमान दुर्घटना

ताइवान में एक विमान दुर्घटना के बाद टोक्यो (?) अस्पताल में उनकी मृत्यु हो गई। जापान के आत्मसमर्पण के बाद वह सोवियत संघ जा रहे थे जब विमान दुर्घटनाग्रस्त हो गया।

यह व्यापक रूप से ज्ञात नहीं है कि बोस की अस्थियाँ अभी भी जापान में हैं और स्वदेश वापसी की बहुत कम संभावना है। रेंकोजी श्राइन में स्मारक के बाद अकादमी सचिव मसाओ हयाशी (80) ने कहा, "चूंकि अकादमी के सदस्यों को बोस की याद में बड़ा होना है, इसलिए बोस की आत्मा की वापसी की उम्मीद हमेशा के लिए खत्म हो जाएगी।" हयाशी ने सम्मानित नेता, बोस के हिंदी उपनाम, बोस का जिक्र करते हुए कहा, "मुझे बहुत दुख है कि युद्ध के दौरान हमारे साथ लड़ने वाले नेताजी लगभग 50 वर्षों तक घर नहीं जा सके।"

भारत में बोस के परिजनों को विश्वास नहीं है कि उनकी मृत्यु हो गई, हालांकि ताइपे और टोक्यो का दौरा करने वाले भारतीय अधिकारियों ने विमान दुर्घटना के सबूतों का निरीक्षण किया और निर्धारित किया कि दाह संस्कार बोस का था।

स्वतंत्रता संग्राम

महात्मा गांधी के विपरीत, जिन्होंने असहयोग आंदोलन शुरू किया और एक अहिंसक संगठन के रूप में राष्ट्रीय कांग्रेस का निर्माण किया, बोस ने जापान की मदद से अंग्रेजों के खिलाफ स्वतंत्रता संग्राम को तेज करने की योजना बनाई।

कहा जाता है कि बोस, जिनका जन्म 1897 में हुआ था, ने अपने राष्ट्रीय मिलिशिया के लोगों के बीच एक दृष्टिकोण स्थापित करने में मदद की थी। उनका दर्शन कभी-कभी गांधी जी के दर्शन से भिन्न होता था।

जापानी कैद में ब्रिटिश भारतीय सेना के भारतीय सैनिकों को बोस में शामिल होने के लिए मुक्त कर दिया गया। स्वयंसेवक सिंगापुर और दक्षिण पूर्व एशिया के अन्य हिस्सों से भी घर आए। 1943 में, बोस ने स्वतंत्र भारत की एक अनंतिम सरकार और भारतीय राष्ट्रीय सेना की स्थापना की घोषणा की। धुरी शक्तियों ने इस सरकार को मान्यता दी।

अगले वर्ष, जापानियों की मदद से, उन्होंने रंगून और भारत में एक अवैध भारतीय अभियान का नेतृत्व किया। टोक्यो में भारतीय दूतावास के मंत्री जीबी सिंह ने कहा, "हम बोस को जापान और भारत के बीच दोस्ती के प्रतीक के रूप में देखते हैं।" सिंह भी स्मारक सेवा में शामिल हुए।

हालाँकि कुछ भारतीय नेताओं ने रेंकोजी मंदिर का दौरा किया है और अकादमी के सदस्यों ने बार-बार जापानी सरकार से बोस की अस्थियाँ भारत भेजने का अनुरोध किया है, लेकिन उनके रिश्तेदारों के मुकदमों ने उनके प्रयासों को रोक दिया है। हयाशी के अनुसार, स्वदेश वापसी की बहुत कम उम्मीद के साथ, अकादमी के सदस्यों ने एक साल पहले उनकी मृत्यु की सालगिरह पर एक स्मारक आयोजित करने का फैसला किया।

हयाशी ने कहा कि बोस ने साबित कर दिया कि ब्रिटिश सेना में भारतीय भी उनके देशभक्तिपूर्ण कार्यों से प्रेरित हो सकते हैं, उन्होंने कहा कि उनके कौशल ने उनकी स्वतंत्रता का मार्ग प्रशस्त किया।

आरटीआई अधिनियम के अनुसार, 18 अगस्त 1945 को एक विमान दुर्घटना में नेताजी की मृत्यु हो गई

(जुलाई 2018 और नवंबर 2019 में क्रमशः 'अपडेटेड' ई-बुक और पेपरबैक बुक में अमेज़ॉन ऑस्ट्रेलिया द्वारा प्रकाशित अंग्रेजी पेज)

लेखक का मानना है कि मुखार्जी आयोग का कोई मतलब नहीं है; बेकार और आधारहीन खबरें हैं। मुखार्जी रेंकोजी मंदिर गये ही नहीं। कम से कम, उन्होंने भारत सरकार को सौंपी अपनी रिपोर्ट में दावा किया कि नेताजी एक गुमनामी बाबा नहीं थे। वह कैसे कह सकते हैं कि कोई विमान दुर्घटना नहीं हुई थी? द्वितीय विश्व युद्ध के दौरान और परमाणु बम गिराए जाने के बाद, SEA और जापान के सभी लोग भय और दुःख में जी रहे थे। मित्र राष्ट्रों द्वारा हिरोशिमा और नागासाकी पर परमाणु बमबारी के बाद, INA कर्मी पूरे SEA में बिखरे हुए थे। ताइहोकू

जापानी सैन्य सरकार के अधीन था और युद्ध के बाद सब कुछ नष्ट हो गया था। इसके अलावा, मैं हमारे स्वतंत्रता सेनानी नेताजी के बारे में नेताजी के पीएस मासाइयोशी काकित्सुबो और उनके बेटे के निर्देशों का पालन कर रहा हूं।

नेताजी अन्तरिम आजाद हिंद सरकार के प्रधान मंत्री और युद्ध मंत्री थे। वह एक सेनानी थे, उन्होंने भारत की आजादी के लिए आईएनए को नियंत्रित और नेतृत्व किया। वह कायर नहीं है क्योंकि कुछ भारतीय बिना किसी सबूत के केवल काल्पनिक साजिश सिद्धांतों के आधार पर सोच रहे हैं और कुछ नकली भ्रष्ट पत्रकारों की रिपोर्ट उनकी आत्मा को भारत में कुछ साधु (शौलमारी और हाल ही में गुमनामी बाबा) के रूप में बदनाम कर रही है। हाल ही में, आरटीआई अधिनियम के अनुसार, 31 मई 2017 को भारत सरकार ने घोषणा की कि नेताजी की मृत्यु 18 अगस्त 1945 को एक विमान दुर्घटना में हुई थी।

दिलचस्प बात यह है कि 12 जुलाई 2019 को भारत सरकार के अधिकारियों (भारत के राष्ट्रपति और प्रधान मंत्री) को मेरे ईमेल के बाद, "नेताजी के अध्याय को बंद करने का अनुरोध; और कृपया अब उनकी पवित्र आत्मा को बदनाम करना बंद करें।" भारत सरकार के पीआईबी ने 18 अगस्त, 2019 को एक घोषणा करते हुए सुभाष चंद्र बोस की मृत्यु को स्वीकार किया। पीआईबी ने ट्वीट किया, "पीआईबी महान स्वतंत्रता सेनानी नेताजी सुभाष चंद्र बोस को उनकी पुण्यतिथि पर याद करता है।"

हालाँकि, कुछ राजनीतिक प्रतिशोध के बाद पीआईबी ने अगले दिन अपनी रिपोर्ट वापस ले ली। भारतीय राजनीति ने नेताजी के नाम पर व्यापार करके कुछ कार्यकर्ताओं को लाभ पहुंचाने के लिए उनका नाम बदल दिया है, जैसे कि "मिशन नेताजी", साजिशकर्ता और अपराधी अनुज धर द्वारा बनाया गया एक नई दिल्ली स्थित गैर सरकारी संगठन आपराधिक संगठन, 2001 से नेताजी को बदनाम करने में लगा हुआ है।

हाल ही में फिल्म निर्माता श्रीजीत मुखर्जी ने महान देशभक्त योद्धा को फैजाबाद के गुमनामी बाबा के रूप में बदनाम करने के लिए नेताजी पर लिखी किताबों के आधार पर एक फिल्म बनाई। वे इस बात का कोई सिद्धांत सिद्ध नहीं कर सके कि नेताजी रूस में थे और फैजाबाद में रहने के लिए भारत आए थे। बोस-ब्रदर्स का एक समूह और कलकत्ता के जयश्री प्रकाशन के विजय नाग गुप्त रूप से नेताजी द्वारा उपयोग की गई सामग्रियों को फैजाबाद ले गए!!! भारतीय पुलिस को साजिश का सच सामने लाने के लिए विजय नाग को बिना जमानत के तुरंत जेल में डालना चाहिए।

डॉ. गोराचाँद घोष द्वारा 23 जनवरी 2021 (नेताजी का 125वां जन्मदिन)

फेसबुक और ट्विटर पर "सार्वजनिक पोस्टिंग"

(जुलाई 2018 और नवंबर 2019 में क्रमशः 'अपडेटेड' ई-बुक और पेपरबैक बुक में अमेज़न ऑस्ट्रेलिया द्वारा प्रकाशित अंग्रेजी पेज)

भारत के इतिहास में पहली बार, भारतीय प्रधान मंत्री नरेंद्र मोदी ने हमारी स्वतंत्रता में नेताजी के योगदान को स्वीकार किया;

फेसबुक 23 जनवरी 2017 सर्वाधिक प्रासंगिक (3400 टिप्पणियों में से)

घोष गोराचाँद: 18 अगस्त 1945 को एक विमान दुर्घटना में नेताजी सुभाष चंद्र बोस की मृत्यु हो गई। नेहरू जानते थे लेकिन उन्होंने अंग्रेजों के बनाये 'प्राइवेसी एक्ट' का पालन करके हमारी भारत माता को मूर्ख बनाया। भगवान के आशीर्वाद से उसका परिवार नष्ट होने वाला है -- नेताजी पर एक शोधकर्ता-सह-पत्रकार और लेखक अनुज धर ने द्वितीय विश्व युद्ध के दौरान एंग्लो-अमेरिकियों की निराधार रिपोर्टों का उपयोग करके 100% से अधिक साजिश, झूठ, मनगढ़ंत और विकृत कहानियों के साथ नेताजी पर एक इतिहास पुस्तक लिखी है।

उन्होंने नेताजी पर चार पुस्तकें लिखीं, नेताजी एक महान आत्मा और हमारी महान भारत माता के महानतम स्वतंत्रता सेनानी हैं। यूके सरकार ने दावा किया कि ग्रेटर इंडिया को नेताजी और आईएनए द्वारा स्वतंत्रता मिली। हमारी भारत माता की आजादी में नेहरू और गांधी का कोई योगदान नहीं था। दूसरी ओर उन्होंने वृहत्तर भारत को धर्म के आधार पर विभाजित कर दिया और नेहरू ने कश्मीर मुद्दा खड़ा कर दिया।

ये चार पुस्तकें हैं: 1) बैक फ्रॉम द डेड: इनसाइड द सुभाष बोस मिस्ट्री - मानस प्रकाशन, 30 अप्रैल, 2005; 2) इंडिया एट सिक्सटी: रिडिस्कवरी - मानस प्रकाशन, 2009; 3) भारत का सबसे बड़ा कवर अप - विटस्टा पब्लिशिंग प्राइवेट लिमिटेड, 29 अक्टूबर 2012 और 4) नेताजी का क्या हुआ - विटस्टा पब्लिशिंग प्राइवेट लिमिटेड, 8 मार्च 2015।

कृपया अनुज को नेताजी सुभाष चंद्र बोस बताने वाली गुमनामी बाबा की बकवास झूठी थ्योरी का दावा करना बंद करें। क्या 72 साल बाद नेताजी की अस्थियों की जांच करने का कोई वैज्ञानिक कारण है? क्या वह सभी परीक्षणों का भुगतान अपनी जेब/मिशन नेताजी,

अपने द्वारा बनाए गए एनजीओ से कर सकता है? तभी यह किया जा सकता है, किसी भी सार्वजनिक धन को हमारे महानतम स्वतंत्रता सेनानी नेताजी की आत्मा को आपराधिक गुमनामी नहीं कहना चाहिए। मैं उन पर उच्च न्यायालय में मुकदमा कर सकता हूं: 1) नेताजी की आत्मा को बदनाम करना, 2) अनीता को नेताजी की बेटी के रूप में नकारना (मेरे पास सबूत है), 3) मुझे सार्वजनिक डोमेन में " Foul Mouth " कहना, 4) गोपनीयता कानूनों का उल्लंघन और 5) अंतरराष्ट्रीय कॉपीराइट का उल्लंघन बिना अनुमति के सार्वजनिक डोमेन में कानून।

उनका चरित्र लगभग नेहरू के समान है, क्योंकि उन्होंने अपनी जीवनी में दावा किया था कि वह आनुवंशिक रूप से उनसे संबंधित थे। वह बंगाली नहीं थे और वह भी कांग्रेस पार्टी के समर्थक थे। अब आरएसएस के आदमी के रूप में वह भाजपा सरकार को गुमराह कर रहे हैं और उनकी नई दिल्ली में पीएमओ तक सीधी पहुंच है/है। कल मैंने वेब पर देखा कि उनकी एक पुस्तक का विमोचन नई दिल्ली में भाजपा सरकार में विदेश मंत्री सुषमा स्वराज ने किया।

हमें नेताजी के इतिहास पर दोबारा गौर करना चाहिए और उसे दोबारा लिखना चाहिए।' मैंने 19 सितंबर 2017 को किंडल-अमेज़ॉन द्वारा प्रकाशित तथ्यों और तथ्यों पर आधारित एक ई-पुस्तक लिखी है, जिसमें बताया गया है कि 18 अगस्त 1945 को नानमन सैन्य अस्पताल में एक बमवर्षक विमान दुर्घटना में नेताजी की मृत्यु हो गई थी। और दुनिया में कहीं से भी और किसी भी समय वेब के माध्यम से पढ़ सकते हैं। मैंने सितंबर 2017 में हमारे प्रधान मंत्री नरेंद्र मोदी को जन्मदिन के उपहार के रूप में यह ई-पुस्तक भेंट की थी। 1990 में मैंने "ABHISARICAS" का दावा किया जो कृष्ण के समय उपलब्ध थे कृष्ण ने इसके माध्यम से अपना संसार देखा। भगवान हमारी भारत माता को आशीर्वाद दे।

लिंक https://www.amazon.com/dp/B075R69M6N है
(उपरोक्त लिंक मेरी 'अपडेटेड' ई-बुक और पेपरबैक पुस्तक जिसका शीर्षक "अज्ञात तथ्य: जापान और दक्षिण पूर्व एशिया" है, अमेज़ॉन ऑस्ट्रेलिया द्वारा क्रमशः जुलाई 2018 और 23 नवंबर 2019 को प्रकाशित है)

डॉ. गोराचाँद घोष द्वारा (2) 23 जनवरी, 2021 (नेताजी का 125वां जन्मदिन)

फेसबुक और ट्विटर पर "सार्वजनिक पोस्टिंग"।
(अमेज़ॉन ऑस्ट्रेलिया द्वारा सितंबर 2017 और नवंबर 2019 में क्रमशः ई-बुक और पेपरबैक में प्रकाशित अंग्रेजी पेज)
स्वतंत्रता दिवस (15 अगस्त 2017) पर नरेंद्र मोदी ने लाल किले से अपने साथी भारतीयों को संबोधित किया:
घोष गोराचाँद: फेसबुक पर शीर्ष टिप्पणी (69,000 टिप्पणियों में से)

जय हिंद, मोदी जी अमर रहें, वंदे मातरम। नेताजी सुभाष चंद्र बोस स्वर्ग से आपको अपना आशीर्वाद भेजते हैं। मुझे खुशी है कि आप रेंकोजी मंदिर गए? वहां मैं 1993 से अपने जापानी बॉस के साथ कई बार गया और मैंने नेताजी की आत्मा को श्रद्धांजलि दी। मेरे जापानी बॉस के पिता नेताजी के संपर्क अधिकारी-सह-दुभाषिया (1943-44) और निजी सचिव (1944-45) थे।

Netaji was giving his blessings to Modi-ji at the Red Fort on Independence day. This photo is included in my eBook and Hardbound book "UNKNOWN FACTS OF NETAJI: JAPAN & SEA

छवि को अमेज़ॅन ऑस्ट्रेलिया द्वारा क्रमशः 19 सितंबर 2017 और 23 नवंबर 2019 को मेरी ई-बुक और पेपरबैक पुस्तक में "अज्ञात तथ्य: जापान और दक्षिण पूर्व एशिया" शीर्षक के तहत प्रकाशित किया गया था।

लेखक ने 2014 में ही कहा था "कि मोदी का मतलब है "Man of Developing India"

मैंने भारतीय कॉपीराइट उल्लंघनकर्ताओं और अपराधियों के एक समूह के खिलाफ कलकत्ता, नई दिल्ली और पुणे के पुलिस आयुक्त को रिपोर्ट की है, जो फैजाबाद में नेताजी को उनके पिता गुमनामी के रूप में बदनाम करने में व्यस्त हैं। मुख्य अपराधी, अनुज धर ने ई-बुक की तस्वीरें चुरा लीं और 'क्रॉपिंग' और संपादन के बाद इसे 7/8 अक्टूबर 2017 से सोशल मीडिया, फेसबुक, ट्विटर और गूगल पर अपने रूप में प्रकाशित किया।

मैंने कॉपीराइट उल्लंघन के लिए 2018 से इन सभी अपराधियों के खिलाफ ई-एफआईआर जारी करने के लिए सभी प्रकार के सहायक दस्तावेजों के साथ पुलिस आयुक्तों से अनुरोध किया है और मैं नियमित ईमेल अनुस्मारक अंतराल पर इन मामलों का पालन कर रहा हूं।

::: ॐ सत्यमेव जयते ::: सत्य हमेशा उभरता है और जीतता है :::

(नेताजी की आत्मा की रक्षा के लिए मैंने कई महत्वपूर्ण पत्र लिखे हैं, उनमें से एक यहां दिखाया गया है)

डॉ. गोराचाँद घोष

09 जुलाई 2018

** एबिंगडन स्ट्रीट

वूलूंगब्बा, कींसलैंड-4102, ऑस्ट्रेलिया

ईमेल: *****

प्रति

श्री नरेंद्र मोदी

भारत के प्रधान मंत्री

पीएमओ, नई दिल्ली, भारत

ईमेल: *****

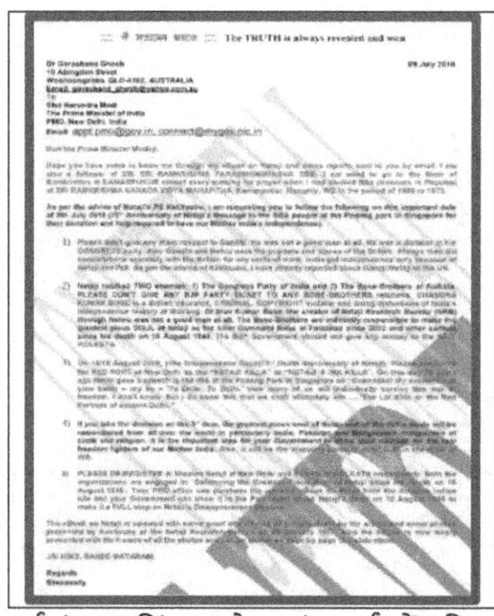

प्रिय प्रधान मंत्री मोदी जी,

आशा है कि आप मेरी नेताजी ई-पुस्तक और ईमेल के माध्यम से आपको भेजी गई कुछ रिपोर्टों के माध्यम से मुझे जान गए होंगे। मैं श्री श्री रामकृष्ण परमहंस देव का अनुयायी हूं। 1969 से 1973 तक जब मैंने श्री श्री रामकृष्ण सारदा विद्या महापीठ, कामारपुकुर, हुगली में बी.एससी (भौतिकी में ऑनर्स) की पढ़ाई की, तो मैं लगभग हर शाम कामारपुकुर में रामकृष्ण के मठ में जाता था।

जैसा कि नेताजी के पीएस काकित्सुबो ने सुझाव दिया था, मैं आपसे इस महत्वपूर्ण तारीख 9 जुलाई 2018 (75वीं वर्षगांठ पर सिंगापुर के पदांग पार्क में दक्षिण एशियाई लोगों के लिए नेताजी के संदेश का दान, और हमारी भारत माता की स्वतंत्रता के लिए आवश्यक मदद के लिए अनुरोध करता हूं।

कृपया अब गांधी का सम्मान न करें। वह बिल्कुल भी अच्छा इंसान नहीं था, वह अपनी कांग्रेस पार्टी के तानाशाह थे। साथ ही गांधी और नेहरू अंग्रेजों की कठपुतली और गुलाम थे। वे सदैव किसी भी कार्य के लिए गुप्त रूप से अंग्रेजों से परामर्श लेते थे। भारत को आजादी केवल नेताजी और आई.एन. के कारण मिली। जैसा कि काकित्सुबू ने सुझाव दिया था, मैं पहले ही संयुक्त राष्ट्र को गांधीजी/नेताजी के बारे में सूचित कर चुका हूं।

नेताजी के दो शत्रु थे/हैं: 1) भारत की कांग्रेस पार्टी और 2) कलकत्ता में बोस-ब्रदर्स। कृपया किसी भी बॉस-भाई रिश्ते को भाजपा पार्टी का टिकट न दें। चंद्र कुमार बोस एक ब्रिटिश शिक्षित, अपराधी, कॉपीराइट उल्लंघनकर्ता है और मैरंग में भारत की स्वतंत्रता के इतिहास को विकृत करता है। नेहरू के माध्यम से नेताजी रिसर्च ब्यूरो (एनआरबी) के निर्माता डॉ. शिशिर कुमार बोस बिल्कुल भी अच्छे इंसान नहीं थे। नेताजी की परम पवित्र आत्मा (18 अगस्त, 1945 को उनकी मृत्यु के बाद से) को फैजाबाद के हत्यारे गुमनामी बाबा बनाने के लिए बोस-ब्रदर्स 2001 से परोक्ष रूप से जिम्मेदार हैं। भाजपा सरकार को एनआरबी, कोलकाता को कोई पैसा नहीं देना चाहिए।

15/18 अगस्त 2018, (स्वतंत्रता दिवस)/(नेताजी की 73वीं पुण्यतिथि) पर, कृपया नई दिल्ली में लाल किल्ला को "नेताजी किल्ला" या "नेताजी और आईएनए किल्ला" घोषित करें। आज से 75 साल पहले, नेताजी ने सिंगापुर के पदांग पार्क में आईएनए-स को भाषण दिया था "कॉमरेड्स! मेरे सैनिकों! अपनी लड़ाई का नारा 'दिल्ली से दिल्ली' रखें।" मैं नहीं जानता कि हममें से कितने लोग व्यक्तिगत रूप से इस मुक्ति संग्राम में जीवित बचेंगे। लेकिन मैं जानता हूं कि अंत में हम ही जीतेंगे---'लाल किल्ला या पुरानी दिल्ली का लाल किल्ला।'

यदि आप तीसरे बिंदु पर निर्णय लेते हैं तो नेताजी और समस्त भारत की महान पवित्र आत्मा को जाति और धर्म के बावजूद पूरी दुनिया में याद किया जाएगा, विशेष रूप से भारत, पाकिस्तान और बांग्लादेश में। हमारी भारत माता के सच्चे स्वतंत्रता सेनानियों को अपना साहस दिखाने के लिए आपकी सरकार का यह एक महत्वपूर्ण कदम है। साथ ही, यह पश्चिम बंगाल में भाजपा के प्रवेश के लिए एक महत्वपूर्ण कदम होगा।

कृपया तुरंत पंजीकरण रद्द करें: ए) नई दिल्ली में मिशन नेताजी और बी) कोलकाता में एनआरबी। दोनों संगठन 18 अगस्त 1945 को नेताजी की मृत्यु के बाद से ही उनके परम संत को बदनाम करने में लगे हुए हैं। आपके प्रधान मंत्री के अधिकारी अमेज़न इंडियन साइट से नेताजी की अद्यतन ई-बुक खरीद सकते हैं और इसे 18 अगस्त 1945 को नेताजी की मृत्यु पर संसद में प्रदर्शित कर सकते हैं ताकि नेताजी के लापता होने के रहस्य को पूरी तरह से समाप्त किया जा सके।

नेताजी की ई-बुक को उनकी मृत्यु के कुछ सबूतों और 23 जनवरी 1977 को नेताजी रिसर्च ब्यूरो में प्रस्तुत काकित्सुबो की कुछ तस्वीरों के साथ लेख द्वारा अद्यतन किया गया है। साथ ही ई-बुक को अब सभी तस्वीरों के साथ खूबसूरती से फ्रेम करके प्रस्तुत किया गया है और इसे पेज पर स्लाइड शो की तरह प्रदर्शित किया जा सकता है।

जय हिंद, वंदे मातरम्।

श्रद्धा,
ईमानदारी से
हस्ताक्षर, गोराचाँद घोष

कैरोलिन बी मैलोनी को पत्र

(एक सार्वजनिक फेसबुक पोस्ट में, कुछ ब्रितानियों, आस्ट्रेलियाई, अमेरिकियों और मैंने महात्मा गांधी को मरणोपरांत पुरस्कार देने के लिए कानून लाने के लिए अमेरिकी सांसद कैरोलिन बी मैलोनी का विरोध किया...)

कैरोलिन बी मैलोनी

25 अगस्त 2018

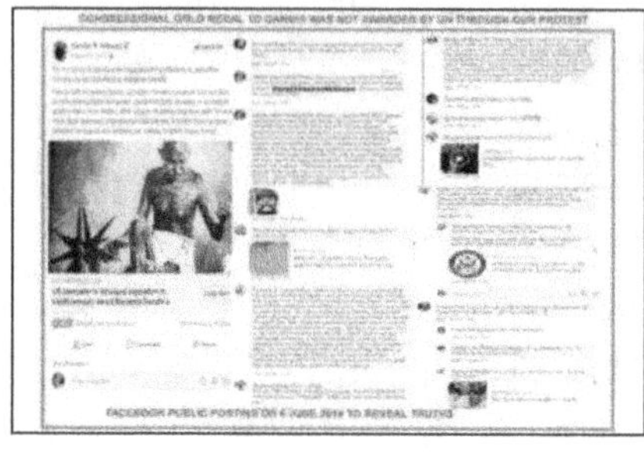

महात्मा गांधी को मरणोपरांत कांग्रेस स्वर्ण पदक प्रदान करने के लिए इस अधिनियम को लागू करना हमारे लिए सम्मान की बात है। आधुनिक इतिहास में कुछ ही लोग गांधी के उदाहरण, अहिंसक विरोध और शांति के प्रति प्रतिबद्धता की बराबरी कर सकते हैं। गांधी ने मार्टिन लूथर किंग जूनियर से लेकर नेल्सन मंडेला तक हमारे कई विश्व नेताओं को प्रेरित किया। दोनों को कांग्रेसनल गोल्ड मेडल से सम्मानित किया गया है। अब समय आ गया है कि शांतिपूर्ण प्रतिरोध के जनक को हमारे देश का सर्वोच्च नागरिक सम्मान मिले।

12 टिप्पणियों में से सर्वाधिक प्रासंगिक टिप्पणी: घोष गोराचंद: कृपया मुझे अपना ईमेल आईडी दें और मैं आपको वह पत्र भेजूंगा जो मैं संयुक्त राष्ट्र महासचिव को भेजने जा रहा हूं। मेरी ईमेल आईडी *****

सम्मान,
डॉ. गोराचाँद घोष

घोष गोराचाँद: माननीय मैलोनी, मैं उन्हें कोई पुरस्कार देने के आपके प्रस्ताव पर कड़ी आपत्ति जताता हूं। वह अब एक वास्तविक अप्रत्यक्ष युद्ध अपराधी है क्योंकि सच्चाई और तथ्य सामने आ गए हैं। मैं इस व्यक्ति के बारे में कुछ तथ्य पोस्ट करने जा रहा हूं, जिसे अपने बुरे कार्यों के लिए नोबेल पुरस्कार नहीं मिला (नरसंहार में 2 मिलियन लोग मारे गए और भारत के विभाजन के दौरान 10 मिलियन लोग विस्थापित हुए)। ब्रिटेन सरकार के अभिलेखों से प्राप्त तथ्यों और तथ्यों से पता चलता है कि वह भारत के विभाजन का मुख्य अपराधी था। कृपया नेताजी की हालिया ई-पुस्तक पढ़ें जहां गांधी और नेहरू को वास्तविक अप्रत्यक्ष युद्ध अपराधी बताया गया है। यह ई-पुस्तक दुनिया भर में अमेज़न द्वारा प्रकाशित की जाती है।   ई-बुक लिंक: https://www.amazon.com.au/FACTS-NETAJI-JAPAN-SOUTHEAST-ASIA-ebook/dp/B075R69M6N

हमारे विरोध के बाद भी वह आगे नहीं बढ़े और मैंने संयुक्त राष्ट्र महासचिव को सूचित किया। हमारे विरोध पर संयुक्त राष्ट्र द्वारा कांग्रेस स्वर्ण पदक से सम्मानित नहीं किया गया (फोटो फेसबुक सार्वजनिक पोस्ट के माध्यम से 6 जून, 2019)।

डॉ. गोराचाँद घोष

संयुक्त राष्ट्र के महासचिव को पत्र

(नेताजी की आत्मा की रक्षा के लिए मेरे द्वारा संयुक्त राष्ट्र को लिखे गए कुछ महत्वपूर्ण पत्र यहां दिखाए गए हैं)

डॉ. गोराचाँद घोष

*** एबिंगडन स्ट्रीट

वूलून्गाबा, क्यूएलडी-4102, ऑस्ट्रेलिया

ईमेल: *****

तारीख: 13 सितंबर 2018

श्री एंटोनियो गुटिरेज़

संयुक्त राष्ट्र के महासचिव

न्यूयॉर्क, यूएसए

ईमेल: *****

अमेरिकी कांग्रेस सदस्य कैरोलिन बी मैलोनी द्वारा महात्मा गांधी को प्रस्तावित संयुक्त राज्य अमेरिका को सर्वोच्च नागरिक पुरस्कार देना बंद करें

प्रिय गुटेरेस,

1995 में नेताजी के निजी सचिव मसाइयोशी काकित्सुबो के साथ प्रारंभिक बातचीत के बाद, मैं वास्तविक भारतीय स्वतंत्रता सेनानियों के इतिहास से अनजान था। हमारे स्कूल की इतिहास की किताबों में नेताजी सुभाष चंद्र बोस और भारतीय राष्ट्रीय सेना (आईएनए) के बारे में ज्यादा कुछ नहीं है। प्रमुख स्वतंत्रता सेनानी गांधी, नेहरू, इंदिरा और कुछ अन्य हैं। 1999 में द्वितीय विश्व युद्ध के दौरान नेताजी के लेख और दुर्लभ तस्वीरें प्राप्त करने के बाद मैं पिछले बीस वर्षों से भारतीय स्वतंत्रता के इतिहास पर शोध कर रहा हूं।

अपने शोध के बाद, मैं इस निष्कर्ष पर पहुंचा कि गांधी और स्वघोषित भारत रत्न से सम्मानित नेहरू दोनों अंग्रेजों की कठपुतली और गुलाम थे। द्वितीय विश्व युद्ध के दौरान नेहरू ने लेडी एडविना माउंटबेटन के साथ अपने प्रेम जीवन का आनंद लिया, क्योंकि लॉर्ड माउंटबेटन ने दक्षिण पूर्व एशिया में आजाद हिंद फौज (आईएनए) और जापानी सेना के खिलाफ लड़ाई लड़ी थी। हम कल्पना भी नहीं कर सकते कि बिना संघर्ष किये वे स्वतंत्रता सेनानी कैसे बन गये।

गांधीजी ने 1942 में अंग्रेजों के खिलाफ अहिंसा आंदोलन की घोषणा की थी, लेकिन इसे कुछ ही हफ्तों में कुचल दिया गया और इसका प्रभाव कुछ ही महीनों में खत्म हो गया। भारत को आजादी नेताजी सुभाष चंद्र बोस और भारतीय राष्ट्रीय सेना (आईएनए) द्वारा मिली, जैसा कि निम्नलिखित पुस्तकों में तथ्यों और घटनाओं से पता चलता है:

1) बोस: एक भारतीय समुराई: नेताजी और आईएनए: एक सैन्य मूल्यांकन: जीडी बख्शी द्वारा, केडब्ल्यू पब्लिशर्स प्राइवेट लिमिटेड हार्डकवर, 2 मई 2016। ऐसी कई किताबें हैं

जिनमें षड्यंत्र के सिद्धांतों का इस्तेमाल किया गया है लेकिन सच और तथ्य को दबा दिया गया है।

2) इसके अलावा, मैंने द्वितीय विश्व युद्ध के दौरान नेताजी के निजी सचिव मासाइयोशी काकित्सुबो की सलाह पर, द्वितीय विश्व युद्ध के दौरान नेताजी के बारे में एक ई-पुस्तक और एक हार्डकवर पुस्तक लिखी है। सेवानिवृत्त होने से पहले, उन्होंने न्यूयॉर्क में संयुक्त राष्ट्र में जापान के उप मंत्री के रूप में कार्य किया।

गांधी जी के नेतृत्व में चलाए गए अहिंसा आंदोलन से भारत को आजादी नहीं मिली, ब्रिटिश सरकार के अभिलेखों से अब सच्चाई सामने आ गई है। मैंने सुना है कि कुछ अमेरिकी गांधी को उनकी आगामी 2 अक्टूबर 2018 को 150वीं जयंती पर संयुक्त राष्ट्र में कुछ पुरस्कार देने जा रहे हैं, मैं इस पुरस्कार का कड़ा विरोध करता हूं।

अहिंसा का सम्पूर्ण विश्व पर कोई प्रभाव नहीं पड़ा/रहा। 1942 में भारत में अंग्रेजों के विरुद्ध गांधीजी के अहिंसक युद्ध के बाद भारत-चीन युद्ध, भारत-पाकिस्तान युद्ध, पूर्वी और पश्चिमी पाकिस्तान युद्ध, वियतनाम युद्ध, कोरियाई युद्ध, इराक युद्ध, सीरियाई युद्ध, बोस्निया युद्ध आदि क्यों?

इसलिए, मैं आपसे अनुरोध करता हूं कि गांधी को और कोई पुरस्कार न दें, जो भारत के विभाजन से ठीक पहले और बाद में 1947 के नरसंहार में 2.0 मिलियन से अधिक लोगों की हत्या के लिए जिम्मेदार थे। भारत के विभाजन के बाद 10 मिलियन से अधिक लोग विस्थापित हुए, वह इस नरसंहार के लिए जिम्मेदार थे और इसीलिए नोबेल समिति ने उन्हें मरणोपरांत नोबेल शांति पुरस्कार नहीं दिया।

श्रद्धा, ईमानदारी से,
(डॉ. गोराचाँद घोष))

संलग्न: ई-बुक और हार्डकवर पुस्तक में प्रकाशित एक चित्र

अगले वर्ष संयुक्त राष्ट्र सचिव को अनुस्मारक पत्र
रविवार, 22 सितंबर 2019, शाम 6:46 बजे

प्रिय गुटेरेस,

पिछले साल मेरे अनुरोध को जारी रखते हुए, कृपया गांधी को उनके 150वें जन्मदिन पर कोई पुरस्कार न दें। वह हमारी भारत माता को विभाजित करने और 20 मिलियन से अधिक लोगों की हानि के लिए जिम्मेदार था। वह हमारे स्वतंत्रता सेनानी के रूप में नेताजी का अपमान करने के लिए आंशिक रूप से जिम्मेदार व्यक्ति थे जिन्हें अब गुमनामी बाबा के नाम से जाना जाता है।

श्रद्धा, ईमानदारी से,
(डॉ. गोराचाँद घोष)

1945 में नेताजी की मृत्यु के बाद उनकी मानहानि

लॉर्ड लुईस माउंटबेटन के आदेश पर आईएनए स्मारक का विनाश

1945 में जब अंग्रेज सिंगापुर लौटे, तो दक्षिण पूर्व एशिया कमान के प्रमुख लॉर्ड लुईस माउंटबेटन ने आईएनए मेमोरियल को नष्ट करने का आदेश दिया [27]।

यह स्मारक जापानियों द्वारा एक महीने में अगस्त 1945 के पहले सप्ताह में बनाया गया था, इससे कुछ महीने पहले सिंगापुर पर अंग्रेजों का कब्ज़ा हो गया था। यह स्मारक बोस द्वारा प्रस्तावित किया गया था। 15 अगस्त 1945 को सिंगापुर से जापानियों की वापसी और उसके बाद भारतीय राष्ट्रीय सेना के शेष डिवीजनों को

प्रमुख ब्रिटिशों के सामने आत्मसमर्पण करने के बाद, ब्रिटिश कमांडर लॉर्ड लुईस माउंटबेटन ने स्मारक को नष्ट करने का आदेश दिया। माउंटबेटन का उद्देश्य ब्रिटिश साम्राज्य के अधिकार के खिलाफ विद्रोह के सभी निशान मिटाना था। आई.एन. ए के अस्तित्व के सभी अभिलेखों को पूरी तरह से मिटाने का प्रयास करके, उन्होंने क्रांतिकारी समाजवादी स्वतंत्रता के विचार के बीज को दबाने की कोशिश की। सितंबर 1945 में, ब्रिटिश भारतीय सेना ने युद्ध स्मारक को नष्ट कर दिया। दोनों छवियां अमेज़ॅन द्वारा मेरी पुस्तक में प्रकाशित की गई हैं।

हालाँकि, 1995 में जिस स्थान पर INA स्मारक था, उसकी पहचान राष्ट्रीय विरासत बोर्ड द्वारा की गई थी। इस स्थल को एक ऐतिहासिक स्थल के रूप में चिह्नित किया गया था और बाद में, सिंगापुर में भारतीय समुदाय के वित्तीय योगदान से, पहले के स्मारक को नष्ट करके इस स्थल पर एक नए स्मारक का निर्माण किया गया था।

प्रधान मंत्री नरेंद्र मोदी 24 नवंबर, 2015 को सिंगापुर में भारतीय राष्ट्रीय सेना स्मारक पर आईएनए शहीदों को श्रद्धांजलि अर्पित करते हैं। कांग्रेस अध्यक्ष राहुल गांधी ने 8 मार्च 2018 को वहां का दौरा किया और आईएनए मेमोरियल में नेताजी एससी बोस को श्रद्धांजलि दी।

बोस-ब्रोठेर्स ने गांधी जी की बात मानकर नेताजी को श्रद्धांजलि नहीं दी

समाचार पत्र में अपने प्रिय सुभाष चन्द्र बोस की मृत्यु का दुःखद समाचार पढ़कर बोस-ब्रोठेर्स ने उनके श्राद्धकर्म की व्यवस्था की। हालाँकि, गांधी ने पत्रकारों की उपस्थिति में कहा, "मुझे विश्वास नहीं है कि सुभाष की मृत्यु किसी विमान दुर्घटना में हुई थी" जैसे कि वह दुर्घटनास्थल पर थे। गांधीजी ने तुरंत शरतचंद्र बोस को एक टेलीग्राम भेजा और परिवार को यह दावा करते हुए कोई भी श्राद्ध समारोह करने से मना कर दिया कि नेताजी मरे नहीं थे। भारतीयों ने गांधी को भगवान माना, कितना मूर्ख। गांधीजी, अंग्रेजों के सेवक और एजेंट थे। भारतीय स्वतंत्रता आंदोलन को विलंबित करने के लिए अंग्रेज उन्हें 1915 में दक्षिण अफ्रीका से भारत ले आये। ब्रिटिश राज ने गांधीजी को अपने दुश्मनों, क्रांतिकारी नेताओं और उनके समर्थकों के खिलाफ "मानवीय फ़ायरवॉल" के रूप में इस्तेमाल किया। वह और उनकी कांग्रेस पार्टी द्वितीय विश्व युद्ध में हमारी आजादी के लिए नेताजी और आई.एन.ए में शामिल नहीं हुई थी।

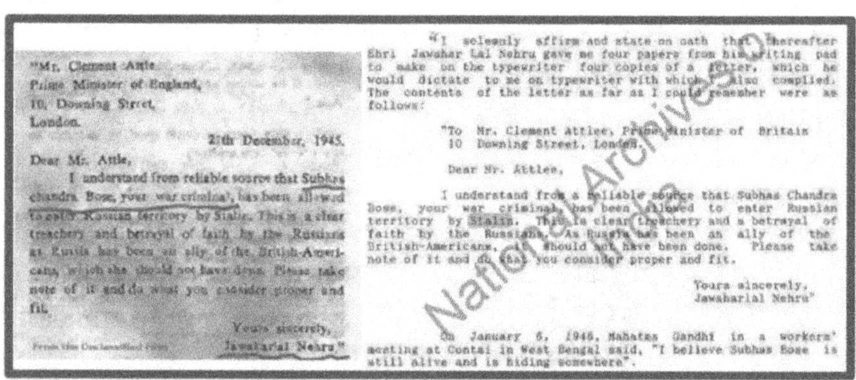

गांधीजी ने नेताजी की मृत्यु की इस महत्वपूर्ण खबर से भारतीयों को मूर्ख बनाने की साजिश क्यों रची यह आज भी भारतीयों को पता नहीं है? यह टेलीग्राम नेताजी से संबंधित दस्तावेजों की सार्वजनिक की गई फाइल में पाया जा सकता है।

हालाँकि, अपने गुरु 'गाँधी' की सलाह पर, जवाहरलाल नेहरू ने 27 दिसंबर 1945 को क्लेमेट एटली को एक पत्र लिखकर दावा किया, "मैं एक विश्वसनीय स्रोत से समझता हूँ कि आपके विश्वसनीय स्टालिन ने अपराधी सुभाष चंद्र बोस को रूसी क्षेत्र में प्रवेश करने की अनुमति दी है। यह स्पष्ट रूप से रूसियों द्वारा विश्वासघात था और चूंकि रूसी ब्रिटिश-अमेरिकियों के सहयोगी थे, इसलिए ऐसा नहीं किया जाना चाहिए था।

कृपया इस पर ध्यान दें और जैसा उचित समझें, इस पर विचार करें।" इसी विषय पर 8 जनवरी 1946 को महात्मा गांधी ने पश्चिम बंगाल के कोंटाई में एक श्रमिक सभा में कहा था, "मेरा मानना है कि सुभाष बोस अभी भी जीवित हैं और कहीं छिपे हुए हैं।"

युद्ध अपराधी के रूप में नेताजी के दावों को पूरा करने के लिए नेहरू ने पूरे यूरोप, यूएसएसआर, दक्षिण पूर्व एशिया (एसईए) और भारत में कम से कम दस नकली नेताजी बनाए। 15 अगस्त 1947 को, गांधीजी की अहिंसा की मांग के बाद, नेहरू ने अपनी बहन विजय लक्ष्मी पंडित और डॉ. सर्वपल्ली राधाकृष्णन को आजादी के बाद रूस में पहले और दूसरे भारतीय राजदूत (1947-1952) के रूप में नियुक्त किया। दिलचस्प बात यह है कि नेहरू की कठपुतलियाँ और गुलाम तथा भारत के तटस्थ योद्धाओं दोनों ने नेताजी को रूसी जेलों में देखा था और वहाँ डॉ. पूर्वी रॉय [28], डॉ. जी.डी. बख्शी [29] और डॉ. एस. स्वामी [30] थे। ऐसे कई शोधकर्ताओं के हवाले से कहा गया है कि नेताजी की मृत्यु रूसी जेल में हुई थी।

रूस में अपने भारतीय राजदूत के माध्यम से नेहरू की आपराधिक गतिविधियाँ (1947-52)

ताइहोकू सैन्य अस्पताल में नेताजी की मृत्यु के बाद राधाकृष्णन रूस में नेताजी से कैसे मिले? इसी तरह, नेहरू की बहन विजय लक्ष्मी ने मास्को में पंडित नेताजी से मुलाकात की, जब वह वहां भारतीय राजदूत थे।

राधाकृष्णन और पंडित दोनों नेहरू की कठपुतली और गुलाम थे और उन्होंने नेहरू-नियंत्रित भारतीय प्रेस को फर्जी, झूठी रिपोर्ट प्रकाशित करके भारतीयों को मूर्ख बनाने का आदेश दिया।

अब हमें राधाकृष्णन के चरित्र को जानना चाहिए और वह कोई वास्तविक शिक्षित व्यक्ति नहीं थे। इस दुष्ट के जन्मदिन को श्रद्धांजलि देने के लिए हमें भारत में भारतीय अवकाश को "शिक्षक दिवस" के रूप में मनाना चाहिए। हम सर जगदीश बोस के जन्मदिन को "शिक्षक दिवस" के रूप में क्यों नहीं मनाते? यह केवल जगदीश चंद्र बोस के कारण ही है कि हम संचार के आधुनिक युग में संचार कर रहे हैं।

जनवरी 1929 में, मेरठ कॉलेज में दर्शनशास्त्र के एक छोटे, युवा विद्वान जदुनाथ सिन्हा, जिनके पास एक उत्कृष्ट अकादमिक ट्रैक रिकॉर्ड था, ने डॉ. राधाकृष्णन पर उनके पहले दो खंडों में बड़े पैमाने पर साहित्यिक चोरी का आरोप लगाकर साहित्य जगत में सनसनी पैदा कर दी। 'इंडियन साइकोलॉजी ऑफ परसेप्शन' नामक थीसिस, खंड 1 और खंड 3, दोनों थीसिस 1922 में प्रतिष्ठित प्रेमचंद रायचंद छात्रवृत्ति (पीआरएस) के लिए कलकत्ता विश्वविद्यालय (सीयू) को प्रस्तुत की गई। 1923 में जदुनाथ सिन्हा का खंड प्रस्तुत करने के बाद, उनकी थीसिस के दो हिस्से चोरी हो गए।

अगस्त 1929 के पूर्वार्द्ध में प्रो. जदुनाथ सिन्हा ने डॉ. सर्वपल्ली राधाकृष्णन पर उनकी मूल साहित्यिक कृति के कॉपीराइट उल्लंघन के लिए कलकत्ता उच्च न्यायालय में मुकदमा दायर किया और 20,000/- रुपये के हर्जाने का दावा किया। सितंबर 1929 के पहले सप्ताह में, राधाकृष्णन ने प्रोफेसर जदुनाथ सिन्हा और श्री रामानंद चट्टोपाध्याय के खिलाफ 1,00,000/- की मांग करते हुए शिकायत दर्ज की। शायद राधाकृष्णन ने सोचा कि हमला ही सबसे अच्छा बचाव है!

डॉ. सिन्हा आज भी दर्शनशास्त्र के छात्रों द्वारा हिंदू धर्म और भारतीय दर्शन, मनोविज्ञान आदि के शुरुआती दार्शनिकों में से एक के रूप में पूजनीय हैं। डॉ जदुनाथ सिन्हा अपने जीवन के अंत में धर्म में लौट आए।

प्रोफेसर जदुनाथ सिन्हा पर इस मामले को कोर्ट के बाहर सुलझाने का काफी दबाव था। सभी सामाजिक बंगाली वरिष्ठ प्रोफेसर, जो प्रोफेसर जदुनाथ सिन्हा के प्रति सहानुभूति रखते थे और साहित्यिक चोरी के प्रति आश्वस्त थे, ने अदालत में उनकी ओर से गवाही देने से इनकार कर दिया। प्रोफेसर जदुनाथ सिन्हा के पास भी धन की कमी थी. डॉ. एस. राधाकृष्णन के पास बहुत कुछ था और वह अपने दोस्तों, खासकर सर आशुतोष मुखर्जी के बेटे डॉ. श्यामाप्रसाद मुखर्जी को प्रबंधित करने और उनकी मदद लेने में काफी चतुर थे। कलकत्ता विश्वविद्यालय के तत्कालीन कुलपति, सर आशुतोष मुखोपाध्याय, बेंगलुरु से प्रोफेसर राधाकृष्णन को 1000 रुपये प्रति माह के वेतन पर कलकत्ता विश्वविद्यालय में किंग जॉर्ज पंचम प्रोफेसर के प्रतिष्ठित पद पर लाए थे। इसलिए, उनके पुत्र डॉ. श्यामाप्रसाद मुखर्जी, जो डॉ. राधाकृष्णन के घनिष्ठ मित्र और कलकत्ता विश्वविद्यालय के तत्कालीन कुलपति भी थे, इस मामले को लटकाना चाहते थे।

आख़िरकार प्रोफेसर जदुनाथ सिन्हा इन सभी दबावों के आगे झुक गए और अदालत के बाहर समझौता करने के लिए तैयार हो गए। और दोनों मामलों का निपटारा कार्यवाहक मुख्य न्यायाधीश के समक्ष डिक्री द्वारा संभवतः मई 1933 के पहले सप्ताह में कर दिया गया। निपटान की शर्तों का खुलासा नहीं किया गया।

उपरोक्त पाठ श्री उत्पल आइच, सेवानिवृत्त प्रथम सचिव, भारतीय दूतावास, अदीस अबाबा (विदेश मंत्रालय) द्वारा विभिन्न वेबसाइटों, पुस्तकों आदि में प्रकाशित लेखों पर आधारित है। वह अब एक स्वतंत्र शोधकर्ता हैं और उनकी भूमिका एक संकलनकर्ता की थी।

यह लेख 9 सितंबर 2019 को फेसबुक और ट्विटर पर प्रकाशित हुआ था और 2019 में अमेज़ॅन पेपरबैक में प्रकाशित हुआ था। नीचे हिन्दी अनुवाद दिखाया गया है: नेहरू ने अपनी बहन विजय लक्ष्मी पंडित (1947-49) के माध्यम से रूस में नकली नेताजी को तैयार किया, जिसे डॉ. एस राधाकृष्णन (1949-52) द्वारा समर्थित किया गया ताकि युद्ध अपराधी के रूप में और रूस में छिपे रहने के नेताजी के दावों को बरकरार रखा जा सके। नेहरू अब भारत की वर्तमान स्थिति और नेताजी के प्रति अवमानना के मुख्य दोषी और हालिया अप्रत्यक्ष युद्ध अपराधी थे।

CRIMINAL ACTIVITIES OF NEHRU THROUGH HIS INDIAN AMBASSADORS AT RUSSIA (1947-1952)

Dr Gorachand Ghosh © 2019

Nehru created dummy Netaji at Russia through his sister Vijay Lakshmi Pandit (1947-49) and supported by Dr S Radhakrishnan (1949-52) to maintain his claim of Netaji as war criminal and hiding in Russia. Nehru was the main culprit and a real war criminal now to defame Netaji and the present situation of India on Netaji.

How the criminals Pandit and Radhakrishnan met Netaji in jail at Russia where Netaji died on 18 August 1945? Gumnami baba was also another dummy Netaji created by Nehru, maintained by Indira and the Congress Party (Pranab babu) until 1985. RSS-ex-Chief has/had a defective brain and had no thinking power at all.

Recently, Anuj Dhar is claiming Netaji did not die at Russia, he came to India and lived at Faizabad as Gumnami baba, died in 1985. Dr G D bakshi, Dr Purabi Roy and Dr S Swamy are claiming that Netaji died at Russia. All of them did conspiracy and wrote some defamatory books on Netaji to fool and loot Indians without having a single proof of evidence.

There is/was not a single proof of evidence on Netaji under the Russian Govt. since WWII to date. May be the Indian Embassy at Russia has/had some documents to fool the Indians and to appesse Nehru.

JAI HIND, JAI SUBHAS, JAI BHARAT MATA
(Facebook and Twitter public posting to know FACTS on 9 Sept 2019)

अपराधी पंडित और राधाकृष्णन नेताजी के साथ रूस की जेल में कैसे गए जहाँ 18 अगस्त, 1945 को नेताजी की मृत्यु हो गई? नेहरू द्वारा बनाए गए एक और डमी नेताजी गुमनामी बाबा थे, जिन्हें 1985 तक इंदिरा और कांग्रेस पार्टी (प्रणब बाबू) ने बनाए रखा था। आरएसएस-प्रमुख का दिमाग ख़राब था/उनकी कोई सोच ही नहीं थी। हाल ही में, अनुज धर [31] दावा कर रहे हैं कि नेताजी की मृत्यु रूस में नहीं हुई थी, वह भारत आए थे और फैजाबाद में गुमनामी बाबा के रूप में रहे, 1985 में उनकी मृत्यु हो गई। डॉ. जीडी बख्शी, डॉ. पूरवी रॉय और डॉ. एस स्वामी का दावा है कि नेताजी की मृत्यु रूस में हुई थी। इन सभी ने बिना किसी सबूत के भारतीयों को बेवकूफ बनाने और लूटने के लिए साजिश रची और नेताजी पर कई बदनाम करने वाली किताबें लिखीं।

द्वितीय विश्व युद्ध के बाद से आज तक रूसी सरकार [32] के अधीन नेताजी का कोई सबूत नहीं है/नहीं था। रूस में भारतीय दूतावास के पास भारतीयों को मूर्ख बनाने और नेहरू को खुश करने के लिए कुछ दस्तावेज़ हो सकते हैं। जय हिन्द, जय सुभाष, जय भारत माता।

कुछ भारतीयों द्वारा नेताजी को गुमनामी बाबा कहकर बदनाम किया जाता है

हालाँकि, स्व-घोषित नेताजी शोधकर्ता, नेहरू के आनुवंशिकीविद् और कांग्रेस समर्थक पत्रकार श्री ए धर [31] ने नेताजी के खिलाफ अपनी चार/पाँच अपमानजनक पुस्तकों में यह भी दावा किया है कि नेताजी की मृत्यु रूस में नहीं हुई थी, वह फैजाबाद लौट आए और वहीं रहने लगे। 1985 तक दरअसल, गुमनामी बाबा नेहरू, इंदिरा खान गांधी और कांग्रेस द्वारा बनाए गए एक डमी नेताजी थे। पार्टी नेता प्रणब मुखर्जी उनका भरण पोषण करते थे। हाल ही में, फिर से साजिश के सिद्धांत और उपाख्यानात्मक अफवाहों के आधार पर, घोष और धर [33] ने बिना किसी वैज्ञानिक प्रमाण के नेताजी पर एक और पुस्तक

'कॉनड्रम' लिखी, ताकि वे नेताजी पर अपनी अपमानजनक पुस्तक बेचकर भारतीयों को मूर्ख बना सकें और लूट सकें। नेताजी महानतम देशभक्त और हमारे स्वतंत्रता सेनानी थे। धर एक कॉपीराइट उल्लंघनकर्ता-सह-अपराधी है, और अपनी किताबें झूठ, साहित्यिक चोरी और द्वितीय विश्व युद्ध के इतिहास की विकृतियों के साथ लिखता है।

स्वयंभू भारत रत्न से सम्मानित नेहरू ने द सिग्नेट प्रेस द्वारा दिसंबर 1946 में प्रकाशित अपनी पुस्तक, "डिस्कवरी ऑफ इंडिया" [34] में हमारे स्वतंत्रता सेनानी नेताजी को बदनाम किया, "कांग्रेस ने 1938 में बड़ी संख्या में एक चिकित्सा इकाई चीन भेजी थी।" डॉक्टर और आवश्यक उपकरण और सामग्री। इस इकाई ने कई वर्षों तक वहां अच्छा काम किया। जब यह संगठित हुई, तब सुभाष बोस कांग्रेस के अध्यक्ष थे। उन्होंने कांग्रेस द्वारा उठाए गए किसी भी कदम को मंजूरी नहीं दी जो जापानी विरोधी, जर्मन विरोधी या इतालवी विरोधी था। फिर भी कांग्रेस और देश में ऐसी भावना थी कि उन्होंने चीन और फासीवादी और नाजी आक्रमण के पीड़ितों के प्रति कांग्रेस की सहानुभूति की इस या कई अन्य अभिव्यक्तियों का विरोध नहीं किया। हमने कई प्रस्ताव पारित किए और कई प्रदर्शन आयोजित किए जिन्हें उन्होंने अपने राष्ट्रपति पद के दौरान स्वीकार नहीं किया, लेकिन उन्होंने बिना किसी विरोध के उनके सामने समर्पण कर दिया क्योंकि उन्हें उनके पीछे की भावना की ताकत का एहसास था। विदेशी और घरेलू मामलों पर उनके और कांग्रेस कार्यकारिणी के बीच बहुत मतभेद था और इसके कारण 1939 की शुरुआत में विभाजन हो गया। उन्होंने तब खुले तौर पर कांग्रेस की नीति और की वकालत की अगस्त 1939 की शुरुआत में हमला किया गया। कांग्रेस कार्यकारिणी ने अपने पूर्व अध्यक्षों के बीच उनके खिलाफ अनुशासनात्मक कार्रवाई करने का असामान्य कदम उठाया।

युद्ध के बारे में कांग्रेस का दृष्टिकोण

इस प्रकार कांग्रेस ने युद्ध पर दोहरी नीति बनाई और दोहराई। फासीवाद, नाज़ीवाद और जापानी सैन्यवाद का उनकी घरेलू नीतियों और अन्य देशों के प्रति आक्रामकता के कारण दोनों पक्षों द्वारा विरोध किया गया; उस आक्रमण के पीड़ितों के प्रति गहरी सहानुभूति थी; और इस आक्रामकता को रोकने के लिए किसी भी युद्ध या अन्य प्रयास में शामिल होने को तैयार था। दूसरी ओर, भारत की स्वतंत्रता पर केवल इसलिए जोर दिया गया क्योंकि यह हमारा मुख्य उद्देश्य नहीं था जिसके लिए हमने लगातार कड़ी मेहनत की, खासकर संभावित युद्ध की स्थिति में। क्योंकि हमने दोहराया कि केवल स्वतंत्र भारत ही ऐसे युद्ध में उचित भाग ले सकता है; केवल स्वतंत्रता के माध्यम से ही हम ब्रिटेन के साथ अपने अतीत के संबंधों की कड़वी विरासत को दूर कर सकते हैं और अपने महान संस्थानों को प्रेरित और मजबूत कर सकते हैं। इस स्वतंत्रता के बिना युद्ध किसी भी पुराने युद्ध की तरह था, प्रतिद्वंद्वी साम्राज्यवाद के बीच एक प्रतियोगिता और ब्रिटिश साम्राज्य की रक्षा और उसे

बनाए रखने का प्रयास। जिस साम्राज्यवाद के ख़िलाफ़ हम इतने लंबे समय से संघर्ष कर रहे थे, उसकी रक्षा करना हमारे लिए अव्यवहारिक और असंभव लग रहा था। भले ही हममें से कुछ लोग, बड़े विचारों के आधार पर, इसे कम बुराई मानते हों, यह हमारे लोगों की सहन करने की क्षमता से पूरी तरह परे था। केवल स्वतंत्रता ही जनशक्ति को उजागर कर सकती है और कड़वाहट को खुशी के उत्सव में बदल सकती है। वहाँ कोई अन्य रास्ता नहीं था।

कांग्रेस ने विशेष रूप से मांग की कि भारत को अपने लोगों या उनके प्रतिनिधियों की सहमति के बिना किसी भी युद्ध के लिए प्रतिबद्ध नहीं होना चाहिए और किसी भी भारतीय सेना को ऐसी सहमति के बिना विदेश में सेवा के लिए नहीं भेजा जाना चाहिए। इस बाद की मांग को विभिन्न दलों और गुटों से युक्त केंद्रीय विधानमंडल द्वारा भी आगे रखा गया था। भारतीय लोगों ने लंबे समय से शिकायत की है कि हमारे सैन्य बलों को साम्राज्यवादी उद्देश्यों के लिए और अक्सर अन्य लोगों को जीतने या अधीन करने के लिए विदेश भेजा जाता था, जिनके साथ हमारा कोई झगड़ा नहीं था और जिनकी स्वतंत्रता हासिल करने के प्रयासों के प्रति हम सहानुभूति रखते थे। इस उद्देश्य के लिए बर्मा, चीन, ईरान, मध्य पूर्व और अफ्रीका के कुछ हिस्सों में भारतीय सैनिकों को भाड़े के सैनिकों के रूप में इस्तेमाल किया गया था। वे इन सभी देशों में ब्रिटिश साम्राज्यवाद और भारत की जनता के विरोध के प्रतीक बन गये। मुझे एक मिस्री की कड़वी टिप्पणी याद आती है: 'आपने न केवल अपनी स्वतंत्रता खो दी है, बल्कि आपने दूसरों को अंग्रेजों का गुलाम बनने में भी मदद की है।'

नेहरू ने निम्नलिखित दावा भी किया। लेकिन भीषण युद्ध संकट और आक्रामकता की संभावना को देखते हुए हम क्या कर सकते हैं? फिर भी निष्क्रियता इस उद्देश्य के लिए भी उपयोगी नहीं थी, क्योंकि इससे भावनाओं का विकास हुआ जिसे हम चिंता और आशंका के साथ देखते थे। जनमत की कई प्रवृत्तियाँ थीं, जैसा कि एक बड़े देश में स्वाभाविक था और संकट के समय में भी। वास्तव में जापानी समर्थक भावना वस्तुतः अस्तित्वहीन थी, क्योंकि कोई भी स्वामी को बदलना नहीं चाहता था, और चीनी समर्थक भावना मजबूत और व्यापक थी। लेकिन एक छोटा समूह था जो इस अर्थ में स्पष्ट रूप से जापान समर्थक था कि उसने कल्पना की थी कि वह भारतीय स्वतंत्रता के लिए जापानी आक्रामकता का लाभ उठा सकता है। वे सुभाष चंद्र बोस के प्रसारण से प्रभावित थे, जो एक साल पहले गुप्त रूप से भारत से भाग गए थे। अधिकांश लोग निष्क्रिय, नम्रतापूर्वक विकास की प्रतीक्षा कर रहे होंगे। यदि, दुर्भाग्य से, स्थिति इस तरह से विकसित हुई कि भारत का एक हिस्सा आक्रमणकारी के नियंत्रण में था, तो निस्संदेह कई सहयोगी होंगे, खासकर उच्च आय समूहों के बीच, जिनका सत्तारूढ़ आवेग अपनी संपत्ति को बचाने के लिए था।

नेहरू ने हमारे स्वतंत्रता इतिहास को विकृत करने के लिए कुछ आईएनए अधिकारियों (शाहनवाज खान) का इस्तेमाल किया। अक्टूबर 1946 में, शाहनवाज खान ने "मांई

मेमोरीज़ ऑफ आईएनए" शीर्षक से एक किताब लिखी, [35] जो दिल्ली से 'राजकमल प्रकाशन' द्वारा प्रकाशित हुई, और इसकी प्रस्तावना जवाहरलाल नेहरू ने की थी। यह हमारी स्वतंत्रता के इतिहास और द्वितीय विश्व युद्ध (जापान और दक्षिण पूर्व एशिया) का पूर्ण विरूपण है। इसके अलावा, खान ने इस पुस्तक में गांधी और नेहरू की प्रशंसा की है, क्योंकि नवंबर-दिसंबर 1945 में लाल किले में आईएनए मुकदमे में नेहरू ने अंग्रेजों द्वारा सार्वजनिक फांसी से उनकी जान बचाई थी। नेहरू ने अपने मित्र बुलाभाई देसाई से आग्रह किया, जिन्होंने मुकदमे में खान की वकालत की थी। खान आजीवन नेहरू और कांग्रेस पार्टी के सेवक रहे और उन्होंने मेरठ (1952 से 1977) में कई महत्वपूर्ण पदों पर सांसद के रूप में कार्य किया। खान ने 1) गांधी गुरिल्ला रेजिमेंट, 2) नेहरू गुरिल्ला रेजिमेंट, 3) आज़ाद गुरिल्ला रेजिमेंट और 4) सुभाष रेजिमेंट (नेताजी के आगमन और आईएनए के अधिग्रहण के बाद) लिखकर आईएनए के इतिहास को विकृत कर दिया। दिलचस्प बात यह है कि प्रकाशन से पहले, पांडुलिपि बोस परिवार की सहानुभूति हासिल करने के लिए शरतचंद्र बोस को भेजी गई थी।

द्वितीय विश्व युद्ध के बाद, आईएनए के शीर्ष नेताओं, जैसे शाह नवाज खान, हबीबुर रहमान खान, एम जेड कियानी, जीएस ढिल्लों, मोहन सिंह और अन्य के लिए लाल किल्ला परीक्षण आयोजित किया गया था। लाल किले पर लाए जाने से पहले कई आईएनए सैनिक मारे गए थे। हज़ारों लोग मारे गए, ज़्यादातर पश्चिम बंगाल के नीलगंज में। लेकिन नेहरू ने इसे स्वीकार नहीं किया।

डॉ. घोष ने आईएनए रेजिमेंट [36] के झूठे बयान का समर्थन नहीं किया, जैसा कि एसएन खान ने नेहरू की कठपुतली और गुलाम होने का दावा किया था; यूके सरकार के अभिलेखागार से समाचार और काकित्सुबो से नोट्स और दस्तावेजों के साथ। नेताजी ने अपने देशवासियों से 1944 में रंगून के युद्धक्षेत्र में गांधी और नेहरू दोनों को मारने और जला देने का आग्रह किया क्योंकि दोनों झूठे और बेकार नेता थे। क्या हम आश्चर्य कर सकते हैं कि उन्होंने वास्तविक युद्ध अपराधियों के नाम पर अपनी ब्रिगेड का नाम कैसे

रखा? नेताजी ने पुरुषों के लिए अपनी ब्रिगेड का नाम गुरिल्ला रेजिमेंट डिवीजन 1, 2 और 3 और महिलाओं के लिए झाँसी रानी रेजिमेंट रखा। नेहरू की मृत्यु के पांच साल बाद, हमारी आजादी और आईएनए का सत्य इतिहास 1969 में प्रसिद्ध इतिहासकार डॉ. केके घोष द्वारा लिखा गया था। यह पुस्तक "द इंडियन नेशनल आर्मी: द सेकेंड फ्रंट ऑफ द इंडियन फ्रंट ऑफ इंडिपेंडेंस मूवमेंट" मेरठ से मीनाक्षी प्रकाशन [37] द्वारा प्रकाशित की गई थी। दिलचस्प बात यह है कि इस किताब के बाद लेखक को डॉ. केके घोष का कोई पता-ठिकाना नहीं मिल सका। आरटीआई के मुताबिक, मैं भारत सरकार से अनुरोध करने जा रहा हूं कि मुझे बताएं कि क्या यह बहादुर आदमी अभी भी जीवित है! इस पुस्तक को पढ़कर यह महसूस होता है कि नेताजी और आईएनए ने हमें आजादी दिलाई।

इसके अलावा, नेताजी की मृत्यु के बाद, नेहरू ने पश्चिम बंगाल में रहने वाले शुलमुरी साधु के रूप में एक और नकली नेताजी बनाया। भारतीय जनता को मूर्ख बनाने के लिए, नेहरू ने हमारे सच्चे स्वतंत्रता सेनानी नेताजी को बदनाम करने के लिए हर तरह की बुरी हरकतें कीं। नेहरू ने भारतीयों को यह विश्वास दिलाकर मूर्ख बनाया कि भारत को आजादी गांधी की अहिंसा से मिली। हमारी आजादी का वास्तविक इतिहास नीचे दिखाया गया है।

1946 में अंग्रेजों ने भारत छोड़ने का निर्णय क्यों लिया? (नौसेना विद्रोह, 19 फ़रवरी 1946)

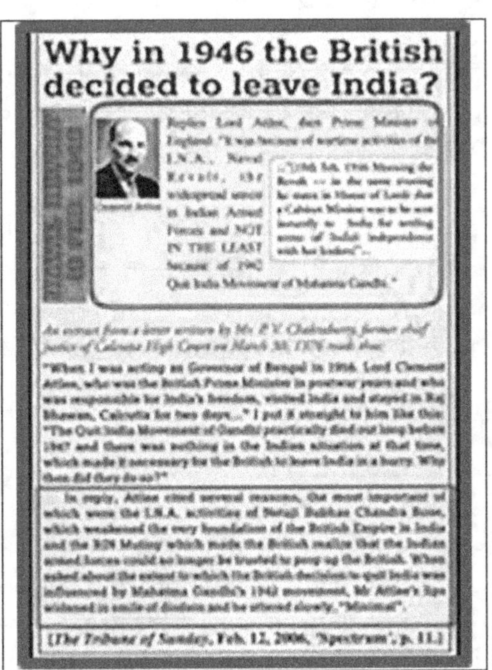

उत्तर इंग्लैंड के तत्कालीन प्रधान मंत्री, लॉर्ड एटली ने कहा: "यह आईएनए की युद्धकालीन गतिविधियों, नौसेना विद्रोह और भारतीय सशस्त्र बलों में व्यापक अशांति के कारण नहीं था, न ही 1942 में महात्मा गांधी के भारत छोड़ो आंदोलन के कारण था। " --- "[19 फरवरी को इस विद्रोह का विरोध करते हुए---उसी शाम उन्होंने हाउस ऑफ लॉर्ड्स में घोषणा की कि भारत की स्वतंत्रता की शर्तों को अपने नेताओं के साथ भेजने के लिए एक कैबिनेट तुरंत भारत भेजा गया था]" ---

कलकत्ता उच्च न्यायालय के पूर्व मुख्य न्यायाधीश श्री पीवी चक्रवर्ती द्वारा 30 मार्च 1976 को लिखे गए एक पत्र का अंश:

"1956 में जब मैं बंगाल के गवर्नर के रूप में कार्यरत था, लॉर्ड क्लेमेंट एटली, जो युद्ध के बाद के वर्षों में ब्रिटिश प्रधान मंत्री थे और भारत की स्वतंत्रता के लिए जिम्मेदार थे, ने भारत का दौरा किया और दो दिनों के लिए कलकत्ता के राजभवन में रुके।" मैंने एटली से कहा: "गांधी का भारत छोड़ो आंदोलन 1947 से बहुत पहले ही ख़त्म हो चुका था और उस समय भारतीय स्थिति में ऐसा कुछ भी नहीं था जिसके कारण अंग्रेजों को जल्दी से भारत छोड़ना ज़रूरी हो। उन्होंने ऐसा क्यों किया?" एटली ने उत्तर में कई कारण गिनाए, जिनमें से सबसे महत्वपूर्ण थे नेताजी सुभाष चंद्र बोस की आईएनए गतिविधियां, जिसने भारत में ब्रिटिश साम्राज्य की नींव को कमजोर कर दिया, और आरआईएन विद्रोह, जिसके कारण अंग्रेजों को यह एहसास हुआ कि भारतीय सशस्त्र बलों को समर्थन देने के लिए अब ब्रिटिशों पर भरोसा नहीं किया जाएगा। यह पूछे जाने पर कि 1942 में महात्मा गांधी के आंदोलन के कारण किस हद तक ब्रिटिशों को भारत छोड़ने का निर्णय लेना पड़ा, श्री एटली के होंठ तिरस्कारपूर्ण मुस्कान के साथ चौड़े हो गए और उन्होंने धीरे से कहा, "न्यूनतम।"

(द ट्रिब्यून ऑफ संडे, फरवरी 12, 2006, "स्पेक्ट्रम", पृष्ठ 11 से लिया गया)

नेताजी के जीवित रहने की अफवाहें: 1945-46 और 1967 के रेडियो प्रसारण

अवर्गीकृत फ़ाइलों से पुनर्प्राप्त

अफवाहें कैसे फैलती हैं इसका एक और उदाहरण

<u>एसएम गोस्वामी, शीर्ष स्तर के नौकरशाह</u>

गोस्वामी ने 1970-74 के दौरान न्यायमूर्ति खोसला आयोग के समक्ष कहा कि यह बीबीसी में काम करने वाले एक मित्र द्वारा दी गई कहानी थी, कि नेताजी ने अगस्त-45 के बाद तीन प्रसारण किए थे। उनके द्वारा दी गई तारीखें हैं: 19 दिसंबर 1945, 18 जनवरी 1946 और 19 फरवरी 1946।

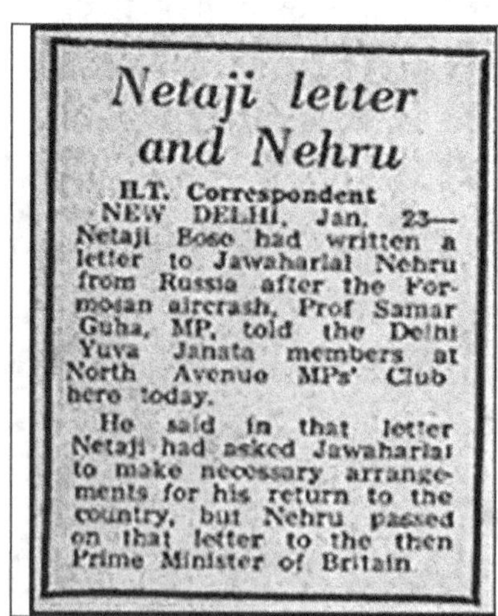

गोस्वामी ने अपने मित्र द्वारा दिए गए कथित व्याख्यानों की स्क्रिप्ट प्रस्तुत की, जिसके बारे में उन्हें नहीं पता था। यह नोट किया गया है कि कथित प्रसारण उसने या उसके मित्र ने नहीं सुना था जिसने उसे टाइप की हुई स्क्रिप्ट दी थी।

<u>चित्त बोस, फॉरवर्ड ब्लॉक सांसद:</u>

20 साल बाद, 11.2.1992 को, बोस ने प्रधान मंत्री नरसिम्हा राव को एक समर्थन ज्ञापन सौंपा, और अन्य मुद्दों के बीच उन्होंने दावा किया कि बंगाल गवर्नर हाउस के एक अधिकारी पीसी कर ने दावा किया कि उन्होंने यहां नेताजी के 3 प्रसारण उठाए थे।

26 दिसंबर 1945 (19 दिसंबर नहीं जैसा कि गोस्वामी ने दावा किया है); 1 जनवरी 1946 (18 जनवरी नहीं जैसा कि गोस्वामी ने दावा किया है) (निष्क्रिय) फ़रवरी 1946।

गोस्वामी की तरह बसु ने भी स्वयं प्रसारण नहीं सुना, न ही उन्होंने प्रसारण सुनने वाले किसी (यद्यपि जीवित) का उल्लेख किया। उन्होंने कथित प्रसारणों की टाइप की हुई स्क्रिप्ट भी प्रस्तुत कीं।

* गोस्वामी और बसु के दावों की तुलना करें: उनकी प्रसारण तिथियां मेल नहीं खातीं। आख़िरकार, नेताजी द्वारा प्रसारित किसी भी समकालीन समाचार पत्र (दिसंबर 45 से फ़रवरी 46) में कोई रिकॉर्ड नहीं है।

समर गुहा ने 1969 में संसद में उठाया था कि 1967 में एक हिंदी पत्रिका ने बताया था कि नेताजी ने ताशकंद संधि पर 20.1.67 को रेडियो मॉस्को से एक प्रसारण किया था।

भारत सरकार की जांच में पता चला कि उस समय जिन छात्रों को आगे की पढ़ाई के लिए यूएसएसआर भेजा गया था, उनमें से 3 का सामान्य नाम 'सुभाष चंद्र' था, उनमें से एक की सालगिरह पर ताशकंद समझौते पर कुछ मिनटों के लिए रेडियो प्रसारण किया गया था और इस सामान्य ज्ञान को नेताजी ने 1967 में रेडियो मॉस्को पर प्रसारित किया था।

एसएम गोस्वामी, चित्त बोस, समर गुहा जैसे लोगों द्वारा फैलाई गई अफवाहों के कुछ उदाहरण! जैसा कि लेखक को लगता है कि नेताजी रूस में छिपे एक युद्ध अपराधी थे, यह नेहरू डमी नेताजी अपने दावे को पूरा करने के लिए नेताजी को अपमानित करने की एक साजिश थी। अभी भी बेईमान लोगों द्वारा उपयोग किया जा रहा है।

18 अगस्त 1945 को उनकी मृत्यु के बाद से कांग्रेस के नेतृत्व में नेताजी का रहस्य बरकरार रहा

(जुलाई 2018 और नवंबर 2019 में क्रमशः 'अपडेटेड' ई-बुक और पेपरबैक बुक में अमेज़ॉन ऑस्ट्रेलिया द्वारा प्रकाशित अंग्रेजी पेज)
(लेखक द्वारा 17 मई 2018 को फेसबुक पर सार्वजनिक पोस्टिंग)
कॉपीराइट © डॉ. गोराचाँद घोष 2018

स्वामी विवेकानन्द के अनुयायी, महानतम स्वतंत्रता सेनानी नेताजी की 18 अगस्त 1945 को ताइहोकू (अब ताइवान) के नानमोन जापानी सैन्य अस्पताल में एक बमवर्षक दुर्घटना के बाद मृत्यु हो गई। आग से वह सिर से लेकर पैर तक बुरी तरह झुलस गया। लेकिन गाँधी और नेहरू को नेताजी की मृत्यु पर विश्वास नहीं था। नेहरू मुख्य षडयंत्रकारी थे। उन्हें और लॉर्ड माउंटबेटन को सब कुछ पता था लेकिन उन्होंने 'ब्रिटिश राज' को 'लाइसेंस राज' से बदलने के लिए तथ्यों और सच्चाई को दबा दिया। उन्होंने ब्रिटिश कंपनियों (ईस्ट इंडिया एंड कंपनी को छोड़कर) की मदद से हमारे भारत को लूटा और उसे धर्म के आधार पर विभाजित कर दिया। नेहरू ने हमारे भारत को तीसरी दुनिया का देश बनाने के लिए हमारे ब्रिटिश राज के 'गोपनीयता अधिनियम' का इस्तेमाल किया।

नेहरू, नेताजी और उनके निजी सचिव मसाइयोशी ने काकित्सुबू (जापानी) को युद्ध अपराधी होने का दावा किया। चूंकि नेहरू और बोस ब्रोथेर्स को विश्वास नहीं था कि नेताजी की मृत्यु विमान दुर्घटना में हुई थी, इसलिए आज तक भारतीयों को मूर्ख बनाने के लिए कई षड्यंत्रकारी मनगढ़ंत बातें, झूठ और फर्जी किताबें, यूट्यूब, फिल्में बनाई गईं। यहां तक कि 2001 से ही पत्रकार-सह-लेखक (भारतीय) अनुज धर और जयश्री प्रकाश (कलकत्ता) के संपादक विजय कुमार नाग, शायद किसी की मदद से, नेताजी की परम पवित्र आत्मा को हत्यारे/लुटेरे गुमनामी बाबा के रूप में बदनाम करने में लगे हुए हैं। बंगाल कांग्रेस के एक शक्तिशाली राजनीतिक नेता भी शामिल था।

भौतिकी के छात्र के रूप में मैंने कभी भी भारतीय इतिहास का अध्ययन नहीं किया। मैंने 15 अप्रैल 1983 को टोक्यो विश्वविद्यालय के कला विज्ञान संस्थान में प्रोफेसर चन्द्रशेखर के नोबेल व्याख्यान में भाग लिया, जब मैं जापानी सरकार के लिए एक शोधकर्ता था, 'ऑप्टोइलेक्ट्रॉनिक्स' पर शोध कर रहा था और टोक्यो विश्वविद्यालय में राजनीति विज्ञान के एक प्रोफेसर से मिला। उन्होंने मेरे मूल देश के बारे में पूछा. कलकत्ता, पश्चिम बंगाल से मेरी उत्पत्ति के बारे में जानने के बाद उन्होंने मुझसे 'चंद्र बोस' के बारे में पूछा। मैंने उसे उत्तर दिया, "मुझे नहीं पता"। फिर उन्होंने कहा 'नेताजी सुभाष चंद्र बोस'. हाँ, मैं जानता हूँ, वह हमारे स्वतंत्रता सेनानी थे। उन्होंने मुझे सलाह दी कि मैं वापस भारत जाऊं और जापान से प्रशिक्षण लेकर भारत को बेहतर बनाऊं। मैंने उनकी सलाह का पालन किया और ऑस्ट्रेलिया जाने से पहले 1986 से 1992 तक सार्वजनिक क्षेत्र के उद्योग, शिक्षा और सरकार में सभी प्रकार के भ्रष्टाचार से निपटने का अनुभव प्राप्त किया। 1995 में, जब मैं जापानी सरकार इलेक्ट्रोटेक्निकल प्रयोगशाला में शोध करने के लिए तैनात था, तो टोक्यो में मेरी मुलाकात नेताजी के निजी सचिव मासाइयोशी काकित्सुबो से साक्ख्यात हुई। उनके बेटे डॉ. हिरोइयोशी इयाजीमा मेरे बॉस थे, श्री काकित्सुबो ने मुझे बताया था कि नेताजी के दो दुश्मन हैं/थे। पहली है कांग्रेस पार्टी और दूसरी है बोस ब्रोथेर्स। 1997 में उनकी मृत्यु हो गई। उनकी मृत्यु के बाद जब मैं अप्रैल 1999 में ऑस्ट्रेलिया लौटा तो डॉ. इयाजीमा ने मुझे फोटो एलबम (नेताजी, काकित्सुबो और आईएनए सदस्यों की तस्वीरें) और उनके पिता द्वारा लिखे गए नेताजी के बारे में सभी लेख दिए। उन्होंने मुझे यह भी सुझाव दिया कि जब "भारत में केंद्र में कोई कांग्रेस सरकार नहीं होगी" तो मैं नेताजी पर एक किताब लिखूं। मैंने उनकी सलाह का पालन किया और "नेताजी के अज्ञात तथ्य: जापान और दक्षिण पूर्व एशिया" नामक ईबुक और हार्डकवर पुस्तक के प्रकाशित होने के लिए लगभग 18 वर्षों तक इंतजार किया। ई-बुक दुनिया भर में 19 सितंबर 2017 को किंडल-अमेज़ॉन द्वारा ऑस्ट्रेलिया से जारी की गई थी और हार्डकवर पुस्तक 28 दिसंबर 2017 को मेरे मासततो भाई मनोरंजन घोष द्वारा भारत में स्वयं प्रकाशित की गई थी।

अपनी ई-पुस्तक प्रकाशित करने के बाद मुझे कुछ शिक्षित अपराधियों जैसे अनुज धर, चंद्र कुमार बोस, विजय नाग आदि के बारे में पता चला। उन्होंने ईबुक से मेरी कॉपीराइट छवियां चुरा लीं। साहित्यिक चोरी, काट-छाँट और संपादन के बाद उन्होंने फेसबुक पर अपने रूप में पोस्ट किया। जैसा कि मैंने शोध किया है, वे भारतीयों को मूर्ख बनाने के लिए द्वितीय विश्व युद्ध के बाद एंग्लो-अमेरिकी समाचारों की 100% साजिश, नकली, मनगढ़ंत और मनगढ़ंत कहानी के आधार पर "नेताजी को गुन्नामी बाबा" नाम देने वाले शिक्षित अपराधी थे/हैं। क्या ये अपराधी नाग और धार द्वारा बोस परिवार के घर से हटाई/रखी गई कुछ वस्तुओं और चीज़ों के बिना फ़ैज़ाबाद बाबा को गुम्मनमी के रूप में नेताजी का कोई अन्य सबूत दिखा सकते हैं? उनके पिता का नाम गुमनामी की जन्म/मृत्यु की तारीख क्या है? क्या गुमनामी पिता का कोई प्रशंसापत्र और तस्वीर है? पिता केडी उपाध्याय नाम के हत्यारे/लुटेरे थे।

नई दिल्ली के "मिशन नेताजी" के सह-संस्थापक अनुज धर यूपीए शासन के दौरान कांग्रेस के कट्टर समर्थक थे। वह बंगाली नहीं हैं, आनुवंशिक रूप से नेहरू से संबंधित हैं, जैसा कि उन्होंने पहले अपनी जीवनी में दावा किया था। वह ब्रिटिश भारतीय सेना के एक सैनिक के पोते हैं, जिन्होंने द्वितीय विश्व युद्ध में नेताजी और आई.एन.ए के खिलाफ लड़ाई लड़ी थी। अपने बनाए एनजीओ को बचाने के लिए वह अब आरएसएस/भाजपा के समर्थक हैं। भारत सरकार को सभी एनजीओ पर प्रतिबंध लगाना चाहिए। भारत में सबसे ज्यादा भ्रष्ट संगठन है। सरकार को निजी कंपनियों को कोई पैसा नहीं देना चाहिए, इसके अलावा, उन्होंने सबसे महान पवित्र आत्मा और सच्चे स्वतंत्रता सेनानी नायक "नेताजी" को हत्यारा/डाकू गुमनामी बाबा के रूप में बदनाम करते हुए चार किताबें लिखीं। पत्रकार अनुज धर 2001 से लेकर आज तक अपनी किताबों और मल्टीमीडिया (फेसबुक और ट्विटर) के माध्यम से साजिश के सिद्धांतों और हेरफेर का उपयोग करके नेताजी को बदनाम कर रहे हैं।

ये चार पुस्तकें हैं 1) "बैक फ्रॉम द डेड: इनसाइड द सुभाष बोस मिस्ट्री," मानस प्रकाशन, 30 अप्रैल, 2005; 2) "सिक्सटीज़ रीबिल्डिंग इंडिया", मानस प्रकाशन, 2009; 3) "भारत का सबसे बड़ा कवर-अप," विटस्टा पब्लिशिंग प्राइवेट लिमिटेड, 29 अक्टूबर 2012; और 4) नेताजी को क्या हुआ," विटस्टा पब्लिशिंग प्राइवेट लिमिटेड, 8 मार्च 2015। उसने फोटोशॉप का उपयोग करके नेताजी की तस्वीर को क्रॉप किया और उन्हें गुमनामी बाबा में बदलने के लिए दोनों गालों पर सफेद दाढ़ी लगा/पेंट दी। साथ ही वह कई यूट्यूब और मूवी बनाकर "नेताजी को गुमनामी बाबा" कहकर बदनाम करते रहते हैं। एक कांग्रेस समर्थक के रूप में वह बिना किसी डर के नेताजी का अपमान करते रहे हैं और अब उन्होंने नेताजी का अपमान जारी रखने के लिए अपनी नाव आरएसएस/भाजपा जहाज की ओर बढ़ा दी है।

इसके अलावा, जयश्री प्रकाशन के विजय कुमार नाग ने मेरी ई-पुस्तक के कवर पेज छवि और कुछ अन्य छवियों और लेखों (क्योंकि मैं पत्रिका का मालिक नहीं हूं) पत्रिका/पुस्तक, "वॉयस ऑफ जयश्री नेताजी: सितंबर-अक्टूबर" के कॉपीराइट का उल्लंघन किया है। 2017, आज़ाद हिंद सरकार की प्लैटिनम जयंती। कृपया मेरी जानकारी/अनुमति के बिना उनके द्वारा चुराई गई और सार्वजनिक डोमेन (फेसबुक और ट्विटर) पर पोस्ट की गई दो स्व-व्याख्यात्मक कॉपीराइट तस्वीरें पढ़ें।

अनुज धर और विजय नाग मुख्य अपराधी हैं, क्योंकि वे पत्रकार और पुस्तक/पत्रिका प्रकाशक हैं जो 2001 से साहित्यिक चोरी, 'क्रॉपिंग' और दूसरों की कॉपीराइट संपत्तियों के संपादन में अनुभवी हैं। उन्होंने सोचा, "मैं ध्यान नहीं दूँगा और वे इन तस्वीरों पर दावा करेंगे कि वे नेताजी और आईएनए के साथ अपनी भविष्य की पुस्तक/पत्रिका प्रकाशनों के लिए अपनी हैं" और भारतीयों को मूर्ख बनाने के लिए इन तस्वीरों को फैजाबाद में गुमनामी बाबा के बक्से में रख देंगे। मेरा मानना है कि चंद्र के बोस ने कलकत्ता में बोस परिवार के घर से सभी पत्र/लेख नाग और धारके के माध्यम से फैजाबाद में गुमनामी बाबा के आवास तक पहुंचाए। विजय कुमार नाग ने पहले ही कलकत्ता पुलिस के सामने स्वीकार कर लिया था कि उन्होंने नेताजी द्वारा इस्तेमाल की गई वस्तुएं कलकत्ता से फैजाबाद भेजी थीं।

नेताजी और उनके द्वारा बनाई गई भारतीय राष्ट्रीय सेना (आईएनए) हमारे महान भारत की आजादी के लिए जिम्मेदार थे, जैसा कि अब सामने आ रहा है।

जय हिंद, बंदे मातरम् भगवान हमारी भारत माता को आशीर्वाद दें और नेताजी की सबसे महान पवित्र आत्मा की छवि को संरक्षित रखें----उन्हें क्रूर गुमनामवादियों द्वारा हत्यारा/लुटेरा गुमनामी बाबा के रूप में न मानना।

::: ॐ सत्यमेव जयते ::: सत्य की हमेशा जीत होती है और वह स्वतः ही प्रकट हो जाता है::

(अमेज़न ऑस्ट्रेलिया द्वारा जुलाई 2018 और नवंबर 2019 में क्रमशः 'अपडेटेड' ई-बुक और पेपरबैक बुक में प्रकाशित अंग्रेजी पेज)

लेखक डॉ. गोराचाँद घोष द्वारा फेसबुक पर सार्वजनिक पोस्टिंग 10 जून 2018 टोक्यो और कैम्ब्रिज विश्वविद्यालय से स्नातक, मासाइयोशी काकित्सुबो (एम.के., 蠇 蠇正義), दुभाषिया/निजी सचिव (जापानी सरकार, प्रधान मंत्री तोजो और कैसो) 11 मई 1943 से 18 अगस्त 1945 तक (नेताजी की मृत्यु ताइहोकू के नानमोन सैन्य अस्पताल में)। को प्रमुख के रूप में नियुक्त किया गया था)।

भौतिक विज्ञानी लेखक डॉ. गोराचाँद घोष की एमके से 1995 में टोक्यो में मुलाकात हुई। एमके ने उनसे कहा, "नेताजी के दो दुश्मन थे/हैं। पहला दुश्मन है भारत की कांग्रेस पार्टी और दूसरा दुश्मन है बोस-ब्रदर्स।" द्वितीय विश्व युद्ध के बाद, एमके ऑस्ट्रेलिया,

स्विट्जरलैंड, पाकिस्तान और कई यूरोपीय देशों में जापान के राजदूत थे, और वह न्यूयॉर्क में संयुक्त राष्ट्र से जापान के उप मंत्री के रूप में सेवानिवृत्त हुए। 1997 में उनकी मृत्यु हो गई।

उनकी मृत्यु के बाद, 1999 में लेखक को डॉ. हिरोइयोशी इयाजीमा (HY, 矢嶋 裕義) से एक एल्बम मिला, जिसमें नेताजी, जापानी और INA सदस्यों की तस्वीरों के साथ-साथ उनके पिता द्वारा नेताजी और द्वितीय विश्व युद्ध पर लिखे गए लेख भी थे। अपनी सेवानिवृत्ति से पहले, HY फेमोटो सेकेंड टेक्नोलॉजी रिसर्च एसोसिएशन (फेस्टा) के अलावा इलेक्ट्रोटेक्निकल लेबोरेटरी (ईटीएल) के निदेशक थे। दोनों संस्थान जापानी सरकार के अधीन हैं। उन्होंने उन्हें सलाह दी कि जब भारत में केंद्र में कांग्रेस की सरकार नहीं होगी तो वे नेताजी पर एक किताब लिखें। उनके सुझाव के अनुसार लेखक ने नेताजी के सभी दुश्मनों को दबाने के लिए "नेताजी के अज्ञात मामले: जापान और दक्षिणपूर्व एशिया" नामक एक ई-पुस्तक लिखी और इसे 19 सितंबर, 2017 को महालया दिवस पर 'किंडल-अमेज़ॅन' द्वारा प्रकाशित किया गया था। एक भौतिकशास्त्री के रूप में डॉ. घोष ने भारत के अन्य षडयंत्रकारियों की तरह बिना किसी षडयंत्र सिद्धांत के सभी प्रकार के साक्ष्यों और तथ्यों के आधार पर ई-पुस्तक लिखी। यह पुस्तक एम.के. को समर्पित है और इसकी प्रस्तावना एच.वाई. ने लिखी है। वही हार्डकवर पुस्तक दिसंबर 2017 में बांकुरा, भारत से प्रकाशित हुई थी।

8 अक्टूबर 2017 को, लेखक को अपने जीवन में पहली बार हत्यारे/डाकू गुमनामी-बाबा के रूप में नेताजी की आत्मा के बारे में पता चला, जब मास्टर साजिशकर्ता धर और उसके 'मिशन नेताजी' गिरोह ने ईबुक से नेताजी की तस्वीर चुरा ली (उन्होंने उनका कंप्यूटर भी हैक कर लिया), और धर ने टिप्पणी की कि फेसबुक पर डॉ. घोष का 'फ़ाउल माउथ' है और धर और उनकी टीम को 'क्रॉप'/संपादित करने के बाद ये कॉपीराइट छवियां लेखक और प्रकाशक की जानकारी के बिना सार्वजनिक डोमेन (फेसबुक/ट्विटर) पर पोस्ट की गई हैं।

17 मई 2018 को, लेखक ने नेताजी पर एक शोध प्रबंध "18 अगस्त 1945 को उनकी मृत्यु के बाद से कांग्रेस में नेतृत्व के लगातार गायब होने का रहस्य" लिखा और इसे दुनिया भर में जन जागरूकता के रूप में फेसबुक पर पोस्ट किया, चूँकि द्वितीय विश्व युद्ध के दौरान नेताजी सर्वश्रेष्ठ नेताओं में से एक थे।

चूँकि नेहरू और बोस ब्रोठेर्स को नेताजी की मृत्यु पर विश्वास नहीं था; बहुत सारे षड्यंत्रकारी, इतिहासकार, भारतीय लेखक भारतीयों को मूर्ख बनाने के लिए मृत्यु के सभी प्रकार के अज्ञात और काल्पनिक इतिहास का उपयोग करते हैं और बिना किसी विमान दुर्घटना के नेताजी पर कई झूठी, काल्पनिक और मनगढ़ंत किताबें लिखते हैं। एमके ने 1977 में कलकत्ता में नेताजी रिसर्च ब्यूरो (एक एनजीओ, पैसा कमाने वाली संस्था) में नेताजी पर एक निबंध प्रस्तुत किया था। एमके ने दावा किया कि बोस ब्रोठेर्स नेताजी के दूसरे दुश्मन थे क्योंकि "घटनाओं को दबाना एक अपराध है।"

आम लोगों से लेकर सम्राट हिरोहितो तक, सभी जापानी लोग नेताजी की प्रशंसा करते थे और उनका सम्मान करते थे। नेताजी और आई.एन.ए के कारण ही हमारे वृहत्तर भारत को आज़ादी मिली। दुनिया भर के सभी भारतीयों को तथ्यों और मुद्दों को जानना चाहिए। ब्रिटेन के सरकारी अभिलेखागार की गुप्त फाइलों से पता चलता है कि गांधी और नेहरू अप्रत्यक्ष युद्ध अपराधी थे।

दिल्ली, भारत में 'मिशन नेताजी' के गुमनामिस्ट्सरा

(जुलाई 2018 और नवंबर 2019 में क्रमशः 'अपडेटेड' ई-बुक और पेपरबैक बुक में अमेज़ॅन ऑस्ट्रेलिया द्वारा प्रकाशित अंग्रेजी पेज)
लेखक डॉ. गोराचाँद घोष द्वारा फेसबुक पर सार्वजनिक पोस्टिंग 19 जून 2018
डॉ. गोराचाँद घोष; नेताजी पर ई- बुक लेखक

श्री अनुज धर, नेहरू के आनुवंशिकीविद्, यूपीए सरकार के कांग्रेसी दिग्गज के रूप में "मिशन नेताजी" नामक एक गैर सरकारी संगठन के संस्थापक। शासन 2001 से, वह फैजाबाद में एक हत्यारे गुमनामी बाबा (जीबी)

के परदादा के रूप में हमारे महानतम स्वतंत्रता सेनानी नेताजी की आत्मा को बदनाम करने में लगा हुआ है।

लेखक 1988 से 1992 तक इलाहाबाद और जबलपुर में रहे। लेकिन उन्होंने कभी नेताजी के बारे में 'जीबी' के बारे में नहीं सुना था। Google ने इस अपराधी को उसकी ई-पुस्तक के कॉपीराइट का उल्लंघन करने के लिए पाया।

बायां कॉलम: आप कॉपीराइट उल्लंघनकर्ता-सह-अपराधी अनुज धर की नेताजी के साथ कई तस्वीरें देख सकते हैं। धर ई-बुक छवि NP-23 को क्रॉप किया गया और फेसबुक पर पोस्ट किया गया। लेकिन यहां वही तस्वीर श्याम बेनिगल की है और उन्होंने इसे बिना किसी संदर्भ के इस्तेमाल किया है।

मध्य कॉलम: शीर्ष फोटो जाराज ए धर द्वारा ई-बुक फोटो NP-48 में क्रॉप किया गया है। चंद्र के बोस (वीपी-बीजेपी) ने मुझे बेवकूफ बनाने के लिए एनआरबी वेबसाइट पर वही तस्वीर पोस्ट की। बीच वाला जाराज अनुज धर द्वारा लिखित 'क्रॉप्ड' ई-बुक NP-21 फोटो है। नीचे मिशन नेताजी के एक सदस्य की ई-बुक NP-28 की क्रॉप की गई तस्वीर है।

दायां कॉलम: शीर्ष फोटो में, जराज धर गुमनामी बाबा ने नेताजी बनाने के लिए अपने गालों पर सफेद दाढ़ी रखी। मध्य चित्र नई दिल्ली में मिशन नेताजी के गुमनामिस्टस। आखिरी छवि कोलकाता में जयश्री प्रकाशन के कमीने विजय के नाग की क्रॉप की गई ई-बुक छवि NP-29 है।

"(भारत सरकार और भारतीय पुलिस को कानून के अनुसार कार्रवाई करनी चाहिए)"

हाल ही में इंटरनेट के माध्यम से दुनिया भर में गुमनामवादियों द्वारा नेताजी की मानहानि और भारतीय स्वतंत्रता के इतिहास को विकृत किया गया

(जुलाई 2018 और नवंबर 2019 में क्रमशः 'अपडेटेड' ई-बुक और पेपरबैक बुक में अमेज़ॅन ऑस्ट्रेलिया द्वारा प्रकाशित अंग्रेजी पेज)

लेखक डॉ. गोराचाँद घोष द्वारा फेसबुक पर सार्वजनिक पोस्टिंग 17 जून 2018)

कॉपीराइट © डॉ. गोराचाँद घोष 2018

"नेताजी के अज्ञात तथ्य: जापान और दक्षिण पूर्व एशिया" नामक ई-बुक और हार्डकवर पुस्तक के लेखक मनोरंजन घोष दुनिया भर में किंडल-अमेज़ॅन पर ऑस्ट्रेलिया से और बांकुरा, भारत से क्रमशः 19/09/2017 और 28/12/2017 को प्रकाशित हुए। नेताजी के "आशीर्वाद" से सब कुछ उनके जापानी पीएस श्री काकित्सुबो और काकित्सुबो के बेटे डॉ. इयाजीमा के माध्यम से हो रहा है। मैंने कानून के अनुसार कॉपीराइट पेज को ई-बुक के सामने रखा है और दुनिया में हर कोई इस ई-बुक को खरीदने से पहले इंटरनेट से पेज को पढ़ सकता है। इसके अलावा कॉपीराइट प्रतीकों के साथ NP-1 से NP-49 तक की संख्या फ़ोटोशॉप का उपयोग करके फोटो कैप्शन के साथ स्कैन की गई मूल छवियों पर रखी गई है। मैंने इसे तस्वीरों के अंदर नहीं डाला क्योंकि यह अच्छा लग रहा है। अगर मैंने ये

सारी तस्वीरें अंदर दे दी होती तो कमीने गुमनामिस्टस रंगे हाथ नहीं पकड़े जाते। जैसा कि मैंने आपको बताया है, यह "अविसारिकास" का युग है जिसे लेखक ने 1989 में भारत में नामित किया था। कल, एक अपराधी गुमनामिस्ट ने मुझे एक एसएमएस भेजा जिसमें कहा गया कि उसे जापान में इंटरनेट से नेताजी की एक तस्वीर मिली है। मैंने उससे मुझे वेब पता देने के लिए कहा। अभी तक मुझे उनसे कोई जवाब नहीं मिला है।

इसके अलावा, ये गुमनामिवादी न केवल नेताजी का अपमान कर रहे हैं बल्कि भारतीय स्वतंत्रता के इतिहास को भी विकृत कर रहे हैं। जैसा कि आप एक कमीने को देख सकते हैं, गुमनामिस्ट सौरव सौम्य दास ने लिखा, "1953 में, जापानी विदेश मंत्री मोमरू शिगेमित्सु ने अपने संगठन 'अल्टाडिन' में नेताजी सुभाष चंद्र बोस को 'एशिया के हीरो' के रूप में सम्मानित किया था"। 1953 में जीवित थे नेताजी? इसी प्रकार एक अपराधी "फिजिट, लाइफ शेक्स, ए वर्ल्ड व्यू ऑन नेताजी: सितंबर 2010" ने भी ऐसी ही आपराधिक गतिविधियां की हैं और वह एस.यू.सी.आई. का सदस्य है। यहां तक कि दूसरे अपराधी, गुमनामिस्ट सीके बोस ने ई-बुक (News18.com) से NP-31 फोटो चुरा लिया और भारत की आजादी के इतिहास को विकृत कर दिया और इंटरनेट पर पोस्ट किया "मैरांग: जहां INA ने स्वतंत्र भारत की पहली प्रांतीय सरकार बनाई थी। कोई अपराधी इन तस्वीरों के पीछे तारीख और वर्ष लिखकर मुझे बेवकूफ बनाने की कोशिश कर रहा है। अपनी ई-पुस्तक प्रकाशित करने से पहले, मैंने नेताजी की तस्वीरें खोजने के लिए लगभग नियमित रूप से इंटरनेट की जाँच की। सच्चा इतिहास लिखने के लिए मैंने कुछ तस्वीरें इस्तेमाल कीं जो काकित्सुबो के एल्बम में नहीं थीं। कुछ अपराधी 'क्रॉप्ड' फोटोकॉपी पर जापानी नाम डालते हैं और उन्हें इंटरनेट पर पोस्ट कर देते हैं।

कॉपीराइट अधिनियम के अनुसार, कॉपीराइट कानूनों को प्रभावी ढंग से लागू करने और हमारी भारत माता को इस सदी में एक विकसित देश बनाने के लिए अपराधियों और गुंडों को जांच करने वाले पुलिस अधिकारी को मूल छवियां दिखानी चाहिए। भारत की सभी समस्याओं के लिए मुख्य अप्रत्यक्ष युद्ध अपराधी नेहरू जिम्मेदार हैं। उन्होंने नेताजी का अपमान किया और अब नेहरू के आनुवांशिक गुरु अपराधी अनुज धर, गुमनामी बाबा के रूप में नेताजी का अपमान कर रहे हैं जिन्होंने सबसे महान पवित्र आत्मा की हत्या की। कुछ विद्वान प्रोफेसर (कुमार) और प्रमुख भारतीय (बक्सी) कॉपीराइट कानूनों का उल्लंघन करते हुए अकादमिक और अन्य समारोहों में अपने व्याख्यानों में कुछ 'क्रोपपद' कॉपीराइट छवियों का उपयोग कर रहे हैं। पहले क्षण में, उन्हें गुम्मनामवादियों से प्राप्त तस्वीरों का स्रोत पूछना चाहिए था। मौत के 72 साल बाद भी कैसे उपलब्ध हैं नेताजी की ये तस्वीरें? दिलचस्प बात यह है कि वे दर्शकों को वे तस्वीरें दिखा रहे हैं लेकिन दावा कर रहे हैं कि नेताजी की मौत विमान दुर्घटना में नहीं हुई थी और कोई विमान दुर्घटना नहीं हुई थी। वे अपराधी, बदमाश गुमनामिस्ट्स का समर्थन कर रहे हैं।

सभी कॉपीराइट फ़ोटो में काकित्सुबो के कैप्शन और लिखावट कांजी और अंग्रेजी दोनों में हैं। मैंने इसका उपयोग उनके महानतम व्यक्तित्व को याद करने के लिए किया। फेसबुक पर मेरे द्वारा पोस्ट की गई कुछ खूबसूरत तस्वीरों को सभी लोग पहले ही देख चुके हैं। यहां मैं शिक्षित, अपराधी, बौनों के कार्यों की तुलना करने के लिए एक और पोस्ट बना रहा हूं।

कई देशों में जापानी राजदूत के रूप में, उन्हें कई देशों का व्यापक ज्ञान था।

दुनिया भर में कॉपीराइट कानूनों का पूरी तरह से पालन किया जाना चाहिए। जय हिंद, बंदे मातरम्.

बायां स्तंभ: तस्वीरें NP-8, NP-5 और NP-31 अपराधियों, गुम्मनामवादियों द्वारा 'काटी' गईं।

मध्य स्तंभ: मेरी मूल ई-बुक फोटो NP-34 और आपराधिक गुमनामिस्ट्स द्वारा 'क्रॉप की गई' फोटो NP-31।

दायां स्तंभ: अपराधियों, गुम्मनामवादियों द्वारा 'काटी गई' तस्वीरें NP-20 और NP-34।

कॉपीराइट उल्लंघन और नेताजी के बारे में भारतीय इतिहास को विकृत करने के लिए, *"भारत सरकार और भारतीय पुलिस को कानून के अनुसार कार्रवाई करनी चाहिए"*।

मिशन नेताजी (एनजीओ भारत में एक आपराधिक संगठन है): डॉ. गोराचाँद घोष द्वारा

(जुलाई 2018 और नवंबर 2019 में क्रमशः 'अपडेटेड' ई-बुक और पेपरबैक बुक में अमेज़ॅन ऑस्ट्रेलिया द्वारा प्रकाशित अंग्रेजी पेज; लेखक डॉ. गोराचाँद घोष द्वारा फेसबुक पर सार्वजनिक पोस्टिंग 21 जून 2018)

मुख्य अप्रत्यक्ष युद्ध अपराधी नेहरू थे, जिन्होंने नेताजी और उनके जापानी निजी सचिव मासाइयोशी काकित्सुबू को युद्ध अपराधी के रूप में बदनाम किया था। वे हमारी भारत माता की आज़ादी के सच्चे पुरुषार्थी थे।

अब श्री अनुज धर, नेहरू के वही वंशज हैं जैसा कि वे अपनी विकिपीडिया जीवनी में दावा करते हैं। किया (अब उन्होंने वह हिस्सा हटा दिया है, लेकिन मेरे पास स्क्रीन शॉट है), 2001 से बिना किसी वैज्ञानिक प्रमाण के, नेताजी को सबसे बड़े पवित्र आत्मा हत्यारे गुमनामी बाबा (जीबी) के रूप में बदनाम कर रहे हैं।

इसके अलावा, वह अपने षड्यंत्र सिद्धांत से पूरी दुनिया को बेवकूफ बनाने में लगे हुए हैं कि वह कांग्रेस के 'कट्टर समर्थक' थे। यहां तक कि, वह न केवल भारत में (कई आईआईटी सहित) बल्कि विदेशों में भी कई शैक्षणिक संस्थानों में नेताजी शोधकर्ताओं के 'समर्थक' के रूप में नेताजी पर व्याख्यान देते रहते हैं। इस अपराधी का विरोध करने की हिम्मत आज तक किसी में नहीं हुई, कृपया इस अपराधी की हरकतें देखें। उसने मेरी ई-बुक से कॉपीराइट की गई तस्वीरें चुरा लीं और उन्हें फेसबुक और सार्वजनिक स्थानों पर पोस्ट कर दिया।

बायां स्तंभ: शीर्ष छवि; मिशन नेताजी- धर ने फ़ोटोशॉप का उपयोग नेताजी की दृश्य चित्र छवि (जीबी) के रूप में किया। नीचे दी गई तस्वीर में, 'मिशन नेताजी' में अपराधियों का एक समूह शामिल है जो नेताजी को उनके पिता गुमनामी द्वारा हत्यारे के रूप में बदनाम कर रहा है।

मध्य स्तंभ में: शीर्ष फ़ोटो में; धर ने फ़ोटोशॉप का उपयोग करके मूल NP-21 ई-बुक छवि को विकृत कर दिया और उसके गिरोह के सदस्य ने इसे 9 अक्टूबर 2017 को फेसबुक सार्वजनिक समूह "नेताजी सुभाष चंद्र बोस मेमोरियल इन दिल्ली" में पोस्ट कर दिया। नीचे दी गई तस्वीर में जारज धर खुद को नेताजी मानते हैं।

दायां कॉलम: शीर्ष फोटो एक यूआरएल प्रस्तुत करता है जिसमें "नेताजी-सुभाष-चंद्र-बोस एचटीएमएल" के साथ चुराई गई, 'क्रॉप की गई' फोटो NP-34 होगी। नीचे दी गई छवि में, डकैत चंद्र कुमार बोस (वीपी-बीजेपी) ने ई-बुक छवि NP-26 चुरा ली और 'क्रॉप' करने के बाद इसे 7 अक्टूबर 2017 को फेसबुक और ट्विटर पर पोस्ट कर दिया।

19 सितंबर 2017 को अमेज़ॅन द्वारा प्रकाशित ई-बुक से कुछ कॉपीराइट उल्लंघनकर्ताओं द्वारा चोरी किए जाने के बाद फेसबुक सार्वजनिक समूहों पर उनकी 'क्रॉपड' छवियां पोस्ट

लेखक डॉ. गोराचाँद घोष द्वारा फेसबुक पर सार्वजनिक पोस्टिंग 17 अगस्त 2018)
बायां कॉलम: शीर्ष छवि ई-बुक NP-23 से फेसबुक एमएनडीपी सार्वजनिक समूह के अपराधी आकाश भट्टाचार्य की चुराई गई, 'क्रॉपड' तस्वीर है। मैंने अपनी टिप्पणी पोस्ट की। शीर्ष मध्य छवि अपराधी अनल हाजरा की चुराई हुई, 'क्रॉपड' ई-बुक NP-8 तस्वीर है। मैंने अपनी टिप्पणी पोस्ट की: ऊपर से तीसरी छवि चोरी की है, 'क्रॉपड' ई-बुक NP-29 फेसबुक एमएनडीपी पब्लिक ग्रुप क्रिमिनल देबांशु दास की फोटो।

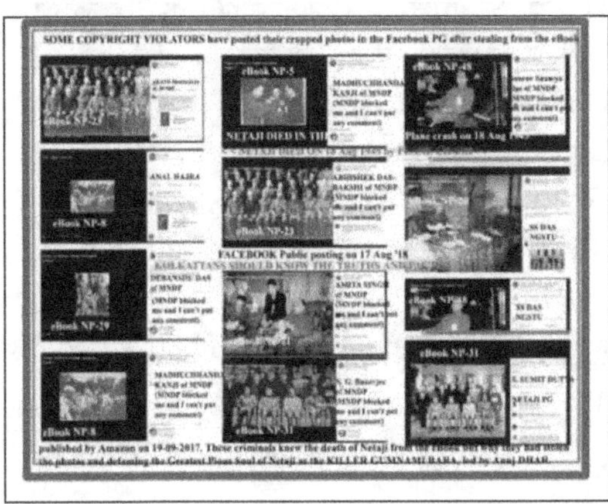

मैं टिप्पणी करने में सक्षम नहीं हूं क्योंकि एमएनडीपी एडमिन ने मुझे ब्लॉक कर दिया है। यह तस्वीर एक चुराई हुई, 'क्रोपपद' ई-बुक NP-8 तस्वीर है, जिसे फेसबुक एमएनडीपी सार्वजनिक समूह के अपराधी मधु चंदा कांजी ने बनाया है।

मध्य स्तंभ: शीर्ष छवि एक चोरी की गई, 'क्रॉपड' ई-बुक NP-5 तस्वीर है, जिसे फेसबुक एमएनडीपी सार्वजनिक समूह अपराधी मधु चंदा कांजी द्वारा बनाया गया है। मैं टिप्पणी करने में सक्षम नहीं हूं क्योंकि एमएनडीपी एडमिन ने मुझे ब्लॉक कर दिया है। ऊपर से दूसरी तस्वीर एमएनडीपी सार्वजनिक समूह के अपराधी अभिषेक दास बख्शी द्वारा फेसबुक पर चुराई गई, 'क्रॉपड' ई-बुक NP-23 की तस्वीर है। शीर्ष छवि से तीसरी छवि फेसबुक एमएनडीपी सार्वजनिक समूह अपराधी अमिता सिंह की चोरी की गई, 'क्रॉपड' ई-बुक NP-21 तस्वीर है। नीचे दी गई छवि एक चोरी की गई, 'क्रॉपड' ई-बुक NP-31 तस्वीर है, जो एमएनडीपी सार्वजनिक समूह के अपराधी एनजी बनर्जी का फेसबुक है।

दायां कॉलम: शीर्ष छवि एक चोरी की गई, 'क्रॉपड' ई-बुक NP-48 तस्वीर है, जो एमएनडीपी सार्वजनिक समूह के अपराधी सौरभ सौम्य दास का फेसबुक है। मैं टिप्पणी करने में सक्षम नहीं हूं क्योंकि एमएनडीपी एडमिन ने मुझे ब्लॉक कर दिया है। उपरोक्त छवि में से पहली फेसबुक NGSTUR सार्वजनिक समूह अपराधी एसएस दास की चोरी की गई, 'क्रॉपड' ई-बुक NP-20 छवि है। उपरोक्त छवि में से दूसरी छवि फेसबुक एनजीएसटीयूआर सार्वजनिक समूह अपराधी एसएस दास की चुराई गई, 'क्रॉपड' ईबुक NP-48 तस्वीर है।

नीचे दी गई छवि एक चोरी की हुई, 'क्रॉपड' ई-बुक NP-31 तस्वीर है, जो फेसबुक के नेताजी पब्लिक ग्रुप के अपराधी एस सुमित दत्त की है। कैलासीयू को विमान दुर्घटना में नेताजी की मृत्यु की सच्ची कहानी पता होनी चाहिए। इन अपराधियों को ई-बुक से पता था लेकिन उन्होंने नेताजी को हत्यारे गुमनामी बाबा के रूप में बदनाम करने के लिए अनुज धर के नेतृत्व में ये तस्वीरें क्यों चुराईं?

"(भारत सरकार और भारतीय पुलिस को कानून के अनुसार कार्रवाई करनी चाहिए)"

जापान में मूल छवियों सहित सार्वजनिक डोमेन में नेताजी की दो छवियों की आलोचना और विश्लेषण

(जुलाई 2018 और नवंबर 2019 में क्रमशः 'अपडेटेड' ई-बुक और पेपरबैक बुक में अमेज़ॅन ऑस्ट्रेलिया द्वारा प्रकाशित अंग्रेजी पेज

लेखक डॉ. गोराचाँद घोष द्वारा फेसबुक पर सार्वजनिक पोस्टिंग 21 अक्टूबर 2018)

कॉपीराइट © डॉ. गोराचाँद घोष 2018

निम्नलिखित शोध लेख 19 अक्टूबर 2018 (बिजोया-दशमी दिवस), लाल किले पर नेताजी की अनंतिम आज़ाद हिंद सरकार की 75वीं वर्षगांठ (21 अक्टूबर 2018) पर राष्ट्रपति और प्रधान मंत्री को ईमेल द्वारा भेजा गया था। साथ ही, इसे 21 अक्टूबर 2018 को प्रकाशन के लिए 7 अक्टूबर 2018 को हिंदुस्तान टाइम्स, टाइम्स ऑफ इंडिया और टेलीग्राफ के संपादकों को प्रस्तुत किया गया था। जब अखबारों से कोई जवाब नहीं मिला तो इसे 21 अक्टूबर 2018 को फेसबुक पर सार्वजनिक रूप से पोस्ट किया गया।

मुख्य रूप से "मिशन नेताजी" के बैनर तले काम करने वाले लोगों सहित व्यक्तियों का एक वर्ग हमारे सबसे महान नेता नेताजी के नाम का दुरुपयोग और बदनाम करने की कोशिश करता रहता है। इसके लिए उन्होंने जानबूझकर यह छोड़ दिया कि हमारे सबसे महान स्वतंत्रता सेनानी नेताजी की मृत्यु एक विमान दुर्घटना में हुई थी - और एक कहानी बनाई कि एक गुमनामी बाबा कोई और नहीं बल्कि नेताजी थे, और वे अपनी पुस्तकों, व्याख्यानों आदि की बिक्री और विशेष लाभ के लिए ऐसा कर रहे हैं। इस उद्देश्य से तुलना के लिए नेताजी की मूल तस्वीर और तथाकथित गुमनामी बाबा की तस्वीर, जिनके बारे में वे दावा करते हैं कि वे नेताजी हैं, को साथ-साथ रखा गया है।

16 जनवरी 1941 को कलकत्ता में अपने पैतृक घर से नेताजी के "महान पलायन" के बाद, द्वितीय विश्व युद्ध से ठीक पहले और बाद भारत में कहीं नेताजी के तस्वीर थे।

और बाद में नेताजी की कोई तस्वीर नहीं मिली। साजिशकर्ता कुछ फर्जी पत्रकार रिपोर्टों का उपयोग करके दुनिया भर में अपनी साजिश सिद्धांत की जरूरतों को पूरा करने के लिए नेताजी की कुछ छवियां बनाने में व्यस्त थे।

(2001 में "मिशन नेताजी" की   (1943 में नेताजी के पीएस   (लाल 'चक्कर' कल्पित
सफ़ेद दाढ़ी में कंप्यूटर रूपित   और कोइसो के साथ   नेताजी 1966)
जाल नेताजी)   12 मई को टोक्यो में)

बाईं ओर की छवि स्क्रॉल-इन से है और इसका उपयोग गुमनामिस्ट्स द्वारा किया जाता है। यह कोई मूल छवि नहीं है, बल्कि इसे 2001 में फ़ोटोशॉप का उपयोग करके बनाया गया था। नेताजी के मध्य भाग की मूल तस्वीर डॉ. गोराचंद घोष के पास उपलब्ध है, जिन्होंने इसे 1999 में नेताजी के पी.एस., टोक्यो, जापान के पुत्र डॉ. हिरोइयोशी इयाजीमा से प्राप्त किया था। लाल घेरे वाली नेताजी की दाहिनी ओर की तस्वीर इंटरनेट पर उपलब्ध है। पुतिनवादियों ने दावा किया, नेताजी ने 1966 में रूसी समूह ताशकंद में पूर्व प्रधान मंत्री, "एल.बी शास्त्री" से मुलाकात की थी।

बाईं ओर की छवि हमारे स्वतंत्रता सेनानी नेताजी सुभाष चंद्र बोस की पहले उपलब्ध छवियों की मदद से फ़ोटोशॉप सहित कंप्यूटर तकनीक का उपयोग करके बनाई गई है। लहराती सफेद दाढ़ी वाला बूढ़ा व्यक्ति विभिन्न मुख्यधारा के मीडिया में दिखाई दिया और दावा किया कि वह संत गुमनामी बाबा हैं, जिनकी सितंबर 1985 में फैजाबाद में मृत्यु हो गई, क्योंकि आपराधिक संगठन मिशन के गुमनामीवादियों के पास गुमनामी बाबा की मूल तस्वीर नहीं मिली थी। नेताजी (एम.एन)। 'स्क्रॉल इंडिया', "क्योंकि यह स्वतंत्र प्रेस का समर्थन करता है", का दावा है कि यह छवि 2001 में सिद्धार्थ घोष द्वारा 'हिंदुस्तान टाइम्स' की वेबसाइट पर काम करते समय बनाई गई थी। घोष ने स्क्रॉल इन को बताया, "यह एम.एन संगठन द्वारा लॉन्च किए गए गुम्मनामी बाबा पैकेज के हिस्से के रूप में तैयार किया गया था।" एम.एन का निर्माण कांग्रेस समर्थक अनुज धर, नेहरू के आनुवंशिकीविद्, द्वारा किया गया था जैसा कि विकिपीडिया द्वारा दावा किया गया है। वह जयश्री प्रकाशन के विजय कुमार नाग और कलकत्ता के नेताजी के पोते चंद्र कुमार बोस से जुड़े हुए हैं। इसके अलावा कुछ कांग्रेसी राजनीतिक नेता 1977 से फैजाबाद में नेताजी को साधु गुमनामी बाबा बनाने के लिए उनके अपमान के पीछे हैं।

दाईं ओर की तस्वीर इंटरनेट से है और रूसी एंजेल पुतिनवादियों का दावा है कि वह नेताजी हैं। नेताजी द्वितीय विश्व युद्ध में बच गए और मंचूरिया के रास्ते रूस चले गए और 1966 में भारत के तत्कालीन प्रधान मंत्री लाल बहादुर शास्त्री से मिले। पुतिनवादी दावा कर रहे हैं कि जिस व्यक्ति को लाल घेरे में दिखाया गया था, वह नेताजी थे, क्योंकि उनकी

179

खोपड़ी को शल्य चिकित्सा द्वारा बदल दिया गया था। कलकत्ता के बोस-ब्रदर्स के एक समूह सहित रूसी एन्जिल्स के इस समूह द्वारा नेताजी की आत्मा को बदनाम करने के लिए बहुत सारी बकवास कहानियाँ/मनगढ़ंत कहानियाँ बनाई गईं। कुछ अन्य भारतीयों ने निराधार दावा किया है कि स्टालिन ने मास्को में नेताजी की हत्या कर दी, जिसका कोई सबूत नहीं है।

नेताजी के बीच की तस्वीर 11 मई, 1943 को टोक्यो में नेताजी के निजी सचिव मासाइयोशी काकित्सुबो द्वारा ली गई वास्तविक तस्वीर है। 1995 में, डॉ. घोष अपने बेटे के साथ टोक्यो में उनके घर गये। उन्होंने उन्हें 18 अगस्त, 1945 को ताइहोकू हवाई अड्डे पर एक विमान दुर्घटना में नेताजी की मृत्यु के बारे में बताया। उन्होंने कहा कि नेताजी के दो दुश्मन थे/हैं: 1) भारत की कांग्रेस पार्टी और 2) कलकत्ता में बोस ब्रोठेर्स। डॉ. घोष उस समय दूसरा समझने में असमर्थ थे।

2017 में, नेताजी पर किताब लिखते समय उनके दूसरे दुश्मन की पुष्टि की गई थी। मासाईयोशी काकित्सुबो ने 23 जनवरी 1977 को नेताजी की 81वीं जयंती पर कलकत्ता में नेताजी रिसर्च ब्यूरो (एनआरबी) में नेताजी की मृत्यु के साक्ष्य के साथ एक लेख प्रस्तुत किया। दिलचस्प बात यह है कि बैठक में कई महत्वपूर्ण लोगों (मुख्य रूप से कांग्रेस पार्टी के सदस्यों, मेरे पास सूची है) ने भाग लिया, लेकिन एनआरबी ने पिछले चालीस वर्षों से भारत के लोगों से मृत्यु का रहस्य छुपाए रखा। उन्होंने तथ्यों को क्यों दबाया? सिर्फ "नेताजी के लापता होने" पर शोध के नाम पर जनता का पैसा लूटने के लिए! यहां तक कि, एनआरबी वेबसाइट पर भी पेपर का कोई उल्लेख नहीं है। हाल ही में, इस संगठन ने ई-बुक से मेरी प्रकाशित नेताजी की तस्वीरें चुरा लीं और उन्हें काटकर अपनी वेबसाइट पर "नेताजी रिसर्च ब्यूरो, कोलकाता" की मुहर लगाकर पुरानी तस्वीरों को बदल दिया और कॉपीराइट कानूनों का उल्लंघन किया। यहां तक कि 5 अक्टूबर 2018 को जर्मनी में तैनात नेताजी के पोते श्री सूर्य कुमार बोस ने मुझे फेसबुक के माध्यम से एसएमएस किया और कहा, नेताजी की इन तस्वीरों पर आपका कॉपीराइट नहीं होना चाहिए। इस फोटो का उपयोग कोई भी कर सकता है। मैंने बस इतना कहा, "ये तस्वीरें पिछले 72 वर्षों से सार्वजनिक डोमेन में क्यों नहीं हैं?" कानून ये मेरी कॉपीराइट वाली तस्वीरें हैं। साथ ही, ये तस्वीरें कलकत्ता में बोस ब्रोठेर्स की पैतृक संपत्ति नहीं हैं। एक शिक्षित व्यक्ति या आम आदमी नेताजी की इन तीन तस्वीरों को देखेगा और तुरंत निष्कर्ष निकालेगा कि गुम्मनामवादियों और रूसी एंगल पुतिनवादियों दोनों ने "नेताजी को सबसे महान पुण्यात्मा" का नाम देकर धोखा दिया है। भारत सरकार और भारतीय पुलिस को उनके खिलाफ "नेताजी की सबसे महान पवित्र आत्मा" को बदनाम करने और हमारे "महानतम स्वतंत्रता सेनानी नेताजी" के नाम पर धन लूटने का मामला दर्ज करना चाहिए। पुलिस को भारत में अनुज धर द्वारा लिखी गई नेताजी के खिलाफ सभी अपमानजनक पुस्तकों को जब्त कर लेना चाहिए। साथ ही "गुम्मनम ऐज़ नेताजी" पर आधारित प्रस्तावित फिल्म पर तुरंत प्रतिबंध लगाया जाना चाहिए।

नेताजी की नीतियों पर चलने के बजाय 'मिशन नेताजी' 2001 से लेकर आज तक फैजाबाद में उन्हें बिना किसी सबूत के फर्जी पिता बनाने के लिए कई अपमानजनक किताबें लिखकर और कई यूट्यूब बनाकर उन्हें बदनाम करने में लगा हुआ है। 'महानिष्क्रमण' से पहले नेताजी द्वारा अपने कलकत्ता स्थित घर में इस्तेमाल किए गए कुछ सामान बोस-ब्रदर्स की मदद से केवल किसी कलकत्तावासी (विजय कुमार नाग) गुमनामी बाबा के घर पर पोस्ट/भेजे गए थे। हमारी भारत माता की आजादी में गांधी और नेहरू का योगदान न्यूनतम था। जैसा कि अब तथ्यों और घटनाओं से पता चलता है, नेताजी और आईएनए ने हमें आज़ादी दिलाई। भारत के स्वतंत्रता इतिहास को दोबारा देखा जाना चाहिए और द्वितीय विश्व युद्ध में नेताजी की मृत्यु के बारे में स्पष्ट तथ्यों के आधार पर फिर से लिखा जाना चाहिए, जैसे कि उनके पीएस, कुछ जापानी और आईएनए सदस्यों के साथ नेताजी की 50 दुर्लभ तस्वीरें ई-बुक और हार्डकवर पुस्तक में प्रकाशित, "नेताजी के अज्ञात तथ्य" : जापान और दक्षिण पूर्व एशिया, दुनिया भर में 19 सितंबर 2017 को ऑस्ट्रेलिया से अमेज़ॅन द्वारा और दिसंबर में मनोरंजन घोष द्वारा भारत से प्रकाशित किया गया। जय हिंद, वंदे मातरम।

प्रोविजनल आजाद हिंद सरकार की 75वीं वर्षगांठ पर पूरा हुआ नेताजी का सपना, 21 अक्टूबर 1943 को कैथी भवन, सिंगापुर में, लाल किले, नई दिल्ली में श्री रामकृष्ण परम हंस देव के अनुयायी श्री नरेंद्र मोदी द्वारा रचित। जय माँ दुर्गा; आप दुनिया भर में नेताजी के षड्यंत्रकारियों-सह-अपराधियों का पता लगाने के लिए पिछले साल ऑस्ट्रेलिया से महालया दिवस पर निकले थे। आज इस शुभ दिन पर आपने मुझे भारत के प्रमुख अपराधियों की सूची दी। नेताजी के इन अपमानकर्ताओं को अब पूरी दुनिया देख रही है। प्राप्त जानकारी को प्रमाणित करने के लिए निम्नलिखित छह फोटोग्राफिक लेखों का उपयोग किया जाता है। **भारतीय लेखक से अपराधी और कॉपीराइट उल्लंघनकर्ता बने अनुज धर, अपने पिता गुमनामी के नाम पर नेताजी को बुलाने में व्यस्त हैं:**

21 अगस्त 2018 को लेखक डॉ. गोराचाँद घोष द्वारा फेसबुक सार्वजनिक पोस्टिंग और 21 अक्टूबर 2018 को पुनः पोस्ट किया गया (आजाद हिंद सरकार की 75वीं वर्षगांठ के अवसर पर)

2001 में नई दिल्ली में अनुज धर द्वारा बनाया गया मिशन नेताजी कॉपीराइट का उल्लंघन करने वालों में अनुज धर, चंद्र कुमार बोस, पार्थिब धर, एसएस दास और विशाल शर्मा हैं।

बायां कॉलम: शीर्ष छवि उनकी पुस्तक "इंडियाज़ बिगेस्ट कवर-अप सुभाष चंद्र बोस" का विज्ञापन है। इस आदमी की खुद को नेताजी समझने की हिम्मत कैसे हुई? उन्होंने ये किताबें झूठी गवाही और साहित्यिक चोरी से लिखीं। नीचे दी गई छवि एक चोरी हुई और 'क्रॉपड' NP-2 ई-बुक की तस्वीर है। उन्होंने अपने मोबाइल फ़ोन का उपयोग करके कंप्यूटर स्क्रीन से यह छवि खींची और इसे अपनी व्यावसायिक साइट पर पोस्ट कर दिया। दायां कॉलम: ऊपर की छवि एक क्रॉपड और 'क्रॉपड' NP-26 ई-बुक फोटो है। नीचे दी गई तस्वीर NP-23 ई- बुक की चोरी की गई और 'क्रॉपड' तस्वीर है।

कॉपीराइट का उल्लंघन करने वालों में अनुज धर, चंद्र कुमार बोस, पार्थिब धर, एसएस दास, विशाल शर्मा और वंदना गढ़वाल हैं; नई दिल्ली स्थित एक एनजीओ 'मिशन नेताजी' 2001 में मास्टरमाइंड अनुज धर द्वारा बनाया गया था। 'मिशन नेताजी' बिना किसी 'वैज्ञानिक प्रमाण' के नेताजी को एक गुमनामी बाबा में बदल देता है, जो उनके विचारों और नीतियों का पालन किए बिना नेताजी के नाम पर भारतीयों को बेवकूफ बनाने में व्यस्त है।

(भारत सरकार और भारतीय पुलिस को इस चेन के खिलाफ तुरंत कार्रवाई करनी चाहिए)

2001 में नई दिल्ली में अनुज धर द्वारा बनाया गया मिशन नेताजी के कॉपीराइट उल्लंघनकर्ता अनुज धर, चंद्र कुमार बोस, पार्थिव धर, एसएस दास और विशाल शर्मा हैं

(6 अक्टूबर 2018 को डॉ. गोराचाँद घोष द्वारा फेसबुक सार्वजनिक पोस्टिंग और 21 अक्टूबर 2018 को आज़ाद हिंद सरकार की 75वीं वर्षगांठ के लिए पुनः पोस्ट किया गया)

डॉ. गोराचाँद घोष ने 2008 में यूट्यूब पर "चोरी, 'क्रॉपड'और ई-बुक NP-8, NP-11 और NP-48 तस्वीरें" संदेश भेजा, 2001 में अनुज धर के साथ नई दिल्ली में मिशन नेताजी के निर्माता, द अपराधी विशाल शर्मा था यह एनजीओ हमारे स्वतंत्रता सेनानी नेताजी के सिद्धांतों का पालन किए बिना उनके नाम पर 2001 से कारोबार कर रहा है। वे बिना किसी सबूत के नेताजी की सबसे बड़ी पवित्र आत्मा को अपने पिता का हत्यारा गुमनामी बनाने के लिए साहित्यिक चोरी, मिथ्याकरण और कॉपीराइट उल्लंघन में लिप्त हैं। उन्हें किसी विदेशी देश की जेल में डाल देना होथा।

सभी भारतीयों को "नेताजी की परम पवित्र आत्मा" की रक्षा के लिए जागना चाहिए। नेताजी और "आईएनए" ने हमें आज़ादी दिलाई; सच्चाई और तथ्य अब सामने आ गए हैं। गांधी और नेहरू ने हमारी आजादी में न्यूनतम योगदान दिया। भारतीय स्वतंत्रता के इतिहास को फिर से देखा जाना चाहिए और पारदर्शी तथ्यों के आधार पर फिर से लिखा जाना चाहिए, न कि साजिश के सिद्धांतों के आधार पर। जय हिंद, वंदे मातरम्।

डॉ. गोराचंद घोष ने 2009 में यूट्यूब पर "चोरी, 'क्रॉपड'और ई-बुक NP-34, और NP-37 तस्वीरें" संदेश पोस्ट किया, जिसमें 2001 में नई दिल्ली में मिशन नेताजी के निर्माता, अपराधी विशाल शर्मा, अनुज धर शामिल थे। शर्मा थे अपराधियों के खिलाफ भारतीयों की जागरूकता के लिए सार्वजनिक पोस्टिंग अनुज धर, विशाल शर्मा और अन्य। मिशन नेताजी के इन अपराधियों ने नेताजी को नकली पिता के रूप में चित्रित करने के लिए 2009 में बिना किसी वैज्ञानिक प्रमाण के यह यूट्यूब बनाया। नेताजी की आत्मा को बचाने के लिए इस एनजीओ "मिशन नेताजी" पर भारत सरकार और भारतीय पुलिस द्वारा तुरंत प्रतिबंध लगाया जाना चाहिए।

2009 में, यह YouTube दिल्ली विश्वविद्यालय के स्नातक विशाल शर्मा द्वारा बनाया गया था और मिशन नेताजी को सौंपा गया था। उन्होंने 19 सितंबर 2017 को प्रकाशित मेरी ई-बुक की तस्वीरों को "नेताजी के अज्ञात तथ्य: जापान और दक्षिण पूर्व एशिया" के रूप में फैलाकर अपनी पुरानी तस्वीरों के बजाय इस यूट्यूब को संपादित किया।

उसने मेरे एसएमएस का उत्तर देने की जहमत नहीं उठाई। क्या आप कल्पना कर सकते हैं, अगर मुझे कोई तकनीकी ज्ञान नहीं होता, तो वे मुझे बेवकूफ बनाते? अब यूट्यूब अधिकारियों ने 6 अक्टूबर 2018 को इस अपराधी द्वारा बनाए गए यूट्यूब को डिलीट कर दिया है। सभी कॉपीराइट उल्लंघनकर्ताओं को अब सावधान रहना चाहिए। अब आपका फेसबुक अकाउंट ब्लॉक कर दिया जाएगा। जय हिन्द,

सभी नेताजी प्रेमियों और अनुयायियों को 18 अगस्त, 1945 को एक विमान दुर्घटना के कारण नेताजी की मृत्यु के तथ्य और सच्चाई जाननी चाहिए।

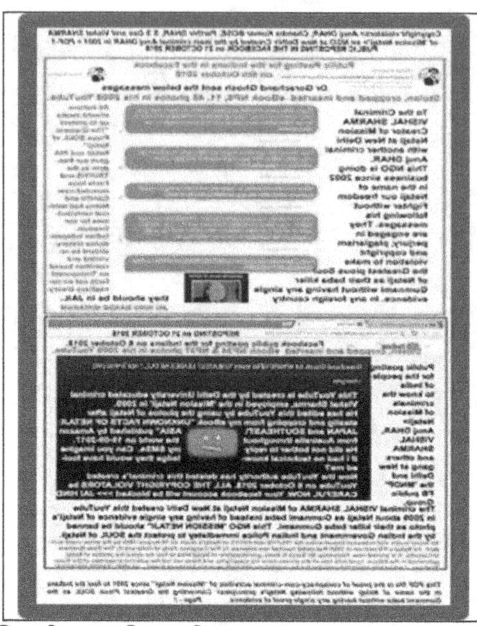

1995 में, नेताजी के पीएस ने मुझे बताया कि नेताजी के दो दुश्मन थे: 1) भारत की कांग्रेस पार्टी और 2) कलकत्ता में बोस-ब्रदर्स। यह अब सिद्ध हो गया है।

कल, नेताजी के पोते श्री सूर्य कुमार बोस ने ई-बुक में प्रकाशित नेताजी की तस्वीर के बारे में मुझे बेवकूफ बनाने की कोशिश की। मैंने उनसे बस इतना कहा कि मेरी ई-बुक की सभी NP तस्वीरें कानून के अनुसार मेरी कॉपीराइट वाली तस्वीरें हैं और वे बोस-ब्रदर्स, कोलकाता की पैतृक संपत्ति नहीं हैं। मैंने उससे इस अपराधी के बारे में पूछा, लेकिन वह टाल गया, जबकि वे दोनों फेसबुक मित्र थे। जय हिंद, वंदे मातरम्।

आज़ाद हिन्द सरकार की 75वीं वर्षगांठ - एक

(लेखक डॉ गोराचाँद घोष की 28 सितंबर 2018 को फेसबुक सार्वजनिक पोस्टिंग और 21 अक्टूबर 2018 को दोबारा पोस्ट की गई)

मिशन नेताजी चर्चा मंच "एमएनडीपी", फेसबुक "सार्वजनिक समूह" कॉपीराइट उल्लंघनकर्ताओं और भारतीय शिक्षित अपराधियों की मुख्य स्क्रीन छवि बिना कोई सबूत छोड़े उनके पिता गुमनामी के रूप में नेताजी की सबसे बड़ी पवित्र आत्मा को बदनाम करने के लिए। श्री अनुज धर, अपराधी को झूठ बोलने, साहित्यिक चोरी और कॉपीराइट उल्लंघन के लिए पीएचडी की डिग्री दी जानी चाहिए और अब नेताजी की मानहानि के लिए आईजीएनयू से पोस्ट डॉक दिया जाना चाहिए।

यह मुख्य अपराधी अनुज धर, कांग्रेस का पिट्ठू पत्रकार-सह-नेताजी का शोधकर्ता, 2001 से नेताजी पर चार अपमानजनक किताबें लिखकर भारतीयों और बंगालियों को बेवकूफ बनाने में व्यस्त है। उन्होंने अपनी कठपुतलियों और एमएनडीपी सदस्यों के तथाकथित शिक्षित गुलामों के माध्यम से मुझे निराश करने की पूरी कोशिश की। मुझे उनके बारे में कोई जानकारी नहीं थी और मैंने इस आदमी को सार्वजनिक डोमेन में लिखने का साहस किया "ऐसी कई तस्वीरें निजी और आधिकारिक कनेक्शन में उपलब्ध होनी चाहिए।" मैं अपने जीवन में इस आदमी को नहीं जानता। एमएनडीपी के इन सभी अपराधियों ने कॉपीराइट का उल्लंघन कर विश्व में पहली बार ई-बुक में प्रकाशित नेताजी की लगभग 50 दुर्लभ तस्वीरों को जापान में चोरी/शेयर किया है। श्री धर ने ई-बुक से फोटो NP-2 और NP-26 चुराए और 'क्रोपपद' करने के बाद 7 अक्टूबर 2017 को सोशल मीडिया फेसबुक पर पोस्ट कर दिया।

इन अपराधियों ने 19 सितंबर 2017 को संयुक्त राज्य अमेरिका और ऑस्ट्रेलिया में अमेज़ॅन द्वारा प्रकाशित ई-बुक, "नेताजी के अज्ञात तथ्य: जापान और दक्षिणपूर्व एशिया" से छवियां चुरा लीं और उन्हें 'क्रोपपद' करने के बाद सोशल मीडिया फेसबुक, ट्विटर, गूगल पर पोस्ट किया और यूट्यूब बनाया। उन्होंने ई-बुक के लेखक डॉ. गोराचंद घोष से लिखित अनुमति लेने की जहमत नहीं उठाई। लेखक ने कॉपीराइट कानून के अनुसार भारतीय अधिकारियों को रिपोर्ट की है।

आज़ाद हिन्द सरकार की 75वीं वर्षगांठ - दो

(लेखक डॉ. गोराचाँद घोष की फेसबुक सार्वजनिक पोस्टिंग 28 सितंबर 2018 को और 21 अक्टूबर 2018 को दोबारा पोस्ट की गई)

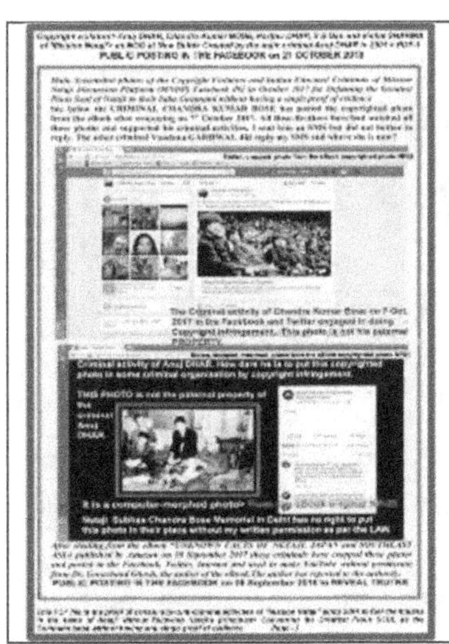

मिशन नेताजी चर्चा मंच "एमएनडीपी", फेसबुक "सार्वजनिक समूह" कॉपीराइट उल्लंघनकर्ताओं और भारतीय शिक्षित अपराधियों की मुख्य स्क्रीन छवि बिना कोई सबूत छोड़े उनके पिता गुमनामी के रूप में नेताजी की सबसे बड़ी पवित्र आत्मा को बदनाम करने के लिए।

अपराधी चंद्र कुमार बोस ने ई-बुक छवि NP-26 चुरा ली और "क्रॉप" करने के बाद इसे 7 अक्टूबर 2017 को फेसबुक पर पोस्ट कर दिया। ये सभी तस्वीरें बोस-भाइयों ने देखीं और उनकी आपराधिक गतिविधियों का समर्थन किया। मैंने उसे एक एसएमएस भेजा लेकिन उसने जवाब देने की जहमत नहीं उठाई। लेकिन दूसरी दोषी है वंदना गाढ़वाल ने मेरे एसएमएस का

जवाब दिया लेकिन वह अब कहां है? 7 अक्टूबर को फेसबुक और ट्विटर पर चंद्र कुमार बोस की आपराधिक गतिविधि कॉपीराइट का उल्लंघन करने में व्यस्त है। ये तस्वीर उनकी पैतृक संपत्ति नहीं है।

अनुज धर की आपराधिक गतिविधियाँ: कॉपीराइट का उल्लंघन करने के लिए उसने इस कॉपीराइट फिल्म को एक आपराधिक संगठन में डालने की हिम्मत कैसे की? यह फिल्म अनुज दार की पुश्तैनी फिल्म नहीं है। यह मूल ई-बुक फोटो NP-21 की कंप्यूटर रूपित तस्वीर है। नेताजी सुभाष चंद्र बोस मेमोरियल, दिल्ली के लेखक को डॉ. गोराचंद घोष की लिखित अनुमति के बिना यह छवि लगाने का कोई अधिकार नहीं है।

21 अक्टूबर 2018 को फेसबुक पर सार्वजनिक पोस्टिंग

कॉपीराइट उल्लंघनकर्ता चंद्र कुमार बोस, सिद्धार्थ सतभाई, विशाल शर्मा और अभिजीत चटर्जी हैं। उपरोक्त भारतीय अपराधियों ने जापान में नेताजी की कॉपीराइट ई-बुक चुरा ली। 'क्रॉपिंग' के बाद अभिजीत चटर्जी ने फेसबुक, पब्लिक ग्रुप पर पोस्ट किया; यूट्यूब भी पश्चिम बंगाल में बीजेपी के उपाध्यक्ष चंद्र कुमार बोस के मार्गदर्शन में बनाया गया था। ये तस्वीरें 15 जुलाई 2018 को सोशल मीडिया से प्राप्त की गईं।

बायां कॉलम: चंद्र कुमार बोस द्वारा ली गई तस्वीरें, क्रॉप की गई ई-बुक तस्वीरें NP-2, NP-26 और NP-34। अगले कॉलम में क्रॉप की गई ई-बुक तस्वीरें NP-37, NP-34 और NP-41 हैं। अगले कॉलम में क्रॉप की गई ई-बुक तस्वीरें NP-34, NP-31 और ईबुक कवर पेज हैं। सबसे दाहिने कॉलम में क्रॉप की गई ई-बुक छवियां NP-48, NP-20 और अभिजीत चटर्जी हैं।

मूल कॉपीराइट ई-बुक तस्वीरें 19 सितंबर 2017 को दुनिया भर में अमेज़ॉन द्वारा जारी की गईं।

आज़ाद हिंद सरकार की 75वीं वर्षगांठ - तीन

(लेखक डॉ. गोराचाँद घोष की फेसबुक सार्वजनिक पोस्टिंग 28 सितंबर 2018 को और 21 अक्टूबर 2018 को दोबारा पोस्ट की गई)

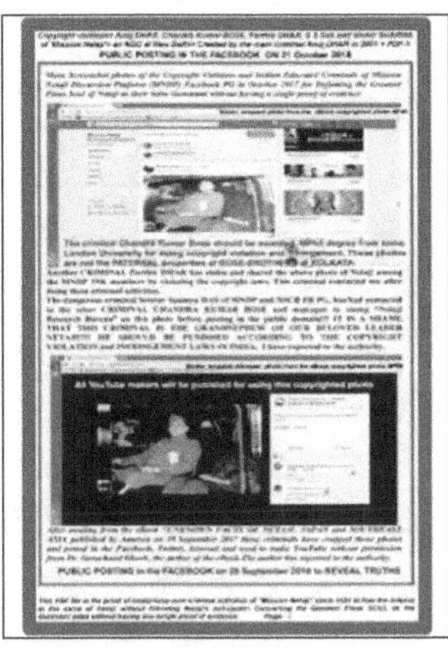

मिशन नेताजी चर्चा मंच "एमएनडीपी" फेसबुक सार्वजनिक समूह कॉपीराइट उल्लंघनकर्ताओं और भारतीय साक्षर अपराधियों की मूल स्क्रीनशॉट फोटो बिना सबूत का एक भी सबूत छोड़े नेताजी की सबसे बड़ी पवित्र आत्मा को उनके बाबा गुमनामी के रूप में बदनाम करने के लिए।

अपराधी चंद्र कुमार बोस को कॉपीराइट का उल्लंघन करने और उल्लंघन करने के लिए लंदन के किसी विश्वविद्यालय से एम फिल की डिग्री दी जानी चाहिए। ये तस्वीरें कोलकाता बोस-ब्रदर्स की पैतृक संपत्ति नहीं हैं। एक अन्य अपराधी पार्थिव धर ने कॉपीराइट कानून का उल्लंघन करते हुए एमएनडीपी के 19 हजार सदस्यों के बीच नेताजी NP-48 की उपरोक्त तस्वीर चुरा ली और वितरित कर दी। आपराधिक कृत्य को अंजाम देने के बाद अपराधी ने मुझसे संपर्क किया।

एमएनडीपी के खतरनाक अपराधी सौरभ सौम्य दास और फेसबुक सार्वजनिक समूह एनएससीबी ने अन्य अपराधियों चंद्र कुमार बोस से संपर्क किया और सार्वजनिक डोमेन में पोस्ट करने से पहले इस तस्वीर पर "नेताजी रिसर्च ब्यूरो" की मुहर लगाने में कामयाब रहे! बड़े शर्म की बात है कि यह अपराधी हमारे प्रिय नेता नेताजी का पोता है! उसे भारत में कॉपीराइट उल्लंघन और उल्लंघन अधिनियम के अनुसार दंडित किया जाना चाहिए। मैंने अधिकारियों को सूचित कर दिया है।

नेताजी रिसर्च ब्यूरो, कोलकाता में ईमेल संपर्क

प्रति: nrbkolkata@******

मंगलवार, 26 जून 2018, रात्रि 8:36 बजे

नेताजी रिसर्च ब्यूरो

कलकत्ता

महोदय,

जैसा कि मुझे पता है, आपने नेताजी की मेरी कॉपीराइट वाली तस्वीर पोस्ट की है (जैसा कि 1943 में उल्लेख किया गया है, एक कार हिरोहितो से मिलने वाली है) 19-09-2017 को दुनिया में पहली बार किंडल-अमेज़ॅन ई- बुक द्वारा प्रकाशित।

अपनी ई-बुक प्रकाशित करने से पहले मैंने हमेशा सोशल मीडिया और यहां तक कि आपकी वेबसाइट पर भी नेताजी की तस्वीरें देखीं। अगर मैं आपके खिलाफ मामला दर्ज करना चाहता हूं या अधिकारियों को रिपोर्ट करना चाहता हूं, तो आपको मूल फोटो दिखाना होगा।

मेरे अलावा ये तस्वीर किसी के पास नहीं है, अनुज धर ने इसे चुरा लिया और अपराधी चंद्र कुमार बोस को दे दिया।

इसलिए, मेरा आपसे अनुरोध है कि 2 जुलाई 2018 तक इस छवि को अपनी वेबसाइट से हटा दें।

उसके बाद मैं भारत में कॉपीराइट उल्लंघन कानूनों के खिलाफ सक्षम प्राधिकारी को सूचित करूंगा।

धन्यवाद
तुम पर भरोसा है
डॉ. गोराचाँद घोष

प्रति: nrbkolkata@*****

शनिवार, 3 नवंबर 2018, दोपहर 3:33 बजे

निदेशक

नेताजी रिसर्च ब्यूरो, कलकत्ता

महोदय,

जैसा कि मैंने देखा कि आपने अभी भी जापान में नेताजी की मेरी कॉपीराइट छवि को अपनी साइट से नहीं हटाया है। लेकिन आपको चंद्र कुमार बोस की चुराई हुई ई-बुक से एनआरबी में प्रकाशित मेरी कॉपीराइट छवि को प्रकाशित करने का कोई अधिकार नहीं है।

मैं नेताजी पी.एस. की सलाह का पालन कर रहा हूं और ये सभी तस्वीरें उन्हीं से उपलब्ध हैं। उन्होंने मुझसे कहा बोस-ब्रदर्स नेताजी के दूसरे दुश्मन हैं!!! मेरे पास सारे सबूत हैं और मैं आपकी साइट के साथ दुनिया भर की ई-बुक में प्रकाशित मेरी कॉपीराइट वाली NP-48 की तस्वीरें संलग्न कर रहा हूं।

मैंने पुलिस को पहले ही सूचित कर दिया है, मैं आपसे अनुरोध करता हूं कि मेरे वकील भारत में कॉपीराइट उल्लंघन अधिनियम के खिलाफ उचित कार्रवाई करने से पहले इसे बिना किसी देरी के हटा दें।

धन्यवाद, आपके वफादार
डॉ. गोराचाँद घोष

संलग्न: जैसा कहा गया है

....

डॉ. गोराचाँद घोष

प्रति: nrbkolkata@*****

रविवार, 17 फरवरी 2019 रात्रि 9:27 बजे

प्रेषक: डॉ. गोराचंद घोष

ईमेल: *****@*****

प्रति:

निदेशक, नेताजी रिसर्च ब्यूरो, कलकत्ता

महोदय,

जैसा कि मैंने देखा कि आपने अभी भी जापान में नेताजी की मेरी कॉपीराइट वाली छवि NP-48 को अपनी वेबसाइट से नहीं हटाया है, जो 19 सितंबर 2017 को दुनिया में पहली बार अमेज़ॉन द्वारा ई-बुक में प्रकाशित हुई थी। मैं एनआरबी द्वारा इस कॉपीराइट उल्लंघन की रिपोर्ट प्रधान मंत्री और भारत के अन्य सक्षम अधिकारियों को करने जा रहा हूं। नेताजी के निजी सचिव ने मुझसे कहा कि आपको 1977 से कॉपीराइट उल्लंघन और आपराधिक गतिविधि के लिए भुगतान करना होगा।

मैंने यह भी देखा कि कोई अन्य अपराधी राणा चक्रवर्ती आपके मुद्रांकित फोटो के साथ यह फोटो संग्रह (संलग्न) कैसे रख सकता है? इसके अलावा कई कॉपीराइट उल्लंघनकर्ता आपके समर्थन से इस छवि का उपयोग कर रहे हैं आप नेता जी की हत्या के मुख्य दोषी हैं, हत्यारा गुमनाम पिता है या नेताजी रूसी जेल में भूत थे, चूँकि स्टालिन ने नेताजी की हत्या की थी। आपसे अनुरोध है कि मेरी कॉपीराइट फोटो NP-48 को तुरंत अपनी वेबसाइट से हटा दें। इसके अलावा मैं आप पर उच्च न्यायालय में मुकदमा करने की योजना बना रहा हूं जहां आपको इस NP-48 की मूल तस्वीर दिखानी होगी।

ईमानदारी से
डॉ. गोराचाँद घोष

23 जनवरी **2021** (नेताजी का **125**वां जन्मदिन) पर गोराचाँद घोष द्वारा फेसबुक और ट्विटर पर "सुगाता बोस के बारे में सार्वजनिक पोस्टिंग"

Sugata Bose has curated an exhibition in Kolkata to mark the 75th anniversary of the formation of the Azad Hind Government. Netaji Bhavan in Kolkata is hoisting an exhibition of more than 60 black and white photographs to mark the 75th anniversary of Netaji Subhas Chandra Bose announcing the Azad Hind Government.

Prof Bose said that the photographs in the exhibition were painstakingly collected by his father from Japan, Singapore, Malaysia, and Burma [now Myanmar} over 59 years. The photograph where Netaji announces the Provisional Government of Free India at Singapore's Cathay Theatre on October 21, 1943, is among the iconic pictures at the exhibition.   **[Dr Ghosh has protested about this news in English in the Facebook as translated in Hindi below]**

जय हिंद, वंदे मातरम, फेसबुक "पब्लिक पोस्टिंग" 8 मार्च 2019

प्रधानमंत्री मोदी जी ने 21 अक्टूबर 2018 को नई दिल्ली में "लाल किले" पर हमारा झंडा फहराकर नेताजी के सपने को पूरा किया।

उसी दिन कलकत्ता में, ब्रिटिश शिक्षित-कॉपीराइट उल्लंघनकर्ता, हार्वर्ड विश्वविद्यालय के प्रोफेसर सुगाता बोस, एक आपराधिक-सह-राजनीतिक नेता (टीएमसी) ने भारतीयों, विशेषकर बंगालियों पर कुछ साहित्यिक चोरी का आरोप लगाया, "क्रॉपड" और संपादित जापान में नेताजी को चित्र दिखाकर मूर्ख बनाने में लगे थे। इन तस्वीरों को 19 सितंबर 2017 को दुनिया में पहली बार अमेज़न द्वारा ई-बुक्स के रूप में प्रकाशित किया गया था।

उन्होंने ये तस्वीरें नेहरू के माध्यम से शोध के नाम पर सार्वजनिक धन लूटने के लिए अपने पिता द्वारा 1957 में स्थापित नेताजी रिसर्च ब्यूरो को दिखाईं। इनमें से अधिकतर तस्वीरें उनके पैतृक संग्रह से नहीं हैं। ये डॉ. गोराचाँद घोष की ई-बुक में प्रकाशित कॉपीराइट छवियां हैं। कांग्रेस और कलकत्ता के बोस-ब्रदर्स लोगों का पैसा लूटने के लिए 18 अगस्त 1945 को उनकी वास्तविक मृत्यु की जानकारी के बाद "नेताजी के लापता होने" के आधार पर उनकी आत्मा को बदनाम करने में शामिल थे। *मैंने 4 मार्च, 2019 को पुलिस आयुक्त, कोलकाता को सुगाता बोस और एसएस सिंह के खिलाफ कॉपीराइट उल्लंघन के लिए ई-एफआईआर जारी करने के लिए सूचित किया है।*

"सभी भारतीयों को इस अपराधी सुगाता बोस को जानना चाहिए"

23 जनवरी 2021 (नेताजी का 125वां जन्मदिन) पर डॉ. गोराचाँद घोष द्वारा फेसबुक और ट्विटर पर "प्रणब मुखर्जी के बारे में सार्वजनिक पोस्टिंग"

दुनिया भर में नेताजी के बारे में जागरूकता के लिए फेसबुक पर 3 मार्च 2019 को जय हिंद "सार्वजनिक पोस्टिंग"। साइड इमेज 23 नवंबर 2019 को अमेज़न पेपरबैक बुक में

"प्रणब मुखर्जी द्वारा गुमनामी बाबा के रूप में अपमानित किए गए नेताजी की आत्मा" के रूप में पृष्ठ-142 पर प्रकाशित हुई।

मासाइयोशी काकित्सुबो टोक्यो और कैम्ब्रिज विश्वविद्यालय से स्नातक थे। 1936-37 के दौरान वह कलकत्ता में महावाणिज्य दूतावास में उप परामर्शदाता थे। वह 11 मई 1943 से नवंबर 1944 का पहला सप्ताह तक संपर्क अधिकारी-सह-दुभाषिया और नवंबर 1944 से 18 अगस्त 1945 (नेताजी की मृत्यु) तक नेताजी के निजी सचिव थे।

1995 में उन्होंने भौतिक विज्ञानी-लेखक-शोधकर्ता डॉ. गोराचाँद घोष को बताया कि "नेताजी के दो दुश्मन थे/हैं"। मुख्य शत्रु भारत की कांग्रेस पार्टी और कलकत्ता में बोस-ब्रदर्स थे/हैं। ये सच है और ऐसा नहीं हो रहा है। कांग्रेस पार्टी बिना सबूतों के कांग्रेस की 'लाठी' चलाकर नेताजी को गुमनामी बाबा के रूप में बदनाम/दावा करने में कैसे व्यस्त थी? ये दोनों तस्वीरें गूगल सर्च इंजन ने सोशल मीडिया से ली हैं। माननीय पूर्व राष्ट्रपति प्रणब बाबू को इन पोस्टिंग की प्रामाणिकता और सच्चाई बतानी चाहिए। "उनका हाल ही में निधन हो गया।"

मैं जानता हूं कि वहां गुमनामी बाबा की कोई तस्वीर है/नहीं थी। यह नई दिल्ली में मिशन नेताजी के आदेश पर बनाई गई एक कंप्यूटर मॉर्फ्ड तस्वीर थी। "क्या प्रणब मुखर्जी गुमनामी बाबा से मिले हैं?" फैजाबाद के श्री रवीन्द्र शुक्ला को यह जानकर आश्चर्य हुआ कि 1970 के दशक के अंत में (या 1980 के दशक की शुरुआत में) प्रणब मुखर्जी भगवानजी (गुमनामी बाबा) से मिलने के लिए अयोध्या आए थे। शुक्ला जी ने अपना अनुभव चंद्रचूड़ घोष और अनुज धर को सुनाया। चंद्रचूड़ घोष ने अपने यूट्यूब (1 सितंबर, 2020) पर इस जानकारी का दावा किया है।

लिंक >> **https://www.youtube.com/watch?v=QsyKpxUF9aw**

10 नवंबर 2018 भारतीय लोगों के ज्ञान के लिए स्वत्वाधिकारी डॉ. गोराचाँद घोष द्वारा फेसबुक सार्वजनिक पोस्ट

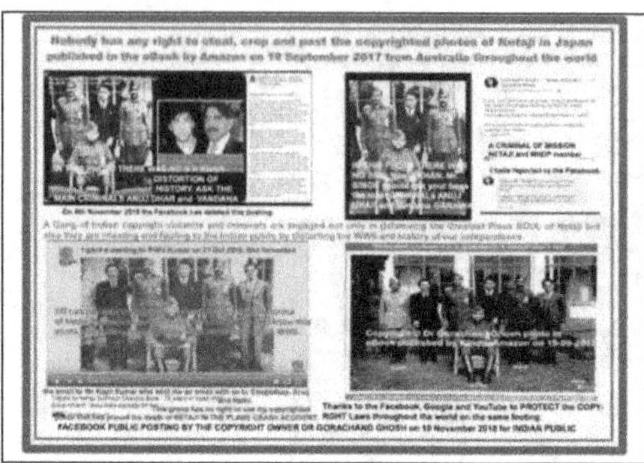

दुनिया भर में ऑस्ट्रेलिया से 18/19 सितंबर 2017 को अमेज़न अमेरिका द्वारा ई-बुक पर प्रकाशित जापान में नेताजी की किसी भी कॉपीराइट वाली छवि को चुराने, काटने और पोस्ट करने का कोई अधिकार नहीं है।

भारतीय कॉपीराइट उल्लंघनकर्ताओं और अपराधियों का एक समूह न केवल नेताजी के सबसे महान पवित्र व्यक्ति को बदनाम करने में व्यस्त है, वे हमारी द्वितीय विश्व युद्ध की स्वतंत्रता के इतिहास को विकृत करके भारतीय लोगों को धोखा दे रहे हैं और मूर्ख बना रहे हैं।

बायां कॉलम: शीर्ष तस्वीर में एक विकृत तस्वीर बनाने की कोशिश की गई क्योंकि शाह नवाज खान (शाहरुख खान के रिश्तेदार) नेताजी के पीछे खड़े थे। उन्हें मुख्य दोषी अनुज धर और वंदना गढ़वाल से पूछना चाहिए। लेकिन जैसा कि मैंने कहा, इस फोटो में कोई एसएन खान नहीं है। 8 नवंबर 2018 को, फेसबुक अधिकारियों ने मेरी रिपोर्ट की सुरक्षा के लिए फेसबुक, गूगल और यूट्यूब अधिकारियों को धन्यवाद दिया। बाद में इस पोस्टिंग को डिलीट कर दिया।

बायां कॉलम: नीचे दी गई छवि दिल्ली दुर दर्शन "डी.डी." द्वारा चुराई गई और काट-छांट की गई छवि है और कोहिमा की लड़ाई का हवाला देकर द्वितीय विश्व युद्ध के इतिहास को विकृत किया गया है। मैंने 27 अक्टूबर 2018 को "डीडी" की निधि कुमार को ईमेल के माध्यम से चेतावनी दी थी। उसने ईमेल को अपराधी कपिल कुमार को भेज दिया, जो द्वितीय विश्व युद्ध के इतिहास को विकृत करने और अनुज धर के माध्यम से नेताजी को एक डमी पिता बनाने में लगा हुआ है। फिर श्री कपिल कुमार ने मुझे, सीसी गंगादीप, अनुज और निधि को एक ईमेल भेजा। इस समूह को मेरी कॉपीराइट फोटो का उपयोग करने का अधिकार नहीं है जो विमान दुर्घटना में नेताजी की मृत्यु को साबित करती है।

दायां कॉलम: ऊपर दी गई छवि अभिषेक सिंह की चुराई गई और क्रोपपद ई-बुक छवि है। वह मिशन नेताजी और एमएनडीपी, एक फेसबुक सार्वजनिक समूह का सदस्य है। उन्होंने यह भी दावा किया कि शाह नवाज खान वहां थे। उन्होंने अन्य मुख्य दोषियों अनुज धर और वंदना गढ़वाल से क्यों नहीं पूछा। मैंने फेसबुक अधिकारियों को सूचित कर दिया है। दायां कॉलम: नीचे दी गई छवि 19 सितंबर 2017 को अमेज़न द्वारा ई-बुक में प्रकाशित मूल NP-29 तस्वीर है। यही कदम दुनिया भर में समान कॉपीराइट कानूनों पर भी लागू होता ह।

10 जुलाई 2019 भारतीय राष्ट्रीय सेना फेसबुक पब्लिक ग्रुप पोस्टिंग

(11 जुलाई 2019 को गोराचाँद घोष द्वारा सार्वजनिक फेसबुक पोस्टिंग)

प्रोफेसर कपिल कुमार ने टिप्पणी की:

एक टिप्पणी: घोष गोराचाँद, आपकी ई-बुक नकली है और आप धोखेबाज हैं।

टिप्पणी II: घोष गोराचाँद, न ताइहोकू विमान दुर्घटना और न ही नेताजी की कभी मृत्यु हुई।

डॉ. गोराचाँद घोष की उपरोक्त टिप्पणी का उत्तर:

पहली टिप्पणी का उत्तर: कपिल कुमार जी, दुनिया में किसी को भी मुझ पर धोखेबाज़ के रूप में लांछन लगाने का कोई अधिकार नहीं है। आप भारत के एक बकवास इतिहासकार हैं, आपने मेरठ विश्वविद्यालय से स्नातक किया है। आप कांग्रेस के समर्थक थे और आपको यह पद पूर्व कुलपति प्रोफेसर एच पी दीक्षित के माध्यम से मिला था। अब आप भाजपा के जहाज में शामिल हो गए हैं और नई दिल्ली के लाल किले में स्थित नेताजी संग्रहालय के विशेषज्ञ के रूप में नेताजी और आईएनए पर सभी प्रकार की हेराफेरी, मनगढ़ंत बातें और विकृतियां कर रहे हैं। अगर तुम हिम्मत करो तो क्या होगा? ई-बुक में प्रकाशित नेताजी की मेरी कॉपीराइट तस्वीर के संबंध में मुझे ईमेल भेजने के लिए अपराधी। आप भारत और मित्र राष्ट्रों के कुछ पत्रकारों की मनगढ़ंत और विकृत समाचार रिपोर्टों का उपयोग करके द्वितीय विश्व युद्ध के इतिहास को विकृत करने की साजिश और धांधली में लगे हुए हैं। आप और आपके "इग्नू" के छात्र कॉपीराइट उल्लंघन, साहित्यिक चोरी, नेताजी की 'अन्य' कॉपीराइट संपत्ति की 'क्रॉपिंग' में लगे हुए हैं। आप कई वर्षों से विश्व युद्ध और नेताजी की मृत्यु के इतिहास को तोड़-मरोड़ कर पेश कर रहे हैं।

मेरी ई-बुक और हार्डकवर पुस्तक में नेताजी की मृत्यु के साक्ष्य हैं। हमारे प्रधान मंत्री और अजीत डोभाल ने ई-बुक पढ़ी और मेरी सराहना की। एक भौतिक विज्ञानी के रूप में मैं अपने जीवन में कभी झूठ नहीं बोलता और अपने साक्ष्यों के आधार पर मैं 1997 में यूएसए एकेडमिक प्रेस, इलेक्ट्रोटेक्निकल लेबोरेटरी (जापानी सरकार) द्वारा प्रकाशित फिजिक्स रेफरेंस बुक का एकमात्र लेखक हूं।

मेरे जीवन में मेरे जापानी प्रोफेसर एक संत और धर्मात्मा व्यक्ति हैं। जब मैं वह पुस्तिका लिख रहा था, मेरे जापानी

प्रोफेसर मेरी मेज पर आए और मुझे एक एल्बम दिखाया जिसमें जापान में उनके पिता मासाईयोशी काकित्सुबू के साथ नेताजी की सभी दुर्लभ तस्वीरें थीं।

सत्य हमेशा कायम रहता है>>मेरठ विश्वविद्यालय से पीएचडी श्री कुमार, क्या आप हमें सत्य की हमारी खोज के बारे में इतिहासकार डॉ. केके घोष बता सकते हैं, जिन्होंने 1969 में "इंडियन नेशनल आर्मी: द सेकेंड फ्रंट ऑफ इंडियाज फ्रीडम मूवमेंट" पुस्तक प्रकाशित की थी। मेरठ से [37] लिखा? उन्होंने अपनी पीएचडी एक सच्चे भारतीय इतिहासकार प्रोफेसर रमेश चंद्र मजूमदार के अधीन की। मैंने यह किताब पढ़ी है लेकिन इस किताब को लिखने के बाद वह नहीं रहे। मैं क्या सोच सकता हूँ, श्यामा प्रसाद मुखर्जी की तरह कांग्रेस पार्टी ने उन्हें भी मार डाला!!!

दूसरी टिप्पणी का उत्तर: प्रोफेसर कुमार दिल्ली विश्वविद्यालय और इग्नू के अपने छात्रों की एक टीम का नेतृत्व कर रहे हैं। 2001 से वे बिना कोई वैज्ञानिक प्रमाण खोजे, नेताजी को गुमनामी बाबा के रूप में बदनाम करने में लगे हुए हैं। सबूत के तौर पर, मैंने अनुज धर और विशाल शर्मा द्वारा कॉपीराइट उल्लंघन के बारे में 2017 की दो छवियां संलग्न की हैं।

दिलचस्प बात यह है कि एक घंटे बाद मुझे वह फेसबुक सार्वजनिक समूह और मेरी पोस्टिंग बिल्कुल भी नहीं मिली।

ईश्वर जानता है और कृपया भारत में नेताजी की सबसे पवित्र आत्मा को बचाएं। जय हिन्द।

नेताजी की आत्मा की रक्षा के लिए भारतीय अधिकारियों को महत्वपूर्ण पत्र: मूल पत्र अंग्रेजी में था

परम गुप्त
से:
डॉ. गोराचाँद घोष (ओसीआई)
*** एबिंगडन स्ट्रीट
वूलूंगब्बा, ब्रिस्बेन
क्यूएलडी-4102, ऑस्ट्रेलिया
ईमेल: *****
दिनांक: 28 अगस्त 2018
प्रति:
श्री राम नाथ कोविन्द
भारत के राष्ट्रपति
राष्ट्रपति भवन, नई दिल्ली, भारत
ईमेल: *****

डॉ. गोराचाँद घोष

और

श्री नरेंद्र मोदी

भारत के प्रधान मंत्री

पीएमओ, नई दिल्ली, भारत

ईमेल: *****

और

श्री अजित के डोभाल

राष्ट्रीय सुरक्षा सलाहकार

भारत सरकार (पी.एम.ओ. के माध्यम से)

नई दिल्ली, भारत

"नई दिल्ली में मिशन नेताजी के अनुज धर के खिलाफ एफआईआर और गैर-जमानती वारंट तत्काल जारी करने का अनुरोध। 2001 से वह बिना किसी सबूत के गुमनामी बाबा के रूप में नेताजी के नाम पर कारोबार कर रहा है, जिसने नेताजी की सबसे पवित्र आत्मा की हत्या कर दी। लोकतंत्र के किसी भी कांग्रेस समर्थक को नेताजी को बदनाम करने का अधिकार नहीं है, अब आरएसएस सदस्य अनुज धर"

माननीय राष्ट्रपति कोविन्द जी, प्रधानमंत्री मोदी जी और माननीय डोभाल जी,

पूरे सम्मान के साथ, मैं आपको सूचित करना चाहता हूं कि मैं 66 वर्ष का एक ईमानदार और मेहनती व्यक्ति हूं। 1992 में ऑस्ट्रेलिया प्रवास से पहले, मैं इलाहाबाद और जबलपुर में रहता था। मैंने अपने करियर में भौतिकी की कुछ पुस्तकें प्रकाशित की हैं। इसके अलावा, भारत की आजादी और नेताजी सुभाष चंद्र बोस के जन्म शताब्दी समारोह की पूर्व संध्या पर, मैंने "भ्रष्टाचार! भ्रष्टाचार!! भ्रष्टाचार!!!" का नारा लगाया। भारत में भ्रष्टाचार शीर्षक से एक लेख लिखा। 1997 में जब मैं जापान में था, यह लेख भारत के तत्कालीन प्रधान मंत्री और राष्ट्रपति को पोस्ट किया गया था। राष्ट्रपति ने अपनी दयालु भावनाओं के लिए मेरी सराहना की और 17 मार्च, 1998 को मुझे बधाई दी।

हाल ही में, मैंने ऑस्ट्रेलिया से किंडल-अमेज़न द्वारा वर्ल्डवाइड मे 19/09/2017 को "नेताजी के अज्ञात तथ्य: जापान एंड साउथईस्ट एशिया" शीर्षक से एक ई-बुक प्रकाशित की है, जिसमें नेताजी के निजी सचिव स्वर्गीय मासाईयोशी काकित्सुबो (एक जापानी) की सलाह और मार्गदर्शन शामिल है। मेने, जो द्वितीय विश्व युद्ध के बाद ऑस्ट्रेलिया, स्विट्जरलैंड जैसे कई देशों में राजदूत थे और न्यूयॉर्क में संयुक्त राष्ट्र में विदेश मंत्रालय के तहत जापानी सरकार के उप मंत्री के रूप में सेवानिवृत्त हुए। वही हार्डकवर किताब दिसंबर 2017 में भारत से रिलीज़ हुई थी। हार्डकवर पुस्तक का फोटो यहां अनुलग्नक के रूप में दिखाया गया है। 1995 में जब मैं उनसे पहली बार मिला तो उन्होंने कहा कि 18 अगस्त 1945 को एक विमान दुर्घटना में नेताजी की मृत्यु हो गई थी। उन्होंने और उनके बेटे डॉ. हिरोइयोशी इयाजिमा ने मुझसे कहा कि जब भारत के केंद्र में कांग्रेस

की सरकार नहीं है तो मैं नेताजी पर एक किताब लिखूं। डॉ. इयाजीमा मेरे जापानी प्रोफेसर थे और मैंने जापान सरकार के "एसटीए और एनईडीओ फेलो" के रूप में अप्रैल 1993 से मई 1999 तक उनके अधीन काम किया।

मैंने 8 अक्टूबर 2017 तक कभी नहीं सुना था कि 'नेताजी गुमनामी बाबा थे', जब अनुज धर ने एक ई-बुक से मेरी दो कॉपीराइट तस्वीरें चुरा लीं और उन्हें मेरी जानकारी और अनुमति के बिना सार्वजनिक डोमेन (फेसबुक/ट्विटर) पर पोस्ट कर दिया। मैंने इस घटना की सूचना 10 अक्टूबर 2017 को पीएमओ को दी। अब, मिशन नेताजी नामक एक आपराधिक संगठन भारत में कॉपीराइट उल्लंघन में लिप्त है।

इसके अलावा, धर द्वारा बनाए गए इस 'एनजीओ' संगठन, 'मिशन नेताजी' ने साजिश करके और दोनों तरफ दाढ़ी वाले नेताजी की तस्वीर को 'गुमनामी बाबा' के रूप में काटकर हमारे वास्तविक स्वतंत्रता सेनानी नेताजी को बदनाम किया भारतीयों को मूर्ख बनाने के लिए नेताजी की तस्वीरों को फोटोशॉप किया और बिना किसी सबूत के चार किताबें ' साधु नेताजी गुमनामी बाबा' लिखीं, क्योंकि उनमें गुमनामी बाबा की कोई तस्वीर नहीं थी। धर ने कई यूट्यूब, एक फिल्म, एक चल रही फिल्म (बंगाली में) का भी निर्माण किया है।

वह केवल नेताजी को हत्यारे गुमनामी बाबा के रूप में अपमानित करने के लिए पूरे भारत में व्याख्यान दे रहे हैं। उनके पास पत्रकारिता में स्नातकोत्तर है और जैसा कि मैंने पिछले साल अक्टूबर से शोध किया है, एक शोधकर्ता-सह-पत्रकार के रूप में उन्हें फ़ोटोशॉप का उपयोग करके "झूठ, साहित्यिक चोरी, कॉपीराइट उल्लंघन और समाचारों में हेरफेर" पर पीएचडी से सम्मानित किया जाना चाहिए। साथ ही, मिशन नेताजी (एनजीओ) के निदेशक के रूप में लोगों के पैसे लूटने के लिए "नेताजी के अपमान और एक गुमनाम पिता के रूप में नेताजी की पत्नी और बेटी के अपमान" पर एक पोस्ट-डॉक प्रदान करना चाहिए।

इन अपराधियों का विरोध करने की हिम्मत किसी में नहीं थी। अक्टूबर 2017 में मेरी ई-बुक के विमोचन के ठीक बाद मुझे उनके और इस संगठन के बारे में पता चला।

दिलचस्प बात यह है कि उन्होंने इस सप्ताह आईआईटी केजीपी में एक व्याख्यान दिया और मैं यह वीडियो देखकर आश्चर्यचकित रह गया। उन्होंने कुछ आईबी और समाचार पत्रों की रिपोर्टों में हेराफेरी, चोरी और हेराफेरी करके नेताजी को बदनाम करने के लिए सभी 'बकवास' विचारों का इस्तेमाल किया। "उसने शिक्षाविदों और छात्रों को मूर्ख बनाया! मुझे समझ नहीं आ रहा है।" पहले उसे अदालत में यह साबित करना होगा कि समाज में प्राकृतिक कानून, रीति-रिवाज और शांति बनाए रखने के लिए नेताजी एक नकली पिता गुमनामी थे। महान को बदनाम करने के लिए उन्हें कई साल पहले किसी भी विकसित देश की जेल में होना चाहिए था हमारे स्वतंत्रता सेनानी नेताजी का व्यक्तित्व। चूँकि वह कांग्रेस के 'कट्टर समर्थक' और नेहरू आनुवंशिकीविद् थे (जैसा कि उन्होंने पहले विकिपीडिया पर दावा किया था, अब हटा दिया गया है) उन्हें यूपीए सरकार के दौरान कोई

समस्या नहीं थी। अब वह अपना खुद का व्यवसाय चलाने के लिए आरएसएस बैंड में शामिल हो गए। मेरे दोस्तों ने भी मुझे बताया कि वह बंगाली नहीं, 'मोना पंजाबी' है। केवल नेताजी और आई.एन. के कारण ही भारत को आज़ादी मिली, अब तथ्य और तथ्य सामने आ गए हैं।

अब, मैं आपसे अनुरोध करता हूं, कि अनुज डार के खिलाफ तुरंत उचित कार्रवाई करें ताकि 1) बिना किसी सबूत के नेताजी को गुमनामी बाबा के रूप में बदनाम करने के लिए उन्हें गिरफ्तार किया जाए और बिना किसी जमानत के जेल में डाल दिया जाए; 2) नेताजी को किसी भी शैक्षणिक या सार्वजनिक स्थान पर गुमनाम पिता के रूप में बदनाम करने के लिए कोई व्याख्यान देने की अनुमति नहीं दी जानी चाहिए; 3) एक ही विषय पर बने सभी यूट्यूब और वीडियो को तुरंत सार्वजनिक डोमेन से हटा दिया जाना चाहिए; 4) एक ही विषय पर बनी फिल्म को सिनेमा हॉल या सार्वजनिक स्थानों पर दिखाने पर प्रतिबंध लगाया जाए और किसी भी अन्य भाषा में उसी विषय पर कोई भी नई फिल्म बनाने पर रोक लगाने का आदेश दिया जाए। लोकतंत्र का मतलब यह नहीं कि वह कुछ भी कर सकता है।

इस सदी में हमारी भारत माता को एक बेहतर देश की ओर ले जाने के लिए आपके सुझाव भी सराहनीय हैं।

ईमानदारी से
आपका वफादार
एसडी-/ गोराचाँद घोष

"संलग्न कागजात"

1. दिसंबर 2017 में प्रकाशित नेताजी पर हार्डकवर पुस्तक का कवर पेज।

2. 28 अगस्त 2018 को डॉ गोराचंद घोष की वैधानिक घोषणा।

3. 2016 की सार्वजनिक फ़ाइल से नेताजी, उनकी पत्नी और बेटी की दो तस्वीरें।

4. 18 अगस्त 2018 को कोलकाता में नेताजी की मृत्यु के बाद उन्हें गुमनामी बाबा के रूप में बदनाम करना (फेसबुक पर 2 सार्वजनिक पोस्ट) ।

5. अवर्गीकृत फ़ाइलों के लिए वेब पता:
   http://www.netjipapers.gov.in/node/388?view=results

6. ई-बुक के लिए वेब पता: **https://www.amazon.in/FACTS-NETAJI-JAPANSOUTHEAST-ASIA-ebook/dp/B075R69M6N**

== भारत नेताजी की बजह से ही स्वतंत्र हे ==

श्रीजीत मुखर्जी फेसबुक 'मैसेंजर' के माध्यम से संवाद करते हैं कि अपनी फिल्म "गुमनामी" के माध्यम से नेताजी को गुमनामी बाबा के रूप में बदनाम न करें

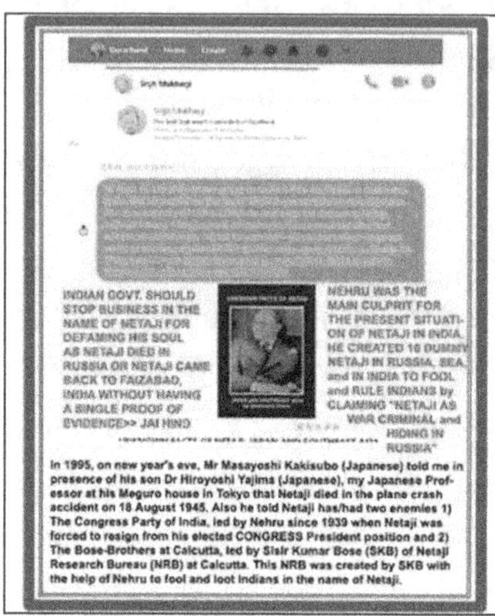

23.2.2019, 9:18 PM पर संदेश: हाय श्रीजीत, मैंने सुना है कि आप नेताजी पर गुमनामी बाबा नामक एक फिल्म बनाने जा रहे हैं। लेकिन इस बारे में सावधान रहें, नेताजी कभी गू-बाबा नहीं थे। अपराधी अनुज धर और "एम.एन" बिना किसी सबूत के नेताजी का अपमान करने में लगे हुए हैं। अमेज़ॅन द्वारा मेरी ई-बुक में प्रकाशित मेरा संलग्न लेख पढ़ें>धर और उसके गिरोह के कुछ सदस्यों के खिलाफ पुलिस मामला भी लंबित है।

धन्यवाद
डॉ. गोराचाँद घोष

https://www.amazon.com/FACTS-NETAJI-JAPAN-SOUTHEAST-ASIA-ebook/dp/B075R69M6N.

संदेश 28.2.2019, सुबह 8:08 बजे: प्रिय श्रीजीत, आप भारत में प्रकाशित हार्डकवर पुस्तक का कवर पेज भी पढ़ सकते हैं। ये सभी सामग्रियां वैधानिक रूप से राष्ट्रपति एवं पी.एम.ओ. सहित राष्ट्रीय पुस्तकालय, कलकत्ता में हैं।

लेकिन श्रीजीत बाबू ने आज तक मुझे कोई जवाब नहीं दिया।

उपरोक्त दो पोस्टिंग मेरे द्वारा श्रीजीत को दिए गए मेरे संदेश का उपयोग करके फेसबुक पर सार्वजनिक रूप से पोस्ट की गई थीं। मैंने इस फेसबुक सार्वजनिक पोस्ट में श्रीजीत को अपना संदेश दिया।

उपरोक्त चित्र और पोस्ट में श्रीजीत को मेरी रिपोर्ट: भारत सरकार को नेताजी के नाम पर व्यापार करना बंद कर देना चाहिए क्योंकि रूस में उनकी मृत्यु होने या नेताजी के फैजाबाद लौटने के कारण उनकी आत्मा को बदनाम किया जा रहा है। ये लोग एक भी प्रमाण के बिना व्यापार कर रहे हैं। भारत में नेताजी की वर्तमान स्थिति के मुख्य दोषी नेहरू थे। उन्होंने यह दावा करके भारत पर शासन करने के लिए रूस, दक्षिण पूर्व एशिया और भारत में कम से कम दस नकली नेताजी तैयार किए, "नेताजी रूस में छिपे हुए एक युद्ध अपराधी थे।"

1995 में, नए साल की पूर्वसंध्या पर श्री मासाइयोशी काकित्सुबू (जापान) ने अपने जापानी प्रोफेसर बेटे डॉ. हिरोइयोशी इयाजीमा (जापान) की उपस्थिति में टोक्यो में अपने मेगुरो घर पर मुझे बताया कि 18 अगस्त, 1945 को एक हवाईअड्डे दुर्घटना में नेताजी की मृत्यु

हो गई। साथ ही उसने मुझे भी नेताजी के बारे में कहा कि उनके दो दुश्मन हैं: 1) 1939 से नेहरू के नेतृत्व में भारतीय कांग्रेस पार्टी, जब नेताजी को उनके कांग्रेस के निर्वाचित अध्यक्ष पद से इस्तीफा देने के लिए मजबूर किया गया था और 2) कलकत्ता में बोस-ब्रदर्स, शिशिर कुमार बोस (एसकेएम) के नेतृत्व में, "नेताजी के लापता होने" पर शोध किया गया था नेहरू द्वारा भारतीयों को मूर्ख बनाने और नाम पर लूटने के लिए।

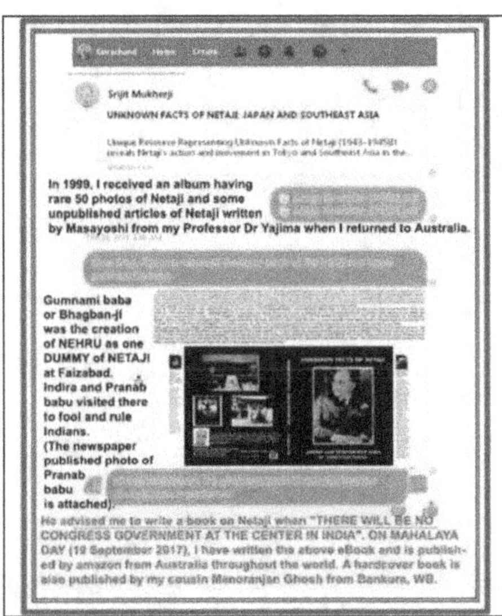

बायीं ओर की तस्वीर और पोस्ट में श्रीजीत को मेरी रिपोर्ट: "1999 में, मुझे अपने प्रोफेसर डॉ. इयाजिमा से एक एल्बम मिला, जिसमें ऑस्ट्रेलिया में रहते हुए नेताजी की 50 दुर्लभ तस्वीरें और मसाइयोशी काकित्सबो के कुछ अप्रकाशित लेख थे।"

गुमनामी बाबा या भगवान-जी फैजाबाद में नेहरू द्वारा बनाए गए एक नकली नेताजी थे। इंदिरा और प्रणब बाबू वहां शासन करने और भारतीयों को मूर्ख बनाने गए थे। श्री काकित्सुबो ने मुझे सुझाव दिया कि जब भारत के केंद्र में कांग्रेस की सरकार नहीं होगी तो मैं नेताजी पर एक किताब लिखूंगा। महालया दिवस (19 सितंबर 2017) पर, मैंने ई-बुक लिखी और इसे अमेज़न ऑस्ट्रेलिया से दुनिया भर में प्रकाशित किया। मेरे 'चचेरे भाई' मनोरंजन घोष ने भी बांकुरा, पश्चिम बंगाल से एक हार्डकवर पुस्तक प्रकाशित की है।

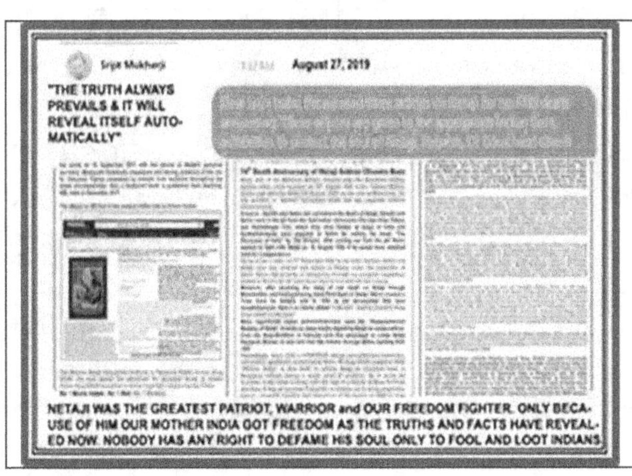

27.8.2019, सुबह 9:12 बजे संदेश: प्रिय श्रीजीत बाबू, कृपया उनकी 74वीं पुण्य तिथि पर नेताजी पर तीन लेख पढ़ें। ये लेख नेताजी की आत्मा की रक्षा के लिए उपयुक्त भारतीय अधिकारियों और सरकार को दे दिए गए हैं।

सादर, गोराचाँद घोष।

उपरोक्त पोस्टिंग मेरे द्वारा श्रीजीत को दिए गए मेरे संदेश का उपयोग करके फेसबुक पर सार्वजनिक रूप से पोस्ट की गई थी। इस पोस्ट में मैंने लिखा, "सच्चाई हमेशा जीतती है और अपने आप सामने आ जाएगी।"

नेताजी महानतम देशभक्त, योद्धा और हमारे स्वतंत्रता सेनानी थे। उनके कारण ही हमारी भारत माता को आज़ादी मिली, सच्ची कहानी अब सामने आई है। भारतीयों को मूर्ख बनाने और लूटने के लिए नेताजी की आत्मा का अपमान करने का किसी को कोई अधिकार नहीं है।

श्रीजीत और चंद्र कुमार बोस ने फिल्म 'गुमनामी' के बारे में सोशल मीडिया पर बातचीत और रिपोर्ट दी

"नेताजी की मृत्यु 18 अगस्त 1945 को 21:00 बजे नाम्मोन मिलिट्री हॉस्पिटल (जापान) ताइहोकू में हुई"
कॉपीराइट डॉ. गोराचाँद घोष 2019
(नेताजी के बारे में जानकारी प्रकट करने के लिए 10 सितंबर 2019 को फेसबुक और ट्विटर पर सार्वजनिक रूप से पोस्ट किया गया)

बिना किसी सबूत के अब किसी को भी नेताजी को बदनाम करने का कोई अधिकार नहीं है। फरवरी 2019 से मैंने श्रीजीत मुखर्जी को नेताजी की मृत्यु पर शोध लेखों के साथ एक एसएमएस भेजा और उनसे अनुरोध किया कि वे गुम्मनम के रूप में नेताजी पर कोई चित्र न बनाएं। वह मुझे उत्तर देने की जहमत नहीं उठाता।

एक स्व-घोषित नेताजी शोधकर्ता, अनुज धर 2001 से ही नेताजी को उनके पिता गुमनामी के रूप में बदनाम करने के लिए बिना किसी सबूत के द्वितीय विश्व युद्ध के इतिहास के झूठे आरोप, साहित्यिक चोरी और विरूपण में लगे हुए हैं। वह एक कॉपीराइट उल्लंघनकर्ता और एक शिक्षित अपराधी है। उन्होंने अपने व्यवसाय के लिए दिल्ली से नेताजी के नाम से इस विषय पर 4-5 पुस्तकें प्रकाशित कीं, जहाँ से स्वयंभू भारत रत्न पुरस्कार विजेता नेहरू ने विकृत आईएनए इतिहास पर एक समान पुस्तक प्रकाशित करने की व्यवस्था की। इसे एसएन खान ने लिखा था और प्रकाशन से पहले, अक्टूबर 1946 में उन्होंने बोस-ब्रदर्स को संतुष्ट करने के लिए पांडुलिपि भेजा था।

नेताजी ने कभी भी अपनी INA ब्रिगेड का नाम "गांधी, नेहरू और आज़ाद" नहीं रखा। उन्होंने अपनी ब्रिगेड का नाम पुरुषों के लिए "गुरिल्ला रेजिमेंट सेक्शन 1, 2, 3" और महिलाओं के लिए "झांसी रानी रेजिमेंट" रखा। दूसरी ओर, उन्होंने 1944-45 में रंगून में अपने युद्धक्षेत्र से भारत के लोगों के लिए प्रसारण किया और लोगों को बताया। गांधी और नेहरू को मार डालो और जला दो क्योंकि वे दोनों झूठे और बदनाम नेता थे।

DEATH of NETAJI on 18 AUG 1945 at 21:00 Hrs in the Mammon Military Hospital (Japanese) TAIHOKU

Dr Gorachand Ghosh © 2019

Nobody has any right to defame Netaji anymore without having a single proof of evidence. I sent SMS with research articles on death of Netaji to Srijit Mukherjee since Feb 2019 not to make any movie on Netaji as Gumnami. He did not bother to reply me.

The self-proclaimed Netaji researcher, Anuj Dhar is engaged to defame Netaji as his babu Gumnami without having a single proof of evidence since 2001 by doing perjury, plagiarism and distortion of the WWII history. He is a copyright violator and an educated criminal. He has published 4-5 books on this subject for his business in the name of Netaji from New Delhi from where Nehru, self-proclaimed Bharat Ratna Awardee arranged to publish a similar book of distorted INA history written by SN Khan, forwarded by him in October 1946. Before publication of this book it was shown to the Bose-Brothers for appeasing them.

Netaji never/ever gave his brigades name as "Gandhi, Nehru, Patel and Azad". Netaji gave his brigades name for man as "Guerilla Regiment: Division 1, 2, 3,..." and for woman "Jhansi Rani Regiment". On the other hand, he did radio broadcast to the people of India from the warfare of Rangoon and Imphal in 1944-45 urging them to kill and burn Gandhi and Nehru since both were "False and Discredited Leaders".

Netaji went to Russia only once in his life time on the way of Greatescape to Berlin in 1941. Nehru the main conspirator of defaming Netaji as war criminal did canvass of Netaji in Russia since 1946 through his sister VL Pandit (1947-49) and Dr Radhakrishnan (1949-52) as Indian ambassadors. How they saw alive Netaji in Russia after his death? Nehru created all sorts of conspiracy for defaming our greatest patriot Netaji.

In my eBook and hardcover book "UNKNOWN FACTS OF NETAJI: JAPAN and SOUTHEAST ASIA" Published by Amazon on 19 Sept 2017 throughout the world and by Manoranjan Ghosh in December 2017 from Bankura, WB, there are proof of Netaji's death having eyewitness evidence, affidavit of HR Khan and after death ceremonial photo of Tsunamasa Shidei at the Yasukuni Shrine, Japan. Tsunamasa and Netaji were in the same military bomber plane where Tsunamasa died instantly. One Japanese news paper cutting showing death of Netaji and Tsunamasa on 22 Aug 1945 is also published in the books. This is the proof of air crash accident.

(Facebook and Twitter public posting to reveal FACTS of Netaji on 19 Sept 2019)

1941 में बर्लिन जाते समय नेताजी ने अपने जीवनकाल में एक बार रूस का दौरा किया। नेताजी को युद्ध अपराधी के रूप में बदनाम करने के मुख्य साजिशकर्ता नेहरू ने 1946 से अपनी बहन विजय लक्ष्मी पंडित (1947-49) और भारतीय राजदूत डॉ एस राधाकृष्णन (1949-52) के माध्यम से नेतृत्व किया। ताइहोकू में उनकी मृत्यु के बाद उन्होंने रूस में नेताजी को जीवित कैसे देखा? नेहरू ने हमारे महानतम देशभक्त नेताजी को अपमानित करने के लिए हर तरह की साजिश रची।

मेरी ई-बुक और हार्डकवर पुस्तक में, "नेताजी के अज्ञात तथ्य: जापान और दक्षिणपूर्व एशिया" दुनिया भर में 19 सितंबर 2017 को अमेज़न द्वारा और मनोरंजन घोष द्वारा दिसंबर 2017 में बांकुरा, पश्चिम बंगाल से प्रकाशित हुई। जापान में ईयासुकुनी श्राइन में नेताजी की मृत्यु के प्रत्यक्षदर्शी साक्ष्य, एच.आर. खान का हलफनामा और सुनामासा शिदेई की मृत्यु के बाद की तस्वीरें और साक्ष्य मौजूद हैं। शिदेई और नेताजी एक ही सैन्य बमवर्षक विमान में थे, जहां शिदेई की तुरंत मृत्यु हो गई। 22 अगस्त, 1945 को नेताजी और शिदेई की मृत्यु पर एक जापानी अखबार की रिपोर्ट मेरी किताबों में छपी। ये विमान दुर्घटना का सबूत है।

यूट्यूब 'नेताजी गुमनाम पिता नहीं हैं' 'नेताजी बोस पिता नहीं हैं'> बंगाली फिल्म 'गुमनामी' विवादों में घिर गई है। पाँच वस्तुओं का समूह !

मेरी टिप्पणी (14 सितंबर 2019) यूट्यूब पर इस फिल्म पर विवादास्पद शीर्ष टिप्पणी थी। सर्वकालिक सर्वश्रेष्ठ देशभक्त, योद्धा और स्वतंत्रता सेनानी की आत्मा का अपमान करके पैसा कमाना अब नेताजी की निजी संपत्ति नहीं रह गया है। आशा है मोदीजी नेताजी की आत्मा को बचाएंगे।

द्वितीय विश्व युद्ध के दौरान जापान और दक्षिण-पूर्व एशिया में नेताजी ने एक ई-बुक लिखी है, "नेताजी के अज्ञात तथ्य: जापान और दक्षिण-पूर्व एशिया", पीएस मासाईयोशी काकित्सुबो (जापान) की सलाह पर नेताजी की मृत्यु 18 अगस्त 1945 और आत्मा को धिक्कार, 19 सितंबर 2017, महालय दिवस पर अमेज़न द्वारा प्रकाशित नेताजी के अपराधी/दुश्मन जो उन्हें ढूंढने में लगे हुए हैं।

इस ई-बुक में जापान के नेताजी की 50 दुर्लभ तस्वीरें, काकित्सुबो के कैमरा शॉट्स और ऑस्ट्रेलिया से दुनिया भर में प्रकाशित उनके अप्रकाशित लेख शामिल हैं। नेताजी के पीएस ने मुझे 1995 में बताया था कि नेताजी के दो दुश्मन थे, 1) नेहरू के नेतृत्व वाली कांग्रेस पार्टी और 2) शिशिर कुमार बोस के नेतृत्व में कलकत्ता में बोस-ब्रदर्स।

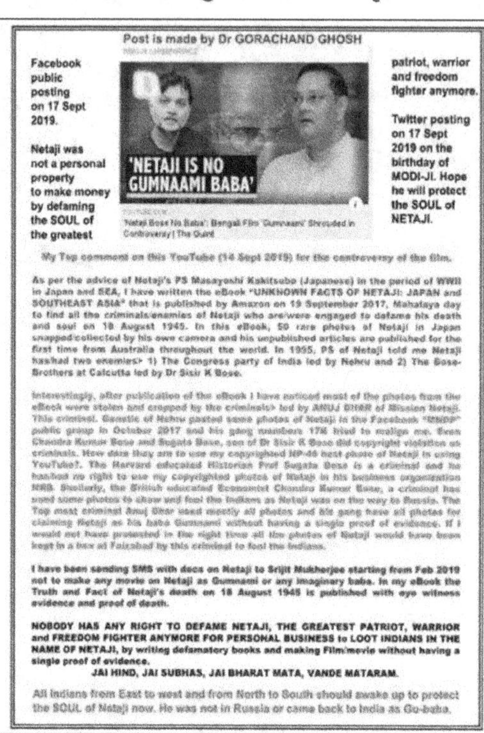

Post is made by Dr GORACHAND GHOSH

Facebook public posting on 17 Sept 2019.

Netaji was not a personal property to make money by defaming the SOUL of the greatest patriot, warrior and freedom fighter anymore.

Twitter posting on 17 Sept 2019 on the birthday of MODI-JI. Hope he will protect the SOUL of NETAJI.

'NETAJI IS NO GUMNAAMI BABA'

Netaji Bose No Baba: Bengal Film 'Gumnaami' Shrouded in Controversy | The Quint

My Top comment on this YouTube (14 Sept 2019) for the controversy of the film.

As per the advice of Netaji's PS Masayoshi Kakitsubo (Japanese) in the period of WWII in Japan and SEA, I have written the eBook "UNKNOWN FACTS OF NETAJI: JAPAN and SOUTHEAST ASIA" that is published by Amazon on 19 September 2017, Mahalaya day to find all the criminals/enemies of Netaji who are/were engaged to defame his death and soul on 18 August 1945. In this eBook, 50 rare photos of Netaji in Japan snapped/collected by his own camera and his unpublished articles are published for the first time from Australia throughout the world. In 1995, PS of Netaji told me Netaji has/had two enemies:- 1) The Congress party of India led by Nehru and 2) The Bose-Brothers at Calcutta led by Dr Sisir K Bose.

Interestingly, after publication of the eBook I have noticed most of the photos from the eBook were stolen and cropped by the criminals> led by ANUJ DHAR of Mission Netaji. This criminal, Genetic of Nehru pasted some photos of Netaji in the Facebook "MNDP" public group in October 2017 and his gang numbers 17k tried to malign me. Even Chandra Kumar Bose and Sugata Bose, son of Dr Sisir K Bose did copyright violation as criminals. How dare they are to use my copyrighted NP-46 best photo of Netaji in using YouTube?. The Harvard educated Historian Prof Sugata Bose is a criminal and he has/had no right to use my copyrighted photos of Netaji in his business organization NRB. Similarly, the British educated Economist Chandra Kumar Bose, a criminal has used some photos to show and fool the Indians as Netaji was on the way to Russia. The Top most criminal Anuj Dhar used mostly all photos and his gang have all photos for claiming Netaji as his baba Gumnami without having a single proof of evidence. If I would not have protested in the right time all the photos of Netaji would have been kept in a box at Faizabad by this criminal to fool the Indians.

I have been sending SMS with docs on Netaji to Srijit Mukherjee starting from Feb 2019 not to make any movie on Netaji as Gumnami or any imaginary baba. In my eBook the Truth and Fact of Netaji's death on 18 August 1945 is published with eye witness evidence and proof of death.

NOBODY HAS ANY RIGHT TO DEFAME NETAJI, THE GREATEST PATRIOT, WARRIOR and FREEDOM FIGHTER ANYMORE FOR PERSONAL BUSINESS to LOOT INDIANS IN THE NAME OF NETAJI, by writing defamatory books and making Film/movie without having a single proof of evidence.

JAI HIND, JAI SUBHAS, JAI BHARAT MATA, VANDE MATARAM.

All Indians from East to west and from North to South should awake up to protect the SOUL of Netaji now. He was not in Russia or came back to India as Gu-baba.

दिलचस्प बात यह है कि मेरी ई-बुक के विमोचन के बाद मैंने देखा कि नई दिल्ली में "मिशन नेताजी" के अनुज धर के नेतृत्व में भारतीय अपराधियों ने ई-बुक की अधिकांश तस्वीरें चुरा लीं और 'क्रॉप' कर दीं। इस आनुवंशिक नेहरू ने अक्टूबर 2017 में सार्वजनिक समूह "एमएनडीपी" में कुछ तस्वीरें पोस्ट कीं और 17 हजार सदस्यों ने मुझे बदनाम करने की कोशिश की। यहां तक कि चंद्र कुमार बोस, डॉ. शिशिर के बोस के बेटे सुगाता बोस को भी कॉपीराइट उल्लंघन का दोषी पाया गया। उनकी यूट्यूब पर मेरी सर्वोत्तम कॉपीराइट वाली NP-48 तस्वीरों का उपयोग करने की हिम्मत कैसे हुई? ब्रिटिश शिक्षित इतिहासकार और हार्वर्ड विश्वविद्यालय के प्रोफेसर सुगाता बोस एक अपराधी हैं और उन्हें अपने व्यापारिक संगठन "नेताजी रिसर्च ब्यूरो" में नेताजी की मेरी कॉपीराइट तस्वीरों का उपयोग करने का कोई अधिकार नहीं है। ब्रिटिश-शिक्षित चंद्र कुमार बोस, एक अपराधी भारतीय, को मूर्ख बनाने और यह दिखाने के लिए कि नेताजी रूस जा रहे थे। शीर्ष अपराधी अनुज धर ने अधिकांश तस्वीरों का इस्तेमाल किया और उसके गिरोह के सदस्यों ने बिना किसी वैज्ञानिक सबूत के नेताजी को अपने पिता गुमनामी के रूप में दावा करने के लिए इन तस्वीरों को साझा किया। यदि मैंने सही समय पर विरोध न किया होता तो वे सभी तस्वीरें भारतीयों को मूर्ख बनाने के लिए फ़ैज़ाबाद में गुमनामी के एक बक्से में रख दी गई होतीं।

मैंने फरवरी 2019 से श्रीजीत मुखर्जी को नेताजी के दस्तावेज के साथ एसएमएस भेजा है कि वे गुमनामी बाबा या किसी काल्पनिक पिता के रूप में नेताजी पर कोई फिल्म न बनाएं। मेरी ई-बुक में 18 अगस्त 1945 को नेताजी की मृत्यु के तथ्य एवं तथ्य प्रत्यक्षदर्शी

साक्ष्य के साथ प्रकाशित किये गये थे। निजी व्यवसाय के लिए भारतीयों को लूटने वाले नेताजी, महान देशभक्त, स्वतंत्रता सेनानी और योद्धा, कुछ अपमानजनक किताबें लिखकर और वैज्ञानिक प्रमाण के बिना कुछ फिल्में/फिल्में बनाकर उनका अपमान करने का कोई अधिकार नहीं है।

उत्तर से दक्षिण और पूर्व से पश्चिम तक सभी भारतीयों, कृपया हमें आजादी दिलाने वाले नेताजी की आत्मा को बचाने के लिए अब जागें। वह न तो रूस में थे और न ही फैजाबाद लौटे। ताइहोकू के नानमोन सैन्य अस्पताल में उनकी मृत्यु हो गई।

जय हिंद, जय सुभाष, जय भारत माता, वंदे मातरम्।

नेताजी का अपमान करने पर अनुज धर पर आपराधिक कार्यवाही

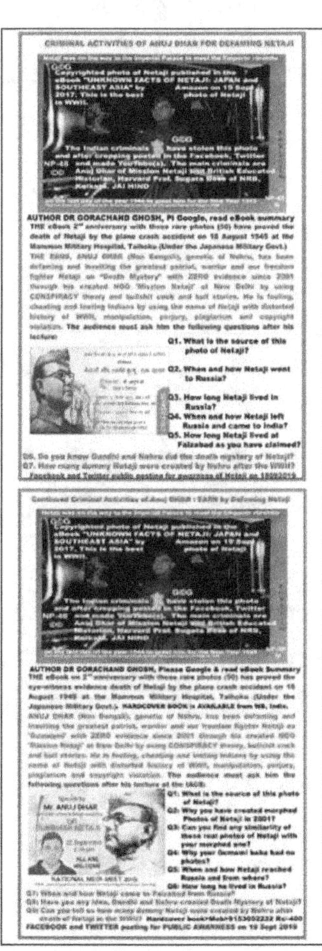

दोनों फोटो का ऊपरी हिस्सा:-

1 जनवरी, 1945 को, नेताजी सम्राट हिरोहितो से मिलने के लिए टोक्यो के इंपीरियल पैलेस जा रहे थे।

"नेताजी के अज्ञात तथ्य: जापान और दक्षिण पूर्व एशिया", नेताजी द्वारा कॉपीराइट की गई छवि, 19 सितंबर, 2017 को अमेज़न ऑस्ट्रेलिया द्वारा प्रकाशित। यह नेताजी की द्वितीय विश्व युद्ध की सबसे बेहतरीन तस्वीर है। भारतीय अपराधियों ने इस तस्वीर को चुरा लिया और 'क्रॉप' करके इसे फेसबुक, ट्विटर और यूट्यूब पर पोस्ट कर दिया। मुख्य अपराधी नई दिल्ली में मिशन नेताजी के अनुज धर और ब्रिटिश-शिक्षित एनआरबी, कलकत्ता और हार्वर्ड विश्वविद्यालय के प्रोफेसर सुगाता बोस थे। जय हिन्द।

18 सितंबर 2019 को नेताजी के बारे में जन जागरूकता के लिए फेसबुक और ट्विटर पर सार्वजनिक पोस्टिंग।

(ऊपरी छवि संबंधित) अपराधी अनुज धर के अपमानजनक भाषण के बाद मैंने दर्शकों से निम्नलिखित प्रश्न पूछने का अनुरोध किया।

प्रश्न 1: नेताजी की इस तस्वीर का स्रोत क्या है? प्रश्न 2: नेताजी रूस कब और कैसे गए? प्रश्न 3: नेताजी कितने समय तक रूस में रहे? प्रश्न 4: नेताजी रूस छोड़कर भारत कब और कैसे आये? प्रश्न 5: आपकी आवश्यकता के अनुसार फैजाबाद में नेताजी कितने समय तक रहे? प्रश्न 6: क्या आप जानते हैं कि गांधी और नेहरू ने किया था नेताजी की

मौत का राज? प्रश्न 7: द्वितीय विश्व युद्ध के बाद नेहरू ने कितने नकली नेता बनाए?

19 सितंबर 2019 को नेताजी के बारे में जन जागरूकता के लिए फेसबुक और ट्विटर पर सार्वजनिक पोस्टिंग।

(संबंधित छवि नीचे है) अपराधी अनुज धर के अपमानजनक भाषण के बाद मैंने दर्शकों से निम्नलिखित प्रश्न पूछने का अनुरोध किया।

प्रश्न 1: नेताजी की इस तस्वीर का स्रोत क्या है? प्रश्न 2: आपने 2001 में नेताजी की कंप्यूटर रूपित तस्वीर क्यों बनाई? प्रश्न 3: क्या आप इस विकृत तस्वीर और हाल ही में डॉ. घोष की ई-बुक में मिली नेताजी की मूल तस्वीर के बीच कोई समानता पा सकते हैं? प्रश्न 4: आपके गुमनामी पिता की कोई तस्वीर क्यों नहीं है? प्रश्न 5: नेताजी कब, कैसे और कहाँ से रूस पहुँचे? प्रश्न 6: वह रूस में कितने समय तक रहा? प्रश्न 7: नेताजी रूस से फ़ैज़ाबाद कब और कैसे आये? प्रश्न 8: क्या आपको पता है कि गांधी और नेहरू ने नेताजी की मौत को क्यों छुपाया? प्रश्न 9: क्या आप बता सकते हैं कि द्वितीय विश्व युद्ध में नेताजी की मृत्यु के बाद नेहरू ने कितने डमी नेताजी बनाए?

नई दिल्ली में मिशन नेताजी के अनुज धर और चंद्रचूड़ घोष की आपराधिक गतिविधियाँ

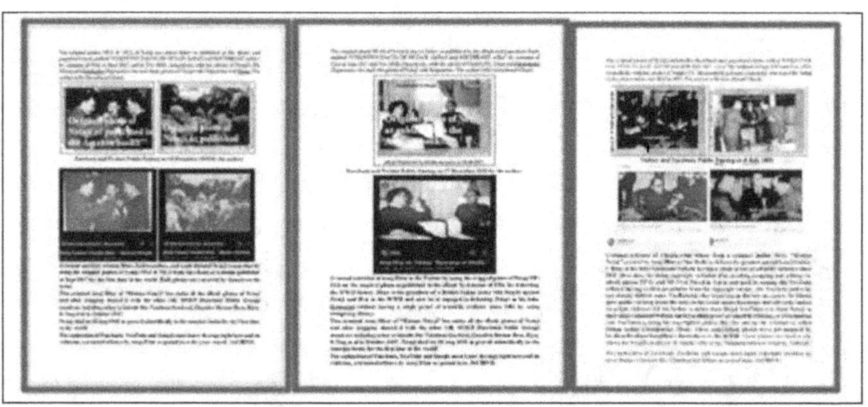

17 और 18 दिसंबर 2020 कुख्यात भारतीय अपराधी के खिलाफ फेसबुक और ट्विटर पर सार्वजनिक पोस्टिंग भारतीय जनता के लिए दार: फैजाबाद उनके पिता गुमनामी को नेताजी बनाकर उन्हें बदनाम करने में लगा हुआ है!!! अपराधियों ने NP-5, NP-8 और NP-16 की तस्वीरें चुरा लीं और क्रॉप करने के बाद यहां दिखाई गई हैं। जय हिन्द।

<u>नई दिल्ली में 'मिशन नेताजी' चंद्रचूड़ घोष की आपराधिक गतिविधियां</u>

8 जुलाई 2020 को फेसबुक और ट्विटर पर पोस्ट कर भारतीय जनमानस की चेतना के लिए उनके पिता को गुमनामी कहकर नेताजी को बदनाम किया गया।

अपराधी घोष ने NP-21 और NP-34 ई-बुक तस्वीरें चुरा लीं और उन्हें क्रॉप करने के बाद मूल छवि के साथ यहां दिखाया गया है।

फैज़ाबाद में नेताजी को उनके पिता गुमनामी के रूप में बदनाम करने के लिए एबीपी के कुणाल बोस की आपराधिक गतिविधि

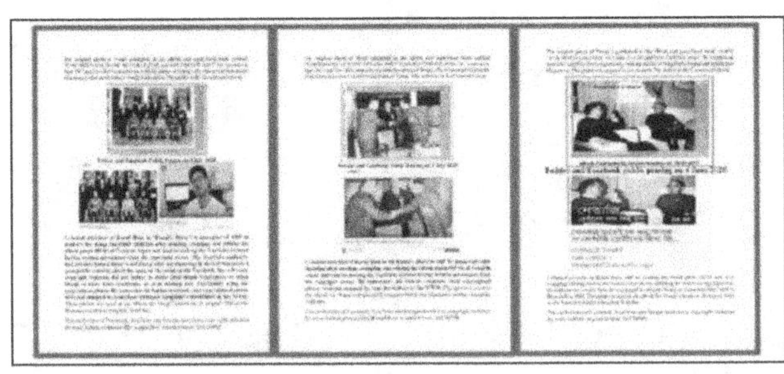

आनंद बाज़ार पत्रिका के अपराधी कुणाल बोस ने ई-बुक छवियाँ NP-16, NP-31 और NP-34 चुरा लीं और उन्हें "कुणाल की डायरी" में क्रॉप करके दिखाया। लेखक ने भारतीय जन जागरूकता के लिए 4 जून, 2 जुलाई और 5 जुलाई 2020 को फेसबुक और ट्विटर पर पोस्ट किया।

कॉपीराइट उल्लंघन और द्वितीय विश्व युद्ध के इतिहास को विकृत करने के लिए भारतीय लेखक चंद्रचूड़ घोष की आपराधिक गतिविधि

अपराधी चंद्रचूड़ घोष ने नेताजी की लगभग सभी ई-बुक छवियों को चुरा लिया और कॉपीराइट कानूनों का उल्लंघन करते हुए उन्हें अपने यूट्यूब पर इस्तेमाल किया। आप भारतीय जन जागरूकता के लिए लेखक की दो फेसबुक और ट्विटर सार्वजनिक पोस्टिंग (18 मई और 22 जून 2020) देख सकते हैं। यहां नेताजी की फोटो के साथ अपराधी की फोटो है। वह नेताजी की भावनाओं से भारतीयों को मूर्ख बनाने और लूटने में लगे हैं। क्या उन्होंने द्वितीय विश्व युद्ध में नेताजी के साथ भाग लिया था जैसा कि फोटो में दिखाया गया है।

भारत में ज़ीन्यूज़, बीबीसीन्यूज़बांग्ला और बीबीसीन्यूज़हिंदी चैनलों की आपराधिक गतिविधियाँ

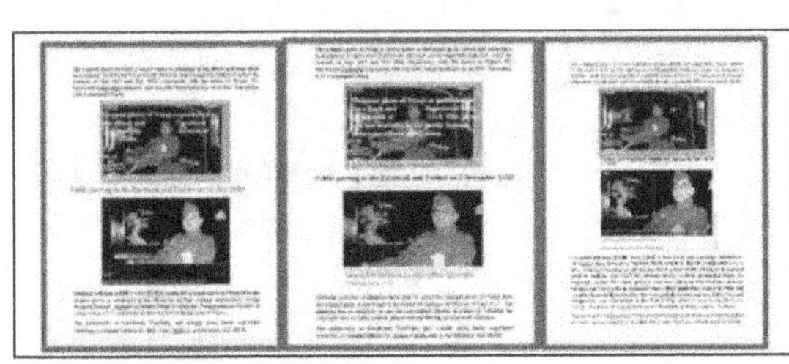

zeenews.india.com ने ई-बुक से NP-48 छवि चुराई और इसे एक समाचार रिपोर्ट में इस्तेमाल किया और लेखक ने इसे 2 दिसंबर 2020 को सार्वजनिक डोमेन फेसबुक और ट्विटर पर

जागरूकता के लिए भारतीय जनता को दिखाया। भारतीय जनता को दिखाने के लिए 1 दिसंबर 2020 को बीबीसी न्यूज़ बांग्ला चैनल न्यूज़ द्वारा फेसबुक और ट्विटर पर इसी तरह की गतिविधियों की सूचना दी गई थी। इसके अलावा, बीबीसी न्यूज़ हिंदी चैनल द्वारा भी इसी तरह की गतिविधियाँ आयोजित की गईं और लेखक ने 29 जून 2020 को भारतीय जन जागरूकता के लिए फेसबुक और ट्विटर पर रिपोर्ट की।

लेखक ने 18 अगस्त 1945 को एक हवाई दुर्घटना में नेताजी की मृत्यु को साबित करने के लिए इस्तेमाल की गई ई-बुक छवियों के कॉपीराइट उल्लंघन के लिए कई व्यक्तियों और संगठनों के खिलाफ भारतीय पुलिस में रिपोर्ट दर्ज की।

भारतीय कंपनियों मनी कंट्रोल और डेली का नेताजी को गुमनामी बाबा के रूप में बदनाम करने का आपराधिक कृत्य

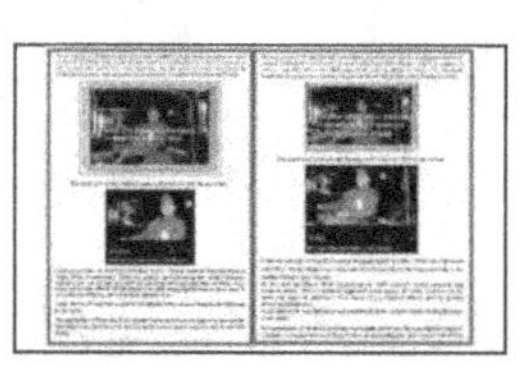

दोनों संगठनों ने ई-बुक फोटो एनपी-48 को चुरा लिया और उसे क्रॉप करने के बाद द्वितीय विश्व युद्ध के इतिहास को विकृत करने और नेताजी को कुख्यात पिता बनाने के लिए अपने उद्देश्यों के लिए इसका इस्तेमाल किया। लेकिन इस तस्वीर का इस्तेमाल ई-बुक में नेताजी की मौत को साबित करने के लिए किया गया है और यह दुनिया में पहली बार प्रकाशित हुई थी। मेरे पास एक एल्बम में मूल फ़ोटो है।

पश्चिम बंगाल की मुख्यमंत्री ममता बनर्जी ने नेताजी की मृत्यु पर शोक व्यक्त किया

पश्चिम बंगाल की मुख्यमंत्री ममता बनर्जी भी नेताजी की मौत को लेकर अपनी कांग्रेस पार्टी की नेता कृष्णा बोस और पूर्व तृणमूल सांसद सुगाता बोस के जरिए नेताजी को बदनाम करने में लगी हुई हैं।

72वें गणतंत्र दिवस यानी 26 जनवरी 2021 को, लेखक ने पश्चिम बंगाल की मुख्यमंत्री ममता बनर्जी के साथ अपने पत्राचार के बारे में फेसबुक और ट्विटर सार्वजनिक डोमेन पर बंगाली में पोस्ट किया।

डॉ. गोराचाँद घोष @ गोराचाँद डॉ. 24 अगस्त 2020:

माननीया मुख्यमंत्री ममता बनर्जी,

मैंने फरवरी 2020 में आपको नेताजी पर अपनी प्रकाशित हार्डकवर पुस्तक उपहार में दी थी। नेताजी की मृत्यु (18 अगस्त, 1945) से जुड़ी सभी तथ्यात्मक घटनाओं के प्रमाण मौजूद हैं। हाल ही में ऑस्ट्रेलिया में अमेज़ॅन द्वारा एक अद्यतन पेपरबैक पुस्तक दुनिया भर में प्रकाशित (23-11-2019) की गई है। कृपया नेताजी की मृत्यु पर उनकी पवित्र आत्मा का अपमान करना बंद करें। पेपरबैक पुस्तक के कवर पेज की छवि, टैग: भारत के राष्ट्रपति और नौ लोग।

<u>ममता बनर्जी @MamataOfficial 18 अगस्त 2020:</u>
1945 में आज ही के दिन नेताजी सुभाष चंद्र बोस ने ताइवान के ताइहोकू हवाई अड्डे से उड़ान भरी थी। हम अभी भी नहीं जानते कि उसके साथ क्या हुआ। लोगों को धरती के महान सपूत के बारे में जानने का अधिकार है। (इस संदर्भ में, मैं भारतीयों को सूचित करना चाहूंगा कि वही हार्डकवर पुस्तक मैंने फरवरी 2020 में हमारे प्रधान मंत्री नरेंद्र मोदी को उपहार में दी। कम से कम लेखक को पीएमओ कार्यालय से नेताजी की मृत्यु पर महत्वपूर्ण पुस्तक की प्राप्ति के संबंध में एक उत्तर पत्र मिला है। लेकिन ममता के कार्यालय से कोई प्रतिक्रिया नहीं मिली)।

मिशन नेताजी एक गैर सरकारी संगठन है लेकिन नई दिल्ली में एक आपराधिक संगठन है

कॉपीराइट © डॉ. गोराचाँद घोष 2022
@AmazonBooks लेखक और कॉपीराइट मालिक
(15 जुलाई 2022 को फेसबुक और ट्विटर पर सार्वजनिक पोस्टिंग)

सारांश: नेताजी सुभाष चंद्र बोस की 125वीं जयंती की पूर्व संध्या पर, @AmazonBooks (ई-बुक 19 सितंबर 2017, पेपरबैक बुक 23 नवंबर 2019 और हिंदी ई-बुक 11 मार्च 2021) ने भारतीय जनता के पैसे का एक भी पैसा खर्च किए बिना नेताजी की मृत्यु के रहस्य को सुलझा दिया है। पूरी दुनिया में जापान से पहली बार द्वितीय विश्व युद्ध में नेताजी की 49 दुर्लभ, अद्भुत तस्वीरें प्राप्त हुई हैं। 18 अगस्त 1945 को ताइहोकू में जापानी सैन्य अस्पताल में विमान दुर्घटना में नेताजी की मृत्यु हो गई थी। ताइहोकू 25 अक्टूबर 1945 तक जापानी सैन्य सरकार के अधीन था और सरकार ने ताइवान को सौंपने से पहले कई महत्वपूर्ण दस्तावेजों को नष्ट कर दिया था। "मिशन नेताजी", एक आपराधिक संगठन हैं जो कि, भारतीय शिक्षित, सर्वोच्च कॉपीराइट उल्लंघनकर्ता-सह-अपराधी अनुज धर द्वारा नेताजी के नाम पर भारतीयों को मूर्ख बनाने और लूटने के लिए और अपनी आजीविका के लिए बनाया गया है। वह अपनी साजिश वाली किताबों, व्याख्यानों और यूट्यूब वीडियो के माध्यम से नेताजी को गुमनामी बाबा के रूप में बदनाम कर हैं। यहां मैं नेताजी की Amazon eBook प्रकाशित तस्वीरों पर उनके कॉपीराइट उल्लंघन और आपराधिक गतिविधियों को दिखाऊंगा।

<u>पहले भारतीय शिक्षित, सर्वोच्च कॉपीराइट उल्लंघनकर्ता-सह-अपराधी **अनुज धर**
(@anujdhar) मिशन नेताजी (@MissionNetaji), नई दिल्ली, के संस्थापक हैं, 2001</u>
से दावा कर रहे हैं, कि 18 अगस्त 1945 को ताइहोकू सैन्य हवाईअड्डा दुर्घटना में नेताजी
की मृत्यु नहीं हुई थी, नेताजी रूस से भारत वापस आए थे। उन्होंने किसी भी वैज्ञानिक
प्रमाण बिना, फैजाबाद में नेताजी को गुमनामी बाबा के रूप में दर्शाते हुऐ पांच
मानहानिकारक किताबें लिखीं। यह गुमनामी बाबा नेहरू द्वारा बनाए गए एक डमी नेताजी
थे, जो इंदिरा खान गांधी और प्रणब मुखर्जी द्वारा संधारण किए हुऐ हैं। अनुज धर अपना
एनजीओ बनाने से पहले कांग्रेस के कठपुतली पत्रकार थे। उनके दादाजी ने ब्रिटिश
भारतीय सेना के रूप में द्वितीय विश्व युद्ध में नेताजी और आईएनए के खिलाफ लड़ाई लड़ी
थी।

क्यों, 19 सितंबर 2017 को दुनिया में पहली बार प्रकाशित नेताजी की अमेज़न ई-बुक
(Unknown Facts of Netaji: Japan and Southeast Asia) तस्वीरों को अनुज धर ने
चुराया, क्रॉप किया और इस्तेमाल किया? यह अपराधी, कॉपीराइट उल्लंघन का पीएचडी
है और फोटोशॉप का इस्तेमाल कर नेताजी की तस्वीरों में हेराफेरी करता है। मैं इस
अपराधी को 8 अक्टूबर 2017 से सोशल मीडिया फेसबुक के जरिए जानता हू। मैं आपको
अमेज़न द्वारा ई-बुक में प्रकाशित नेताजी की तस्वीरों पर उनकी कुछ कॉपीराइट उल्लंघन
आपराधिक गतिविधियों को दिखाऊंगा। उसके द्वारा पहली पंक्ति की तस्वीरें (NP-2 and
NP-26) को 7 अक्टूबर 2017 को फेसबुक पर पोस्ट की गईं।

ऊपर की अति दाहिना तस्वीर (NP-48) को एक अन्य धर ने फेसबुक एमएनडीपी पब्लिक ग्रुप में
पोस्ट किया था। दायीं ओर की तस्वीर भारत के सबसे बड़े, शिक्षित अपराधी अनुज धर ने
अपने YouTube वीडियो में भारतीयों को मूर्ख बनाने और लूटने के लिए फोटोशॉप (NP-
2) का उपयोग करके बनाई थी, जिसे 21 Oct2021 को हटा दिया गया था, और उन्हें
YouTube टीम द्वारा एक स्ट्राइक मिली।

भारत में कॉपीराइट कानूनों के अनुसार, मैंने इनमें से कुछ भारतीय शिक्षित कॉपीराइट उल्लंघनकर्ताओं-सह-अपराधियों के खिलाफ उचित कार्रवाई की है, लेकिन यह भारत है !!! भ्रष्टाचार की गहरी जड़े हर जगह हैं। तथाकथित स्वतंत्रता के दिन से ही नेहरू द्वारा भ्रष्टाचार के बीज बोए गए थे। यही कारण है कि भारत आज भी तीसरी दुनिया का देश है।

सभी भारतीयों से अनुरोध है कि फैजाबाद में हमारे महान देशभक्त नेताजी सुभाष चंद्र बोस को गुमनामी बाबा उर्फ हत्यारा कप्तान बाबा, के. डी. उपाध्याय के रूप में बदनाम करने में लगे इस आपराधिक संगठन को खत्म कर दें।

दूसरा भारतीय शिक्षित सर्वोच्च कॉपीराइट उल्लंघनकर्ता-सह-अपराधी **चंद्रचूड़ घोष** @chandrachurg मूल रूप से बर्धमान का रहने वाला है जो अब हैदराबाद में रह रहा है। इस अपराधी की हिम्मत कैसे हुई कि वह @Amazon ebooks नेताजी की तस्वीरों को चुरा ले, क्रॉप करे और संपादित करे और अपने YouTube वीडियो में इनका इस्तेमाल करे? साथ ही इस अपराधी ने ई-बुक से सभी फोटो को डाउनलोड कर 9 अक्टूबर 2021 को सोशल मीडिया फेसबुक पर कॉपीराइट कानूनों का उल्लंघन कर पोस्ट कर दिया था। फेसबुक की कानूनी टीम ने फेसबुक साइटों से नेताजी की सभी तस्वीरें हटा दिया हैं और चंद्रचूड़ को फेसबुक से चेतावनी भी मिली थी।

अब मैं आपको दिखा रहा हूं, उनके यू-ट्यूब वीडियो से ली गई, उनकी इस्तेमाल की हुई नेताजी की तस्वीरें। उनका YouTube चैनल 24 नवंबर 2021 को समाप्त होने वाला था, लेकिन उन्होंने अस्थायी राहत के साथ कुछ 100% गलत प्रतिवाद लिया। मैं इस भारतीय शिक्षित, नेताजी को बदनाम करने वाला दूसरा सर्वोच्च कॉपीराइट उल्लंघनकर्ता देखना चाहता हूं।

ऊपर पहली पंक्ति में NP-31 और NP-34; दूसरी पंक्ति में NP-15 और NP-40; फोटो चुराकर और क्रॉप करके वीडियो बनाया गया था।

ऊपर पहली पंक्ति में NP-41 और जापानी एनएचके वीडियो; और दूसरी पंक्ति में NP-34, NP-21 और NP-28 से चार वीडियो बनाने के लिए फोटो चुराए और क्रॉप किए। जब मैंने YouTube अधिकारियों को इसकी सूचना दी, तो उनके तीन YouTube वीडियो हटा दिए गए और सबूत दिखाए गए। कानून के मुताबिक उनका चैनल बंद कर देना चाहिए.' लेकिन मुझे लगता है कि उन्होंने भारतीय यूट्यूब टीम से संपर्क किया और रिश्वत के अवैध तरीकों से अपना चैनल बहाल किया। मैंने YouTube के उच्च अधिकारियों से संपर्क किया है और मुझे कॉपीराइट उल्लंघन के सबूत के साथ इस अपराधी के खिलाफ एक वीडियो बनाने की अनुमति दी गई है। मैंने 12 जनवरी 2022 को अंग्रेजी में एक वीडियो बनाया।

इस अपराधी घोष ने अनुज धर के साथ झूठी गवाही, साहित्यिक चोरी, साजिश सिद्धांत, कॉपीराइट उल्लंघन, द्वितीय विश्व युद्ध के इतिहास की विकृति और नेताजी सुभाष चंद्र बोस की मानहानि पर आधारित पुस्तक "CONUNDRUM" लिखी है, जिन्होंने हमारी स्वतंत्रता, गांधी की अहिंसा से नहीं दी। नेताजी युद्ध अपराधी नहीं थे जैसा कि नेहरू ने 27 दिसंबर 1945 को अपने ब्रिटिश बॉस क्लेमेंट एटली से दावा किया था। सभी भारतीयों को पता होना चाहिए कि द्वितीय विश्व युद्ध में ब्रिटिश राज का समर्थन करने के लिए गांधी और नेहरू दोनों वास्तविक अप्रत्यक्ष युद्ध अपराधी थे और युद्ध के बाद भारत के विभाजन के समय 2 मिलियन लोगों को मारने और कम से कम 10-12 मिलियन लोगों के विस्थापन के लिए जिम्मेदार थे।

तीसरा भारतीय शिक्षित सर्वोच्च कॉपीराइट उल्लंघनकर्ता-सह-अपराधी, नई दिल्ली में मिशन नेताजी के **विशाल शर्मा** (@iVishalMN) हैं। वह नई दिल्ली का एक कुख्यात भारतीय है। उनका YouTube चैनल 2019 में समाप्त कर दिया गया था। लेकिन इस अपराधी ने 'नेताजी सुभाष वीडियो' (कानूनी रूप से संभव नहीं) के रूप में एक और YouTube चैनल बनाया। वह इतना खतरनाक अपराधी है कि उसने सितंबर 2017 में

अमेजन की किताब में प्रकाशित तस्वीरों का इस्तेमाल कर 2009 और 2012 में अपने बनाए यूट्यूब वीडियो को दिखाया। तकनीकी ज्ञान होने पर, मैंने YouTube प्राधिकरण को सूचना दी थी और उनके वर्तमान YouTube चैनल को 12 नवंबर 2021 को समाप्त कर दिया गया था।

अब, मैं नेताजी की कुछ महत्वपूर्ण पुनर्प्राप्त तस्वीरें दिखा रहा हूँ जिनका उपयोग इस अपराधी ने अपने YouTube वीडियो में किया था।

ऊपर की दूसरी पंक्ति में NP-48, NP-8 और NP-37 फ़ोटो का उपयोग किया गया है।

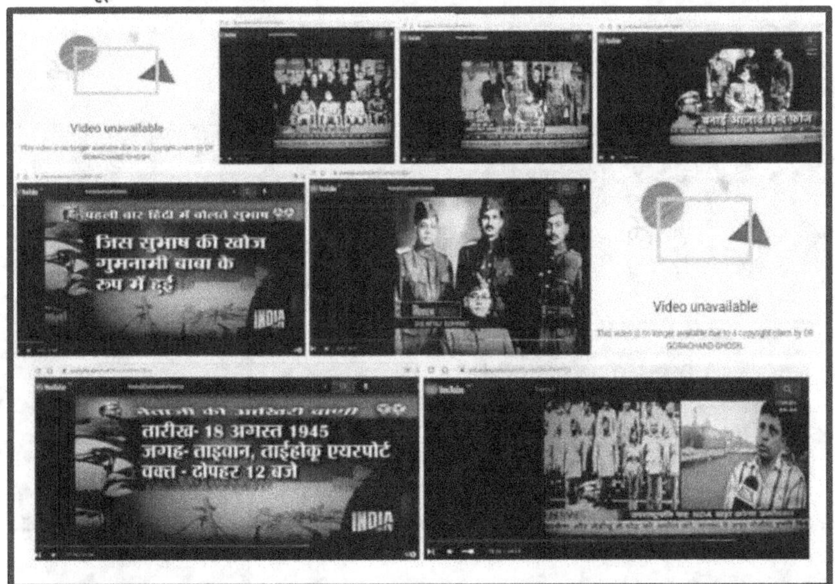

पहली पंक्ति में NP-31, NP-29 और NP-28; दूसरी पंक्ति में NP-14 और NP-28 और तीसरी पंक्ति में NP-14, NP-16 और अपराधी अनुज धर ने फोटो चुराकर और क्रॉप करके चार वीडियो बनाए। जब मैंने YouTube अधिकारियों को इसकी सूचना दी, तो उनके तीन YouTube वीडियो हटा दिए गए और सबूत दिखाए गए।

सभी भारतीयों से अनुरोध है कि मिशन नेताजी के इन अपराधियों को सहयोग ना करे, जो हमारे महान देशभक्त और स्वतंत्रता सेनानी नेताजी सुभाष चंद्र बोस को फैजाबाद में बिना वैज्ञानिक सबूत के, हत्यारे कप्तान बाबा के डी उपाध्याय उर्फ गुमनामी बाबा के रूप में बदनाम करने में लगे हैं। नेताजी की उपरोक्त कॉपीराइट @Amazon ebooks तस्वीरों ने दुनिया में पहली बार नेताजी की मृत्यु के रहस्य को सुलझाया है।

चौथा शीर्ष भारतीय शिक्षित कॉपीराइट उल्लंघनकर्ता-सह-अपराधी **कुणाल बोस** (@iaambose) YouTube चैनल में 'Kunal's Diary' का है। वह कोलकाता से हैं। वह अपने दाहिने हाथ वाले अनुज धर के साथ फैजाबाद में नेताजी सुभाष चंद्र बोस को गुमनामी बाबा के रूप में बदनाम करने के लिए लगे हुए हैं। उन्हें 18 अगस्त 1945 को ताइहोकू में नेताजी की मृत्यु के बाद उनकी तस्वीरों का इस्तेमाल करना चाहिए था; भारतीयों को मूर्ख बनाने और लूटने के लिए द्वितीय विश्व युद्ध में जापान और दक्षिण पूर्व एशिया में नेताजी के बजाय ताइहोकू से रूस तक, रूस से फैजाबाद और भारत के रास्ते में। गुमनामी बाबा एक डमी नेताजी थे जिन्हें नेहरू ने इंदिरा खान गांधी और प्रणब मुखर्जी द्वारा बनाए रखा था। जैसा कि scroll.in ने दावा किया है कि गुमनामी बाबा फैजाबाद में हत्यारा कप्तान के डी उपाध्याय थे।

आप देख सकते हैं कि कैसे अपराधी कुणाल बोस ने Amazon eBook से प्रकाशित तस्वीरों को चुराकर अपने YouTube वीडियो में इस्तेमाल किया था।

ऊपर पहली पंक्ति में NP-31 और NP-34; दूसरी पंक्ति में, NP-48, NP-8 और NP-48 और कुणाल बोस ने वीडियो चुराया और क्रॉप किया।

नेताजी की ये अद्भुत मूल तस्वीरें 19 सितंबर 2017 को दुनिया में पहली बार अमेज़न बुक्स में प्रकाशित हुई थीं। इयासुकुनी तीर्थ (जापान) में सुनामासा शिदेई के मृत्यु समारोह पर महत्वपूर्ण फोटो भी एक फोटोग्राफिक सबूत के रूप में प्रकाशित किया गया था।

इसलिए, सुनामासा शिदेई मंचूरिया में नहीं थी जैसा कि कई भारतीय तथाकथित इतिहासकार और भारतीय नेताजी शोधकर्ताओं ने दावा किया है। उनके YouTube चैनल को तीन स्ट्राइक प्राप्त करने के बाद YouTube प्राधिकरण द्वारा समाप्त कर दिया गया था।

ऊपर पहली पंक्ति में NP-31, NP-31 और NP-31, और दूसरी पंक्ति में NP-34 और NP-48। वीडियो बनाने के लिए कुणाल बोस द्वारा तस्वीरें चुराई और क्रॉप की गईं। जब मैंने YouTube अधिकारियों को इसकी सूचना दी, तो उनके तीन YouTube वीडियो हटा दिए गए और सबूत दिखाए गए। मेरी रिपोर्टिंग और अधिकारियों द्वारा तीन स्ट्राइक के बाद उनका यूट्यूब चैनल 'Kunal's Diary' बंद कर दिया गया।

सभी भारतीयों से अनुरोध है कि नेताजी की पवित्र आत्मा की रक्षा के लिए फैजाबाद में गुमनामी बाबा के रूप में उन्हें बदनाम न करने के लिए इस लेख को सभी भारतीय स्कूल, कॉलेज और विश्वविद्यालय के छात्रों को दें। जय हिन्द।

पोस्ट कार्ड - बड़ी खबर - 23 जनवरी 2022 को बनाया गया

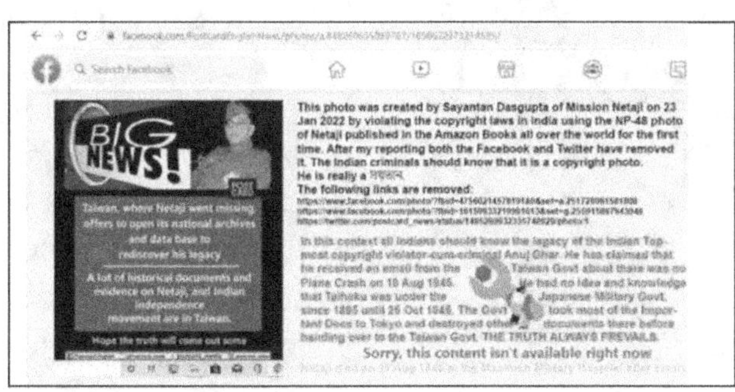

ताइवान, जहां नेताजी गायब हो गए थे, ने उनकी विरासत को फिर से खोजने के लिए अपने राष्ट्रीय अभिलेखागार और डेटा बेस को खोलने की पेशकश की।

ताइवान में नेताजी और भारत के स्वतंत्रता आंदोलन के कई ऐतिहासिक दस्तावेज और सबूत मौजूद हैं। उम्मीद है सच थोड़ा तो सामने आएगा।

मिशन नेताजी के सायंतन दासगुप्ता ने भारत में कॉपीराइट कानूनों का उल्लंघन करते हुए पहली बार दुनिया भर में अमेज़ॉन बुक्स पर प्रकाशित नेताजी की NP-48 छवि का उपयोग करके यह छवि बनाई। मेरे द्वारा रिपोर्ट करने के बाद फेसबुक और ट्विटर अधिकारियों ने इसे हटा दिया। भारतीय अपराधियों को पता होना चाहिए कि यह एक कॉपीराइट छवि है। वह वास्तव में एक शैतान है।

<u>दो फेसबुक और एक ट्विटर लिंक हटा दिए गए हैं।</u>

इस संदर्भ में सभी भारतीयों को भारत के प्रमुख कॉपीराइट उल्लंघनकर्ता-सह-अपराधी अनुज धर के कारनामे जानना चाहिए। उनका दावा है कि उन्हें ताइवान सरकार से एक ईमेल मिला था कि 18 अगस्त 1945 को कोई विमान दुर्घटना नहीं हुई थी। उन्हें इस बात का अंदाज़ा और जानकारी नहीं थी कि ताइहोकू 1895 से 25 अक्टूबर 1945 तक जापानी सैन्य सरकार के अधीन था। अधिकांश महत्वपूर्ण दस्तावेज़ टोक्यो में रखे गए हैं और अन्य ताइवान सरकार को सौंपे जाने से पहले नष्ट कर दिए गए थे। सत्य की हमेशा जीत होती है।

क्षमा करें यह सामग्री अभी उपलब्ध नहीं है!!!

18 अगस्त 1945 को नानमोन सैन्य अस्पताल में एक दुर्घटना के बाद नेताजी की मृत्यु हो गई।

बढ़िया बहस

मुसलमानों को खुश करने में थी नेताजी सुभाष की दिलचस्पी?
जयपुर संवाद

कॉपीराइट उल्लंघनकर्ता-सह-अपराधी अनुज धर और चंद्रचूड़ घोष ने अमेज़ॉन ई-बुक फोटो NP-48 को चुराया और क्रॉप किया और इसे यहां इस्तेमाल किया।

(25 फरवरी 2022 को ई-पुस्तक के कॉपीराइट मालिक और लेखक डॉ. गोराचंद घोष द्वारा फेसबुक और ट्विटर पर सार्वजनिक पोस्टिंग)

<u>अनुज धर और चंद्रचूड़ घोष की आपराधिक गतिविधियाँ:</u>

दुनिया भर के सभी भारतीयों को नई दिल्ली में मिशन नेताजी में कॉपीराइट उल्लंघनकर्ता-सह-अपराधी अनुज धर और चंद्रचूड़ घोष के बारे में जानना चाहिए। दोनों अपराधी 2001 से नेताजी के नाम पर भारतीयों को बेवकूफ बनाने और लूटने के लिए पैसे के दलाल हैं। उन्होंने 19 सितंबर 2017 को भारत सहित पूरी दुनिया में पहली बार प्रकाशित द्वितीय विश्व युद्ध पर नेताजी की अमेज़ॅन ई-बुक फोटो को चुरा लिया और क्रॉप कर दिया। वे नेताजी को गुमनामी बाबा कहकर अपमानित करने और द्वितीय विश्व युद्ध के इतिहास को विकृत करने में लगे हुए हैं। उन्हें 18 अगस्त 1945 को उनकी मृत्यु के बाद रूस और भारत से प्राप्त नेताजी की तस्वीरों का उपयोग करना चाहिए। यहां आपको इस आपराधिक YouTube वीडियो शीर्षक में NP-48 के साथ नेताजी की दुर्लभ तस्वीर मिलेगी।

सभी भारतीयों को निम्नलिखित के बारे में जानना चाहिए: 18 अगस्त 1945 को उनकी मृत्यु के बाद से नेताजी की मानहानि का निष्कर्ष

1. नेताजी को बदनाम करने के लिए मोहनदास करमचंद गांधी जिम्मेदार थे क्योंकि उन्होंने कहा था कि नेताजी की मृत्यु द्वितीय विश्व युद्ध में विमान दुर्घटना में नहीं हुई थी और वह कहीं छिपे हुए हैं।

2. सबसे बड़े अप्रत्यक्ष युद्ध अपराधी जवाहरलाल नेहरू ने 27 दिसंबर 1945 को अपने बॉस क्लेमेंट एटली से दावा किया था, "नेताजी एक युद्ध अपराधी स्टालिन की देखरेख में रूस में छिपे हुए हैं।" इसके अलावा, उन्होंने "लाल किले में एक अनौपचारिक परीक्षण में दावा किया था। नेताजी के निजी सचिव मसाइयोशी काकित्सुबो (जापानी) एक युद्ध अपराधी थे।"

3. इंदिरा खान गांधी भी एक अपराधी थीं जैसा कि उनके पिता नेहरू ने सुझाव दिया था कि वह मासाइयोशी काकित्सुबो को युद्ध अपराधी मानती थीं। उन्होंने 1976 में 23 जनवरी 1977 को कलकत्ता में "नेताजी रिसर्च ब्यूरो" में अपना भाषण देने के लिए उन्हें भीसा नहीं दिया।

4. दिवंगत प्रणब मुखार्जी, कांग्रेस पार्टी के राजनीतिक नेता, भारत के पूर्व राष्ट्रपति और "चाणक्य", " गुमनामी बाबा के रूप में नेताजी का अपमान करने वाले शीर्ष अपराधी थे।" वह जापान के टोक्यो में रेंकोजी मंदिर से नेताजी की अस्थियों को भारत वापस लाने की अनुमति नहीं देने के लिए जिम्मेदार हैं।

5. मूल रूप से आसनसोल के रहने वाले मनोज कुमार मुखार्जी एक भारतीय न्यायविद् थे। उन्होंने बॉम्बे उच्च न्यायालय और इलाहाबाद उच्च न्यायालय के मुख्य न्यायाधीश और भारत के सर्वोच्च न्यायालय के पूर्व न्यायाधीश के रूप में कार्य किया। वह मुखार्जी आयोग के प्रमुख थे।

   लेकिन उन्होंने नेताजी की मौत के रहस्य को उजागर करने में अपना कर्तव्य ईमानदारी से नहीं निभाया। सेवानिवृत्ति के तुरंत बाद, उन्होंने छह वर्षों तक हमारे

सार्वजनिक धन पर विदेश यात्रा का आनंद लिया। वह कांग्रेस के राजनीतिक नेताओं के भी निकट संपर्क में थे, संभवतः प्रणब मुखार्जी उनके रिश्तेदार थे।

मेरी जानकारी के अनुसार, वह टोक्यो के रेंकोजी मंदिर में स्थापित नेताजी की आत्मा को अपवित्र करने का भी दोषी था।

वैज्ञानिक प्रमाणों के एक भी प्रमाण के अभाव में भी, उन्होंने नेताजी को "फैज़ाबाद के गुमनामी बाबा" बनाने में महत्वपूर्ण भूमिका निभाई।

मुखार्जी विज्ञान और प्रौद्योगिकी के आधुनिक व्यावहारिक ज्ञान के बिना एक 'मूर्खजी' थे, वह कैसे कह सकते थे कि उचित सत्यापन के बिना कोई विमान दुर्घटना नहीं हुई थी? मनोज मुखार्जी ने नेताजी की मृत्यु पर अपनी रिपोर्ट को अंतिम रूप क्यों नहीं दिया "नेताजी की मृत्यु कब, कहां, कैसे हुई?"

अमेरिकी इतिहासकार प्रोफेसर गॉर्डन ने मनोज मुखार्जी को 'गूंगा' कहा है।

6. श्रीजीत मुखोपाध्याय, एक अर्थशास्त्री और फिल्म निर्देशक, हमारे महानतम स्वतंत्रता सेनानी और नायक के सभी बुनियादी सिद्धांतों का उल्लंघन करते हुए अपनी फिल्म "गुमनाम" में गुमनामी बाबा के रूप में नेताजी का अपमान करने के लिए अपराधी हैं। वास्तविक अप्रत्यक्ष युद्ध अपराधियों गांधी और नेहरू ने हमें आजादी नहीं दिलाई, नेताजी और आईएनए ने दी, क्योंकि अब सच्चाई सामने आ गई है।

7. कांग्रेस पार्टी और टीएमसी के नेता सुब्रत मुखोपाध्याय भी बिना कोई उचित कार्रवाई किए नेताजी को अपमानित करने के लिए जिम्मेदार थे क्योंकि वह 23 जनवरी 1977 को काकित्सुबो में उनके भाषण में शामिल हुए थे।

8. ज्योति बोसु सहित कम्युनिस्ट पार्टी के सदस्य और नेता नेताजी को "तोजो को कुत्ता" कहकर अपमानित करने के लिए जिम्मेदार थे।

9. नेताजी शोधकर्ता से पत्रकार बने अनुज धर ने नई दिल्ली में एक भारतीय प्रकाशक से फैजाबाद में नेताजी को गुमनामी बाबा के रूप में चित्रित करने वाली पांच या छह अपमानजनक किताबें लिखीं। मुझे यकीन है कि नेताजी को बदनाम करने के लिए उनका भारत की कांग्रेस पार्टी के साथ संबंध था, वह नेहरू के आनुवंशिकी हैं, मोना पंजाबी हैं और उनके दादा ब्रिटिश भारतीय सेना में थे, जिन्होंने द्वितीय विश्व युद्ध में नेताजी और आई.एन. के खिलाफ लड़ाई लड़ी थी।

10. तानाशाह और कॉपीराइट उल्लंघनकर्ता चंद्रचूड़ घोष ने एक शोधकर्ता के रूप में नेताजी के बारे में द्वितीय विश्व युद्ध के इतिहास को विकृत करने का दावा किया। फैजाबाद में गुमनामी बाबा के रूप में महान देशभक्त नेताजी का अपमान करने का उनका कोई नैतिक चरित्र नहीं है।

11. डॉ. पूरबी रॉय, डॉ. जीडी बख्शी, डॉ. सुब्रह्मण्यम स्वामी, डॉ. जयंत चौधरी, श्री केशव भट्टाचार्य, प्रो. कपिल कुमार, डॉ. मधुसदन पाल कुछ ऐसे नेताजी

शोधकर्ता हैं जिन्होंने बिना किसी आलोचना के नेताजी के बारे में कई अपमानजनक किताबें लिखी हैं। उन्होंने षड्यंत्र के सिद्धांतों और अफवाहों के आधार पर भारतीयों को मूर्ख बनाने के लिए अपनी किताबें लिखीं।

12. डॉ. सुगाता बोस, एक इतिहासकार, हार्वर्ड विश्वविद्यालय में प्रोफेसर, पूर्व टीएमसी नेता और कोलकाता में नेताजी रिसर्च ब्यूरो के निदेशक, 1957 से अपने पिता शिशिर कुमार बोस के माध्यम से "नेताजी के लापता होने के रहस्य की जांच" नामक एक एनजीओ चला रहे हैं। यह ब्यूरो नेताजी का दूसरा दुश्मन है और सुगाता बोस अब कॉपीराइट उल्लंघनकर्ता-सह-अपराधी हैं।

13. पश्चिम बंगाल की मुख्यमंत्री ममता बनर्जी भी भारत की कांग्रेस पार्टी की तरह नेताजी को बदनाम करने में लगी हैं, क्योंकि उन्होंने मूल रूप से कांग्रेस पार्टी से नई पार्टी तृणमूल कांग्रेस बनाई थी।

14. ऐसे और भी कई लोग हैं जो नेताजी को बदनाम करने में लगे हुए हैं और मैं अपनी किताब में उनका नाम नहीं लेना चाहता। लेकिन सबूतों के साथ कलकाता, नई दिल्ली, मुंबई, हैदराबाद, राजस्थान और पुणे के पुलिस कमिश्नरों को नाम दिए गए हैं।

सभी भारतीयों से अनुरोध है कि वे मुख्य रूप से द्वितीय विश्व युद्ध में नेताजी के इतिहास को जानने के लिए मेरे YouTube चैनल "GORACHAND GHOSH" को सब्सक्राइब करें।

मैंने यह YouTube प्रमुख भारतीय कॉपीराइट उल्लंघनकर्ता-सह-अपराधी अनुज धर के खिलाफ बनाया है, जो 2001 से नेताजी की भावनाओं का उपयोग करके भारतीयों को मूर्ख बनाने और लूटने के लिए गुमनामी बाबा के रूप में नेताजी को बदनाम करने में लगा हुआ है। यह YouTube 19 दिसंबर 2021 को बनाया गया था।
YouTube लिंक : https://www.youtube.com/watch?v=p3pLp7TJUw4

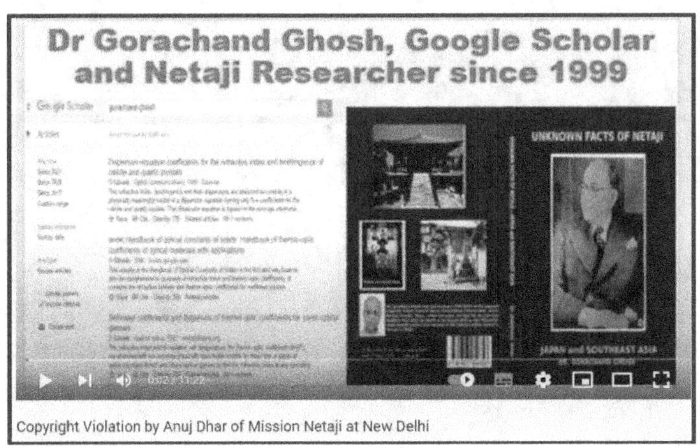

Copyright Violation by Anuj Dhar of Mission Netaji at New Delhi

NP-31 और NP-15 छवियां 18/19 सितंबर 2017 को प्रकाशित अमेज़ॉन ई-बुक से चुराई और क्रॉप की गईं, लेखक दीपांकर घोष और जयश्री प्रकाशन के मालिक विजय कुमार नागा द्वारा कॉपीराइट का उल्लंघन और आपराधिक गतिविधि। हो सकता है अपराधी को दोनों तस्वीरें अनुज धर से मिली हों।

== भारत नेताजी की बजह से ही स्वतंत्र हे ==

अध्याय सात

द्वितीय विश्व युद्ध के दौरान नेहरू का राजवंश और गांधी

1942 से पहले का जीवन

1988 में, मैंने अपने एक सहकर्मी, जिनके पिता इलाहाबाद उच्च न्यायालय में वकील थे, से सुना कि नेहरू का जन्म इलाहाबाद में नैनी ब्रिज के पास 'मीर गंज' में एक प्रेस क्वार्टर में हुआ था। उसे मोतीलाल नेहरू ने गोद लिया था और वह एक मुस्लिम लड़का है। इसकी पुष्टि एक हालिया रिपोर्ट [38] से हुई है। उन्हें किसी भी स्कूल में प्राथमिक शिक्षा नहीं दी गई। उन्होंने कम उम्र से ही घर पर ब्रिटिश संस्कृति और शिक्षा के उचित रीति-रिवाज सीखे; चूँकि मोतीलाल भी एक मुस्लिम व्यक्ति थे इसलिए उन्होंने स्थानीय स्तर पर एक 'हिन्दू' के रूप में प्रदर्शन/व्यवहार किया क्योंकि उस काल में अंग्रेज मुसलमानों से नफरत करते थे। उनके पिता ने उन्हें आईसीएस अधिकारी बनने के लिए इंग्लैंड भेजा। अतः 1907 में उन्हें कैम्ब्रिज विश्वविद्यालय में प्रवेश मिल गया। लेकिन वे गणित और विज्ञान में फेल हो गये। केवल वह गैर-शैक्षणिक गतिविधियों में संलग्न था [39] जैसे कि क्लबिंग, शराब पीना और गोरी लड़कियों के साथ घुलना-मिलना, जैसा कि हम अभी भी विकसित देशों में अमीर भारतीय माता-पिता के कुछ लड़कों के साथ देखते हैं। हालाँकि उन्होंने कानून में स्नातक की डिग्री उत्तीर्ण करने का दावा किया था, इसकी पुष्टि कौन करेगा, क्योंकि वह किसी भी शैक्षणिक या अन्य पेशे में नहीं थे जिसके लिए कानून प्रमाणपत्र की आवश्यकता होती थी।

दूसरी ओर, उन्होंने अफ्रीका से वापस आकर गांधीजी के नेतृत्व में अन्य भारतीयों द्वारा गठित स्वतंत्रता आंदोलन में शामिल होकर इस अवसर का लाभ उठाया। हालाँकि वह वहां अफ्रीकी स्वतंत्रता के लिए नहीं लड़ रहे थे, उन्होंने वहां ब्रिटिश शासन का समर्थन किया था। मंच पर गांधीजी के आगमन ने भारत के स्वतंत्रता आंदोलन को और अधिक ऊर्जा प्रदान की। 1900 के दशक की शुरुआत तक, भारतीय नेता 1920 के दशक में अंग्रेजों को उखाड़ फेंकना चाह रहे थे। लेकिन उन्होंने एक लाख से ढाई लाख की संख्या में अधिक युवा लड़कों को ब्रिटिश सेना में भर्ती करके ब्रिटिश शासन का समर्थन किया और द्वितीय विश्व युद्ध में ब्रिटिश पक्ष का समर्थन किया। कोई भी बुद्धिजीवी अगले पन्ने पर चित्र देखकर अनुमान लगा सकता है कि ब्रिटिश राज/शासक के प्रति उनकी मानसिकता क्या थी। वह भारत के वास्तविक स्वतंत्रता सेनानी बिल्कुल भी नहीं थे। उन्होंने हमारी महान भारत माता को नेताजी द्वारा बोए गए आईएनए के फल खाने और लोकतंत्र का उल्लंघन करने के बीच विभाजित किया। नेहरू की तरह गांधीजी ने भी इंग्लैंड से कानून की डिग्री हासिल की। कम्युनिस्ट नेता, ज्योति बसु, एक अमीर आदमी के बेटे, कानून की पढ़ाई के दौरान नेहरू से दोस्ती करने के लिए इंग्लैंड गए और भारतीय छात्रों और कुछ श्वेत लड़कियों के साथ खूब पार्टी की। दोनों वहां अक्सर मिलते थे और योजना बनाते थे कि भारत में राजनीति

219

कैसे करनी है। सौभाग्य से, बोस ने स्वतंत्रता सेनानी होने का दावा नहीं किया और वह नेताजी को बिल्कुल भी पसंद नहीं करते थे। लेकिन कम्युनिस्ट पार्टी (सीपीआई/सीपीएम) ने दावा किया कि नेताजी 'तोजो का कुकुर' या "तोजो को कुत्ता" थे।

जैसा कि हमने सुना है 1936 में नेहरू अपनी पत्नी कमला के इलाज के लिए स्विट्जरलैंड गए और अपना पहला स्विस बैंक खाता खोला। इसके बाद वह बर्लिन गए और नेताजी से मिले, जब उन्हें अंग्रेजों ने निर्वासित कर दिया था। कुछ साल बाद, जब इंदिरा स्विट्जरलैंड के लॉज़ेन स्कूल में पढ़ती थीं, तब उनका नाम संयुक्त खाताधारक के रूप में शामिल किया गया था, लेकिन वह अपनी पढ़ाई में असफल रहीं। वही बैंक खाता राजीव को विरासत में मिला है और अब सोनिया/राहुल के अधीन है। उन्होंने अपनी 'लाइसेंस राज' कमीशन प्रक्रिया, घोटालों और 'आजाद हिंद बैंक' लूट के एक हिस्से के माध्यम से हमारी भारत माता को करोड़ों डॉलर लूटे हैं। जैसा कि सभी जानते हैं, 'लाइसेंस राज' की शुरुआत नेहरू ने 'ब्रिटिश राज' को हटाने के लिए की थी। वर्ल्ड वाइड वेब पर आधुनिक रिपोर्टों से पता चलता है कि वह बाबर का वंशज था। अंग्रेजों के बाद नेहरू ने भारत को लूटा।

गांधी और नेहरू तो लोकतंत्र को मानते ही नहीं थे। 1939 में कांग्रेस पार्टी के लोकतांत्रिक रूप से निर्वाचित अध्यक्ष सुभाष चंद्र बोस को इस्तीफा देने के लिए कैसे मजबूर किया गया? फिर उन्हें हमारी भारत माता को छोड़ने के लिए मजबूर होना पड़ा, अन्यथा कांग्रेस और ब्रिटिश राज ने उन्हें मारने की योजना बनाई। अंग्रेजों ने भारत की आजादी के लिए क्रांतिकारियों के खिलाफ गांधी और नेहरू को 'मानव अग्नि दीवार' के रूप में इस्तेमाल किया।

इंदिरा गांधी का जन्म 19 नवंबर 1917 को इलाहाबाद (अब प्रयागराज) में हुआ था। अपने पिता की तरह, उनकी स्कूली शिक्षा घर पर ही हुई और उन्हें किसी भी स्कूल में दाखिला नहीं मिला। लेकिन उनके विकिपीडिया में समाज को ले जाने वाली पारदर्शी जानकारी के आधुनिक समय में दुनिया को मूर्ख बनाने के लिए बहुत सारी भ्रामक कहानियाँ हैं।

इंदिरा प्रियदर्शिनी ने नेहरू वंश में अनैतिकता पैदा की। बौद्धिक इंदिरा को ऑक्सफ़ोर्ड विश्वविद्यालय में भर्ती कराया गया लेकिन अच्छा प्रदर्शन न करने के कारण निष्कासित कर दिया गया। फिर उन्हें शांतिनिकेतन में विश्व भारती विश्वविद्यालय में भर्ती कराया गया, लेकिन उनके बुरे व्यवहार के कारण गुरुदेव रवीन्द्रनाथ टैगोर ने उन्हें निष्कासित कर दिया [40]। शांतिनिकेतन से निकाले जाने के बाद इंदिरा अकेली हो गईं क्योंकि उनके पिता राजनीति में व्यस्त थे और उनकी मां स्विट्जरलैंड में तपेदिक से मर रही थीं। उनके अकेलेपन से खेलने के लिए, नवाब खान नामक किराना व्यापारी का बेटा फ़िरोज़ खान, जो इलाहाबाद में मोतीलाल नेहरू के घर पर शराब आदि की आपूर्ति करता था, उनके करीब आने में कामयाब रहा। महाराष्ट्र के तत्कालीन राज्यपाल डॉ. श्रीप्रकाश नेहरू ने इंदिरा के फ़िरोज़ खान के साथ अवैध संबंधों के बारे में चेतावनी दी थी।

फ़िरोज़ खान तब इंग्लैंड में थे और इंदिरा के प्रति काफी सहानुभूति रखते थे। जल्द ही उन्होंने अपना धर्म बदल लिया, मुस्लिम महिला बन गई और लंदन की एक मस्जिद में फिरोज खान से शादी कर ली। इंदिरा प्रियदर्शिनी नेहरू ने उनका नाम बदलकर मैमुना बेगम रख दिया। उनकी मां कमला नेहरू इस शादी के बिल्कुल खिलाफ थीं। नेहरू इंदिरा के मुस्लिम बन जाने से खुश नहीं थे, जिससे उनके नेहरू के सपनों का प्रधानमंत्री बनने की संभावना खत्म हो जाती [39]। यह कहानी हमने अपने छात्र जीवन के दौरान स्कूल में पढ़ी थी क्योंकि उनका नाम फ़िरोज़ खान था। हालाँकि, यह नेहरू राजवंश आज भी दुनिया को मूर्ख बना रहा है, पारदर्शी 'अंतर्राष्ट्रीय सूचना-वाहक समाज' के आधुनिक दिनों में जैसा कि 'एविसारिकस' लेखक ने 1990 में दावा किया था [41-43], जो प्राचीन काल में श्रीकृष्ण के काल में पाया गया था।

फ़िरोज़ खान अब वेबसाइट पर फ़िरोज़ जहाँगीर गांधी के रूप में दिखाई देते हैं [44] और वह लखनऊ के दो समाचार पत्रों 'द नेशनल हेराल्ड और द नवजीवन' के संपादक-सह-प्रकाशक और मालिक थे; उनके पास अपने ससुर, सास और पत्नी की तरह कोई वास्तविक शैक्षणिक योग्यता नहीं थी; लेकिन उन्होंने भारतीयों को मूर्ख बनाने के लिए कई शैक्षणिक योग्यताओं का दावा किया। इसका सत्यापन कौन करेगा?

इसी तरह आज पश्चिम बंगाल में कई फर्जी डॉक्टर हैं। लेकिन वे हमारी भारत माता को धोखा देने में बहुत चतुर और चतुर थे। भारतीयों को मूर्ख बनाने के लिए, नेहरू और गांधी ने इलाहाबाद की एक अदालत में एक 'शपथपत्र' में बेटे का नाम खान/गांधी के नाम पर गांधी रखने की साजिश रची। मैंने सुना है कि ज्योति बोस ने हलफनामे पर हस्ताक्षर किये हैं। 16 मार्च 1942 को आनंद भवन में एक विवाह समारोह आयोजित किया गया। (पहले

इसका नाम जस्टिस सैयद महमूद के नाम पर 'महमूद/इशरत मंजिल' था) हिंदुओं ने फिर से भारतीयों को धोखा दिया और मूर्ख बनाया और जो रिपोर्ट प्रकाशित हुई, वह उनके स्वामित्व वाले दो अखबारों के लिए बहुत अच्छी खबर है।

लंदन की एक मस्जिद में शादी   इलाहाबाद में हिंदू शादी

गांधी और नेहरू द्वारा समर्थित भारतीय सेना भर्ती अभियान
www.nationalarchives.gov.uk/education/resources/the-road-towww.nationalarchives.gov-partition/indian-army-recruitment-1939-1944/

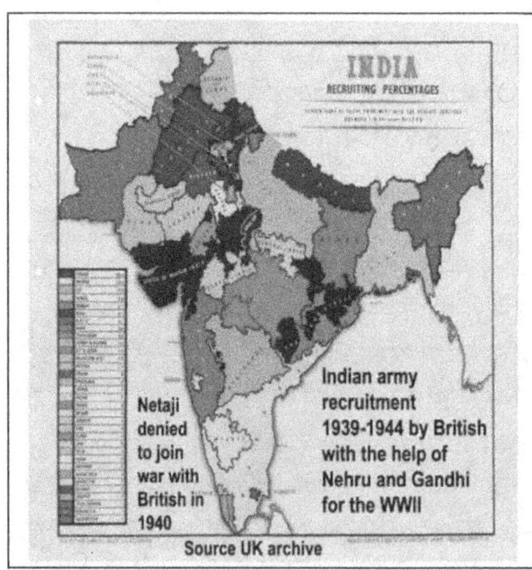

ब्रिटिश भारत के विभिन्न क्षेत्रों और राज्यों से भारतीय सेना में भर्ती का प्रतिशत दर्शनि वाला मानचित्र। सबसे अधिक प्रतिशत पंजाब (25.5%) और मद्रास (18.4%) से आते हैं। अधिकांश प्रांतों में भर्ती एक प्रतिशत से भी कम है। इस वेबसाइट से 'विभाजन का मार्ग 1939-1947'; 'दो नए देशों की हिंसक रचना' के लिए कृपया उपरोक्त लिंक पर राष्ट्रीय अभिलेखागार पढ़ें; उस समय के गांधी और नेहरू को समझना; द्वितीय विश्व युद्ध में सिंगापुर और अंडमान और निकोबार द्वीप समूह में जापानी सेना के खिलाफ लड़ने के लिए ब्रिटिश भारतीय सेना द्वारा इसका नाम बदलकर "गांधी, नेहरू और आज़ाद" ब्रिगेड कर दिया गया था।

1942-1947 तक नेहरू का जीवन

1942 से 1945 तक द्वितीय विश्व युद्ध के दौरान नेहरू का प्रेम जीवन।

ब्रिटिश भारतीय सेना के कमांडर लॉर्ड लुईस माउंटबेटन, नेताजी सुभाष चंद्र बोस के नेतृत्व में आईएनए और जापानी सेना के खिलाफ दक्षिण पूर्व एशिया, बर्मा, मणिपुर और असम में लड़ रहे थे।

दूसरी ओर, इंदिरा की शादी के बाद, नेहरू लेडी एडविना माउंटबेटन के साथ प्यार और मेलजोल में व्यस्त थे क्योंकि वह भी दिल्ली में अकेली रहती थीं। कुछ अच्छी तस्वीरें और घटनाएं दावा कर सकती हैं और हम मनुष्य के रूप में उस रोमांटिक स्थिति का अनुभव कर सकते हैं। क्योंकि लॉर्ड लुईस माउंटबेटन की लव लाइफ बर्बाद हो गई थी और इसीलिए उन्होंने युद्ध के दौरान भारत के विभाजन की योजना बनाई।

युद्ध के बाद ब्रिटिश राज और नेहरू के नेतृत्व में कांग्रेस पार्टी, नेताजी और उनके निजी सचिव को युद्ध अपराधी बनाने में लग गयी। हालाँकि नेताजी की मृत्यु एक विमान दुर्घटना में हुई थी और नेहरू और लॉर्ड लुईस माउंटबेटन दोनों इस तथ्य को जानते थे, उन्होंने हमारी भारत माता और ब्रिटिश संसद को विभाजन के लिए गुमराह किया, जो कि नेताजी की योजना नहीं थी।

चूँकि मैंने भी इस पुस्तक में उल्लिखित कई दस्तावेज़ पढ़े हैं। गांधीजी ने नेहरू को चुनने के बजाय उन्हें भारत के पहले प्रधान मंत्री के रूप में नामित क्यों किया? गांधी एक भ्रष्ट, प्रतिशोधी और अप्रत्यक्ष हत्यारे थे।

चित्र में, नेहरू और जिन्ना दोनों भाई 1946 में शिमला में भारत को विभाजित करने और शासन करने की योजना बनाते हैं, जब उन्हें पता चलता है कि नेताजी की हत्या कर दी गई है। दो सुंदर मुस्लिम पुरुष लंदन में पढ़ते थे। यदि गांधीजी ने जिन्ना को प्रधान मंत्री के रूप में चुना होता, तो संभावना है, भारत माता का विभाजन नहीं होता और 1946 के बाद से भारत में कोई दंगे नहीं हुए होते।

भारत में दंगे 1946

डायरेक्ट एक्शन डे (16 अगस्त 1946), जिसे ग्रेट कलकत्ता मर्डर्स के नाम से भी जाना जाता है, ब्रिटिश भारत के बंगाल प्रांत के कलकत्ता (अब कोलकाता) शहर में हिंदुओं और मुसलमानों के बीच बड़े पैमाने पर दंगों और हत्याओं की अवधि थी। इस दिन को लॉन्ग नाइफ वीक के नाम से भी जाना जाता है।

कलकत्ता दंगे: ब्रिटिश और कांग्रेस दोनों को मुस्लिम भावनाओं की ताकत दिखाने के लिए मुस्लिम लीग काउंसिल द्वारा 'सीधी कार्रवाई' की घोषणा की गई थी क्योंकि मुसलमानों को डर था कि अगर अंग्रेज आसानी से हट गए, तो मुसलमान निश्चित रूप से एक हाथ में हो जाएंगे।

भारी बहुमत को नुकसान होगा, नतीजा यह हुआ कि 17 सितंबर 1946 को [45] ब्रिटिश

भारत में

सबसे अधिक सांप्रदायिक दंगे हुए और कम से कम 7 हजार से 10 हजार मुस्लिम और हिंदू मारे गए।

इस समय के दौरान, भारतीय स्वतंत्रता आंदोलन एक निर्णायक चरण में पहुंच गया जब ब्रिटिश प्रधान मंत्री क्लेमेंट एटली ने ब्रिटिश राज से भारतीय नेतृत्व को सत्ता हस्तांतरण की योजनाओं पर चर्चा करने और उन्हें अंतिम रूप देने के लिए तीन सदस्यीय कैबिनेट मिशन भारत भेजा। दिखाई गई कुछ तस्वीरें इस हत्याकांड के बाद सितंबर-अक्टूबर 1946 में एक और नरसंहार हुआ।

नोआखाली में 5 हजार से ज्यादा हिंदू मारे गये. मुस्लिम समुदाय [46] ने हिंदू समुदाय पर हमला किया और लूटपाट की और जबरन हिंदुओं को मुसलमान बना दिया। कुछ राहत शिविरों में 50,000 से 75,000 लोगों ने शरण ली है। यहां कुछ चित्र दिखाए गए हैं। बिहार में [47] 24 अक्टूबर से 11 नवंबर 1946 तक सांप्रदायिक दंगे हुए, जिनमें हिंदू परिवारों ने मुस्लिम परिवारों को निशाना बनाया।

उस वर्ष की शुरुआत में द ग्रेट कलकत्ता किलिंग के साथ-साथ नोआखली दंगों के कारण दंगे भड़क उठे। गांधीजी ने घोषणा की कि जब तक दंगे नहीं रुकेंगे वे भूख हड़ताल पर रहेंगे। ये दंगे सांप्रदायिक हिंसा की श्रृंखला का हिस्सा थे जिसके कारण भारत का विभाजन हुआ। साइड में कुछ तस्वीरें दिखाई गई हैं।

भारत का विभाजन 1947 में ब्रिटिश भारत का विभाजन था, जिससे भारत और पाकिस्तान के दो स्वतंत्र राज्य बने। भारत का डोमिनियन आज भारत गणराज्य है, और पश्चिमी पाकिस्तान का डोमिनियन आज इस्लामिक गणराज्य पाकिस्तान है और पूर्वी पाकिस्तान का डोमिनियन आज पीपुल्स रिपब्लिक ऑफ बांग्लादेश है।

विभाजन के परिणामस्वरूप बंगाल और पंजाब दो प्रांतों में विभाजित हो गये। 14-15 अगस्त 1947 की मध्यरात्रि को पाकिस्तान और भारत कानूनी तौर पर दो स्वतंत्र देशों के रूप में अस्तित्व में आये।

धार्मिक आधार पर 10 से 12 मिलियन लोगों के बीच विभाजन [48], जिससे नवगठित अधिपत्य में बड़े पैमाने पर शरणार्थी संकट पैदा हो गया; विभाजन के साथ या उससे पहले हिंसा की उच्च दर होने का अनुमान है, जिसमें हताहतों की संख्या का अनुमान है।

नोआखाली, बिहार और कोलकाता दंगे

0.2 मिलियन से 2.0 मिलियन लोग (हिंदू, सिख और मुस्लिम) मारे गए और घायल हुए। यहां कुछ चित्र दिखाए गए हैं। मार्च, 1947 में गांधीजी ने नोआखाली में हिंदुओं को चेतावनी दी; नोआखाली छोड़ो या मर जाओ।

नोआखाली में गांधी और जिन्ना

गांधी पूरे ब्रिटिश भारत में इतने सारे मुसलमानों, सिखों और हिंदुओं के नरसंहार और नरसंहार के लिए ज़िम्मेदार थे। इस तथ्य के कारण, नोबेल समिति ने उन्हें मरणोपरांत नोबेल शांति पुरस्कार नहीं दिया, जैसा कि हम सभी जानते हैं।

डॉ. गोराचांद घोष

भारत के प्रथम प्रधानमंत्री के रूप में नेहरू को चुनना

गांधी ने पटेल के बजाय नेहरू को भारत का पहला प्रधान मंत्री क्यों चुना?

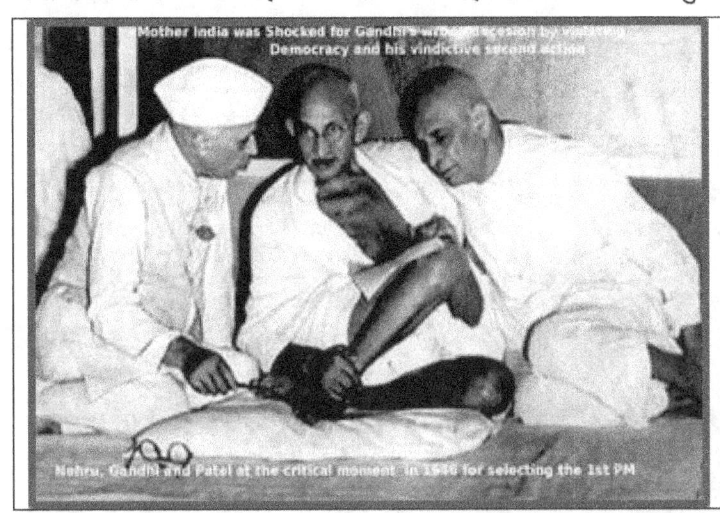

कांग्रेस अध्यक्ष और इस प्रकार भारत के पहले प्रधान मंत्री पद के लिए नामांकन की अंतिम तिथि 29 अप्रैल, 1946 थी।

नामांकन 15 राज्य/क्षेत्रीय कांग्रेस समिति द्वारा किया जाना था। कांग्रेस अध्यक्ष के रूप में गांधीजी की नेहरू को प्राथमिकता देने की प्रसिद्ध बात के बावजूद, नेहरू के नाम पर कोई कांग्रेस कमेटी भी नहीं है। इसके विपरीत, 15 कांग्रेस समितियों में से 12 ने सरदार वल्लभभाई पटेल को नामांकित किया। शेष तीन कांग्रेस समितियों ने किसी एजेंसी का नाम नहीं लिया। जाहिर तौर पर भारी बहुमत सरदार पटेल के पक्ष में था।

यह महात्मा गांधी के लिए भी एक चुनौती थी। कांग्रेस वर्किंग कमेटी (सीडब्ल्यूसी) के सदस्यों को इस बात की पूरी जानकारी होने के बावजूद कि केवल प्रांत कांग्रेस कमेटी ही अध्यक्ष को नामित करने के लिए अधिकृत है, उन्होंने आचार्य जेबी कृपलानी को नेहरू के कुछ वकील बताए। गांधी की इच्छा का पालन करते हुए कृपलानी ने सीडब्ल्यूसी के कुछ सदस्यों को पार्टी अध्यक्ष के लिए नेहरू का नाम प्रस्तावित करने के लिए मना लिया।

ऐसा नहीं है कि गांधीजी को इस प्रथा की अनैतिकता के बारे में जानकारी नहीं थी। उसे पूरी तरह से एहसास हुआ कि वह जो करना चाहता था वह गलत और पूरी तरह से अनुचित था। वस्तुतः उन्होंने नेहरू को वास्तविकता समझाने का प्रयास किया। उन्होंने नेहरू को बताया कि किसी भी पीसीसी ने उनका नाम नामित नहीं किया था और केवल कुछ सीडब्ल्यूसी सदस्यों ने उन्हें नामित किया था। आत्ममुग्ध नेहरू हतोत्साहित हो गए और उन्होंने स्पष्ट कर दिया कि वह किसी के लिए दोयम दर्जे की भूमिका नहीं निभाएंगे। नेहरू के अड़ियल चरित्र से निराश गांधीजी ने सरदार पटेल से अपना नाम वापस लेने को कहा। सरदार पटेल गांधी जी का बहुत सम्मान करते थे और उन्होंने बिना समय बर्बाद किये अपनी उम्मीदवारी वापस ले ली। और इसने भारत के पहले प्रधान मंत्री के रूप में पंडित जवाहरलाल नेहरू के राज्याभिषेक का मार्ग प्रशस्त किया लेकिन गांधीजी ने सरदार

वल्लभभाई पटेल के समर्थन की अनदेखी क्यों की? वे नेहरू के प्रति इतने आसक्त क्यों थे?

जब डॉ. राजेंद्र प्रसाद ने सरदार पटेल के नामांकन वापस लेने के बारे में सुना, तो वे निराश हो गए और टिप्पणी की कि गांधी ने एक बार फिर 'आकर्षक, परिष्कृत और स्वयंभू धर्मगुरु नेहरू के पक्ष में अपने भरोसेमंद लेफ्टिनेंट का बलिदान कर दिया है।'

नेहरू ने कश्मीर पर धोखा क्यों दिया और यह सूची में नहीं था
http://www.nationalarchives.gov.uk/education/resources/the-road-to-partition/map-possible-partition/

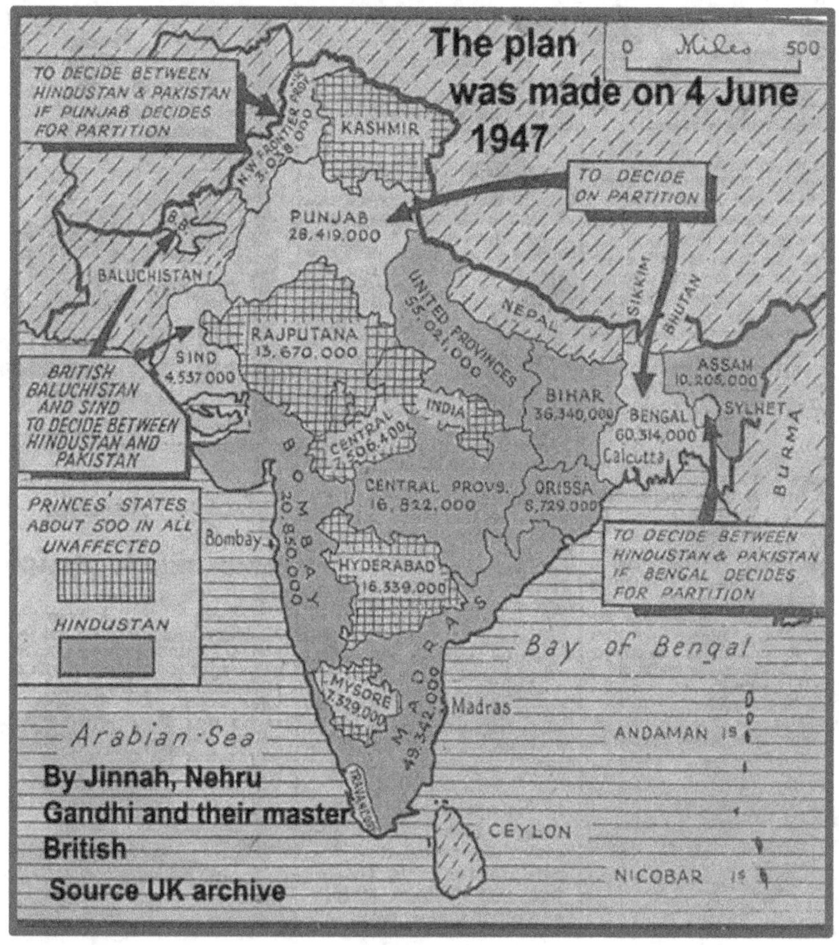

आप देखिए 4 जून 1947 को गांधी, नेहरू, जिन्ना और उनके गुरु अंग्रेजों ने बंगाल और पंजाब को विभाजित करने की योजना बनाई।

तथाकथित आजादी के बाद 30 जनवरी 1948 की शाम को नाथूराम विनायक गोडसे ने गांधी की हत्या क्यों की?

http://indiansaga.com/whoswho/godse_letter.html

नाथूराम गोड्स की समापन टिप्पणियाँ (असंपादित):-

इस लेख का अंग्रेजी संस्करण लेखक द्वारा 2 फरवरी, 2019 को सोशल मीडिया फेसबुक पर सार्वजनिक रूप से पोस्ट किया गया था। नाथूराम गोडसे को 1939 में गांधी की हत्या न करने का अफसोस था जब नेताजी को कांग्रेस अध्यक्ष पद से इस्तीफा देने के लिए मजबूर होना पड़ा।

"13 जनवरी, 1948 को मुझे पता चला कि गांधीजी ने भूख हड़ताल पर जाने का फैसला किया है। कारण यह बताया गया कि वह हिंदू-मुस्लिम एकता का आश्वासन चाहते थे... लेकिन मैं और कई अन्य लोग आसानी से देख सकते थे कि असली इरादा... [था] डोमिनियन सरकार को पाकिस्तान को 55 करोड़ का भुगतान करने के लिए मजबूर करना था। जिसे सरकार ने सिरे से खारिज कर दिया... लेकिन गांधी जी की भूख हड़ताल से जनता सरकार का यह फैसला पलट गया। मेरे लिए यह स्पष्ट था कि गांधीजी के पाकिस्तान के प्रति झुकाव की तुलना में जनमत की शक्ति कुछ भी नहीं थी।

....1946 या उसके आसपास, सरकारी संरक्षण में नोआखाली में सुरहावर्दी द्वारा हिंदुओं पर किए गए मुस्लिम अत्याचारों ने हमारा खून खौला दिया। हमारी शर्म और आक्रोश की कोई सीमा नहीं रही जब हमने देखा कि गांधीजी उस सुरहावर्दी के बचाव में आए और उन्हें अपनी प्रार्थना सभा में भी 'शहीद साहब' - एक शहीद - कहा...

.... कांग्रेस में गांधीजी का प्रभाव पहले बढ़ा और फिर चरम पर पहुंच गया। जन जागृति के लिए उनके कार्य अपनी तीव्रता में असाधारण थे और उन्हें सत्य और अहिंसा के नारों से बल मिला था, जिसे उन्होंने राष्ट्र के सामने प्रकट किया था... मैं कभी नहीं सोच सकता था कि एक आक्रामक के खिलाफ सशस्त्र प्रतिरोध अन्यायपूर्ण था...

... राम ने एक तीखी लड़ाई में रावण को मार डाला... कृष्ण ने कंस की दुष्टता को समाप्त करने के लिए उसे मार डाला... शिवाजी, राणा प्रताप और गुरु गोविंदा को

'गुमराह देशभक्त' के रूप में निंदा करके, गांधीजी ने केवल अपने अहंकार को प्रकट किया... इसके विपरीत, गांधीजी एक हिंसक शांतिवादी थे जिसने सत्य और अहिंसा के नाम पर देश में अनकही विपत्ति लाई, जबकि राणा प्रताप, शिवाजी और गुरु सदैव के लिए देशवासियों के दिलों में रहेंगे...

...1919 तक, गांधीजी मुसलमानों को अपने ऊपर भरोसा दिलाने के अपने प्रयासों में हताश हो गए और एक बेतुके वादे से दूसरे बेतुके वादे की ओर बढ़ गए... उन्होंने इस देश में खिलाफत आंदोलन का समर्थन किया और राष्ट्रीय कांग्रेस का पूर्ण समर्थन प्राप्त करने में सक्षम हुए। यह। उस नीति पर... बहुत जल्द मुल्ला विद्रोह ने दिखा दिया कि मुसलमानों को राष्ट्रीय एकता का ज़रा भी विचार नहीं था...वहां हिंदुओं के बड़े पैमाने पर नरसंहार के बाद... ब्रिटिश सरकार ने विद्रोह से पूरी तरह से घबराकर कुछ ही महीनों में इसे दबा दिया और हिंदू-मुस्लिम एकता की खुशी गांधीजी पर छोड़ दी... ब्रिटिश साम्राज्यवाद मजबूत हो गया, मुस्लिम अधिक कट्टर हो गए और इसका परिणाम हिंदुओं पर पड़ा ...

संचयी उकसावे के 32 वर्ष, उनके अंतिम मुस्लिम समर्थक उपवास ने अंततः मुझे इस निष्कर्ष पर पहुंचाया कि गांधीजी का अस्तित्व तुरंत समाप्त हो जाना चाहिए... उन्होंने एक व्यक्तिपरक मानसिकता विकसित की जिसके तहत वे अकेले ही अंतिम निर्णायक थे। क्या सही है या गलत... या तो कांग्रेस को अपनी इच्छा उनके सामने छोड़नी होगी और उनकी सभी सनकियों, सनक के लिए दूसरी भूमिका निभानी होगी... या उनके बिना आगे बढ़ना होगा... वह सविनय अवज्ञा आंदोलन के पीछे के मास्टरमाइंड थे... आंदोलन सफल या विफल हो सकता है; यह अनकही विपत्तियाँ और राजनीतिक आपदाएँ ला सकता है, लेकिन इससे महात्मा की अचूकता पर कोई फर्क नहीं पड़ता... इस बचकानी बेहूदगी और हठ ने, जीवन की सबसे कठिन तपस्या, निरंतर काम और उच्च चरित्र के साथ मिलकर, गांधीजी को मजबूत और अनूठा बना दिया... पद पर इस तरह की पूर्ण गैर-जिम्मेदारी के लिए, गांधीजी एक के बाद एक गलतियों के दोषी थे...

.... महात्मा ने सिंध को बॉम्बे प्रेसीडेंसी से अलग करने का भी समर्थन किया और सिंध के हिंदुओं को सांप्रदायिक भेड़ियों के सामने फेंक दिया। कराची, सुक्कुर, शिकारपुर और अन्य स्थानों पर कई दंगे हुए जहां केवल हिंदुओं को नुकसान हुआ...

.... अगस्त 1946 से, मुस्लिम लीग की निजी सेनाओं ने हिंदुओं का नरसंहार करना शुरू कर दिया... दक्कन में हल्की प्रतिक्रियाओं के साथ हिंदू रक्त बंगाल से कराची

तक बह गया... सितंबर में गठित अंतरिम सरकार को उसके मुस्लिम लीग के सदस्यों द्वारा तोड़फोड़ की गई थी। लेकिन जिस सरकार का वे हिस्सा थे, उसके प्रति वे जितने अधिक विश्वासघाती और विश्वासघाती होते गए, उनके प्रति गांधी का आकर्षण उतना ही अधिक होता गया...

....कांग्रेस, जो अपने राष्ट्रवाद और समाजवाद पर गर्व करती थी, ने गुप्त रूप से पाकिस्तान को स्वीकार कर लिया और जिन्ना के सामने आत्मसमर्पण कर दिया। भारत तबाह हो गया और भारतीय क्षेत्र का एक तिहाई हिस्सा हमारे लिए विदेशी भूमि बन गया... गांधीजी ने 30 साल की निर्विवाद तानाशाही के बाद यही हासिल किया, और इसे ही कांग्रेस पार्टी ने 'स्वतंत्रता' कहा...

....गांधीजी द्वारा अनशन तोड़ने के लिए लगाई गई शर्तों में से एक दिल्ली में हिंदू शरणार्थियों के कब्जे वाली मस्जिदों के संबंध में थी। लेकिन जब पाकिस्तान में हिंदुओं पर हिंसक हमले हुए तो उन्होंने पाकिस्तान सरकार के विरोध और निंदा में एक भी शब्द नहीं बोला... गांधी जी को राष्ट्रपिता कहा जाता है। लेकिन यदि ऐसा है, तो वह अपने पैतृक कर्तव्य में विफल रहे हैं क्योंकि उन्होंने विभाजन के लिए सहमति देकर देश के साथ घोर विश्वासघात किया है... इस देश के लोग पाकिस्तान के विरोध में उत्सुक और मजबूत थे। लेकिन गांधीजी ने लोगों से झूठ बोला...

.... मैं पूरी तरह से नष्ट हो जाऊंगा, और लोगों से मैं केवल नफरत के अलावा कुछ और उम्मीद नहीं कर सकता... अगर मैं गांधीजी को मार दूं। लेकिन साथ ही, मुझे लगा कि गांधीजी की अनुपस्थिति में भारतीय राजनीति को वास्तविक, जवाबी कार्रवाई करने में सक्षम और सशस्त्र बलों के साथ मजबूत साबित होना चाहिए। बेशक मेरा अपना भविष्य पूरी तरह बर्बाद हो जाएगा, लेकिन देश पाकिस्तान के हमले से बच जाएगा...

.... मैं कहता हूं कि मेरी गोली उस व्यक्ति पर चलाई गई थी जिसकी नीतियों और कार्यों ने लाखों हिंदुओं को बर्बादी, विनाश और बर्बादी दी थी... ऐसी कोई कानूनी व्यवस्था नहीं थी जिसके द्वारा ऐसे अपराधी को न्याय के कटघरे में लाया जा सके, और इसीलिए मैंने यह घातक गोली चलाई...

....मैं नहीं चाहता कि मुझ पर कोई दया दिखाई जाए...मैंने गांधीजी को दिनदहाड़े गोली मार दी। मैंने भागने का कोई प्रयास नहीं किया; दरअसल मैंने भागने के बारे में कभी नहीं सोचा था। मैंने खुद को गोली मारने की कोशिश नहीं की... क्योंकि मुझे खुले दरबार में अपने विचार व्यक्त करने की तीव्र इच्छा थी। मेरे काम के नैतिक पहलू पर मेरा विश्वास हर तरफ से आलोचना से भी नहीं डिगा। मुझे इसमें कोई संदेह नहीं है, इतिहास के ईमानदार लेखक मेरे काम की सराहना करेंगे और भविष्य में किसी दिन इसका सही मूल्य पाएंगे।

नाथूराम गोडसे

== भारत नेताजी की बजह से ही स्वतंत्र हे ==

आज़ादी के बाद से नेहरू का राजवंश

अक्टूबर 1954 में नेहरू ने अपनी बेटी इंदिरा के साथ चीन का दौरा किया। 1950 के दशक में, नेहरू ने 'हिंदी चीनी भाई भाई' (भारत और चीन भाई हैं) वाक्यांश गढ़ा था। 1962 में, दोनों देशों के बीच युद्ध हुआ - एक संघर्ष जिसमें भारत हार गया, और माना जाता है कि इसके दो साल बाद नेहरू की मृत्यु हो गई। इसके अलावा उन्होंने संयुक्त राष्ट्र सुरक्षा परिषद में चीन की सदस्यता का प्रस्ताव रखा.

अक्टूबर 1954 में, जवाहरलाल नेहरू ने बीजिंग का दौरा किया और चीनी जनता से मुलाकात की। इसके बाद वे पीपुल्स रिपब्लिक ऑफ चाइना के अध्यक्ष माओत्से तुंग (1893-1976) के साथ गए, जैसा कि ऊपर की तस्वीर में दिखाया गया है। इससे पहले उन्होंने 1949 में वहां का दौरा किया था।

नेहरू ने 1949 में बेटी इंदिरा के साथ जापान का दौरा किया और सम्राट हिरोहितो से मुलाकात की, वास्तविक नाम मिचिनोमिया हिरोहितो, मरणोपरांत नाम शोवा (जन्म 29 अप्रैल, 1901, टोक्यो - मृत्यु 7 जनवरी, 1989, टोक्यो)। वह 1926 से 1989 में अपनी मृत्यु तक जापान के सम्राट रहे, जो जापानी इतिहास में सबसे लंबे समय तक शासन करने वाले सम्राट थे। जवाहरलाल नेहरू को 1949 में टोक्यो के यूनो चिड़ियाघर को एक हाथी उपहार में देने के लिए याद किया जाता है। इंदिरा के नाम पर रखा गया हाथी, द्वितीय विश्व युद्ध की भयावहता से उबरने वाले जापानी बच्चों के लिए बहुत खुशी लेकर आया।

1953 में नेहरू ने अपनी बेटी इंदिरा के साथ स्विट्जरलैंड का दौरा किया और ऊपर चित्रित चार्ली चैपलिन से मुलाकात की। उन्होंने इस खूबसूरत देश का कई बार दौरा किया और हम इसके पीछे के कारण का अनुमान लगा सकते हैं। 1953 में कश्मीर में कैबिनेट मंत्री डॉ. एसपी मुखर्जी को जहर देकर मार दिया गया। पूर्व प्रधान मंत्री वाजपेयी ने 2004 में दावा किया, "नेहरू की साजिश के कारण श्यामा प्रसाद की मृत्यु हुई।"

नेहरू ने चार बार अमेरिका का दौरा किया; 1949, 1956, 1960 और 1961। भारत को अमेरिकी आर्थिक सहायता सफलतापूर्वक बढ़ाकर $822 मिलियन प्रति वर्ष कर दी गई। धन कहां चला गया? उस अवधि के दौरान यह बहुत बड़ी धनराशि थी (1961 में 1 USD = 1.25/- रुपये)।

प्रधान मंत्री इंदिरा खान गांधी और अमेरिकी राष्ट्रपति रिचर्ड निक्सन 9 नवंबर, 1971 को वाशिंगटन डीसी, अमेरिका में व्हाइट हाउस में एक साथ बोलते हुए।

राजीव खान गांधी ने भी तीन बार अमेरिका का दौरा किया; 1985 (दो बार), और 19-20 अक्टूबर, 1987। वह और उनकी पत्नी सोनिया खान गांधी 12 जून 1985 को व्हाइट हाउस में भारतीय प्रधान मंत्री के सम्मान में रीगन द्वारा आयोजित रात्रिभोज में अमेरिकी राष्ट्रपति रोनाल्ड रीगन और नैन्सी रीगन के साथ गए थे। बायीं ओर चित्र में दिखाया गया है।

ज्योति बोस का कांग्रेस से नाता

राजनीति में ज्योति बोस का पहला कदम इंग्लैंड में पढ़ रहे भारतीय छात्रों को संगठित करने का उनका प्रयास था। जैसा कि उनकी वेबसाइट [49] पर लिखा है, अधिकतर उन्होंने भारतीय स्वतंत्रता के लिए रैली की। हमारा मानना है कि यह गलत था और भारतीयों को गुमराह करने वाला था। कम से कम हम भाग्यशाली हैं कि उन्होंने इंग्लैंड के दो अन्य कानून स्नातकों गांधी और नेहरू (वकील-सह-झूठे) की तरह स्वतंत्रता सेनानी होने का दावा नहीं किया। 1938 में जब बोस लंदन गए तो उनकी मुलाकात नेहरू से हुई। फिर वह कैसे एक स्वतंत्रता सेनानी थे, हमेशा विदेश यात्रा करते थे और लंदन में अपने मालिक अंग्रेजों को गुलाम बनाते थे। बोस ने अपने अध्ययन काल (1935-1939) के दौरान ग्रेट ब्रिटेन की कम्युनिस्ट पार्टी के नेता को भी गुलाम बना लिया।

1962-63 में, स्वामी विवेकानन्द की जन्म शताब्दी [50] के दौरान, सामाजिक कार्यकर्ता और राष्ट्रीय स्वयंसेवक संघ के नेता एकनाथ रानाडे ने कन्याकुमारी में उस पत्थर पर एक स्मारक बनाकर जन्म शताब्दी मनाने की योजना बनाई, जहाँ स्वामीजी ने ध्यान किया था और उनका "1892 वर्ष एक भारत का सपना" था। यह योजना कन्याकुमारी में आज के सुप्रसिद्ध विवेकानन्द रॉक मेमोरियल की शुरुआत थी।

रानाडे बोस से मिलने के लिए कलकत्ता गए और उनसे अपने नियोजित प्रोजेक्ट में मदद करने का अनुरोध किया। इस बिंदु पर, बोस ने कथित तौर पर रानाडे से कहा - "किसी ने तुम्हें गुमराह करके मेरे निवास पर बुलाया है। विवेकानन्द का स्मारक किसी भी कीमत पर मेरे करीब नहीं आ सकता।" एक अन्य लेख के बाद, ज्योति बोस ने उनसे कहा, "विवेकानंद के लिए मेरे पास आने की आपकी हिम्मत कैसे हुई, मैं एक कम्युनिस्ट हूं।" बोस ने नेताजी के प्रति कोई सम्मान और श्रद्धा नहीं दिखाई।

अब रानाडे और बोस के बीच सटीक बातचीत का पता लगाना मुश्किल है, लेकिन यह एक ज्ञात तथ्य है कि ज्योति बोस विवेकानंद रॉक मेमोरियल भवन के बहुत समर्थक नहीं थे। वह चा-चा-जी के नेतृत्व वाली कांग्रेस की कठपुतली (भूमिगत) थे। ऊपर की दो तस्वीरें जब उनकी मनमोहन सिंह और सोनिया गांधी से मुलाकात हुई थी, इस बात की ओर इशारा

करती हैं। ये भी इंग्लैंड की देन हैं. महिला एक बार वेट्रेस थी और हमने देखा कि उस दौरान बहुत सारी इतालवी महिलाएं यहां आती थीं और वे ठीक से अंग्रेजी भी नहीं बोलती थीं। जब हमें रामकृष्ण और स्वामी विवेकानन्द की पवित्र आत्मा के प्रति उनकी नफरत के बारे में पता चला तो यह बंगालियों का अपमान था। उन्होंने मार्क्स, लेनिन, माओ और अन्य को श्रद्धांजलि अर्पित की। अब वे कहां गए?

एक कम्युनिस्ट नेता के रूप में, उन्होंने पश्चिम बंगाल के प्रमुख राज्य का औद्योगिकीकरण किया, जहां प्रमुख उद्योगों के सभी ढाँचे रेल लाइन के दोनों ओर स्थित थे, यहाँ तक कि औद्योगिक बेल्ट दुर्गापुर और आसनसोल भी सबसे अधिक प्रभावित हुए थे। दूसरी ओर, उन्होंने अपने मंझले बेटे को पश्चिम बंगाल के सबसे अमीर व्यक्तियों में से एक बना दिया। उन्होंने 1980 में दुर्गापुर में एक बिस्किट फैक्ट्री खोली, जिसका अस्तित्व 1988 में बंद हो गया, जो अभी भी उच्च न्यायालय में लंबित है। वह कॉमरेड बाबा के पूंजीपति पुत्र हैं. उसने इतना पैसा कैसे कमाया? साथ ही, पार्टी के गुंडे हर तरह के भ्रष्टाचार और बाहुबल के साथ खाली औद्योगिक क्षेत्रों में गगनचुंबी इमारतों के निर्माण में लगे हुए हैं।

गांधी ने नहीं, बोस ने भारत में ब्रिटिश शासन खत्म किया: अंबेडकर

कांग्रेस से निष्कासित, बोस 'नेताजी' ने भारत छोड़ दिया और भारतीय राष्ट्रीय सेना (INA) के प्रमुख बन गए। जबकि भारत में कई लोग अभी भी आईएनए का उपहास करते हैं, बोस ने इतने कम समय में इसे संगठित करने की बाधाओं को नजरअंदाज कर दिया, इसकी तुलना पेशेवर रूप से प्रशिक्षित, बहुत बड़ी ब्रिटिश भारतीय सेना से की [50]।

जैसे ही आईएनए युद्ध के मैदान में ब्रिटिश भारतीय सेना से लड़ने के लिए तैयार हुई, महात्मा ने 1939 में बोस की मांग के समान, 1942 में भारत छोड़ो आंदोलन शुरू किया। आंदोलन ठीक से शुरू हुआ. लेकिन दुर्भाग्य से, यह तीन सप्ताह के भीतर ढह गया और कुछ ही महीनों में ख़त्म हो गया। भारत के प्रति गांधीजी की प्रशंसा सच्ची है। लेकिन भारत छोड़ो आंदोलन के कारण जो आजादी मिली, वह दूर तक फैली हुई थी। तो, वास्तव में क्या हुआ? बाबा साहब भीमराव रामजी अम्बेडकर ने सबसे तार्किक व्याख्या दी।

फरवरी 1955 में बीबीसी के फ्रांसिस वॉटसन के साथ बिना किसी रोक-टोक के एक साक्षात्कार में, बाबासाहेब ने 1947 में अंग्रेजों के भारत छोड़ने के कारणों के बारे में बताया।

1947 में सत्ता हस्तांतरण पर सहमत होने के ब्रिटिश प्रधान मंत्री के फैसले को याद करते हुए अंबेडकर ने आश्चर्य व्यक्त करते हुए कहा, "मुझे नहीं पता कि श्री

एटली अचानक भारत को स्वतंत्रता देने के लिए कैसे सहमत हो गए।" "यह एक रहस्य है जिसे वह अपनी आत्मकथा में प्रकट करेंगे। किसी को भी उनसे ऐसा करने की उम्मीद नहीं थी," उन्होंने कहा।

अक्टूबर 1956 में, अम्बेडकर की मृत्यु से दो महीने पहले, क्लेमेंट एटली ने एक गुप्त निजी चर्चा का खुलासा किया था जिसे बहुत गुप्त रखा गया था। इस रहस्य को सार्वजनिक डोमेन में आने में दो दशक लगेंगे।

सर एटली के भाषण से बाबासाहब को कोई आश्चर्य नहीं हुआ, क्योंकि वे इसे पहले भी देख चुके थे। उन्होंने 1955 में बीबीसी को बताया कि अपने "खुद के विश्लेषण" से उन्होंने निष्कर्ष निकाला कि "दो चीजों ने लेबर पार्टी को इस निर्णय तक पहुंचाया" [भारत को स्वतंत्र बनाने के लिए]। अम्बेडकर ने आगे कहा: "सुभाष चंद्र बोस ने जो राष्ट्रीय सेना खड़ी की थी। अंग्रेज इस दृढ़ विश्वास के साथ देश पर शासन कर रहे थे कि चाहे देश में कुछ भी हो या राजनेता कुछ भी करें, वे सैनिकों की वफादारी को कभी नहीं बदल सकते। यह एक सहारा था जिस पर वे प्रशासन चला रहे थे। और वह पूरी तरह से टुकड़ों में होने के कारण, उन्होंने पाया कि सैनिकों को एक निकाय बनाने के लिए प्रेरित किया जा सकता है - अंग्रेजों को उड़ाने के लिए एक बटालियन।"

इंटेलिजेंस ब्यूरो के निदेशक सर नॉर्मन स्मिथ ने नवंबर 1945 की एक गुप्त रिपोर्ट में कहा: "भारतीय राष्ट्रीय सेना के संबंध में स्थिति ऐसी है कि अशांति की आवश्यकता है। शायद ही कोई ऐसा विषय रहा हो जिसने भारतीय जनता की रुचि को आकर्षित किया हो और, सहानुभूतिपूर्वक कहा जा सकता है--- भारतीय सेना की सुरक्षा के लिए ख़तरा ऐसा है जिसे नज़रअंदाज़ करना नासमझी होगी।" जम्मू-कश्मीर और असम के पूर्व राज्यपाल लेफ्टिनेंट जनरल एसके सिन्हा, जो 1946 में नई दिल्ली में सैन्य संचालन निदेशालय में तैनात केवल तीन भारतीय अधिकारियों में से एक थे, ने 1976 में यह टिप्पणी की थी। "सशस्त्र बलों में आईएनए के प्रति काफी सहानुभूति थी, यह सच है कि 1946 में अंग्रेजों के बीच 1857 का एक और डर फैल गया।"

इस विवाद से सहमत कई ब्रिटिश सांसद थे जो फरवरी 1946 में ब्रिटिश प्रधान मंत्री क्लेमेंट एटली से मिले थे। "इस आम इच्छा को पूरा करने के दो वैकल्पिक तरीके हैं (ए) हमें बाहर निकलने की व्यवस्था करनी चाहिए, (बी) हमें इंतजार करना चाहिए। निष्कासित, (बी) भारतीय सेना की संदिग्ध निष्ठा के संबंध में; आईएनए एक राष्ट्रीय नायक बन गया है।"

अपनी 'पराजय' में भी, नेताजी ने भारत में ब्रिटिश शासन को भारी झटका दिया। और फिर जब भारत को उनकी सबसे ज्यादा जरूरत थी, वह 'गायब हो गए।' हम इसके लिए सुभाष बोस के आभारी हैं कि अब हम जानते हैं कि उनके साथ क्या हुआ था, जो पिछली पीढ़ियों के साथ नहीं हुआ था।

नेहरू की अफगानिस्तान यात्रा के बारे में

बाबर के मकबरे पर नेहरू: उन्होंने काबुल का दौरा किया और पुराने इंडो-फागन संघ के खंडहरों, अज्ञानता, गरीबी और बीमारी को मिटाने के अफगानों के प्रयासों की एक झलक देखी। इंदिरा के साथ उन्होंने काबुल में संग्रहालय का दौरा किया [39] और ग्रीको-बौद्ध कला का प्रतिनिधित्व करने वाले हाथी दांत और पत्थर के कुछ बेहतरीन नमूने देखे।

उन्होंने मुगल वंश के संस्थापक बाबर की कब्र का भी दौरा किया। बाबर को काबुल के पार्क और अन्य सुविधाएं बहुत पसंद थीं और उसे वहीं दफनाया गया क्योंकि यह मुगल साम्राज्य के अधीन था।

नटबर सिंह द्वारा इंदिरा और राजीव के बारे में

अगस्त 2014 में, नटबर सिंह की आत्मकथा [51], 'वन लाइफ इज़ नॉट इनफ' प्रकाशित हुई थी। यह पुस्तक उनके राजनीतिक करियर का एक बिना रोक-टोक वाला लेखा-जोखा है, जो दिल्ली के राजनीतिक हलकों की विभिन्न स्थितियों के बारे में अंदरूनी जानकारी प्रदान करती है। किताब में इंदिरा गांधी, राजीव गांधी, नरसिम्हा राव और मनमोहन सिंह के शासनकाल के दौरान की कई संवेदनशील घटनाओं का खुलासा किया गया है। यह पिछले कुछ वर्षों में भारतीय राष्ट्रीय कांग्रेस अध्यक्ष सोनिया गांधी के साथ नटबर सिंह के करीबी लेकिन जटिल राजनीतिक संबंधों की बदलती प्रकृति का वर्णन करता है। पुस्तक में नटबर सिंह की विवादास्पद वोल्कर रिपोर्ट और उनके इस्तीफे की पृष्ठभूमि में हुए विभिन्न राजनीतिक आंदोलनों का विवरण दिया गया है। रिलीज से कुछ दिन पहले इस बात को लेकर काफी अटकलें लगाई जा रही थीं कि क्या सोनिया गांधी और प्रियंका गांधी की नटबर सिंह से मुलाकात सुलह करने और किताब के खुलासों से अपने बीच गहरी शर्मिंदगी से बचने का मौका है।

सोनिया खान गांधी ने पुस्तक की सामग्री को रद्द करके प्रतिक्रिया व्यक्त की। उन्होंने सच्चाई उजागर करने के लिए अपनी आत्मकथा लिखने का इरादा भी जताया। सभी भारतीय उस स्थिति का इंतजार कर रहे हैं जब इस 21वीं सदी में एक बार वेट्रेस लेखिका बने।

इसके बाद नटबर सिंह ने कांग्रेस पार्टी से इस्तीफा दे दिया। उन्होंने राजस्थान के तत्कालीन मुख्यमंत्री बशुंधरा राज की उपस्थिति में जयपुर में नटबर सिंह के अपने जाट समुदाय की भारतीय जनता पार्टी द्वारा प्रायोजित रैली में अपने इस्तीफे की घोषणा की। इस अवसर पर, नटबर सिंह ने न केवल अपनी बेगुनाही का दावा

किया, बल्कि उनकी रक्षा या समर्थन करने में विफल रहने के लिए सोनिया गांधी पर तीखा हमला भी बोला।

नटबर सिंह की राय:

किताब में एडविना माउंटबेटन और जवाहरलाल नेहरू के संबंधों के बारे में भी बताया गया है। पुस्तक में उल्लेख किया गया है कि अक्टूबर 1954 में चीन की यात्रा से लौटते समय नेहरू कलकत्ता में रुके थे और उन्होंने चीन में अपने अनुभव के बारे में पहला पत्र एडविना माउंटबेटन को लिखा था। भारत के प्रधान मंत्री के रूप में, यह उनके द्वारा ली गई गोपनीयता की शपथ के विरुद्ध था।

अपनी अफगानिस्तान यात्रा के दौरान इंदिरा गांधी ने बाबर को श्रद्धांजलि दी। किताब में उन्हें उद्धृत किया गया है कि वह बाबर की कब्र पर अपना सिर थोड़ा झुकाए हुए खड़े थे और यह कहते हुए उद्धृत किया गया था कि 'इतिहास मेरा था।'

नेहरू और बोस हर गर्मी की छुट्टियों में अपने परिवार के साथ लंदन जाने के लिए करदाताओं के पैसे का इस्तेमाल करते थे। इन अंग्रेजी पढ़े-लिखे वकीलों, कठपुतलियों, अंग्रेज गुलामों के खिलाफ बोलने की किसी की हिम्मत नहीं हुई।

अंग्रेजी-शिक्षित वकील श्री नेहरू और श्री गांधी ब्रिटिश भारत में दो साल (1946-1947) की अवधि में 24 लाख लोगों के नरसंहार और घायल होने के लिए जिम्मेदार थे, मुख्य रूप से बंगाल और पंजाब प्रांतों में, जिससे हिंदुओं के बीच दंगे और नरसंहार हुए। मुस्लिम और सिख। दोनों ब्रिटिश राज की कठपुतली और गुलाम थे। भारत माता को धर्म के आधार पर बांटकर नरसंहार की ऐसी विभीषिका रचने का नेताजी ने कभी सपना नहीं देखा था। न तो नेहरू और न ही गांधी बिल्कुल भी स्वतंत्रता सेनानी थे; भारत की स्वतंत्रता के इतिहास से उनके नाम मिटा दिए जाने चाहिए और अब उपलब्ध स्पष्ट जानकारी के साथ इतिहास को दोबारा देखा जाना चाहिए और फिर से लिखा जाना चाहिए। 21वीं सदी में सच को दबाना बहुत मुश्किल है और हमारी भारत माता अब मूर्ख देश नहीं है और 21वीं सदी में लोगों को किसी भी पार्टी की गुलामी नहीं करनी चाहिए।

अनिल कुमार विश्वास युद्ध के बाद भारत के विभाजन की घटनाओं पर आधारित एक उपन्यास है

(प्रोफेसर बिस्वास को याद करने के लिए 7 जून 2019 को अंग्रेजी में फेसबुक सार्वजनिक पोस्टिंग)

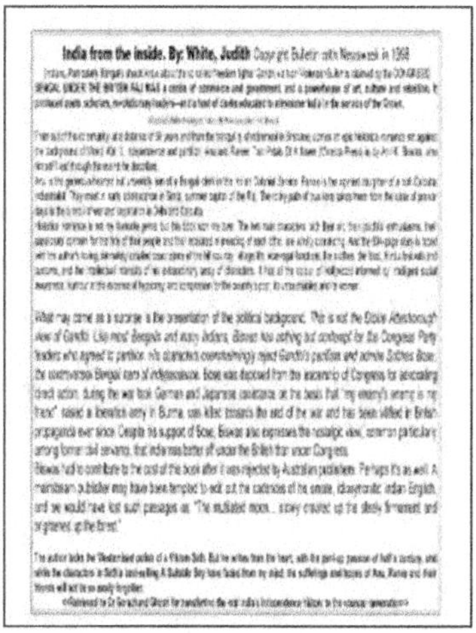

India from the inside. By: White, Judith

प्रोफेसर अनिल कुमार विश्वास ने युद्ध के बाद भारत विभाजन की घटनाओं पर आधारित एक उपन्यास लिखा है। उन्होंने दावा किया कि नेताजी सुभाष चंद्र बोस ने 'गांधी की अहिंसा' से नहीं बल्कि भारत को आजादी दिलाई।

भारत भीतर से। जूडिथ व्हाइट द्वारा, 1998 में न्यूज़वीक के साथ कॉपीराइट बुलेटिन (भारतीयों, विशेषकर बंगालियों को अहिंसा के माध्यम से भारतीय स्वतंत्रता सेनानी गांधी को जानना चाहिए!! कांग्रेस जो दावा करती है वह बकवास है)।

ब्रिटिश राज के तहत, बंगाल वाणिज्य और सरकार का केंद्र और कला, संस्कृति और विद्रोह का केंद्र था। इसने कवियों, विद्वानों, क्रांतिकारी नेताओं - और रानी के मुकुट की सेवा में भारत पर शासन करने के लिए शिक्षित कई क्लर्क पैदा किए।

इस समुदाय के बाहर से, 50 साल ago ब्रिस्बेन में सेवानिवृत्ति की शांति से, द्वितीय विश्व युद्ध, स्वतंत्रता और विभाजन की पृष्ठभूमि पर आधारित एक महाकाव्य ऐतिहासिक रोमांस आता है। अनु और रानी: एक फूल की दो पंखुड़ियाँ (मिनर्वा प्रेस), अनिल के. बिस्वास द्वारा, जो उनके द्वारा वर्णित घटनाओं के माध्यम से रहते थे।

अनु भारतीय औपनिवेशिक सेवा में एक बंगाली क्लर्क का दयालु लेकिन अलौकिक पुत्र है। रानी कलकत्ता के एक धनी उद्योगपति की जिंदादिल बेटी हैं, उनकी मुलाकात किशोरावस्था में राज की ग्रीष्मकालीन राजधानी शिमला में हुई थी। सच्चे प्यार का पथरीला रास्ता उन्हें युद्ध-पूर्व के दिनों के आराम से दिल्ली और कलकत्ता में अलगाव की उथल-पुथल भरी लड़ाई तक ले जाता है।

ऐतिहासिक रोमांस मेरा पसंदीदा विषय नहीं है, लेकिन इस किताब ने मुझे जीत लिया। दो मुख्य पात्र, अपने युवा उत्साह, लोगों के भाग्य के प्रति उनकी भावुक चिंता और एक-दूसरे के प्रति बार-बार गलतफहमियों के साथ, पूरी तरह से विश्वसनीय हैं। और 694 पन्नों की कहानी में लेखक के प्रेम, पहाड़ी देश, ग्रामीण जीवन, उप-राजकीय समारोह, कपड़े, भोजन के बारे में विस्तृत जानकारी दी गई है। हिंदू त्योहारों और रीति-रिवाजों का चरित्र और उनकी बौद्धिक रुचियों की उत्कृष्ट श्रृंखला। इसमें बुद्धिमान सामाजिक जागरूकता,

पाखंड की कीमत पर हास्य और देश के गरीबों, इसके अछूतों और इसकी महिलाओं के लिए करुणा से प्रेरित हॉलीवुड के सभी रंग हैं।

जो बात आश्चर्यचकित करने वाली हो सकती है वह है राजनीतिक पृष्ठभूमि की प्रस्तुति। यह गांधी का डिकी एटनबरो दृष्टिकोण नहीं है। अधिकांश बंगालियों और कई भारतीयों की तरह, बिस्वास के मन में विभाजन के लिए सहमत हुए कांग्रेस पार्टी के नेताओं के प्रति अवमानना के अलावा कुछ भी नहीं है। उनके पात्र गांधी के शांतिवाद को अस्वीकार करते हैं और बंगाल की स्वतंत्रता के विवादास्पद नायक सुभाष बोस की प्रशंसा करते हैं। बोस को सीधी कार्रवाई करने के लिए कांग्रेस नेतृत्व से बाहर कर दिया गया, युद्ध के दौरान "मेरे दुश्मन का दुश्मन मेरा दोस्त है" के आधार पर जर्मन और जापानी सहायता ली, बर्मा में एक मुक्ति सेना का गठन किया और युद्ध के अंत में उनकी हत्या कर दी गई, और तब से ब्रिटिश प्रचार में इसकी निंदा की गई है। बोस का समर्थन करने के बावजूद, बिस्वास ने उदासीन दृष्टिकोण भी व्यक्त किया, विशेष रूप से पूर्व सिविल सेवकों के बीच, कि भारत कांग्रेस के मुकाबले अंग्रेजों के अधीन बेहतर था।

ऑस्ट्रेलियाई प्रकाशकों द्वारा अस्वीकार किए जाने के बाद फेथ को इस पुस्तक की लागत में योगदान देना पड़ा। संभवतः उतना ही अच्छा जितना यह मिलता है। एक मुख्यधारा के प्रकाशक को अपनी अलंकृत, विलक्षण भारतीय अंग्रेजी की लय को संपादित करने का प्रलोभन दिया गया होगा, और हमने ऐसे अंश खो दिए होंगे जैसे: "विकृत चंद्रमा ... शांत आकाश में धीरे-धीरे रेंगता है और जंगल को रोशन करता है।"

लेखक में विक्रम सेठ की पश्चिमी शैली का अभाव है। लेकिन वह आधी सदी की भावनाओं के साथ दिल से लिखते हैं, और जैसे सेठ के सबसे ज्यादा बिकने वाले अच्छे बेटे के चरित्र मेरे दिमाग से गायब हो जाते हैं, अनु, रानी और उनके दोस्तों की तकलीफें और उम्मीदें नहीं होंगी जिसे आसानी से भुला दिया जाता है।

(युवा पीढ़ी को आजादी का सच्चा इतिहास सौंपने के लिए डॉ. गोराचांद घोष द्वारा संकलित)

यूट्यूब: द्वितीय विश्व युद्ध में नेताजी सुभाष चंद्र बोस के प्रमुख कार्यों को याद करते हुए | 125वीं जयंती पर | 23 जनवरी 2022|

हालाँकि यह अंग्रेजी में है, लेकिन द्वितीय विश्व युद्ध में नेताजी के बारे में तथ्य और जानकारी जानने के लिए कृपया देखें।

अध्याय आठ

आजाद हिन्द बैंक और भारत माता की लूट

(नेताजी की संपत्ति चोरी हो गई, और कांग्रेस ने उनके विचारों को लागू नहीं किया)
आई.एन.ए की संपत्ति लूट

गुप्त रिपोर्टों, पत्रों और टेलीग्रामों के माध्यम से वर्षों के उन्मत्त प्रयासों से निर्मित, यह उन संदिग्ध पदों के लालच और अवसरवाद की कहानी से संबंधित है, जिन्होंने भारतीय स्वतंत्रता सेनानियों को हरा दिया क्योंकि उन्होंने आज़ाद हिंद की ध्वस्त अनंतिम सरकार के खजाने (PGAH) को लूट लिया था।

यह संदिग्ध डकैती 1945 में एक विमान दुर्घटना में बोस की मृत्यु के तुरंत बाद हुई थी लेकिन आज चौंकाने वाला मोड़ भारतीय राष्ट्रीय सेना (आईएनए) के सैकड़ों करोड़ रुपये के लापता खजाने के बारे में नहीं है। यानी तत्कालीन सरकार को इसके बारे में पता था लेकिन उसने कुछ नहीं किया।

एक व्यक्ति जो यह जानता था वह एसए अय्यर थे, जो पूर्व पत्रकार से आजाद हिंद सरकार में प्रचार मंत्री बने थे। पिछले कुछ दिनों से अय्यर नेताजी के साथ थे। 22 अगस्त 1945 को, उन्होंने साइगॉन से टोक्यो के लिए उड़ान भरी और पूर्व आईआईएल अध्यक्ष एम. से मुलाकात की। राम मूर्ति में शामिल हो गए, मूर्ति ने खजाना रख लिया।

22 अगस्त 1946 को ले, सुप्रीम अलाइड कमांडर, दक्षिण पूर्व एशिया के मुख्यालय में तैनात एक सैन्य प्रति-खुफिया अधिकारी कर्नल जॉन फिग्स ने अपने वरिष्ठ लॉर्ड लुईस माउंटबेटन को एक रिपोर्ट सौंपी। फिग्स ने निष्कर्ष निकाला कि नेताजी की वास्तव में फॉर्मोसा (अब ताइवान) में एक विमान दुर्घटना में मृत्यु हो गई थी।

4 दिसंबर 1947 को टोक्यो में भारतीय संपर्क मिशन के पहले प्रमुख सर बेनेगल रामा राउ ने एक चौंकाने वाली शिकायत की। विदेश मंत्रालय को लिखे एक पत्र में, राउ ने आरोप लगाया कि राम मूर्ति ने आईआईएल फंड का गबन किया और नेताजी द्वारा ले जाए गए कीमती सामानों का दुरुपयोग किया। टोक्यो में भारतीय संघ के अध्यक्ष के मिशन से प्राप्त आधिकारिक उत्तर यह था कि भारत सरकार को INA फंड में दिलचस्पी नहीं हो सकती।

अक्टूबर 1951 में, भारतीय दूतावास ने राम मूर्ति के निवास से आईएनए खजाने के अवशेष एकत्र किए। राजदूत चेट्टूर को अभी भी अय्यर-राम मूर्ति कहानी पर विश्वास नहीं था। चेट्टूर का मानना था कि अय्यर "लूट को साझा करने और अपनी और श्री राम मूर्ति की पवित्रता को बचाने के लिए सरकार को थोड़ी मात्रा में सोना/पैसा सौंपने के लिए टोक्यो आए थे, इस उम्मीद में कि ऐसा करने से, वह भी लाल रंग में रंगने में सफल होंगे "रास्ते में झुमके"। रेड हेरिंग किसी प्रासंगिक या महत्वपूर्ण प्रश्न को भ्रमित कर देता है।

22 जून, 1951 को नई दिल्ली को अपने अंतिम संचार में, चेट्टूर ने "नेताजी कलेक्शन" के गायब होने की जांच करने की पेशकश की। आईएनए राजकोष में गड़बड़ी की पहली व्यापक चेतावनी कुछ ही महीनों बाद दी गई। नेहरू ने अपने मंत्रिमंडल में कुछ INA लोगों को नियुक्त किया और कुछ पैसे उनके स्विस बैंक खाते में भेजने का आदेश दिया, जिसे सत्यापित करना अब मुश्किल है। लेकिन विकीलीक्स ऐसा कर सकता है अगर वे सच्चाई का पता लगाना चाहते हैं। मैंने कुछ जापानियों से इस तथ्य के बारे में सुना है कि नेहरू के साथ-साथ अय्यर और राम मूर्ति इस संपत्ति को आपस में बांटने के लिए जिम्मेदार थे। खजाना बांटने के बाद नेहरू ने अय्यर को अपने मंत्रिमंडल में विशेष स्थान दिया।

1948 में नेहरू का जीप घोटाला मामला

इसी प्रकार, उन्होंने 'लाइसेंस राज' लागू करके यूके से जीपें आयात करके भ्रष्टाचार का पहला बीज बोया [52] और भारत में पहली बार कमीशन सीधे उनके स्विस बैंक खाते में जमा किया गया। लाइसेंस राज बिना किसी मेहनत के सिर्फ बिचौलिया बनकर पैसा कमाने का एक तरीका था। अन्य देशों में बिक्री, आयात और प्राप्तियों के माध्यम से, इस 'राज' के तहत अनुदान भी स्विट्जरलैंड में उनके वोट बैंक खाते में हस्तांतरण का हिस्सा था। घोटाले का विवरण नीचे दिया गया है।

1948 में हुआ जीप घोटाला स्वतंत्र भारत का पहला बड़ा भ्रष्टाचार का मामला था। ब्रिटेन में तत्कालीन भारतीय उच्चायुक्त वीके कृष्ण मेनन ने 200 सेना जीप खरीदने के लिए एक विदेशी फर्म के साथ 80 लाख रुपये के सौदे पर हस्ताक्षर करने के लिए प्रोटोकॉल को नजरअंदाज कर दिया। जबकि अधिकांश पैसा अग्रिम भुगतान किया गया था, केवल 155 जीपें आयात की गईं, जिससे तत्कालीन प्रधान मंत्री नेहरू की सरकार को उन्हें स्वीकार करने के लिए मजबूर होना पड़ा।

तत्कालीन गृह मंत्री गोविंदा वल्लभ पंत और तत्कालीन भारतीय राष्ट्रीय कांग्रेस सरकार ने अनंतशयनम अयंगा की अध्यक्षता वाली जांच समिति की सलाह को नजरअंदाज करते हुए 30 सितंबर 1955 को घोषणा की कि जीप घोटाला मामला न्यायिक जांच के लिए बंद कर दिया गया था। उन्होंने घोषणा की कि "जहां तक सरकार का सवाल है, उसने इस मामले को बंद करने का फैसला किया है। अगर विपक्ष संतुष्ट नहीं है, तो वे इसे चुनावी मुद्दा बना सकते हैं।" इसके तुरंत बाद 3 फरवरी 1956 को, कृष्ण मेनन को कैबिनेट की मंजूरी के बिना नेहरू के मंत्रिमंडल में शामिल किया गया। कृष्ण मेनन बाद में प्रधान मंत्री जवाहरलाल नेहरू के भरोसेमंद सहयोगी और रक्षा मंत्री बने। महात्मा गांधी के निजी सचिव, श्री यू वी कल्याणम ने एक अखबार को दिए साक्षात्कार में कहा, "यहां यह उल्लेख करना उचित है कि नेहरू ने कृष्ण मेनन जैसे भ्रष्ट सहयोगियों को पैदा किया, जो रक्षा मंत्री रहते हुए कुख्यात 'जीप स्कैंडल' में शामिल थे।"

नेहरू राजवंश द्वारा भारत माता की अन्य लूटें

हमें विकीलीक्स के संस्थापक [53] ऑस्ट्रेलियाई जूलियन असांजे की इन सभी बुराइयों के खिलाफ उनके साहसिक प्रयासों के लिए सराहना करनी चाहिए, जिन्होंने इस सदी की शुरुआत में अपने देश को धोखा दिया और उनके नाम उजागर करके उनके भ्रष्टाचार/गलत कमाई को उजागर किया। मैं दुनिया से भ्रष्टाचार खत्म करने के लिए एक अंतरराष्ट्रीय गैर-लाभकारी संगठन के रूप में पैसा कमाने के इरादे से उनकी बहादुरी की तस्वीर दुनिया को दिखा रहा हूं।

अब कोई भी देख सकता है कि कैसे इस राजवंश ने लूटने और उपरोक्त बैंकों में जमा करने के लिए अपना नाम बदला/अपडेट किया। हो सकता है कि उन्होंने पहले ही बड़े हिस्से को अन्य देशों के अन्य बैंकों में स्थानांतरित कर दिया हो। घोटाले के निम्नलिखित कुछ पन्ने WWW से प्राप्त किये गये हैं। कोई भी किसी भी घोटाले की खोज और स्थिति पा सकता है, कांग्रेस पूरे भारत में सभी प्रकार के भ्रष्टाचार की जननी है और आजादी के बाद पहला बीज नेहरू ने बोया था। ब्रिटिश शिक्षित अर्थशास्त्री-सह-भारत के प्रधान मंत्री डॉ. मनमोहन सिंह के कार्यकाल में हर जगह घोटाले हुए। जैसा कि हम जानते हैं, अधिकांश ब्रिटिश शिक्षित भारतीय अहंकारी, भ्रष्ट हैं और उनमें कोई गरिमा और नैतिकता नहीं है।

नेहरू ने नेताजी की संपत्ति लूट ली

डेली मेल इंडिया ऑस्ट्रेलिया न्यूज़: 2 सितंबर 2017 को लिया गया।

नेताजी के खजाने का रहस्य: गुप्त सरकारी कागजात उजागर करके नेहरू को बोस के युद्ध संदूक से 100 किलो सोना और जवाहरात गायब होने के बारे में बताया गया था, लेकिन पूर्व प्रधान मंत्री जांच का आदेश देने में विफल रहे।

15 मई 2015 को संदीप उन्नीथन द्वारा पोस्ट किया गया।

साउथ ब्लॉक की तिजोरियों में बंद और आधी सदी से अधिक समय तक आधिकारिक गोपनीयता अधिनियम द्वारा संरक्षित, भारत के घोटालों में से एक का खुलासा है। सैकड़ों पीले दस्तावेज़ नेताजी सुभाष की नकदी, सोना और आभूषणों पर गंभीर संदेह पैदा कर रहे हैं।

विकीलीक्स ग्लोबल इंटेलिजेंस फ़ाइलें

भारत/जर्मनी/स्विट्जरलैंड/जीवी- (असांजे के साथ विकी का साक्षात्कार) - काला धन मुख्य रूप से भारत से आता है: असांजे

कांग्रेस नेताजी की बेटी को सालाना 6000 रुपये देती है।

>नेहरू ने बोस के परिवार को 1945 में नेताजी की 'मृत्यु' के बारे में सूचित किया, लेकिन ठोस सबूत देने में विफल रहे, शनिवार को जारी 100 फाइलों में से एक से पता चला।

> लेकिन गांधीजी को यह विश्वास नहीं था कि नेताजी की मृत्यु ताइहोकू दुर्घटना में हुई थी। बोस को युद्ध अपराधी बताने वाला नेहरू का 'पत्र'

डेली मेल इंडिया न्यूज़:

विकीलीक्स दस्तावेज़ों से पता चलता है कि इंदिरा और गांधी परिवार के 'कट्टरपंथी' भारतीय संविधान सुधार प्रयासों पर अमेरिकी 'जासूस' थे।

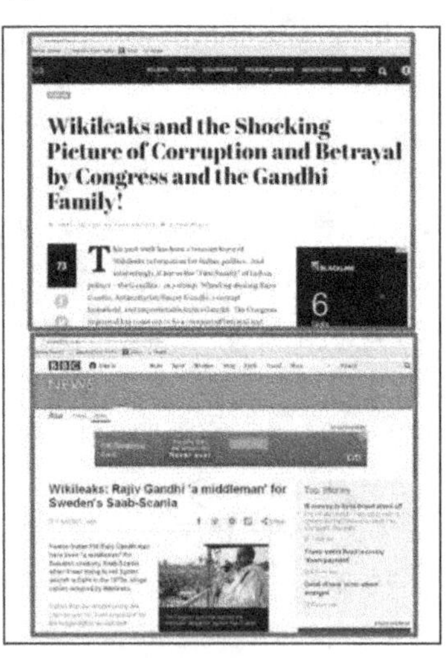

विकीलीक्स और कांग्रेस और गांधी परिवार के भ्रष्टाचार और विश्वासघात की चौंकाने वाली तस्वीरें! पिछला सप्ताह भारतीय राजनीति पर विकीलीक्स की जानकारी का खजाना रहा है। और दिलचस्प बात यह है कि यह भारतीय राजनीति के प्रथम परिवार - गांधी परिवार - को ढेर कर देता है। राजीव गांधी, तानाशाह संजय गांधी, एक भ्रष्ट परिवार और अप्रत्याशित इंदिरा गांधी। कांग्रेस आम तौर पर विश्वासघाती और लुटेरों की कैदी बन गई है।

बीबीसी समाचार: विकीलीक्स राजीव गांधी स्वीडन के सब-स्कैनिया के लिए 'एक मध्यस्थ'! विकीलीक्स द्वारा प्रकाशित केबलों में आरोप लगाया गया है कि पूर्व भारतीय प्रधान मंत्री राजीव गांधी स्वीडिश कंपनी सब-स्कैनिया के लिए 'मध्यस्थ व्यक्ति' थे, जब वह 1970 के दशक में दिल्ली को लड़ाकू विमान बेचने की कोशिश कर रही थी।

कुछ भारतीयों के स्विस बैंक खाते

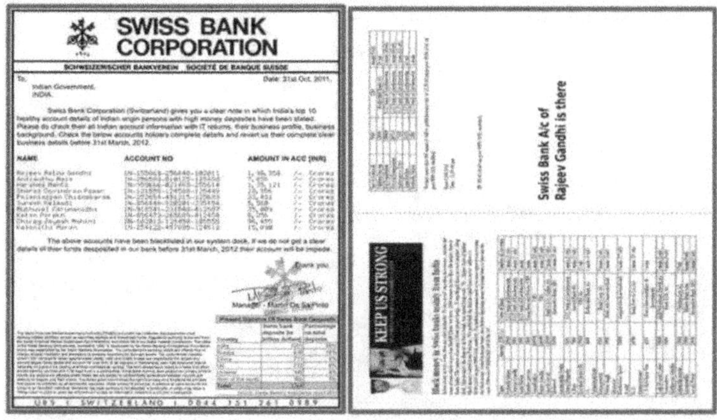

स्विस बैंक कॉर्पोरेशन (स्विट्जरलैंड) भारत में भारतीय मूल के व्यक्तियों की उच्च संपत्ति जमा वाले शीर्ष दस उपयोग किए गए खाता विवरणों के बारे में एक स्पष्ट नोट देता है। आईटी रिटर्न, उसकी व्यावसायिक प्रोफ़ाइल, व्यावसायिक पृष्ठभूमि सहित उसके सभी भारतीय खाते की जानकारी की जाँच करें। खाताधारकों का पूरा विवरण नीचे दिया गया है और उनके पूर्ण स्पष्ट व्यावसायिक विवरण 31 मार्च 2012 से पहले हमें लौटा दिए गए हैं।

नाम	खाता	संख्या राशि (INR)
राजीव रत्न गांधी	IN-155869-256648-102011	1,98,356/- करोड़
अंडीमुथु राजा	IN-256589-010125-125488	7,856/- करोड़
हर्षद मेहता	IN-959666-021465-255614	1,25,121/- करोड़
शरद गोविंदराव पवार	IN-121558-124588-125488	28,956/- करोड़
पलानीप्पन चिदानावरम	IN-252684-451215-125683	33,451/- करोड़
सुरेश कलमाड़ी	IN-856448-126201-235454	5,560/- करोड़
मुथुवेल करुणानिधि	IN-916541-231546-412507	35,009/- करोड़
केतन पारेख	IN-856479-265699-412450	8,256/- करोड़
चेराग जयेश मोहिनी	IN-102012-128458-10555	96,455/- करोड़
कोलानिधि मारन	IN-254122-457895-124512	15,090/- करोड़

उपरोक्त खाते हमारे सिस्टम डॉक में ब्लैकलिस्टेड हैं, यदि हमें 31 मार्च 2012 से पहले हमारे बैंक में जमा उनके धन का स्पष्ट विवरण नहीं मिलता है, तो उनके खाते ब्लॉक कर दिए जाएंगे।

धन्यवाद;

प्रबंधक मार्टिन डी सैपिन्टो

(आधिकारिक मोहर और हस्ताक्षर)

आजाद हिंद बैंक डकैती से संबंधित यूट्यूब

The link of the YouTube:

https://www.youtube.com/watch?v=CxN-jkvzEUU&t=22s

Netaji Subhas Chandra Bose | After Death (18 Aug 1945) | The Loot of INA Treasure | Episode-3: Jul 11, 2020

यह यूट्यूब 18 अगस्त 1945 को एक विमान दुर्घटना में नेताजी की मृत्यु के बाद आईएनए खजाने की लूट का वर्णन करता है। एसए अय्यर, एम राममूर्ति और नेहरू ने लूट का माल साझा किया। यह तथाकथित प्रथम भारतीय प्रधान मंत्री नेहरू का पहला घोटाला था। वह बिल्कुल भी स्वतंत्रता सेनानी नहीं थे। ब्रिटिश राज के बाद अंग्रेजों के गुलामों, कठपुतलियों और अनौपचारिक "दामादों" ने "ब्रिटिश राज के सुरक्षा अधिनियम" का उपयोग करके हमारी भारत माता को लूटने के लिए हर तरह की साजिशें रचीं। इस सदी में, उन्हें द्वितीय विश्व युद्ध में नेताजी और आईएनए के खिलाफ युद्ध में अंग्रेजों का समर्थन करने के लिए एक वास्तविक अप्रत्यक्ष युद्ध अपराधी माना जाना चाहिए। नेताजी और आईएनए ने हमें आजादी दिलाई। जय हिन्द।

यूके के पहले जीप घोटाला मामले में भ्रष्टाचार के बारे में यूट्यूब

The YouTube link is:

https://www.youtube.com/watch?v=zyLObWM4598&t=4s

Netaji Subhas Chandra Bose | After Death (18 Aug 1945) | Jeep Scandal by Nehru in 1948 | Episode-4   Jul 17, 2020

भारत में भ्रष्टाचार का पहला बीज आजादी के ठीक बाद 1948 में नेहरू द्वारा बोया गया था, जब द्वितीय विश्व युद्ध में ब्रिटेन द्वारा इस्तेमाल की गई जीपों को भारतीय उच्चायुक्त कृष्ण मेनन के माध्यम से आयात किया गया था।

द्वितीय विश्व युद्ध के कुछ महत्वपूर्ण लोग (भारतीय और जापानी)
राधाबिनोद पाल (RADHABINOD PAL)

राधाबिनोद पाल (1886 -1967) ने कलकत्ता विश्वविद्यालय के प्रेसीडेंसी कॉलेज में गणित और संवैधानिक कानून का अध्ययन किया, उन्हें द्वितीय विश्व युद्ध में अमेरिकियों और ब्रिटिशों के अत्याचारों के खिलाफ उनके अद्वितीय और बुद्धिमान निर्णय के लिए जापानियों द्वारा याद किया गया। 1967 में उनकी मृत्यु के बाद, जापानी सरकार ने इयासुकुनी और क्योटो तीर्थस्थलों पर उनके स्मारक बनवाए। हम बंगालियों को बसु और पाल पर बहुत गर्व है। वह 'ब्रिटिश राज' के ख़िलाफ़ बहुत बहादुर और साहसी व्यक्ति थे। लेखक इयासुकुनी तीर्थ पर डॉ. पाल को श्रद्धांजलि दी।

वह द्वितीय विश्व युद्ध के दौरान जापानी युद्ध अपराधों के "टोक्यो परीक्षण" सुदूर पूर्व के लिए अंतर्राष्ट्रीय सैन्य न्यायाधिकरण में एशियाई न्यायाधीशों में से एक थे। उन्होंने निष्कर्ष निकाला [54] "मैं स्वीकार करूंगा कि प्रत्येक आरोपी को उनके खिलाफ लगाए गए हर आरोप के लिए दोषी नहीं पाया जाना चाहिए और उन सभी आरोपों से बरी कर दिया जाना चाहिए।"

उन्होंने तर्क दिया कि संयुक्त राज्य अमेरिका ने स्पष्ट रूप से जापान के साथ युद्ध को उकसाया था और जापान से उसे अपेक्षित प्रतिक्रिया मिली। न्यायाधीश पाल ने मुकदमे को "बदला लेने की प्यास को संतुष्ट करने के लिए कानूनी प्रक्रिया का शाम का रोजगार" कहा।

द्वितीय विश्व युद्ध के टोक्यो ट्रायल में राधाबिनोद पाल के साहसी निर्णय के लिए नेहरू ने उन्हें कोई श्रेय नहीं दिया।

कुछ जापानी नागरिक जिन्होंने भारत की आज़ादी के लिए नेताजी की मदद की

सम्राट हिरोहितो के अधीन निम्नलिखित जापानी सैन्य कर्मियों ने भारत के स्वतंत्रता संग्राम में नेताजी सुभाष चंद्र बोस की मदद की, जैसा कि वेबसाइट पर बताया गया है।

हिदेकी तोजो **Hideki Tojo** (英機 東條)-(30 दिसंबर, 1884-23 दिसंबर, 1948) - द्वितीय विश्व युद्ध के दौरान इंपीरियल रूल असिस्टेंस एसोसिएशन के नेता और जापान के 27वें प्रधान मंत्री, 17 अक्टूबर 1941 से 24 जुलाई 1944 तक एक जनरल इंपीरियल जापानी सेना (आईजेए) थी प्रधान मंत्री के रूप में, वह पर्ल हार्बर पर हमले का आदेश देने के लिए जिम्मेदार थे, जिसने जापान और संयुक्त राज्य अमेरिका के बीच युद्ध शुरू किया, हालांकि योजना उनके कार्यालय में प्रवेश करने से पहले अप्रैल 1941 में शुरू हुई थी। युद्ध समाप्त होने के बाद, तोजो को गिरफ्तार कर लिया गया, जापानी युद्ध अपराधों के लिए सुदूर पूर्व के अंतर्राष्ट्रीय सैन्य न्यायाधिकरण द्वारा मौत की सजा सुनाई गई और 23 दिसंबर, 1948 को फांसी दे दी गई।

कुनियाकी कोइसो **Kuniaki Koiso** (國昭小磯) - (22 मार्च, 1880-3 नवंबर, 1950) - इंपीरियल जापानी सेना में एक जापानी जनरल, कोरिया के गवर्नर-जनरल और 22 जुलाई, 1944 से अप्रैल तक जापान के 28वें प्रधान मंत्री थे। 7, 1945 उन्हें युद्ध अपराधों का दोषी ठहराया गया और आजीवन कारावास की सजा सुनाई गई।

मामोरु शिगेमित्सू **Mamoru Shigemitsu** (重光 葵) - द्वितीय विश्व युद्ध के दौरान जापानी विदेश मंत्री। उन्हें सुदूर पूर्व के लिए अंतर्राष्ट्रीय सैन्य न्यायाधिकरण में दोषी ठहराया गया और 7 साल जेल की सजा सुनाई गई।

हाजीमे सुगियामा **Hajime Sugiyama** (元杉山) - द्वितीय विश्व युद्ध के दौरान आईजेए में सेना प्रमुख और युद्ध मंत्री। जापान के आत्मसमर्पण के दस दिन बाद, सुगियामा ने अपने कार्यालय में अपनी मेज पर बैठे हुए अपनी रिवॉल्वर से चार बार गोली मारकर आत्महत्या कर ली। उनकी पत्नी ने भी घर पर आत्महत्या कर ली।

ईयोशिजिरो उमेजु **Yoshijiro Umezu** (美治郎 梅津) - द्वितीय विश्व युद्ध के दौरान इंपीरियल जापानी सेना में एक जनरल थे। जुलाई 1944 में वह इंपीरियल जापानी सेना के जनरल स्टाफ के प्रमुख बने। उन्हें युद्ध अपराधों का दोषी ठहराया गया और आजीवन कारावास की सजा सुनाई गई।

ईयोनाई मित्सुमासा **Yonai Mitsumasa** (米内 光政) - एक राजनेता, इंपीरियल जापानी नौसेना में एक एडमिरल था। वह 16 जनवरी से 22 जुलाई 1940 तक जापान के 26वें प्रधान मंत्री थे। युद्ध के बाद, ईयोनाई ने अपना पूरा जीवन जापान को नष्ट करने में मदद करने में बिताया। 1948 में उनकी मृत्यु हो गई।

कोशिरो ओइकावा **Koshiro Oikawa** (古志郎 及川) - द्वितीय विश्व युद्ध के दौरान इंपीरियल जापानी नौसेना के दूत और नौसेना के मंत्री थे।

डॉ. गोराचांद घोष

जापानी नागरिक जिन्होंने भारत की आजादी के लिए नेताजी की मदद की

ज़ेंगो योशिदा **Zengo Yoshida** (善吾 吉田) द्वितीय विश्व युद्ध के दौरान इंपीरियल जापानी नौसेना के एक दूत थे।

सुनामासा शिदेई **Tsunamasa Shidei** (綱正 四手井) (27 जनवरी 1895 - 18 अगस्त 1945) द्वितीय विश्व युद्ध के दौरान इंपीरियल जापानी सेना में लेफ्टिनेंट जनरल थे। 1934-1935 तक, उन्होंने इंपीरियल जापानी सेना के जनरल स्टाफ के साथ विभिन्न स्टाफ कार्यभार संभाले, जिसमें 1935-1939 तक जापान के सम्राट के सहयोगी-डे-कैंप के रूप में कार्य करना भी शामिल था। 18 अगस्त, 1945 को ताइपे संगशान हवाई अड्डे पर सुभाष चंद्र बोस के साथ एक विमान दुर्घटना में उनकी मृत्यु हो गई।

अरिसुई सेइजो **Arisue Seizo** - द्वितीय विश्व युद्ध के दौरान इंपीरियल जनरल मुख्यालय में एक लेफ्टिनेंट जनरल और खुफिया प्रमुख थे।

केनरियो सातो **Kenryo Sato** - द्वितीय विश्व युद्ध में सैन्य मामलों के प्रमुख केनरियो सातो को युद्ध अपराधों के लिए IMTFE द्वारा गिरफ्तार किया गया और मुकदमा चलाया गया और आजीवन कारावास की सजा सुनाई गई।

सबुरो इसोदा **Saburo Isoda** -आजाद हिंद सरकार के साथ जापानी संबंधों के लिए जिम्मेदार थे, शुरुआत में हिकारी किकन की जगह कर्नल बिन यामामोतो ने इसका नेतृत्व किया था। वह लेफ्टिनेंट जनरल और हिकारी किकन के प्रमुख थे, उन्होंने 17 अगस्त 1945 को एक जापानी बमवर्षक विमान में एच ई हचिया के साथ बैंकॉक से साइगॉन के लिए उड़ान भरी थी।

मासाकाजु कावाबे **Masakazu Kawabe** (正三河辺) - इंपीरियल जापानी सेना में एक जनरल थे। उन्होंने दूसरे चीन-जापानी युद्ध के दौरान इंपीरियल जापानी सेना में और द्वितीय विश्व युद्ध के दौरान बर्मा अभियान और द्वितीय विश्व युद्ध के अंत में जापानी होमलैंड रक्षा युद्ध में एक महत्वपूर्ण कमांडर के रूप में कार्य किया। वह जनरल तोराशिरो कावाबे के बड़े भाई भी थे।

इवाइची फुजिवारा **Iwaichi Fujiwara** (岩市 藤原) - द्वितीय विश्व युद्ध के दौरान इंपीरियल जापानी सेना में एक अधिकारी और बाद में युद्ध के बाद जापान ग्राउंड सेल्फ-डिफेंस फोर्स में लेफ्टिनेंट जनरल। बाद के जीवन में, फुजिवारा ने "एफ किकन: द्वितीय विश्व युद्ध के दौरान दक्षिणपूर्व एशिया में जापानी सेना के खुफिया कार्य (1983)" पुस्तक लिखी, जिसमें उन्होंने खुद को "दक्षिणपूर्व एशिया के अरब के लॉरेंस" के रूप में वर्णित किया। 1969 में, इवाइची फुजिवारा ने द्वितीय विश्व युद्ध में आईएनए पर डॉ. केके घोष की पुस्तक में एक महत्वपूर्ण संदेश लिखा था।

जुइची टेराउची **Juichi Terauchi** - द्वितीय विश्व युद्ध के दौरान सिंगापुर में मुख्यालय वाले दक्षिण पूर्व एशिया में इंपीरियल जापानी सेना के फील्ड मार्शल थे। उन्होंने नए युद्ध मंत्री के रूप में कार्य किया।

249

हिसैची टेराउची **Hisaichi Terauchi** (寿一 寺内) - (8 अगस्त 1879 - 12 जून 1946) - इंपीरियल जापानी सेना में एक जेनसुई (या मार्शल) और द्वितीय विश्व युद्ध के दौरान दक्षिणी अभियान के सेना समूह के कमांडर थे। उन्हें दक्षिण पूर्व एशिया (सिंगापुर और इंडोनेशिया) पर कब्जे का नेतृत्व करने का आदेश दिया गया था। दक्षिण पूर्व एशिया की विजय का नेतृत्व करने के बाद, टेराउची ने सिंगापुर में अपना मुख्यालय स्थापित किया। 6 जून 1943 को ज़ेनसुई (मार्शल) के रूप में पदोन्नत होकर, वह मई 1944 में फिलीपींस चले गए। जब क्षेत्र को खतरा हुआ, तो वह फ्रांसीसी इंडोचाइना में साइगॉन से पीछे हट गया। जापानियों के हाथों बर्मा की हार की खबर सुनकर 10 मई 1945 को उन्हें दिल का दौरा पड़ा।

हेइतारो किमुरा **Heitaro Kimura** (兵太郎 木村) (28 सितंबर 1888 - 23 दिसंबर 1948) इंपीरियल जापानी सेना में एक जनरल थे। उन्हें युद्ध अपराधों का दोषी ठहराया गया और फाँसी की सज़ा सुनाई गई। 1941 में किमुरा युद्ध उप मंत्री के रूप में युद्ध मंत्रालय में लौट आए और उन्होंने द्वितीय चीन-जापानी युद्ध के साथ-साथ प्रशांत युद्ध अभियान के लिए रणनीतिक योजना में युद्ध मंत्री हिदेकी तोजो की सहायता की। 1943 से 1944 तक वे सर्वोच्च युद्ध परिषद के सदस्य रहे, जहाँ उन्होंने रणनीति और नीति पर काफी प्रभाव डाला।

काजुओ आओकी **Kazuo Aoki** (一男 青木) जापान साम्राज्य के एक नौकरशाह, राजनीतिज्ञ, वित्त मंत्री और कैबिनेट मंत्री थे और उन्होंने ग्रेटर ईस्ट एशिया के मंत्री के रूप में कार्य किया (नवंबर 1942-जुलाई 1944)। 1916 में टोक्यो इंपीरियल यूनिवर्सिटी लॉ स्कूल से स्नातक की उपाधि प्राप्त की। युद्ध में जापान के आत्मसमर्पण के बाद उन्हें गिरफ्तार कर लिया गया लेकिन 1948 में बिना मुकदमा चलाए रिहा कर दिया गया। वह युद्ध के बाद जापानी विकास के कई पहलुओं में शामिल थे और 1982 में उनकी मृत्यु हो गई।

भारतीय मूल के प्रतिष्ठित सैन्यकर्मी ब्रिटिश भारतीय सेना से आईएनए में शामिल हुए

हबीबुर रहमान खान **Habibur Rahaman Khan** - I.N.A में कर्नल थे। वह जापान और अन्य सभी दक्षिण पूर्व एशियाई देशों का दौरा करने (सौंपने) के लिए नेताजी के अंगरक्षक थे। 16 अगस्त 1945 को, उन्होंने नेताजी के साथ अन्य सरकारी और सैन्य अधिकारियों के साथ एक जापानी बमवर्षक विमान में सिंगापुर से बैंकॉक तक की यात्रा की। बैंकॉक पहुंचने और उस रात रुकने के बाद, वे अगले दिन दो जापानी बमवर्षकों में साइगॉन के लिए उड़ान भरी। एक विमान में भारतीय दल के यात्री थे कर्नल हबीबुर आर खान, कर्नल गुलजारा सिंह, श्री देबनाथ दास, मेजर ए. हसन और लेफ्टिनेंट कर्नल प्रीतम सिंह। वह दुर्घटना, नेताजी के कपड़ों के जलने और जापानी सैन्य अस्पताल में नेताजी की अंततः

मृत्यु के मुख्य गवाह थे। साथ ही, नेताजी ने उनसे हमारी भारत माता के लिए अपनी ओर से भविष्य में उठाए जाने वाले कदमों के बारे में भी पूछा। प्रख्यात सैन्यकर्मी भारतीय सेना से आईएनए में शामिल हुए।

मोहम्मद ज़मान कियानी **Mohammad Zaman Kiani** - एक ब्रिटिश भारतीय सेना अधिकारी थे जो भारतीय राष्ट्रीय सेना में शामिल हुए और इसके जनरल स्टाफ के प्रमुख नियुक्त किए गए। अपनी युवावस्था में एक उत्सुक हॉकी खिलाड़ी, कियानी 1931 में देहरादून में भारतीय सैन्य अकादमी में ब्रिटिश भारतीय सेना में शामिल हुए और कलकत्ता में ओलंपिक हॉकी ट्रायल के लिए प्रवेश परीक्षा दी।

सुभाष चंद्र बोस के तहत आज़ाद हिंद की घोषणा के बाद, कियानी को प्रथम डिवीजन के कमांडर और बाद में जनरल स्टाफ के प्रमुख के रूप में नियुक्त किया गया था, जो पहले लेफ्टिनेंट के पास था। कर्नल जेके भोसले के अधीन थे। रंगून के पतन के दौरान, कियानी ने भारतीय राष्ट्रीय सेना और आज़ाद हिंद सरकार के कैडरों का नेतृत्व किया, जिन्होंने सुभाष चंद्र बोस के साथ बैंकॉक में मैदान पर मार्च किया। कियानी ने आईएनए के कमांडर के रूप में अपने बाकी सैनिकों के साथ 25 अगस्त 1945 को सिंगापुर में ब्रिटिश 5वें डिवीजन के सामने आत्मसमर्पण कर दिया। उन्हें भारत वापस लाया गया और 1946 तक जेल में रखा गया, उसके बाद उन्हें सेना से बर्खास्त कर दिया गया।

ए.सी. चटर्जी **A. C. Chatterjee** - आजाद हिंद फौज एक वित्त मंत्री (1943) थे और 1945 में उन्हें विदेश मंत्री के रूप में नियुक्त किया गया था। ब्रिटिश खुफिया अधिकारी स्वतंत्रता सेनानी सुभाष चंद्र बोस की भारतीय राष्ट्रीय सेना (आईएनए) के सदस्यों पर कड़ी नजर रख रहे थे, जिन्हें उपमहाद्वीप पर साम्राज्य की दशकों पुरानी पकड़ ढीली होने के कारण जेल से रिहा कर दिया गया था। लेकिन अंग्रेज़ उस व्यक्ति को लेकर चिंतित थे जिसकी रिहाई से उन्हें लगता था कि यह आईएनए को पुनर्जीवित कर सकता है और बंगाल में अशांति फैला सकता है, जैसा कि बोस से संबंधित सार्वजनिक की गई फाइलों से पता चला है। पश्चिम बंगाल सरकार द्वारा जारी किए गए दस्तावेजों में सेना के पूर्वी कमान के प्रमुख का दिल्ली में एक शीर्ष खुफिया प्रमुख को लिखा गया 1946 का पत्र है, जिसमें उनसे यह सुनिश्चित करने का अनुरोध किया गया था कि लेफ्टिनेंट कर्नल एसी चटर्जी को सैन्य हिरासत में रखा जाए।

"यह मुख्यालय ले. निकट भविष्य में कर्नल ए.सी. चटर्जी की बंगाल वापसी की संभावना को लेकर चिंतित हूं। इस अधिकारी का प्रांत में काफी प्रभाव था, और युद्ध से पहले बंगाल में सार्वजनिक स्वास्थ्य के निदेशक के रूप में उनकी आधिकारिक स्थिति के अलावा, स्वतंत्र राज्यों के मनोनीत राज्यपाल सुभाष बोस द्वारा नियुक्त राजनीतिक असंतोष के नेताओं के साथ उनके व्यक्तिगत संपर्कों के अलावा, लिखा था 5 फरवरी, 1946 को एक सैन्य अधिकारी"।

प्रेम कुमार सहगल **Prem Kumar Sehgal** - 1941 में पर्ल हार्बर पर जापानी हमले के बाद मलाया में भारतीय सेना की एक पैदल सेना बटालियन के कप्तान थे। उन्होंने प्रायद्वीप के साथ लंबे समय तक संघर्ष किया, बाकी सभी लोगों के साथ सिंगापुर के सामने आत्मसमर्पण कर दिया और कुछ अंतराल के बाद आईएनए में शामिल हो गए। ब्रिटिश सेना छोड़ना; बर्मा जाने के बाद, उन्होंने नेताजी के 'सैन्य सचिव' के रूप में कार्य किया।

लक्ष्मी स्वामीनाथन **Lakshmi Swaminathan** - जापानी आक्रमण के दौरान मलाया में एक डॉक्टर थीं। वह बोस की मुख्य लेफ्टिनेंट के रूप में भी शामिल हुईं, जो एकमात्र महिला थीं। उन्होंने 'झाँसी रानी रेजिमेंट' का गठन किया और उसे बर्मा ले गये। कई महीनों की प्रेमालाप के बाद, उसे पकड़ लिया गया। उन्होंने बड़े अधिकार और सक्रियता के साथ जनता से बात की। उन्होंने मार्च 1947 में लाहौर में प्रेम के सहगल से शादी की।

कृष्ण बहादुर मुखिया **Krishna Bahadur Mukhiya** - 1943 में बर्मा के जंगलों में अपनी लड़ाई के दिनों में नेताजी सुबास चंद्र बोस के ड्राइवर थे। अंग्रेजों के लिए कई मोर्चों पर लड़ने के बाद, वह उन सैनिकों में से थे जिन्होंने 15 फरवरी, 1942 को जापानियों के सामने आत्मसमर्पण कर दिया था। मलाया में युद्धबंदी के रूप में, वह 1943 में नेताजी की आईएनए में शामिल हो गए। मुखिया नेताजी के निजी अंगरक्षक थे और खुफिया जानकारी इकट्ठा करते थे, चिरुनी क्षेत्रों का दौरा करते थे और अग्रिम पंक्ति में लड़ते थे। बाद में उन्हें बर्मा में घायल कर दिया गया, 31 जनवरी 1944 को अंग्रेजों ने पकड़ लिया और चटगांव की जेल में ले जाया गया। उन्हें 6 महीने तक बर्मा की जेल में रखा गया, सैन्य न्यायाधिकरण का सामना करना पड़ा और अंग्रेजों के अधीन गोरखा रेजिमेंट से बर्खास्त कर दिया गया।

ए एम सहाय **A M Sahay** (1898-1991) - इंडियन इंडिपेंडेंस लीग (आईआईएल) के सदस्य थे और फिर इंडियन नेशनल आर्मी (आईएनए) में शामिल हो गए। वह आज़ाद हिन्द सरकार के सचिव थे। द्वितीय विश्व युद्ध में भारतीय राष्ट्रीय सेना के परीक्षण के बाद, नेहरू ने उन्हें 1952 में पोर्ट ऑफ स्पेन में भारत के आयुक्त के रूप में नियुक्त किया। इसके अलावा, नेहरू ने उन्हें थाईलैंड में भारतीय राजदूत (1957-1960) जैसी कई आकर्षक नौकरियाँ दीं। वह नेहरू का गुलाम और चरित्रहीन आदमी था। उन्होंने उस विमान दुर्घटना को एक 'दिखावे' के रूप में प्रस्तुत किया, जिसमें नेताजी की मृत्यु हो गई थी, जैसा कि उनके बॉस नेहरू ने कहा था।

शाह नवाज खान **Shah Nawaz Khan** (1914-1983) - द्वितीय विश्व युद्ध के दौरान भारतीय राष्ट्रीय सेना (आईएनए) में एक अधिकारी। उन्हें राजद्रोह का दोषी पाया गया और ब्रिटिश भारतीय सेना द्वारा एक सार्वजनिक अदालत में फाँसी दे दी गई। भारत में अशांति और विरोध के कारण, भारतीय सेना के कमांडर-इन-चीफ ने उनकी मौत की सजा को कम कर दिया (शायद नेहरू की सलाह पर)।

इसके बाद वह कांग्रेस पार्टी में शामिल हो गये और 1952 से 1977 तक मेरठ से सांसद चुने गये। इस अवधि के दौरान उन्होंने नेहरू के अधीन कई मंत्री पद संभाले। इसके

अलावा, 1956 में नेहरू ने सुभाष चंद्र बोस की मृत्यु की परिस्थितियों की जांच के लिए खान की अध्यक्षता में एक समिति का गठन किया। समिति ने चार महीने के भीतर निष्कर्ष निकाला कि बोस की मृत्यु 18 अगस्त 1945 को ताइहोकू में एक विमान दुर्घटना में हुई थी, और उनकी राख को टोक्यो के रेंकोजी श्राइन में रखा गया था; अंततः भारत लौटेंगे। वे जीवन भर नेहरू के सेवक रहे।

मोहन सिंह **Mohan Singh** (1909-1989) - एक ब्रिटिश भारतीय सैन्य अधिकारी थे जो द्वितीय विश्व युद्ध के दौरान भारतीय राष्ट्रीय सेना (आईएनए) में शामिल हुए थे। नेहरू ने युद्ध अपराधियों के विरुद्ध उनका बचाव किया। वह एक सांसद थे और उन्होंने भारत की आजादी के लिए आजाद हिंद फौज के सदस्यों को 'स्वतंत्रता सेनानियों' के रूप में मान्यता देने की कोशिश की, लेकिन गांधी और नेहरू ने उस दिशा में उनके आंदोलन को रोक दिया।

भारत माता की भलाई के लिए कुछ सुझाव

अंग्रेजी-शिक्षित वकील श्री नेहरू और श्री गांधी 1930, 1946 और 1947 के मुख्य दंगों, विभाजन के दौरान पूरे भारत में सामूहिक हत्याओं के लिए जिम्मेदार थे। केवल 'ब्रिटिश राज' की गुलामी के कारण लगभग 24 लाख लोग (मुसलमान, हिंदू और सिख) नरसंहार में मारे गए या घायल हुए और वे अंग्रेजों की कठपुतली थे।

ईश्वर महान है कि अब वंश चला गया। आज जाति-धर्म से ऊपर उठकर सभी भारतीयों को एक पारदर्शी और भ्रष्टाचार मुक्त समाज/देश के लिए अपनी भारत माता के विकास के लिए किसी भी प्रकार के भ्रष्टाचार के खिलाफ जागने और लड़ने की जरूरत है, यही नेताजी सुभाष चंद्र बोस का सपना था। वह भारत की आजादी के तुरंत बाद कांग्रेस पार्टी को खत्म करना चाहते थे।

नेताजी ने हमारी भारत माता की आजादी के लिए सर्वोत्तम आईएनए बीज तैयार किए और बोए, लेकिन गांधी और नेहरू को युद्ध के मैदान में कोई लड़ाई किए बिना 'ब्रिटिश राज' द्वारा गुलाम बनाकर इसका परिणाम भुगतना पड़ा। इनका नाम अब भारत की आजादी के इतिहास से मिटा देना चाहिए। इतिहास को तथ्यों और सत्य के आधार पर दोबारा लिखा जाना चाहिए।

== भारत नेताजी की बजह से ही स्वतंत्र हे ==

भारत की वर्तमान और भावी सरकार को इस संबंध में कुछ कदम उठाने के लिए कुछ सलाह

पूरे भारत में सरकारी स्कूलों में 10 वर्ष तक के सभी विद्यार्थियों (6-16 आयु वर्ग के विद्यार्थियों) के लिए निःशुल्क शिक्षा अनिवार्य है। सभी विकसित देशों में यह व्यवस्था है। जापान ने 1868 में मीज़ी युग में अनिवार्य शिक्षा की शुरुआत की। केंद्र और राज्य दोनों सरकारों को तदनुसार कार्य करना चाहिए। स्कूल स्तर पर, सभी छात्रों को कम से कम दो भाषाएँ (अंग्रेजी और राज्य भाषा) पढ़नी होंगी; भारत एक बहुभाषी देश है और इसे किसी राष्ट्रभाषा की आवश्यकता नहीं होगी जैसा कि नेताजी चाहते थे।

संविधान को समाज की वर्तमान आवश्यकताओं के अनुसार अद्यतन/संशोधित किया जाना चाहिए; जैसा कि नेताजी ने कहा था कि हमें अंग्रेजों का अनुसरण नहीं करना चाहिए; हमें उन कुछ चीजों को भूलना चाहिए जो अंग्रेजों ने हमें सिखाईं और उन चीजों को और सीखना चाहिए जो अंग्रेजों ने हमें नहीं सिखाईं।

सार्वजनिक व्यवस्था या सेवाओं के लिए काम करने वाले सभी व्यक्तियों, जैसे पंचायत प्रधान से लेकर विधायक या सांसद तक को अपने शैक्षिक करियर में 50% अंकों के साथ किसी भी विषय में न्यूनतम शैक्षिक योग्यता होनी चाहिए। एक आईएएस, आईपीएस या राज्य सरकार का अधिकारी एक अनपढ़ मुख्यमंत्री या बिना शैक्षणिक योग्यता वाले मंत्री के अधीन कैसे काम कर सकता है? यह एक अपमानजनक संविधान है और इसमें तुरंत संशोधन और अद्यतन किया जाना चाहिए।

जीवन के हर पहलू में ख़राब कोटा सिस्टम हटाओ। हम इन गरीब कोटे के लोगों से अच्छे काम और विकास की उम्मीद कैसे कर सकते हैं?

धर्म और जाति के आधार पर कोई विशेषाधिकार नहीं होना चाहिए। दुनिया के सभी विकसित देशों की तरह, किसी भी नौकरी के लिए योग्यता ही मानदंड होनी चाहिए।

सभी लोगों को समान कानून और मौलिक अधिकार मिलने चाहिए। एक कानून, एक जाति, एक कर, सभी आईआईटी, चिकित्सा आदि के लिए एक प्रवेश परीक्षा।

परिवार की वित्तीय स्थिति के आधार पर उच्च शिक्षा के लिए 10 वर्षों के बाद जाति/धर्म के भेदभाव के बिना जरूरतमंद व्यक्तियों को वित्तीय और शैक्षिक लाभ दिया जाना चाहिए।

व्यक्ति/परिवार की वित्तीय स्थिति के आधार पर, सरकार को बुनियादी आश्रय और न्यूनतम रहने का खर्च प्रदान करना चाहिए। इसमें विकास के लिए वंचित और निचली जाति के लोगों को स्वचालित रूप से शामिल किया जाएगा।

ऑस्ट्रेलिया की तरह अनिवार्य मतदान प्रणाली लागू किया जाना चाहिए, ताकि लोकतांत्रिक देश में सभी के अधिकार संविधान में निहित हों।

वोटिंग प्लेटफार्म ऑनलाइन वोटिंग कंप्यूटर के माध्यम से की जा सकती है, जहां वोटिंग कंप्यूटर सर्वर को किसी भी सुरक्षित स्थान पर रखा जा सकता है। मतदाता अपने विशिष्ट मोबाइल फोन नंबर और अपने आधार कार्ड के संयोजन का उपयोग करके 2 से 3 दिनों

के भीतर अपनी पसंद का मतदान कर सकते हैं, जल्दी करने की कोई आवश्यकता नहीं है। राज्य/केंद्र सरकार के चुनावों के दौरान इतने अधिक सुरक्षाकर्मी और पैसे खर्च करने की आवश्यकता नहीं है। चा-चा-जी और बसु-बाबुओं द्वारा संचालित सभी बाहुबल और गैंगस्टर राजनीति, जो अभी भी चल रही है, को समाप्त कर दिया जाएगा।

आधार कार्ड नंबर का उपयोग 10वीं की परीक्षा से लेकर उसके जीवन के हर पहलू में किया जाना चाहिए और मृत्यु के बाद उसके परिवार द्वारा इसे सरेंडर कर दिया जाना चाहिए।

समग्र रूप से सड़ी-गली भारतीय न्यायिक प्रणाली ('ब्रिटिश राज' द्वारा निर्मित) को अब सरकार द्वारा पुनर्जीवित करने की आवश्यकता है। हाल के एक लेख में, मौरिस केलेट ने कहा, "ब्रिटिश न्याय प्रणाली पूरी तरह से सड़ चुकी है, पुलिस स्वेच्छा से भ्रष्ट न्यायाधीशों, भ्रष्ट वकीलों और बैरिस्टरों को प्रचुर सुरक्षा प्रदान करती है। यह वर्तमान में ब्रिटेन की न्याय प्रणाली की वास्तविक स्थिति है। जब लोग भ्रष्ट न्यायाधीशों और पुलिसकर्मियों के खिलाफ खड़े नहीं होते, तो यह सबसे खतरनाक हिस्सा है।" अधिकतर, ब्रिटिश शिक्षा प्राप्त वकील, न्यायाधीश और अधिवक्ता भारत में सबसे अधिक भ्रष्ट लोग हैं। वे झूठे हैं और बिना किसी त्वरित सुनवाई के लोगों से अधिक धन इकट्ठा करने के लिए मामले दर्ज करना जारी रखते हैं। न्यायाधीशों और वकीलों को हमारी भारत माता की भलाई के लिए अपनी गरिमा, सत्यनिष्ठा और ईमानदारी का पालन करना चाहिए।

भारत सरकार को किसी भी व्यक्ति (चाहे वह कोई भी उच्च स्तर का व्यक्ति हो) द्वारा अवैध कमाई करके रखी गई सभी संपत्तियों और बैंक खातों को जब्त कर लेना चाहिए और इसका उपयोग हमारी भारत माता के विकास के लिए करना चाहिए।

भारत माता के उत्थान के लिए नेताजी का संदेश

"नीचे दिया गया संदेश पूरी तरह से मेरी (लेखक की) राय पर आधारित एक प्रेरणादायक रचनात्मक अंश है, जो इस बात पर आधारित है कि अगर नेताजी आज जीवित होते तो उन्होंने क्या व्यक्त किया होता"

9 जुलाई 1943 को मैंने सिंगापुर में साथियों को भाषण दिया था! "सैनिकों! अपने युद्ध का शंखनाद करें - दिल्ली में! दिल्ली में!" और 4 फरवरी 1945 को रंगून में आईएनए से कहा, "मुझे खून दो और मैं तुम्हें आजादी का वादा करता हूं।"

यह ईश्वर प्रदत्त स्थिति है। 1983 में टोक्यो विश्वविद्यालय में राजनीति विज्ञान के प्रोफेसर डॉ. घोष जब वहां शोध कर रहे थे तो मैं उनसे मेरे बारे में बात किया करती थी। वह मुझे समझने में असमर्थ थे क्योंकि जापानी मुझे 'चंद्र बोस' कहते थे और वह न तो इतिहासकार थे और न ही राजनीतिज्ञ थे। वह एक महान 'देशभक्त' थे और अपने टोक्यो विश्वविद्यालय के प्रोफेसर इयोइची फूजी की सलाह पर हमारी भारत माता के विकास/आधुनिकीकरण के लिए 1986 में भारत लौट आए। मैंने उन्हें नेहरू परिवार के बारे में जानने के लिए अपने कार्य स्थानांतरण के लिए इलाहाबाद भेजा।

मैंने उन्हें भारत में शिक्षा, उद्योग और सरकारी कार्यालयों में सभी प्रकार के भ्रष्टाचार का अनुभव दिया। मेरे जापानी निजी सचिव, जो 11 मई 1943 से 15 अगस्त 1945 तक मेरे साथ थे, 2 जनवरी 1997 को निधन हो गया। 1997 में, डॉ. घोष संयुक्त राज्य अमेरिका में प्रकाशन के लिए अपनी भौतिकी पुस्तक लिखने में व्यस्त थे। हालाँकि वे 1992 से विदेश में रह रहे हैं, फिर भी वे इंटरनेट के माध्यम से प्रतिदिन भारतीय समाचार पत्र पढ़ते थे। मैंने उन्हें "भ्रष्टाचार! भ्रष्टाचार!! भ्रष्टाचार!!!" लिखने के लिए प्रेरित किया। 30 अगस्त 1997 को भारत के स्वर्ण जयंती समारोह और मेरी जन्म शताब्दी की पूर्व संध्या पर इलेक्ट्रोटेक्निकल प्रयोगशाला, सुकुबा, जापान से भारत में भ्रष्टाचार और मैंने उनसे इसे प्रधान मंत्री (2) और भारत के राष्ट्रपति को पोस्ट करने के लिए कहा। उसने वैसा ही किया। मेरे सचिव की मृत्यु के बाद, मैंने उनके बेटे को, जो उनका बॉस था, प्रेरित किया कि वह मेरे सचिव द्वारा एकत्र की गई सारी सामग्री उसे दे दें। उन्होंने 1999 में दो सेटों में यह सब दिया। साथ ही, मैंने उसके बॉस के माध्यम से उसे मेरे बारे में उचित समय पर एक पुस्तक प्रकाशित करने का निर्देश दिया। वह पारिवारिक जीवन में व्यस्त थे।

हाल ही में, मैंने उसे मेरे द्वारा व्यवस्थित अन्य आवश्यक दस्तावेजों के साथ-साथ पुस्तक लिखने का निर्देश दिया। उसे आश्चर्य होता है कि बिना कहीं गए ही उसे सभी आवश्यक सामग्री कैसे मिल जाती है। डॉ. घोष एक 'भौतिक विज्ञानी' थे और भारत में किसी भी राजनीतिक दल या दान से जुड़े नहीं थे और इसीलिए मैंने 1984 से उन्हें चुना।

जैसा कि मैंने शोध और विश्लेषण किया है, भारत, कांग्रेस की वर्तमान स्थिति का मेरा अनुभव CONGRESS [भ्रष्ट (Corrupted), कुल (Overall), नेहरू(Nehru), गांधी खान इंदिरा (GandhiKhanIndira), राजीव खान गांधीका (RajivKhanGandhir), सशक्त (Empowered), सोनिया एंटोनियो माइनो खान गांधीका (SoniaAntonioMainoKhanGandhir) स्विस वोट बैंक (SwissVoteBank) हमारी भारत माता को विकसित राष्ट्र न बनाने के लिए जिम्मेदार था/है।

'ब्रिटिश राज' का स्थान नेहरू के नव निर्मित 'लाइसेंस राज' ने ले लिया। इसी तरह, सीपीआई/एम [भारत की भ्रष्ट पार्टी/मानव जाति], कांग्रेस का भाई, 'बांग्ला' के पूर्ववर्ती राज्य को औद्योगिकीकरण से मुक्त करने के लिए जिम्मेदार है। बंगाल, पंजाब, भारत को धर्म के आधार पर बांटना मेरा सपना नहीं था। जर्मनी, जापान और दक्षिण पूर्व एशिया में मेरे स्वतंत्रता संग्राम में हमेशा मुस्लिम साथी रहे। हम सभी इंसान हैं; हमारा खून एक है।

आपको प्रेरित करते हुए: मेरे साथी भारतीय - भाइयों और बहनों, पुरुषों और महिलाओं, जाति और पंथ के बावजूद, उत्तर से दक्षिण और पश्चिम से पूर्व तक - अब से भ्रष्टाचार को जड़ से उखाड़ फेंकना आपका कर्तव्य है। इस दशक में अपने जीवन के हर पहलू में कांग्रेस और सीपीआई/एम पार्टियों को 'बंगाल की खाड़ी', 'हिंद महासागर' और 'अरब सागर' में फेंक दें और हमारी 'भारत माता' को एक गौरवशाली और सबसे विकसित देश के रूप में पुनर्स्थापित करना शुरू करें। उन्हें अपना पुराना गौरव पुनः प्राप्त करना चाहिए

जब वहां 'नालंदा विश्वविद्यालय' था और समुद्र के नीचे भारत और श्रीलंका के बीच पुल बनाने वाले इंजीनियर उनके पास थे।

इसके अलावा, भारतीयों को शहरों को साफ करने के लिए लेनिन, मार्क्स, सद्दाम हुसैन और अन्य की मूर्तियों की तरह ही सड़कों और सार्वजनिक स्थानों से गांधी, नेहरू, बोस, राजीव, इंदिरा और मेरी सहित सभी राजनीतिक नेताओं, मंत्रियों की मूर्तियों को ध्वस्त कर देना चाहिए। आप चाहें तो अन्य विकसित देशों की तरह यहां भी पार्कों और संग्रहालयों के अंदर मूर्तियां लगा सकते हैं। जनता को अन्य विकसित देशों की तरह सभी संस्थानों के नाम बदलकर स्थानों के नाम या हमारे प्राचीन भारतीय इतिहास का अनुसरण करते हुए जापानियों के नाम पर रख देना चाहिए; पूर्व की ओर देखो पश्चिम की ओर नहीं।

मैं असली स्वतंत्रता सेनानी था, और इतिहास को अब संशोधित किया जाना चाहिए। जापान सहित अधिकांश विकसित देशों में, सभी सार्वजनिक कार्यालयों की दीवारों पर प्रधान मंत्री या यहाँ तक कि सम्राट के चित्र भी नहीं लटके होते हैं। अच्छा दिखने के लिए, दीवारों की रखरखाव लागत कम करने के लिए सभी सार्वजनिक कार्यालयों से तस्वीरें हटा देना बेहतर है। हमें व्यावहारिक और यथार्थवादी बनना होगा। कोई भी व्यक्ति इंटरनेट के माध्यम से दीवार पर लगे डिस्प्ले पर किसी भी स्वतंत्रता सेनानी की खूबसूरत तस्वीरें देख सकता है। सभी सरकारी कार्यालयों में आधुनिक तकनीक का प्रयोग किया जाये। सार्वजनिक स्थानों की दीवारों पर तस्वीरें लगाने का विचार पुराना है और एक प्रकार से समूह की गुलामी है। अंग्रेजों ने ऐसा किया और अब उन्होंने इस गौरव को नष्ट कर दिया है। 'मैंने कई बार कहा है कि हमें अंग्रेजों का अनुसरण नहीं करना चाहिए।' तीन आदमी गांधी, नेहरू और बसु, वकील-सह-झूठे, इंग्लैंड से स्नातक, हमारी भारत माता की वर्तमान स्थिति के लिए जिम्मेदार हैं। इंग्लैंड में उच्च शिक्षा प्राप्त करने वाले अधिकांश भारतीय दूसरों की तुलना में श्रेष्ठ और दंभी महसूस करते हैं, लेकिन मैं जानता हूं कि उनमें से अधिकांश भ्रष्ट हैं और अपने ब्रिटिश प्रोफेसरों/मार्गदर्शकों के गुलाम हैं।

अब तुम भारतवासी मेरी अस्थियाँ जापान की राजधानी टोकियो के रेंकोजी मन्दिर से वापस भारत ले आओ; निस्वार्थ स्वतंत्रता आंदोलन और हमारी भारत माता की लड़ाई में मेरे योगदान को पूरे भारत में सही स्थानों पर रखा जाना चाहिए। साथ ही, कृपया इसका एक हिस्सा बनारस में हाल ही में बने नेताजी मंदिर में भी रखें। ईश्वर हमारी भारत माता को इस सदी में विश्व के सर्वश्रेष्ठ विकसित देशों में से एक बनने का आशीर्वाद दें। जय हिंद, वंदे मातरम्।

इंदिरा खान गांधी ने 1976/77 में मसाइयोशी काकित्सुबो को वीजा देने से इनकार कर दिया

http://www.netajipapers.gov.in/pdfjs/web/viewer.html?filename=content/ministry-external-affairs-meac1211376-jp&part=1

सबसे महान स्वतंत्रता सेनानी, नेताजी को कांग्रेस सरकार द्वारा अपमानित किया गया था। हम उनकी दिवंगत आत्मा की शांति के लिए प्रार्थना करते हैं। भगवान हमारी भारत माता को आशीर्वाद दें, इसका एक उदाहरण ऑक्सफोर्ड से शिक्षित (?) प्रधान मंत्री श्रीमती इंदिरा खान गांधी द्वारा लिखित द डार्केस्ट इयर्स ऑफ इंडियन डेमोक्रेसी (1975-77) है।

1976 में, प्रधान मंत्री इंदिरा खान गांधी ने टोक्यो के एक प्रमुख राजनयिक और कैम्ब्रिज और टोक्यो विश्वविद्यालय के स्नातक मासाइयोशी काकित्सुबो को नेताजी की 80वीं जयंती पर नेताजी रिसर्च ब्यूरो में भाषण देने के लिए वीजा देने से इनकार कर दिया था। मैट्रिक पास इंदिरा ने डॉ. शिशिर बोस के कई अनुरोधों को नजरअंदाज कर दिया। इसके अलावा पाकिस्तान के पूर्व आईएनए कर्नल खान और कियानी को इंदिरा मंत्रालय ने वीजा देने से इनकार कर दिया था।

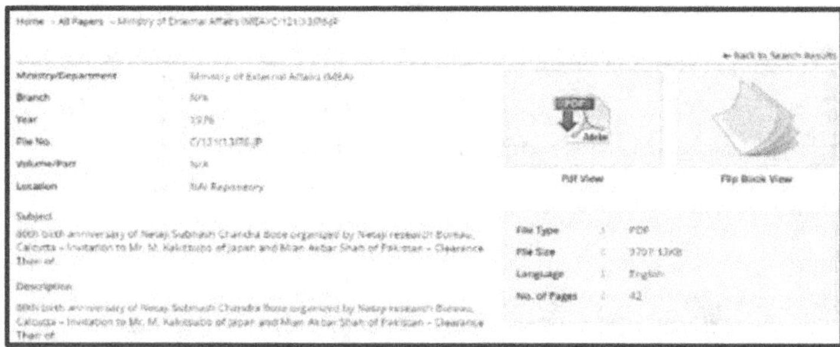

सभी भारतीयों को यह पीडीएफ फाइल अवश्य पढ़नी चाहिए कि कैसे नेहरू वंश ने हमारी भारत माता के साथ विश्वासघात किया। द्वितीय विश्व युद्ध में अंग्रेजों का समर्थन करने के लिए गांधी और नेहरू दोनों को वास्तविक अप्रत्यक्ष युद्ध अपराधी माना जाना चाहिए।

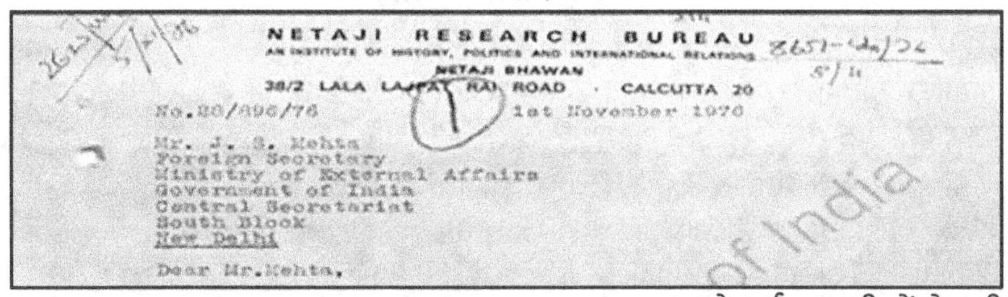

NETAJI RESEARCH BUREAU
AN INSTITUTE OF HISTORY, POLITICS AND INTERNATIONAL RELATIONS
NETAJI BHAWAN
38/2 LALA LAJPAT RAI ROAD · CALCUTTA 20

No.80/896/76   1st November 1976

Mr. J. S. Mehta
Foreign Secretary
Ministry of External Affairs
Government of India
Central Secretariat
South Block
New Delhi

Dear Mr. Mehta,

अगले वर्ष जनवरी में नेताजी की जयंती समारोह के दौरान विदेश से बाहरी प्रतिनिधिमंडलों की यात्रा के संबंध में हम 1972 से आपके मंत्रालय के संपर्क में हैं। ब्यूरो द्वारा कलकत्ता में आयोजित ऐसे समारोह ऐतिहासिक सेमिनारों और सम्मेलनों का रूप लेते हैं जहां भारतीय या विदेशी जिनके पास हमारे स्वतंत्रता संग्राम का कुछ प्रत्यक्ष अनुभव है और पेशेवर इतिहासकार एक साथ आते हैं।

हमने आपके प्रयासों में हमेशा आपके मंत्रालय से पूरा सहयोग लिया है।

जनवरी 1977 में नेताजी की 80वीं जयंती के लिए हमें अब

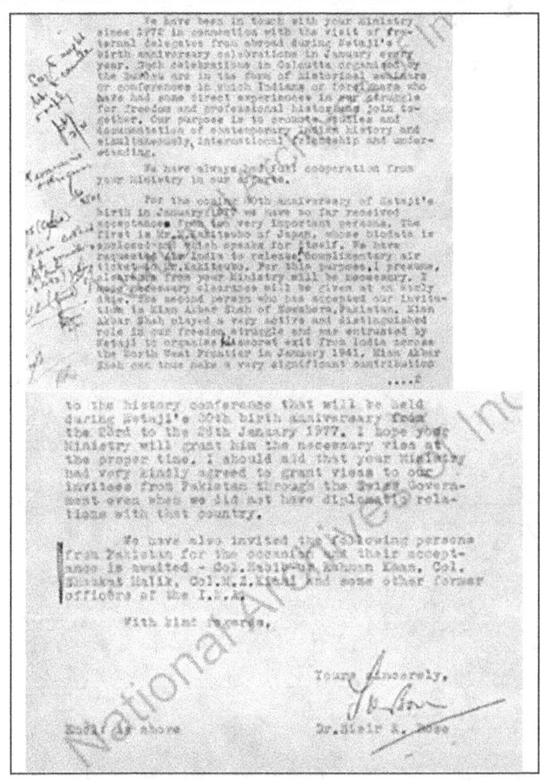

तक दो अत्यंत महत्वपूर्ण लोगों से अनुमोदन प्राप्त हो चुका है। पहले हैं जापान के श्री एम. काकित्सुबो, जिनका बायोडाटा संलग्न है और जो अपने बारे में बोलते हैं। हमने एयर इंडिया से श्री काकित्सुबो को मुफ्त हवाई टिकट उपलब्ध कराने का अनुरोध किया है। इस प्रयोजन के लिए, मुझे लगता है कि आपके मंत्रालय की मंजूरी की आवश्यकता होगी। मुझे उम्मीद है कि आवश्यक मंजूरी जल्द ही मिल जायेगी. हमारा निमंत्रण स्वीकार करने वाले दूसरे व्यक्ति नौशेरा, पाकिस्तान से मिज़ा अकबर शाह थे। एमए शाह ने हमारे स्वतंत्रता संग्राम में एक बहुत ही महत्वपूर्ण कार्रवाई और प्रतिनिधि भूमिका निभाई और जनवरी 1941 में उत्तर पश्चिम सीमा पर भारत से उनके गुप्त निकास की व्यवस्था करने का काम नेताजी ने उन्हें सौंपा था।

इस प्रकार श्री शाह 23 से 26 जनवरी 1977 तक नेताजी की 80वीं जयंती के अवसर पर आयोजित इतिहास सम्मेलन में बहुत महत्वपूर्ण योगदान दे सके। मुझे आशा है कि आपका मंत्रालय उचित समय पर उन्हें आवश्यक वीजा जारी करेगा। मुझे यह जोड़ना चाहिए कि आपका मंत्रालय बहुत दयालुता से स्विस सरकार के माध्यम से पाकिस्तान से हमारे आमंत्रित लोगों को वीजा जारी करने पर सहमत हुआ, हालांकि उस देश के साथ हमारे राजनयिक संबंध नहीं थे। हमने इस समारोह के लिए पाकिस्तान से निम्नलिखित व्यक्तियों को भी आमंत्रित किया है और उनकी मंजूरी का इंतजार कर रहे हैं - कर्नल हबीबुर रहमान खान, कर्नल शौकत मलिक, कर्नल एम. जेड. कियानी और आईएनए के कुछ अन्य पूर्व अधिकारी।

भवदीय, हस्ताक्षर
डॉ शिशिर के बोस

संलग्न: जैसा कि ऊपर बताया गया है

पर्ची

श्री एम. काकित्सुबो

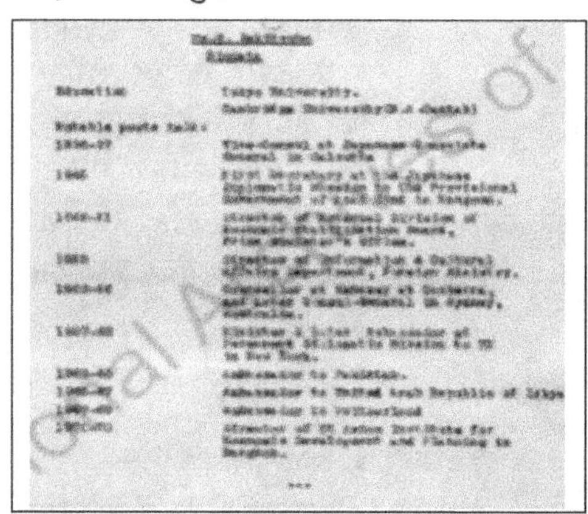

शिक्षा: टोक्यो विश्वविद्यालय और कैम्ब्रिज विश्वविद्यालय (बी.ए. कैंटाब।)

उल्लेखनीय पोस्ट

1936-37: कलकत्ता में जापानी वाणिज्य दूतावास में उप-वाणिज्यदूत

** 45 बैंकॉक में आज़ाद हिंद की अनंतिम सरकार के जापानी राजनयिक मिशन के प्रथम सचिव।

1948-51 निदेशक, आर्थिक स्थिरीकरण बोर्ड, बाह्य प्रभाग, प्रधान मंत्री कार्यालय।

1952	सूचना और सांस्कृतिक मामलों के निदेशक, विदेश मंत्रालय।
1953-56	कैनबरा में दूतावास के काउंसलर और बाद में सिडनी, ऑस्ट्रेलिया में महावाणिज्यदूत।
1957-62	मंत्री और बाद में न्यूयॉर्क में संयुक्त राष्ट्र स्थायी राजनयिक मिशन के राजदूत।
1962-65	पाकिस्तान में राजदूत।
1965-67	संयुक्त अरब गणराज्य में लीबिया के राजदूत।
1967-69	स्विट्जरलैंड में राजदूत।
1970-73	बैंकॉक में संयुक्त राष्ट्र एशियाई आर्थिक विकास और योजना संस्थान के निदेशक।

तुरंत

मिस एनएन हरालु (गुप्त)

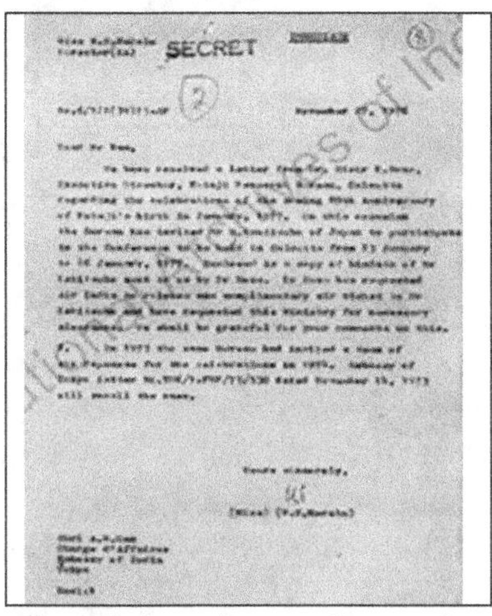

निदेशक (स्याही 2 में लिखा हुआ)

क्रमांक-सी/121(39)73-जेपी   27   नवंबर 1976

प्रिय श्री राम,

हमें जनवरी 1977 में नेताजी की 80वीं जयंती वर्षगांठ सम्मेलन के संबंध में कलकत्ता के कार्यकारी निदेशक डॉ. शिशिर के बोस से एक पत्र प्राप्त हुआ। इस अवसर पर बोस ने जापान से श्री एम. काकित्सुबो को भाग लेने के लिए आमंत्रित किया। यह सम्मेलन 23 जनवरी से 26 जनवरी 1977 तक कलकत्ता में आयोजित होना था। डॉ. बोस द्वारा हमें भेजे गए श्री काकित्सुबो के बायोडाटा की एक प्रति संलग्न है।

अभिवादन,
हस्ताक्षर
(मिस ऐनी हरालू)

श्री ए.एन. राम, भारतीय दूतावास, टोक्यो

संलग्न करना

एकदम से तात्कालिक

प्रेषक: नई दिल्ली

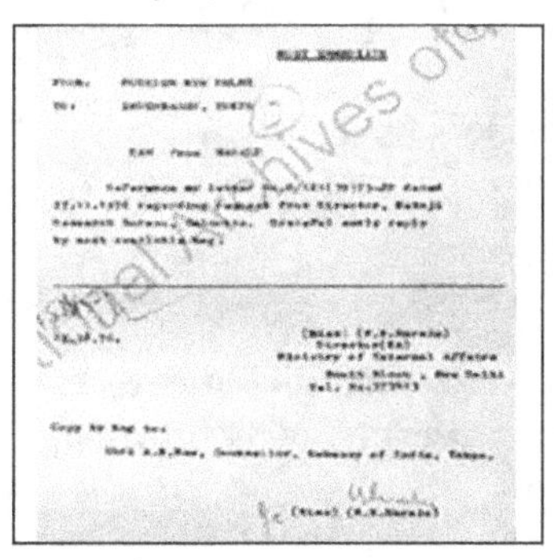

प्रति: भारतीय दूतावास, टोक्यो

राम से हरलु

निदेशक, नेताजी रिसर्च ब्यूरो, कलकत्ता के अनुरोध के संबंध में मेरा पत्र संख्या सी/121(39)73-जेपी दिनांक 27.11.76, अगले उपलब्ध बैग द्वारा शीघ्र उत्तर।

13.12.76

मिस एनएन हरालु

निदेशक (ईए), दूरभाष संख्या 373413

विदेश मंत्रालय, दक्षिणी ब्लॉक, नई दिल्ली

बैग से कॉपी

श्री ए.एन. राम, काउंसलर, भारतीय दूतावास, टोक्यो
हस्ताक्षर (मिस एनएन हरालू)

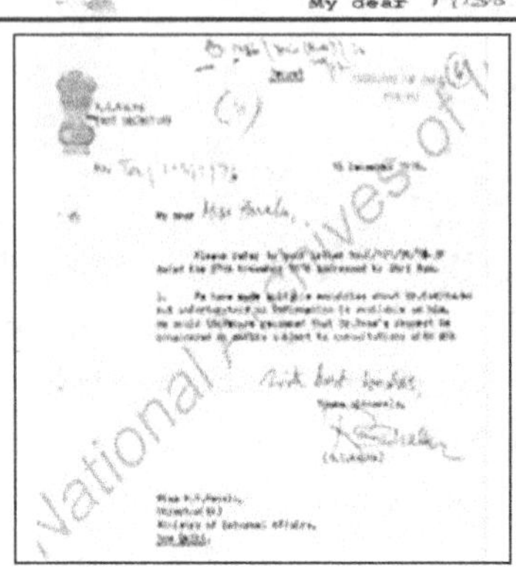

कृपया अपना पत्र संख्या सी/121/30/73/जेपी दिनांक 27 नवंबर 1976 श्री राम को संबोधित करें।

2. हमने श्री काकित्सुबो के बारे में उचित पूछताछ की है लेकिन दुर्भाग्य से उनके बारे में कोई जानकारी नहीं मिली है। इसलिए हम अनुशंसा करेंगे कि डॉ. बोस के अनुरोध पर योग्यता के आधार पर विचार किया जाए।

मंगलकलश
भवदीय, हस्ताक्षर
(आरएस कलहा)

मिस एनएन हरालु
निदेशक (ईए), दूरभाष संख्या 373413
विदेश मंत्रालय, साउथ ब्लॉक, नई दिल्ली
गुप्त

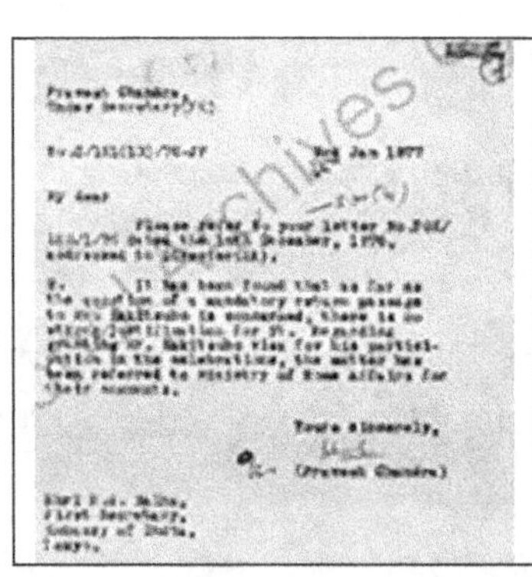

प्रवेश चंद्र
अवर सचिव (एफ.ई.)
क्रमांक सी/121(13)/76-जेपी 13 जनवरी 1977
मेरे प्रिय,

1.कृपया अपना पत्र टीओके/103/1/76 दिनांक 16 दिसंबर 1976 निदेशक (ईए) को अग्रेषित करें।

2. यह पता चला है कि जहां तक श्री काकित्सुबो के लिए अनिवार्य रिटर्न पास का सवाल है, इसके लिए कोई मजबूत औचित्य नहीं है। सम्मेलन में भाग लेने के लिए श्री काकित्सुबो को वीजा जारी करने से संबंधित मामला गृह मंत्रालय को उनकी टिप्पणियों के लिए भेजा गया है।

अभिवादन; हस्ताक्षर
(प्रवेश चंद्र)

श्री आर एस कल्हा
प्रथम सचिव, भारतीय दूतावास, टोक्यो

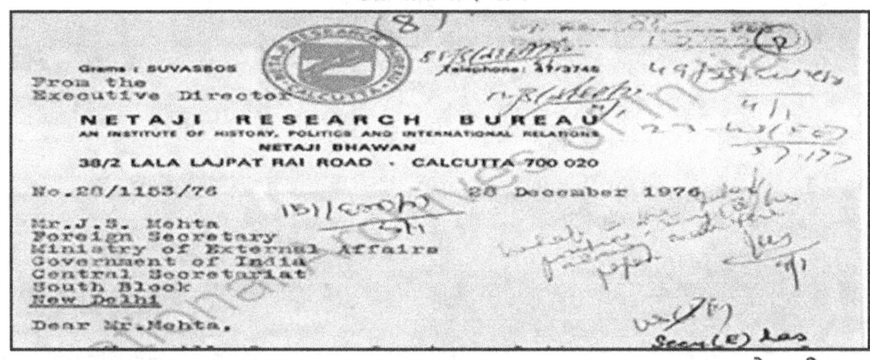

आप जापान के श्री एम. काकित्सुबो के संबंध में मेरे पत्र क्रमांक 28/896/76 दिनांक 1 नवंबर और क्रमांक 29/1101/76 दिनांक 8 दिसंबर 1976 का संदर्भ लेंगे।

23 जनवरी 1977 को नेताजी के जन्मदिन पर हमने एमआर काकित्सुबो को नेताजी भाषण 1977 देने के लिए आमंत्रित किया। श्री काकित्सुबो का बायोडाटा संलग्न है। हमने एयर इंडिया से अंतरराष्ट्रीय मित्रता और समझ के प्रतीक के रूप में श्री काकित्सुबो को एक मानार्थ वापसी हवाई टिकट जारी करने का अनुरोध किया है। मैं एयर इंडिया की ओर से सलाह देता हूं कि टोक्यो में भारतीय दूतावास से आवश्यक मंजूरी मिलने में देरी के कारण इस मामले को नई दिल्ली में विदेश मंत्रालय के माध्यम से संभाला गया है।

मुझे आशा है कि इस मामले पर आपका तत्काल ध्यान जाएगा। इस पत्र में मैंने आपको पाकिस्तान के मिया अकबर शाह के बारे में जो लिखा है, उसे मैं दोहरा नहीं रहा हूं, जिन्होंने नेताजी के जन्म समारोह में शामिल होने के लिए हमारा निमंत्रण स्वीकार कर लिया है और जो आवश्यक वीजा के लिए भारत सरकार से आवेदन करेंगे।

मंगलकलश

ईमानदारी से

हस्ताक्षर

डॉ शिशिर के बोस

संलग्न:

प्रवासी एनडी28990एन 10 जनवरी 1977

सीटीएलएक्स - 4 टोक्यो 71 7 1630

नई दिल्ली

निदेशक (ईए)

श्री काकित्सुबो के लिए टिकट जारी करने की अनुमति के लिए एयर इंडिया से संपर्क किया गया है ताकि वे नेताजी की 80वीं वर्षगांठ 1977 की नेताजी जयंती के अंतर्राष्ट्रीय समारोह में भाग ले सकें। हमने आपको पहले लिखा था और मान लिया था कि अन्य सभी प्राधिकारियों के पास कोई नहीं था। श्री काकित्सुबो के लिए टिकट जारी करने पर आपत्ति, जब तक कि 12 जनवरी तक मंजूरी नहीं मिल जाती।

भारतीय दूतावास

टेलिक्स

प्रेषक: विदेश नई दिल्ली

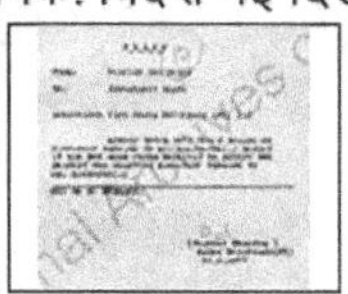

प्रति: इंडेम्बासी टोक्यो

संयुक्त सचिव (एफई) राजदूत

कृपया श्री काकित्सुबो के लिए अनिवार्य मार्ग के बारे में अपना टेलेक्स पढ़ें। क्षमा करें श्री काकित्सुबो के अनिवार्य मार्ग के अनुरोध को स्वीकार नहीं किया जा सका।

टेलीग्राफ नहीं किया जा सकता।
(प्रबेश चंद्रा) अवर सचिव (एफई) 10.1.1977

टेलीग्राम: 6.1.1977

विदेश मंत्रालय

साउथ ब्लॉक नई दिल्ली

X1330 391 कोलकाता 641

संदर्भ 28 दिसंबर का मेरा पत्र देखें, जिसमें नेताजी के जन्मदिन पर श्री काकित्सुबो को एयर इंडिया द्वारा टोक्यो दूतावास से कोलकाता के लिए शीघ्र मंजूरी का अनुरोध किया गया था। यात्रा की योजनाएँ रुकी हुई हैं।

धन्यवाद

शिशिर बोस, निदेशक, नेताजी रिसर्च ब्यूरो। 92 391 36

टेलीग्राम: 10.1.1977

प्रेषक: प्रवासी नई दिल्ली

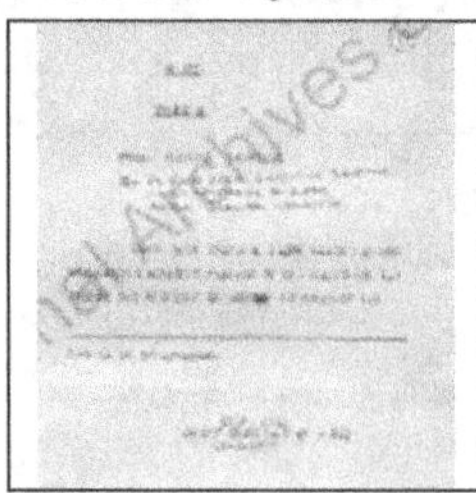

सेवा में: डॉ. शिशिर के. बोस, कार्यकारी निदेशक, नेताजी रिसर्च ब्यूरो, नेताजी भवन, कोलकाता

श्री काकित्सुबो के लिए अनिवार्य मार्ग के संबंध में 6 जनवरी का आपका टेलीग्राम देखें। अनुरोध स्वीकार करने में असमर्थ.

टेलीग्राफ नहीं सुकिया जा सकता।

(एनएन झा)
संयुक्त सचिव (एन एंड ईए)

प्रवेश चंद्र

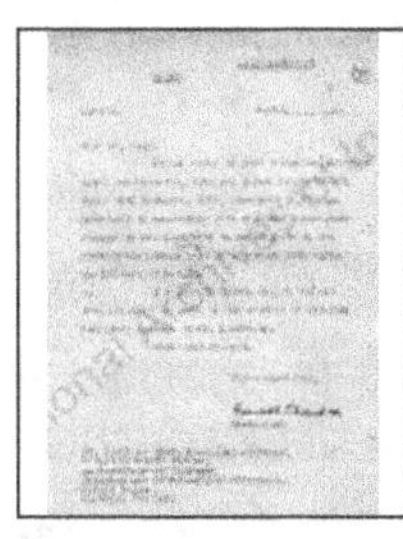

अवर सचिव (एफई)

क्रमांक सी121 (13) 76-जेपी नई दिल्ली, 10 जनवरी 1977

प्रिय डॉ. बोस,

कृपया नेताजी की 80वीं जयंती मनाने के लिए इतिहास सम्मेलन में भाग लेने के लिए श्री काकित्सुबो को आदेश पारित करने के संबंध में विदेश सचिव को अपने पत्र संख्या 281/896/76 दिनांक 1 नवंबर 1976 और 28/1153/76 दिनांक 28 दिसंबर 1976 को संबोधित करें। .

मुझे आपको यह बताते हुए खेद हो रहा है कि अनिवार्य पारगमन के लिए श्री काकित्सुबो के अनुरोध को स्वीकार करना संभव नहीं है।

आपका हार्दिक धन्यवाद

(हस्ताक्षर)

(प्रवेश चंद्र)

शिशिर के बोस, कार्यकारी निदेशक

नेताजी रिसर्च ब्यूरो, नेताजी भवन, कोलकाता-70020

तार

श्री हरलू, निदेशक

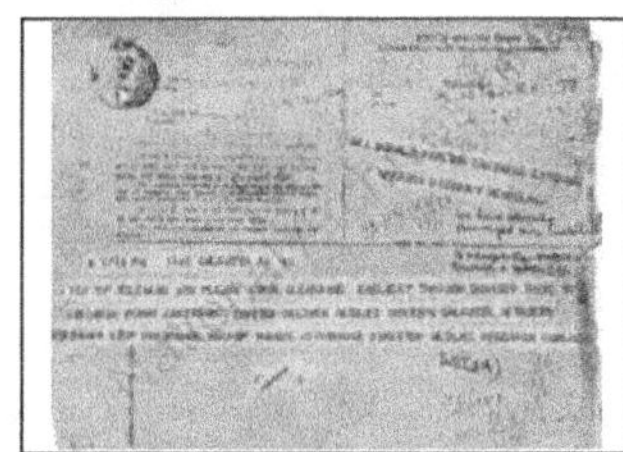

पूर्वी एशिया विदेश मंत्रालय नई दिल्ली

13 जनवरी 1977

एक्स 1715 पीएच 1161 कोलकाता 12 42

टोक्यो से एयर इंडिया दूतावास के माध्यम से श्री काकित्सुबो को मेरा छठा टेलीग्राम, कृपया नेताजी के जन्मदिन पर कार्यक्रम के आयोजन के लिए यथाशीघ्र मंजूरी जारी करें।

धन्यवाद

शिशिर बोस, निदेशक, नेताजी रिसर्च ब्यूरो।

एपिस-91एल भारत सरकार

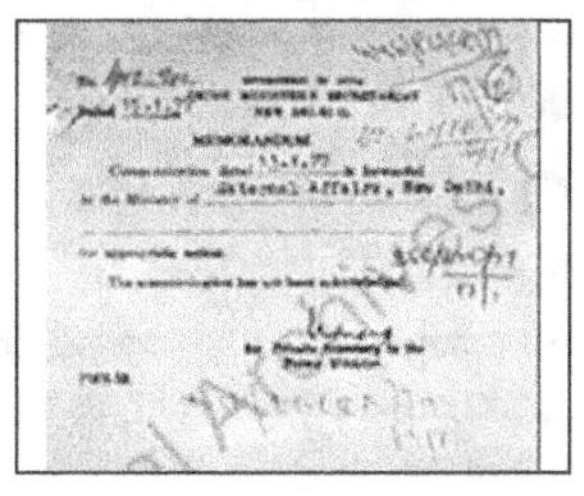

दिनांक 15.1.77

प्रधान मंत्री सचिवालय

नई दिल्ली-11

ज्ञापन

उचित कार्रवाई के लिए संचार, विदेश मंत्रालय, नई दिल्ली की स्थापना 13.1.77 को की गई है।

संचार स्वीकार नहीं किया गया.

प्रधानमंत्री के निजी सचिव के हस्ताक्षर

PMS-18   380/8107/77 17/1

टेलीग्राम

श्रीमती गांधी, प्रधान मंत्री

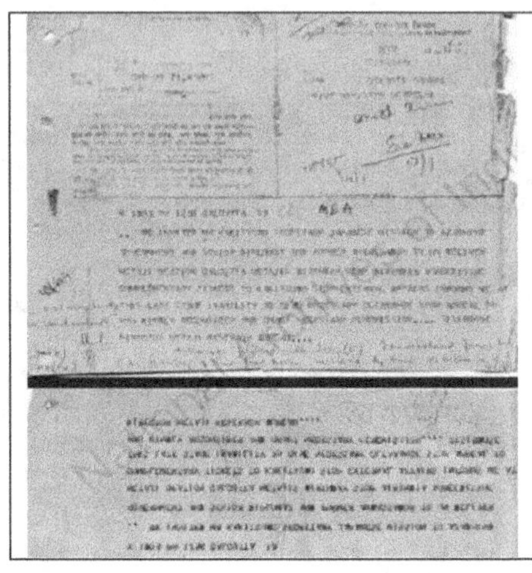

नई दिल्ली 13.1.77

एक्स 1905 अपराह्न 1256 कोलकाता
13 66 विदेश मंत्रालय

हमने नेताजी के जन्मदिन पर आज़ाद हिंद सरकार के मिशन सचिव और वरिष्ठ राजनयिक और नेताजी ओरेशन कलकत्ता में संयुक्त राष्ट्र के पूर्व राजदूत श्री काकित्सुबो को आमंत्रित किया। एयर इंडिया काकित्सुबो को मानार्थ टिकट देने पर सहमत हो गया है। विदेश मंत्रालय ने मुझे कोई भी मंजूरी जारी करने में असमर्थता के बारे में सूचित किया।

मेरा आपसे अनुरोध है कि कृपया पुनर्विचार करें और कुछ अनुमति दें।

शिशिर बोस, निदेशक, नेताजी रिसर्च ब्यूरो

टेलीग्राम

श्री चौहान

विदेश मंत्रालय

17/1/77

एक्स 1905 अपराह्न 1256 कलकत्ता 13

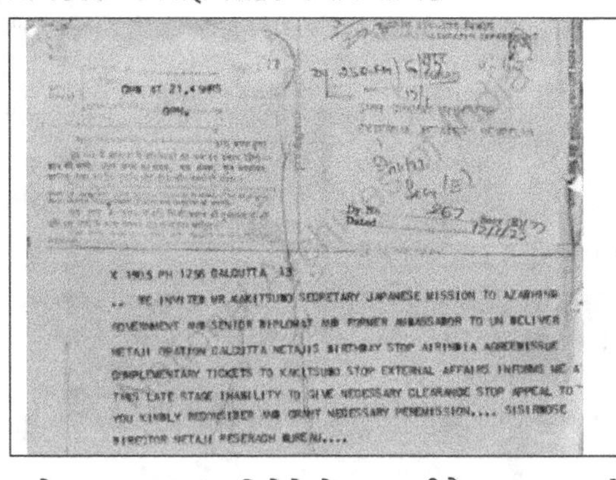

हमने काकित्सुबो, जापानी मिशन सचिव, आज़ाद हिंद सरकार और वरिष्ठ राजनयिक और पूर्व संयुक्त राष्ट्र राजदूत को नेताजी की बानी कलकत्ता नेताजी के जन्मदिन पर आमंत्रित किया है। एयर इंडिया काकित्सुबो को मानार्थ टिकट देने पर सहमत हो गया है। विदेशी राज्य इस अंतिम चरण में मुझे आवश्यक मंजूरी देने में असमर्थ हैं। कृपया आवेदन पर पुनर्विचार कर आवश्यक अनुमति प्रदान करें।

शिशिर बोस, निदेशक, नेताजी रिसर्च ब्यूरो।

भारतीय डाक एवं तार विभाग

X064 PH84 कलकत्ता 16

17/1/77

एमए वेलोडी

विदेश सचिव

साउथ ब्लॉक नई दिल्ली

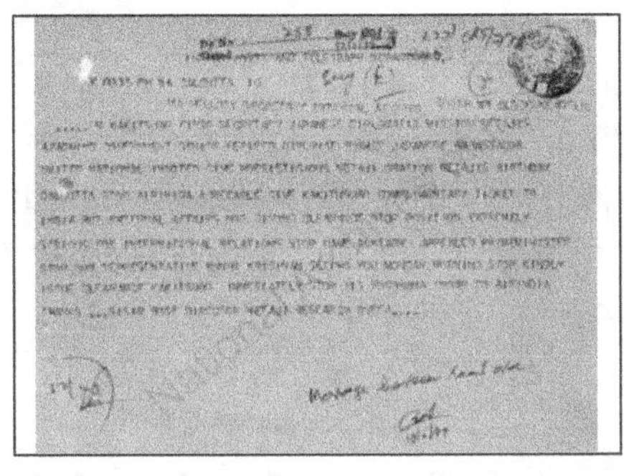

श्री काकित्सुबो, प्रथम सचिव, जापानी राजनयिक मिशन, नेताजी की आज़ाद हिंद सरकार, वरिष्ठ सेवानिवृत्त राजनयिक, यूनाइटेड नेशनल में पूर्व जापानी राजदूत, कलकत्ता में नेताजी के जन्मदिन पर प्रतिष्ठित नेताजी का भाषण। एयर इंडिया भारत में काकित्सुबो को मानार्थ टिकट जारी करने के लिए सहमत है लेकिन विदेशी कार्यालयों से मंजूरी जारी नहीं करती है। अंतरराष्ट्रीय संबंधों के लिए यह स्थिति बेहद गंभीर है। मैं पहले ही प्रधानमंत्री से अपील कर चुका हूं। सोमवार सुबह हमारे प्रतिनिधि कुन्ही कृष्णन आपसे मिलेंगे। कृपया काकित्सुबो क्लीयरेंस तुरंत जारी करें। इसकी योकोहामा एयर इंडिया के लिए जानी जाती है। धन्यवाद, शिशिर बोस, निदेशक, नेताजी रिसर्च ब्यूरो।

टेलेक्स तत्काल भारतीय दूतावास

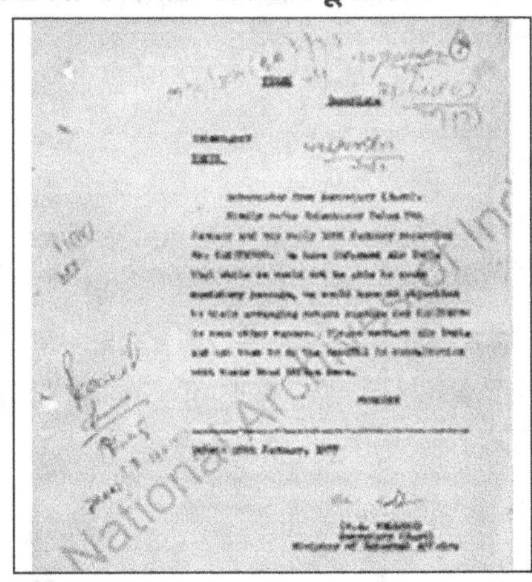

टोक्यो

18-24/1/77

राजदूत के सचिव (पूर्व)।

कृपया 7 जनवरी के INDEMBASSY टेलेक्स और श्री काकित्सुबो के संबंध में 10 जनवरी के हमारे उत्तर को देखें। हमने एयर इंडिया को सूचित कर दिया है कि हम अनिवार्य मार्ग नहीं दे पाएंगे, लेकिन हमें काकित्सुबो के लिए किसी अन्य तरीके से वापसी मार्ग की व्यवस्था करने में कोई आपत्ति नहीं होगी। कृपया एयर इंडिया से संपर्क करें और उन्हें अपने मुख्य कार्यालय के परामर्श से आवश्यक कार्रवाई करने के लिए कहें।

विदेशी

दिनांक 18 जनवरी 1977

एमए वेलोडी; सचिव (पूर्व), विदेश मंत्रालय

एकदम से तात्कालिक

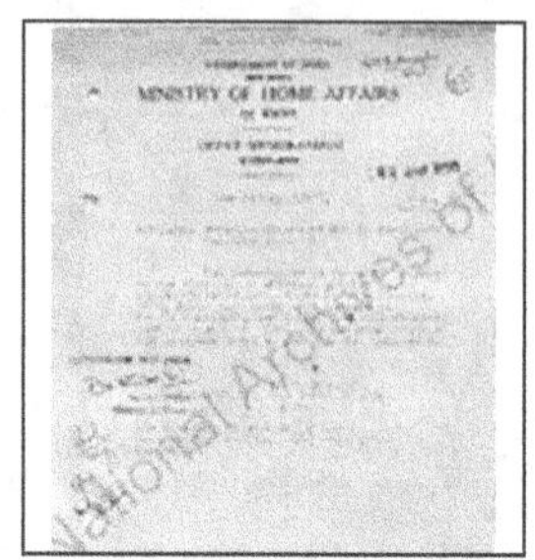

क्रमांक: 25012/17/77-FVIII
भारत सरकार
गृह मंत्रालय
कार्यालय ज्ञापन
नई दिल्ली-110001
22-24 जनवरी 1977
विषय: सुरक्षा मंजूरी श्री काकित्सुबो, जापानी नागरिक

अधोहस्ताक्षरी को विदेश मंत्रालय जे.ओ.नंबर का उल्लेख करने का निर्देश दिया जाता है। सी/121/13/78 - जे.पी. दिनांक 4 जनवरी 1977, सोरवार्डिया, श्री के. काकित्सुबो के मामले में कहा कि मंत्रालय को श्री काकित्सुबो की प्रस्तावित भारत यात्रा पर सुरक्षा की दृष्टि से कोई आपत्ति नहीं है।

(डीएन शर्मा) अवर सचिव, भारत सरकार

चौहान को महत्वपूर्ण पत्र

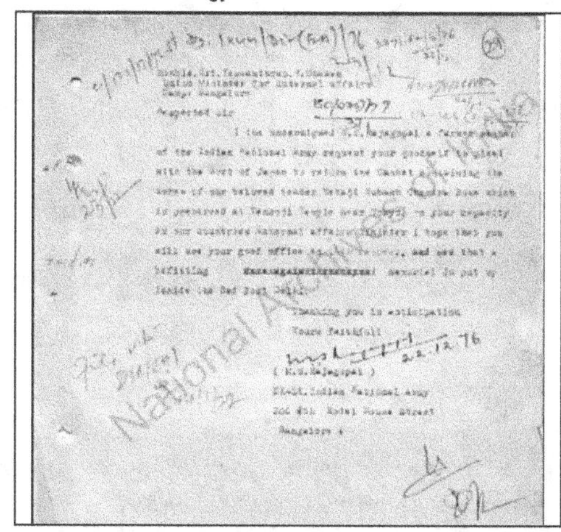

माननीय श्री यशार्थ राव बी चौहान
केंद्रीय विदेश मंत्री
शिविर: बेंगलुरु
दिनांक 22.12.1976
प्रिय महोदय,
मैं अधोहस्ताक्षरी एमएस राजगोपाल और भारतीय राष्ट्रीय सेना (आईएनए) के सदस्यों से अनुरोध करता हूं कि वे जापान सरकार से मिलें और जापान सरकार से अपने प्रिय नेता नेताजी सुभाष चंद्र बोस की अस्थियों को वापस करने का

अनुरोध करें, जो टोक्यो के पास रेंकोजी मंदिर में स्थापित हैं। हमारे केंद्रीय विदेश मंत्री के रूप में, मुझे आशा है कि आप इस संबंध में अपने अच्छे पद का उपयोग करेंगे और देखेंगे कि दिल्ली में लाल किले के अंदर एक शानदार स्मारक बनाया गया है।
आपके उत्तर की प्रतीक्षा।

आप परेशान हैं
हस्ताक्षर
(एमएस राजगोपाल)
पूर्व लेफ्टिनेंट
206 4थ मॉडल हाउस स्ट्रीट, बैंगलोर - 4

डॉ. गोराचांद घोष

रेंकोजी मंदिर में नेताजी के राख और दाह संस्कार से संबंधित कुछ पत्र भारत के राष्ट्रीय अभिलेखागार से प्राप्त किए गए और हिन्दी में अनुवादित किए गए

यहां भारत के राष्ट्रीय अभिलेखागार से नेताजी पेपर्स का लिंक है >>
http://www.netjipapers.gov.in/

नेताजी का दाह संस्कार (22 परिणाम):

राजनीतिक परिदृश्य रेंकोजी मंदिर, टोक्यो, जापान से नेताजी की अस्थियों को वापस लाने में विफलता थी। यह तब तक जारी है जब तक मोदीजी नेताजी की अस्थियों को वापस लाने और नेताजी और आईएनए सदस्यों के सपनों को पूरा करने की पहल नहीं करते।

राष्ट्रीय अभिलेखागार में "नेताजी की मृत्यु" से संबंधित 18 फाइलें हैं।

फ़ाइल संख्या 25/4/एनजीओ खंड ॥

विषय: रेंकोजी मंदिर से श्री सुभाष चंद्र बोस के दाह संस्कार का स्वयं संग्रह।

विवरण: टोक्यो से नेताजी की अस्थियों की स्वदेश वापसी के संबंध में श्री जवाहरलाल नेहरू और पश्चिम बंगाल के मुख्यमंत्री डॉ. बीसी रॉय के बीच पत्राचार।

स्वयंभू भारत रत्न से सम्मानित नेहरू के बारे में जानने के लिए बहुत महत्वपूर्ण फ़ाइल।

प्रासंगिक पृष्ठ हैं: पृष्ठ 3: इस मामले पर एफएस की मोइरांग बैठक में चर्चा की गई। मामले को अंतिम रूप देने से पहले राजदूत की राय लेना आवश्यक समझा गया। मैं पेकिंग में हमारे राजदूत को एक टेलीग्राम जारी कर रहा हूं। हम यह भी पता लगा सकते हैं कि इस संबंध में संसद में क्या बयान दिये गये हैं. मुझे लगता है कि भारत सरकार ने नेताजी की मौत की बात तो मान ली है, लेकिन हमने ये नहीं माना है कि रेंकोजी बौद्ध मंदिर की राख उनकी राख है. यह सत्यापित किया जाना चाहिए कि क्या दिवंगत नेता जी का कोई अन्य दाह संस्कार हुआ है।

हस्ताक्षर
(टीएन कौल), 28/7/1955

पृष्ठ 4: प्रधान मंत्री सचिवालय

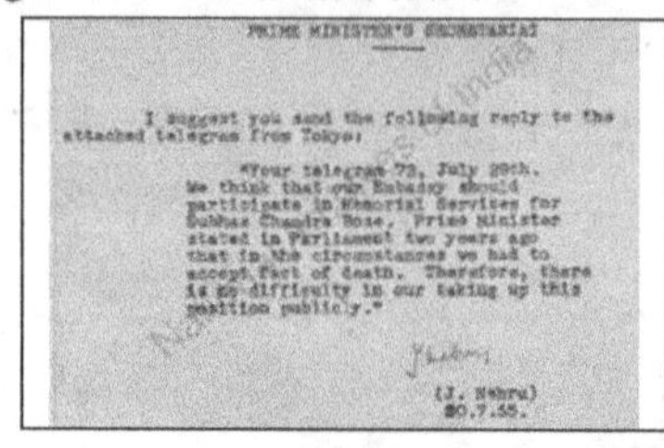

मेरा सुझाव है कि आप निम्नलिखित प्रश्न का उत्तर टोक्यो से संलग्न टेलीग्राम में भेजें। "आपका टेलीग्राम 73, 29 जुलाई। हमें लगता है कि हमारे दूतावास को सुभाष चंद्र बोस की स्मृति में शामिल होना चाहिए। प्रधानमंत्री ने दो साल पहले संसद में कहा था कि इन परिस्थितियों में हमें उनकी मृत्यु के तथ्य को स्वीकार करना होगा। इसे लेना मुश्किल है।" यह स्थिति सार्वजनिक रूप से.

हस्ताक्षर; (जे नेहरू), 30/7/1955

लोकसभा

पृष्ठ-220 अल्प सूचना प्रश्न संख्या 13 एवं 14

29 सितम्बर 1955 को उत्तर दिया गया:

नेताजी सुभाष चंद्र बोस

प्रश्न: संख्या 13 श्री कामथ, श्री किदवई, श्री एसएन दास। क्या प्रधानमंत्री खुश होंगे:

(ए) क्या यह सच है कि 18 सितंबर 1955 को टोक्यो में नेताजी सुभाष चंद्र बोस के लिए एक स्मारक सेवा आयोजित की गई थी;

(बी) क्या टोक्यो में भारतीय राजदूत और भारतीय समुदाय के अन्य सदस्यों को समारोह में भाग लेने के लिए आमंत्रित किया गया था

(सी) क्या उनमें से सभी या किसी ने भाग लिया था; और

(घ) यदि नहीं, तो क्या कारण है?

नेताजी की अस्थियाँ

नंबर 14 डॉ. राम सुभाष सिंह क्या प्रधानमंत्री खुश होंगे:

(ए) क्या सरकार जापान के टोक्यो में रेंकोजी मंदिर में नेताजी सुभाष चंद्र बोस के अंतिम संस्कार के अवशेषों की प्रामाणिकता को लेकर हाल के विवाद से अवगत है।

(ख) यदि हां, तो इस संबंध में तथ्यात्मक जानकारी क्या है?

(सी) क्या सरकार ने अस्थियों को भारत लाने के लिए जापानी सरकार और रेंकोजी मंदिर प्रबंधन से संपर्क किया है?

उत्तर: श्री जवाहरलाल नेहरू

क्रमांक 13: 18 अगस्त 1945 को टोक्यो में स्वर्गीय नेताजी सुभाष चंद्र बोस की स्मृति

और 14 को रेंकोजी मंदिर में आयोजित किया गया था इस सेवा के लिए भारतीय दूतावास को आमंत्रित किया गया था और दूतावास के कई सदस्यों ने भाग लिया। उस समय राजदूत स्वयं टोक्यो में नहीं थे, लेकिन उनका प्रतिनिधित्व करने वाले दूतावास के प्रथम सचिव ने उनकी ओर से राख की पुष्पांजलि अर्पित की।

एक महीने बाद, 18 सितंबर 1955 को भारतीय दूतावास को उसी मंदिर में स्थानांतरित कर दिया गया।

मुझे एक और स्मारक सेवा का निमंत्रण मिला। उन्होंने महसूस किया कि पहले स्मरणोत्सव के तुरंत बाद समारोह को दोहराने से समारोह के महत्व से ध्यान भटक जाएगा। दूतावास के इस विचार से रेंकोजी मंदिर के अधिकारियों को अवगत कराया गया और उन्हें बताया गया कि 18 अगस्त को ऐसा करने के बाद भारतीय दूतावास से किसी अन्य स्मारक कार्यक्रम में शामिल होने की उम्मीद नहीं की जा सकती, जो कि सही तारीख थी।

सरकार ने उन अस्थियों को भारत लाने के लिए जापानी सरकार या रेंकोजी मंदिर प्रबंधन से संपर्क नहीं किया। सरकार को लगा कि इस संबंध में नेताजी सुभाष चंद्र बोस के परिवार की मंजूरी के बिना कोई कार्रवाई नहीं की जानी चाहिए।

मैंने कहा है कि मुझे लगता है कि नेताजी सुभाष चंद्र बोस की मृत्यु का सवाल संदेह से परे है। इस पर कोई जांच नहीं हो सकती। लेकिन अगर सटीक सर्कुलर के लिए पूछताछ की जाए तो कुछ अतिरिक्त जानकारी हमारे सामने आ सकती है। और जैसा कि मैंने कहा, जापानी सरकार को इस पर पहल करनी चाहिए। यदि यह स्वाभाविक रूप से आता है, तो हम ख़ुशी से उनकी हर संभव मदद करेंगे।

लोकसभा

पृष्ठ-210 क्रमांक 431 तारांकित प्रश्न

3 दिसंबर 1955 को उत्तर दिया गया: नेता जी सुभाष चंद्र

प्रश्न संख्या 431 श्री जियावानी, रघुरामैया, कामथ, सरदार हुकुम सिंह, हेडा:

क्या प्रधान मंत्री यह बताने की कृपा करेंगे कि क्या यह सच है कि सरकार नेताजी सुभाष चंद्र बोस की मृत्यु की परिस्थितियों की जांच के लिए एक समिति गठित करने के सवाल पर विचार कर रही है?

उत्तर: श्री जवाहरलाल नेहरू

सरकार ने श्री सुभाष चंद्र बोस की मृत्यु के आसपास की परिस्थितियों की जांच के लिए कुछ लोगों को जापान भेजने का निर्णय लिया है। जापानी सरकार से परामर्श किया गया है और उसने हमारी जांच में पूर्ण सहयोग का वादा किया है।

विदेश मंत्रालय

(पूर्वी एशिया प्रभाग), फ़ाइल संख्या: सी/125/1/90-जेपी

विषय: उपराष्ट्रपति ने लोकसभा में प्रश्न उठाया। 7.5.90 के लिए क्रमांक 16565। टोक्यो के रेंकोजी मंदिर से नेताजी की अस्थियाँ लाने के संबंध में।

सबसे तात्कालिक, संसदीय प्रश्न

विदेश मंत्रालय (पूर्वी कतरनी प्रभाग) 579 / डीएस (ईए) / 90

रेनकोजी मंदिर, टोक्यो से नेताजी की अस्थियाँ लाने पर उपरोक्त लोकसभा अस्थायी प्रश्न संख्या 1065/10/90/990 का संदर्भ - जानकारी के लिए। जेएस (ईए) कृपया जारी करने से पहले अनुमोदन के लिए मसौदा उत्तर देख सकते हैं।

हस्ताक्षर
(श्रीमती प्रिमरोज़ और शर्मा)

उप सचिव (ईए) 3/5/90

सी/125/1/90-जेपी

विदेश मंत्रालय (पूर्वी एशिया विभाग)

लोकसभा अनंतिम तारांकित प्रश्न संख्या: 16565

उत्तर 10/5/90 को देना होगा

संचालन सनथ कुमार मंडल ने किया

विषय: सुभाष चंद्र बोस की अस्थियाँ

संसदीय विभाग ने इस विभाग को सूचित किया है कि उपरोक्त प्रश्न को 10/5/90 के लिए अतारांकित प्रश्न के रूप में स्वीकार कर लिया गया है।

संयुक्त सचिव (ईए) कृपया उत्तर का मसौदा देखें। इसके लिए एक मसौदा सूचना पहले ही अनुमोदन के लिए जेएस (ईए) को सौंपी जा चुकी है।

हस्ताक्षर

(श्रीमती प्रिमरोज़ और शर्मा)

उप सचिव (ईए) 4/5/90

स्टेट्समैन 11/4/90

जापान से लाई जाएंगी नेताजी की अस्थियां.

एक स्टाफ रिपोर्टर द्वारा

टोक्यो के रेंकोजी मंदिर में रखी "नेताजी" सुभाष चंद्र बोस की अस्थियां भारत लाई जाएंगी। मंगलवार को नई दिल्ली में अखिल भारतीय नेताजी स्मारक समिति द्वारा जारी एक प्रेस विज्ञप्ति में कहा गया कि उसने हाल ही में हुई एक बैठक में यह निर्णय लिया है। यह कैसे करना है, इस पर स्मारक समिति सरकार के साथ निकट संपर्क में है।

समिति ने कहा कि इस संबंध में भारतीय राष्ट्रीय सेना के "नेताजी" पूर्व सैनिकों से बात करने के लिए थाईलैंड और सिंगापुर सहित दक्षिण पूर्व एशियाई देशों में एक टीम भेजी जा रही है। बयान में कहा गया है कि ऐतिहासिक रूप से महत्वपूर्ण "नेताजी स्मारक" स्थापित करने पर उनकी सलाह ली जाएगी।

एकदम से तात्कालिक

लोकसभा सचिवालय

(प्रश्न शाखा, 18/4/90):

विषय: रेंकोजी मंदिर, टोक्यो से नेताजी की अस्थियां लाने के संबंध में 7.5.90 के लिए प्रश्न संख्या 16565।

संस्कृति मंत्रालय से अनुरोध है कि वह उपरोक्त प्रश्न (प्रतिलिपि संलग्न) से संबंधित तथ्यों को स्पष्ट रूप से बताए क्योंकि प्रश्न की स्वीकार्यता और मामले में शामिल सरकार की जिम्मेदारी भी तय करने का अनुरोध किया जा सकता है।

यह जानकारी पेश करते समय यह बताया जा सकता है कि क्या यह नोट मंत्री को दिखाया गया है. इस आशय के किसी संकेत के अभाव में, इसे हस्ताक्षरकर्ता अधिकारी के

अनुमोदन से जारी किया गया माना जाएगा। यह प्रमाणित किया जा सकता है कि सुरक्षा, सार्वजनिक हित या राष्ट्रीय सुरक्षा के लिए कोई याचिका केवल मंच पर ही ली जा सकती है।

यदि प्रथा के अनुसार प्रश्न मुख्यतः किसी मंत्रालय से संबंधित है, तो उसके स्थानांतरण से संबंधित मंत्रालय अपनी राय में अपनी सहमति देने के लिए लोकसभा सचिवालय को सूचित कर सकता है। किसी भी स्थिति में प्रश्न को लोकसभा के सचिव को वापस नहीं भेजा जाना चाहिए, प्रश्न उस मंत्रालय के नाम पर रहेगा जिसे संबोधित किया गया है और यदि उचित समय पर दर्ज किया गया है, तो उसे स्वीकार कर लिया जाएगा। मंत्रालय मुख्य रूप से संबोधित करता है।

20/4/1990 तक उत्तर मांगा गया।

यह बताना भी महत्वपूर्ण है कि क्या मंत्रालय को सदस्यों को जानकारी प्रकट करने पर कोई आपत्ति है।

प्रश्नों के वरिष्ठ परीक्षक
(श्री डी सेन गुप्ता)

उप कुल सचिव

लोकसभा, नई दिल्ली

प्रेषक: श्री सनथ कुमार मंडल

संसदीय सूचना कार्यालय 12/4/90

सेवा में: महासचिव

महोदय,

व्यवसाय प्रक्रिया और आचरण के नियमों के नियम 34 के तहत, मैं 7/5/90 को उत्तर के लिए निम्नलिखित मानक प्रश्नों की सूचना देता हूं।

कृपया ध्यान दें कि यह प्रश्न द स्टेट्समैन, नई दिल्ली में 11/4/90 को छपे एक समाचार से चोरी किया गया है। यह राष्ट्रीय महत्व का मामला है.

हस्ताक्षर

(सदस्य, उप क्रमांक 291)

वरीयता क्रम – 1

• राज्य में मंत्री या प्रधानमंत्री को रखा जाएगा या नहीं।

(ए) क्या रेंकोजी मंदिर, टोक्यो (जापान) में स्थापित "नेताजी" की अस्थियों को भारत वापस लाया जाना चाहिए।

(बी) क्या अखिल भारतीय नेताजी स्मारक सरकार से संपर्क कर रहा है कि यह कैसे किया जा सकता है;

(सी) यदि हां, तो इस लंबे समय से प्रतीक्षित कदम को शुरू करने और बिना किसी देरी के प्रक्रिया शुरू करने के लिए समय लेने पर सरकार का क्या विचार है?

एकदम से तात्कालिक

संसद प्रश्न; क्रमांक एच/11017/1/90-पीयू

भारत सरकार

मानव संसाधन विकास मंत्रालय

संस्कृति विभाग, संसद

नई दिल्ली - 20 अप्रैल 1990

कार्यालय ज्ञापन, विषय: रेंकोजी मंदिर, टोक्यो से सुभाष चंद्र बोस की अस्थियां लाने पर लोकसभा तारांकित प्रश्न संख्या 16565 को 7.5.90 के लिए स्थानांतरित करना अधोहस्ताक्षरी को जानकारी के लिए मूल डायल नंबर 16565 भेजने का निर्देश दिया गया है: रेनकोजी मंदिर, टोक्यो से नेताजी की अस्थियां लाने की कार्यवाही, क्योंकि प्रश्न का विषय विदेश मंत्रालय से संबंधित है। अत: अनुरोध है कि उपरोक्त प्रश्न का स्थानांतरण इस मंत्रालय (संस्कृति विभाग) की अधिसूचना के तहत सचिव, लोकसभा को सीधे स्थानांतरित करने की अनुमति दी जाये।

हस्ताक्षर, (डी सेन गुप्ता)

भारत सरकार के अवर सचिव

टेलीफोन नंबर 389098, विदेश मंत्रालय

(श्री आरसी भाटिया, अवर सचिव, पार्लिया)

कमरा नंबर 67-एच (आई), साउथ ब्लॉक, नई दिल्ली

प्रतिलिपि: लोकसभा सचिवालय (प्रश्न शाखा)

कमरा नंबर 322, संसद भवन एनेक्सी, नई दिल्ली

अतारांकित प्रश्न संख्या 8119

10 मई 1990 को उत्तर दिया गया

सुभाष चंद्र बोस के बारे में उत्तर

8119. श्री सनत कुमार मंडल

विदेश मंत्री, क्या विदेश मंत्री राज्य को खुश करेंगे?

(ए) क्या रेंकोजी मंदिर, टोक्यो (जापान) में स्थापित "नेताजी" सुभाष चंद्र बोस की अस्थियों को भारत लाने का प्रस्ताव है।

(बी) क्या अखिल भारतीय नेताजी स्मारक समिति इस संबंध में सरकार से संवाद कर रही है; और

(सी) यदि हां, तो इस संबंध में सरकार की क्या प्रतिक्रिया है और इस लंबे समय से प्रतीक्षित कार्रवाई को शुरू करने और संसाधित करने में कितना समय लगा है?

उत्तर: विदेश मंत्रालय, विदेश मंत्री (आईके गुजराल)

(ए) इस संबंध में सरकार द्वारा कई प्रस्ताव अपनाए गए हैं।

(बी) हाँ, सर।

(सी) चूंकि कुछ संगठन और व्यक्ति ऐसे कदम का विरोध कर रहे हैं, इसलिए सरकार का मानना है कि इस मामले पर सभी संबंधित पक्षों की आम सहमति होनी चाहिए।

भारत में नेताजी की वर्तमान स्थिति

ई-बुक हमारे प्रधान मंत्री श्री नरेंद्र मोदी जी को उनके जन्मदिन पर उनके विमोचन के बाद उपहार में दी गई थी, यह पुस्तक "नेताजी: अननोन फैक्ट्स ऑफ जापान एंड साउथ ईस्ट एशिया" है जिसे अमेज़न द्वारा "महालय दिवस" यानी 19 सितंबर 2017 को दुनिया भर में प्रकाशित किया गया था। साथ ही श्री अजीत डोभाल को सितंबर 2017 में हमारे वास्तविक स्वतंत्रता सेनानी नेताजी और आईएनए के बारे में जानने का मौका भी दिया गया था।

मेरी ई-बुक के विमोचन के तुरंत बाद, मुझे सोशल मीडिया फेसबुक के माध्यम से 8 अक्टूबर 2017 को नई दिल्ली में "मिशन नेताजी" के अनुज धर के नेतृत्व में कॉपीराइट उल्लंघनकर्ताओं और अपराधियों के एक गिरोह के बारे में पता चला। भारत में अनुज धर द्वारा प्रकाशित इस स्वयंभू नेताजी शोधकर्ता की पुस्तकों के माध्यम से फैजाबाद में अपने जीवन में पहली बार मुझे गुमनामी बाबा के रूप में नेताजी की बदनामी के बारे में जानकर आश्चर्य हुआ। यह अपराधी 2001 से ही नेताजी को बदनाम करने में लगा हुआ है और उसके गिरोह ने मुझे रिश्वत देने की कोशिश की थी।

तुरंत, मैंने प्रधान मंत्री को एक ईमेल लिखा और नई दिल्ली के "मिशन नेताजी" गिरोह द्वारा ईबुक से चुराए गए ईबुक फोटो और भारत में कॉपीराइट कानूनों के उल्लंघन में सोशल मीडिया पर उपयोग किए जाने के संबंध में श्री अजीत डोभाल को प्रतिलिपि भेजी गई।

लगभग एक साल तक यानी अक्टूबर 2017 से अक्टूबर 2018 तक मैंने फेसबुक, गूगल और यूट्यूब के अधिकारियों के प्रबंधन के माध्यम से इस आपराधिक गिरोह के खिलाफ सभी प्रकार की कानूनी कार्यवाही संचालित की। इसके अलावा, मैंने भारत के कॉपीराइट अधिनियम के अनुसार, कलकत्ता और नई दिल्ली के पुलिस आयुक्तों को सूचना दी है, और सहायक दस्तावेजों के साथ उन्होंने मुझसे मांगे हैं।

हालाँकि, आपराधिक गिरोह ने इसे रोकने की जहमत नहीं उठाई और इसके बजाय नेताजी को बदनाम करने के लिए मेरी कॉपीराइट ईबुक में छवियों का इस्तेमाल किया जैसा कि मैंने अध्याय छह में दिखाया है।

21 अक्टूबर 2018 को लाल किले पर आज़ाद हिंद सरकार की 75वीं वर्षगांठ:

मैंने एक शोध पत्र लिखा है, "जापान में मूल नेताजी तस्वीरों के साथ सार्वजनिक डोमेन में उपलब्ध दो नेताजी तस्वीरों का महत्वपूर्ण विश्लेषण"। इसे 19 अक्टूबर (विजय-दशमी) को नई दिल्ली के लाल किले में नेताजी की अनंतिम आज़ाद हिंद सरकार (21 अक्टूबर 2018) की 75वीं वर्षगांठ के अवसर पर भारत के राष्ट्रपति और प्रधान मंत्री को ईमेल किया गया था। इसे 21 अक्टूबर 2018 को प्रकाशन के लिए 7 अक्टूबर 2018 को द हिंदुस्तान टाइम्स, द टाइम्स ऑफ इंडिया और द टेलीग्राफ के संपादकों को भी प्रस्तुत किया गया था

(लेकिन भारतीय समाचार पत्रों द्वारा प्रकाशित नहीं किया गया)। 21 अक्टूबर 2018 को फेसबुक पर एक सार्वजनिक पोस्टिंग की गई थी।

आजाद हिंद सरकार की 75वीं वर्षगांठ पर प्रधानमंत्री मोदी ने लाल किले पर झंडा फहराया। बुधवार को, मोदी ने आज़ाद हिंद सरकार की 75वीं वर्षगांठ मनाने के लिए लाल किले पर तिरंगा फहराने की योजना की घोषणा की और कहा कि उनकी सरकार कई महान हस्तियों के योगदान का जश्न मनाएगी जिन्हें कांग्रेस ने "उपेक्षित" किया था (इंडिया टुडे 21 अक्टूबर 2018)।

प्रधानमंत्री नरेंद्र मोदी ने स्वतंत्रता सेनानी नेताजी सुभाष चंद्र बोस द्वारा गठित आजाद हिंद सरकार की 75वीं वर्षगांठ के अवसर पर रविवार सुबह नई दिल्ली के लाल किले पर राष्ट्रीय ध्वज फहराया।

मुख्य विशेषताएं:

•आजाद हिंद सरकार का गठन 1943 में नेताजी सुभाष चंद्र बोस ने किया था

•लाल किले के अंदर अंग्रेजों द्वारा आजाद हिंद फौज के सैनिकों की जांच की गई

•मोदी ने हाल ही में कहा था कि उनकी सरकार कांग्रेस द्वारा उपेक्षित हस्तियों का सम्मान करेगी।

स्वतंत्रता आंदोलन के लिए नेताजी ने आजाद हिंद सरकार का गठन किया। लाल किले पर राष्ट्रीय ध्वज फहराने के फैसले के बारे में कहा जाता है कि यह वही स्थान है जहां अंग्रेजों ने भारतीय राष्ट्रीय सेना (आजाद हिंद फौज) के सैनिकों पर मुकदमा चलाया था। कार्यक्रम में बोलते हुए, प्रधान मंत्री ने कांग्रेस पर हमला किया और आरोप लगाया कि "एक परिवार की उपस्थिति बढ़ाने" के लिए नेताजी सुभाष चंद्र बोस, बीआर अंबेडकर और सरदार पटेल जैसे नेताओं के योगदान को मुख्यधारा के भारतीय विमर्श में "अपमानित" किया गया है।

नेताजी ने एक ऐसे भारत का वादा किया था जहां सभी को समान अधिकार और समान अवसर मिलेंगे। उन्होंने अपनी विरासत पर गर्व करने वाले समृद्ध राष्ट्र, सभी क्षेत्रों में विकास का वादा किया। उन्होंने 'आनन्द करो और शासन करो' का वादा किया। इतने समय बाद भी वो सपने अधूरे हैं।

मोदी ने कहा कि कैंब्रिज में अपने दिनों को याद करते हुए आजाद हिंद फौज की स्थापना करने वाले बोस ने लिखा था कि: "भारतीयों को सिखाया जाता है कि यूरोप ग्रेट ब्रिटेन की बड़ी तस्वीर है और हमें इसे यूरोपीय, अंग्रेजी दृष्टिकोण से देखने की आदत है। " मोदी ने कहा, "यह हमारा दुर्भाग्य है कि आजादी के बाद भी जिन्होंने भारत और हमारी व्यवस्था

की नींव रखी, उन्होंने भारत को अंग्रेजी चश्मे से देखा। इससे हमारी विरासत, संस्कृति, शिक्षा प्रणाली, हमारा पाठ्यक्रम सभी को नुकसान पहुंचा है।"

"आज मैं निश्चित रूप से कह सकता हूं कि अगर हमारा देश सुभाष बोस और सरदार पटेल के अनुसार चलता, अगर इसे विदेशी नजरिए से नहीं देखा जाता, तो देश की स्थिति बहुत अलग होती। हमारे राष्ट्रीय विमर्श से सिर्फ एक परिवार, भारत के सपूतों - पटेल, अम्बेडकर और बोस - की उपस्थिति को बढ़ाना हटा दिया गया।"

उन्होंने कहा कि उनकी सरकार इसे बदलने के लिए प्रतिबद्ध है। उन्होंने कहा, "देश का समग्र विकास बोस के दृष्टिकोण का एक महत्वपूर्ण पहलू था और एनडीए सरकार उस दिशा में आगे बढ़ रही है, जैसे बोस ने किया था।"

इस बीच, राजनीतिक परिप्रेक्ष्य में, इसे बीआर अंबेडकर और सरदार वल्लभभाई पटेल के लिए ऐसा करने के बाद नेताजी की विरासत पर दावा करने के भाजपा के प्रयास के रूप में देखा जाता है।

बुधवार को वीडियो कॉन्फ्रेंसिंग के जरिए बीजेपी कार्यकर्ताओं से बातचीत करते हुए मोदी ने इस कार्यक्रम में शामिल होने की अपनी योजना की घोषणा की।

परंपरागत रूप से, प्रधान मंत्री 15 अगस्त, स्वतंत्रता दिवस पर ऐतिहासिक लाल किले पर राष्ट्रीय तिरंगा फहराते हैं।

समाचार एजेंसी पीटीआई की रिपोर्ट के मुताबिक, मोदी ने अपने भाषण में कहा कि बीजेपी उन सभी लोगों का सम्मान करती है, जिन्होंने देश की सेवा की है, चाहे वे किसी भी पार्टी के हों. उन्होंने कहा कि उनकी सरकार कई महान हस्तियों के योगदान का जश्न मनाती है जिन्हें कांग्रेस शासन के दशकों के दौरान "उपेक्षित" किया गया था।

उन्होंने कहा, "कांग्रेस ने भीमराव अंबेडकर, बोस और सरदार वल्लभभाई पटेल जैसे लोगों को नजरअंदाज किया, लेकिन भाजपा राष्ट्र निर्माण में योगदान देने वाले सभी लोगों को याद रखने में विश्वास करती है।"

प्रधानमंत्री आज़ाद हिंद फौज को समर्पित एक संग्रहालय की आधारशिला भी रखेंगे। 21 अक्टूबर, 1943 को बोस ने देश की पहली स्वतंत्र सरकार के गठन की घोषणा की, जिसे आज़ाद हिंद सरकार कहा गया।

21 अक्टूबर 2018 के अपने लेख में, मैंने निष्कर्ष निकाला, "नेताजी का सपना 21 अक्टूबर 1943 को नई दिल्ली के लाल किले, सिंगापुर में कैथे बिल्डिंग में उनके द्वारा बनाई गई अन्तरिम आज़ाद हिंद सरकार की 75 वीं वर्षगांठ पर सच हुआ। नरेंद्र मोदी, अनुयायी श्री श्री रामकृष्ण परमहंस देव की, जय माँ दुर्गा आपकी पिछले वर्ष "महालय दिवस" पर, आपने दुनिया भर में नेताजी के षड्यंत्रकारियों-सह-अपराधियों को खोजने के लिए ऑस्ट्रेलिया से अपनी यात्रा शुरू की। आज इस शुभ दिन पर आपने मुझे भारत के प्रमुख अपराधियों की एक सूची दी है। अब पूरी दुनिया देख रही है नेताजी की ये बदनामी।"

पोर्ट ब्लेयर में ध्वजारोहण की सालगिरह पर सुभाष चंद्र बोस को याद कर रहा हूं: पीएम मोदी

पीएम मोदी ने कहा, "इस विशेष दिन की 75वीं वर्षगांठ के अवसर पर, मैं पोर्ट ब्लेयर गया और मुझे तिरंगा फहराने का सम्मान मिला।" (एनडीटीवी 30 दिसंबर 2018)।

पोर्ट ब्लेयर में तिरंगा फहराने की 75वीं वर्षगांठ पर प्रधानमंत्री नरेंद्र मोदी ने नेताजी सुभाष चंद्र बोस को याद किया। "30 दिसंबर 1943... हर भारतीय की याद में एक दिन, जब बहादुर नेताजी सुभाष बोस ने पोर्ट ब्लेयर में तिरंगा फहराया था। इस विशेष दिन की 75वीं वर्षगांठ मनाने के लिए, मैंने पोर्ट ब्लेयर का दौरा किया।

18 अगस्त, 1945 को ताइपे में एक विमान दुर्घटना में सुभाष चंद्र बोस की मृत्यु के बाद विवाद हुआ, 2017 में केंद्र सरकार ने एक आरटीआई में पुष्टि की कि इस घटना में उनकी मृत्यु हो गई थी।

पीएम नरेंद्र मोदी ने अंडमान और निकोबार द्वीप समूह का नाम बदलकर, नेताजी सुभाष चंद्र बोस को श्रद्धांजलि दी: (times.news.com 30 दिसंबर 2018)

तिरंगा फहराने के बाद प्रधानमंत्री नरेंद्र मोदी ने कहा कि ऐतिहासिक सेल्युलर जेल जहां हजारों भारतीय स्वतंत्रता सेनानियों को उत्पीड़न का सामना करना पड़ा, वह पूजा स्थल है।

रविवार को पोर्ट ब्लेयर में शहीद स्तंभ पर पुष्पांजलि अर्पित करने के बाद, प्रधान मंत्री नरेंद्र मोदी ने सेलुलर जेल का दौरा किया और 30 दिसंबर 1943 को आईएनए द्वारा आयोजित तिरंगे की स्मृति में साउथ पॉइंट पर हाई मास्ट ध्वज फहराया। उस ऐतिहासिक दिन को 75 साल बीत चुके हैं और उस घटना की याद में हम अपने नागरिकों की स्मृति में इस अवसर को चिह्नित करने के लिए 150 फीट लंबा झंडा फहरा रहे हैं," पीएम मोदी ने सभा को संबोधित करते हुए कहा।

प्रधानमंत्री ने मरीना पार्क में नेताजी की प्रतिमा पर पुष्पांजलि अर्पित की और स्वतंत्रता सेनानी बोस की 75वीं वर्षगांठ के अवसर पर तीन द्वीपों- रॉस द्वीप, नील द्वीप और हैवलॉक द्वीप का नाम बदलकर शहीद, स्वराज और नेताजी सुभाष चंद्र बोस द्वीप कर दिया। समाचार एजेंसी एएनआई ने बताया कि पोर्ट ब्लेयर में राष्ट्रीय ध्वज फहराया गया। प्रधानमंत्री 29 दिसंबर को पोर्ट ब्लेयर पहुंचे. उन्होंने निकोबार में सुनामी स्मारक का दौरा किया, जहां उन्होंने खोई हुई आत्माओं के लिए स्मारक पर एक मोमबत्ती जलाई और स्मारक पर पुष्पांजलि अर्पित की।

उन्होंने नेताजी बोस द्वारा भारतीय धरती पर तिरंगा फहराने की 75वीं वर्षगांठ के अवसर पर एक स्मारक डाक टिकट, सिक्का और फर्स्ट डे कवर भी जारी किया। साथ ही, द्वीपों के लिए नवाचार और स्टार्ट-अप नीति का अनावरण किया गया जिसके बाद 7 मेगावाट के सौर ऊर्जा संयंत्र और सौर गांव का उद्घाटन किया गया।

नेताजी की 75वीं पुण्य तिथि पर पीआईबी का ट्वीट सही दृष्टिकोण नहीं: चंद्र बोस

प्रेस सूचना ब्यूरो ने रविवार को ट्वीट किया, "#पीआईबी महान स्वतंत्रता सेनानी #नेताजी #सुभाष चंद्र बोस को उनकी पुण्य तिथि पर याद करता है, नेताजी सुभाष चंद्र बोस।"

चंद्र कुमार बोस ने कहा कि नेताजी सुभाष चंद्र बोस की मृत्यु के संबंध में कोई भी घोषणा केवल प्रधान मंत्री नरेंद्र मोदी द्वारा की जानी चाहिए। (एनडीटीवी 19 अगस्त 2019)।

कोलकाता: भाजपा नेता और नेताजी सुभाष चंद्र बोस के पोते चंद्र कुमार बोस ने सोमवार को पीआईबी के ट्वीट को 18 अगस्त को स्वतंत्रता सेनानी की पुण्य तिथि के रूप में मनाया और कहा कि उनके लापता होने का रहस्य अभी तक सुलझ नहीं पाया है।

"राष्ट्र #नेताजी रहस्य का अंत चाहता है, विशेष रूप से निहित स्वार्थों द्वारा फैलाए गए झूठे सिद्धांतों को रोकने के लिए। @PIBIndia का एक ट्वीट सही दृष्टिकोण नहीं है। ऐसी घोषणा औपचारिक रूप से माननीय प्रधान मंत्री @नरेंद्र मोदी जी द्वारा की जानी चाहिए।

"यह प्रधानमंत्री को करना होगा, अमित शाह, राजनाथ सिंह या किसी और को नहीं।"

"मोदी सरकार ने नेताजी के प्रति बहुत सम्मान दिखाया है और मुझे लगता है कि अगर उनके लापता होने या मौत का रहस्य सुलझ जाता है, तो इसकी घोषणा सम्मान के साथ की जानी चाहिए, न कि उस तरह जैसे पीआईबी ने की है।" हम रेनकोजी में सच्चाई जानने का इंतजार कर रहे हैं," उन्होंने कहा।

चंद्र के बोस के बारे में लेखक टिप्पणी करते हैं, "चंद्र बोस एक ब्रिटिश शिक्षित कॉपीराइट उल्लंघनकर्ता और अपराधी हैं और वह नेताजी के लापता होने के रहस्य के लिए एक और "एसआईटी" चाहते थे। आशा है कि आपने मानहानि के अध्याय छह में नेताजी के बारे में पढ़ा होगा। नेताजी को गुमनामी बाबा होने का दावा करना उनका अनुज धर से रिश्ता था।"

टोक्यो के रेनकोजी मंदिर से नेताजी की अस्थियाँ सम्मान के साथ भारत लायी गईं (डॉ. गोराचांद घोष)

(लेखक ने जापान के टोक्यो में रेंकोजी मंदिर से नेताजी की अस्थियों की स्वदेश वापसी पर बंगाली में एक लेख लिखा और इसे 8 नवंबर 2018 को प्रकाशन के लिए आनंदबाजार पत्रिका और बर्तमान को भेजा। चूंकि उन दोनों पत्रिकाओं ने लेख प्रकाशित नहीं किया, इसलिए लेखक ने पोस्ट किया यह 15 जनवरी 2019 को फेसबुक पर एक सार्वजनिक पोस्ट के रूप में है। यह लेख अब मेरी बंगाली पुस्तक और इस पुस्तक में प्रस्तुत किया गया है।)

पहली बार भारतीय प्रधान मंत्री नरेंद्र मोदी ने नेताजी सुभाष चंद्र बोस की 75वीं अन्तरिम आजाद हिंद सरकार का समर्थन किया और दिल्ली में प्रस्तावित लाल किले पर तिरंगा फहराकर भारत की आजादी के लिए नेताजी और आईएनए को खड़ा किया। मोदी का अगला काम किसी शुभ दिन (मुझे लगता है कि 23 जनवरी, 2019 अब तक का सबसे अच्छा दिन है) पर नेताजी के दाह संस्कार को जापान से भारत लाना है। भारत की आजादी के बाद, नेताजी के निजी सचिव और दुभाषिया मासाईयोशी काकित्सुबो (11 मई 1943 - 18 अगस्त 1945) और कर्नल हबीबुर रहमान खान ने भारतीयों से रेंकोजी मंदिर से नेताजी के अंतिम संस्कार के अवशेषों को भारत ले जाने का आग्रह किया।

हबीबुर रहमान खान ने 24/8/1945 को एक बयान दिया, "मैंने सेना के अधिकारियों से अनुरोध किया है कि वे राख को टोक्यो ले जाने की व्यवस्था करें, जहां उन्हें सुरक्षित स्थान पर रखा जा सके और बाद में हटा दिया जाए।" एम काकित्सुबो ने 23/1/1977 को नेताजी रिसर्च ब्यूरो, कलकत्ता को सौंपे अपने लेख में लिखा, "यह बताया गया है कि नेताजी गंभीर रूप से जल गए थे और 18 अगस्त 1945 को उनकी मृत्यु हो गई, जब मैं 1962 से पाकिस्तान में जापानी राजदूत था। 1965 कर्नल हबीबुर रहमान खान और जनरल कियानी से मिलने का अवसर मिला, उन्होंने कहा, "मुझे उम्मीद है कि इतिहास में नेताजी एक महान भारतीय हैं।" उन्हें देशभक्तों के बीच उनका उचित स्थान दिया जाएगा।" कर्नल ने हबीबुर को निम्नलिखित वाक्य सुनाए: "ऐसा लगता है कि इस दुर्घटना को टाला नहीं जा सकता। जब आप वापस जाएंगे, तो अपने देशवासियों को बताएंगे कि मैंने अपने देश की आजादी के लिए आखिरी लड़ाई लड़ी थी। और दुनिया की कोई भी ताकत अब हमारे देश को गुलाम नहीं बना सकती. उन्हें अपना संघर्ष जारी रखना होगा, भारत बहुत पहले ही स्वतंत्र हो जायेगा।"

जब द्वितीय विश्व युद्ध छिड़ गया, तो अंग्रेजों और कांग्रेस ने अंग्रेजों के साथ युद्ध में असहयोग करने के लिए नेताजी की मृत्यु की योजना बनाई। तो भारत की आजादी के लिए, नेताजी अफगानिस्तान और तालबद्ध ग्रेट एस्केप टू सोवियत रूस 16 जनवरी, 1941 को, वह कलकत्ता के एल्गिन रोड स्थित अपने घर से भाग गए। हिटलर की अस्वीकृति और सैन्य समर्थन की कमी के कारण नेताजी अपनी नवजात बेटी और पत्नी को जर्मनी में छोड़कर 11 मई, 1943 को टोक्यो पहुंचे। दुनिया भर में अशांत माहौल जापानी सरकार ने भारत की आज़ादी के लिए नेताजी को सब कुछ देने का वादा किया। जापानी सरकार भारत का धार्मिक ऋण चुकाना चाहती थी। क्योंकि जापान में बौद्ध धर्म भारत से अपनाया गया था।

जापानी सरकार ने टोक्यो और कैंब्रिज विश्वविद्यालय से स्नातक मासाईयोशी काकित्सुबो (माका) को नेताजी के दुभाषिया के रूप में नियुक्त किया और वह अपनी मृत्यु तक नेताजी के निजी सचिव थे। माका ने 1936 से 1937 तक कलकत्ता में जापानी महावाणिज्य दूतावास में उप वाणिज्य दूत के रूप में कार्य किया और कई कांग्रेस नेताओं को व्यक्तिगत रूप से जानते थे।

माका ने द्वितीय विश्व युद्ध के बाद ऑस्ट्रेलिया, स्विट्जरलैंड, पाकिस्तान और अन्य यूरोपीय देशों में जापान के राजदूत और उच्चायुक्त के रूप में कार्य किया। बाद में वह जापान के उप मंत्री (संयुक्त राष्ट्र, न्यूयॉर्क) के पद से सेवानिवृत्त हुए।

मार्च 1995 में एक शाम, मैं और मेरा बेटा टोक्यो में डॉ. हिरोयोशी इयाजिमा से उनके घर गए। कार्यक्रम में बोलते हुए, माका ने कहा कि भारत में नेताजी के दो दुश्मन थे: 1) भारत की कांग्रेस पार्टी और 2) कलकत्ता के बोस-ब्रदर्स। मैंने अप्रैल 1993 से मई 1999 तक डॉ. इयाजिमा के अधीन एक भौतिक विज्ञानी के रूप में जापानी सरकारी एसटीए और एनईडीओ फेलो के रूप में हाई-टेक (फेमटोसेकंड तकनीक) पर शोध किया। उस दौरान मैंने डॉ. इयाजीमा के साथ कई बार रेंकोजी मंदिर का दौरा किया और नेताजी की आत्मा को श्रद्धांजलि दी। 1999 में जापान से ऑस्ट्रेलिया लौटने पर डॉ. इयाजिमा ने मुझे अपने पिता नेताजी के बारे में एक फोटो एलबम और कुछ अप्रकाशित लेख दिए और कहा कि जब भारत में कांग्रेस की सरकार नहीं है, तो नेताजी पर एक किताब लिखी जानी चाहिए।

ऑस्ट्रेलिया में वापस आकर, मैं परिवार और काम के प्रति जुनूनी हो गया। नेताजी के बारे में एल्बम और लेख बुकशेल्फ़ पर हैं। हालाँकि डॉ. इयाजीमा ईमेल या फोन से संपर्क में थे/हैं।

पिछले साल हमने नेताजी पर एक किताब लिखी थी। ई-बुक "अननोन फैक्ट्स नेताजी: जापान एंड साउथईस्ट एशिया" को दुनिया भर में 19 सितंबर, महालया दिवस पर ऑस्ट्रेलिया के अमेज़ॅन पब्लिशर्स द्वारा जारी किया गया था। इसके अलावा दिसंबर में भारत से हार्डकवर किताब भी रिलीज होती है। दो पुस्तकें माका को समर्पित हैं और डॉ. इयाजीमा द्वारा अग्रेषित हैं। ये दोनों पुस्तकें नेताजी पर शोध पुस्तकें हैं, जिनमें 18 अगस्त, 1945 को ताइहोकू में एक सैन्य विमान दुर्घटना में नेताजी, आईएनए और नेताजी की मृत्यु के बारे में बताया गया है, जिसमें नेताजी और द्वितीय विश्व युद्ध की 50 दुर्लभ श्वेत-श्याम तस्वीरें हैं। 18 सितंबर, 1945 से, नेताजी की अस्थियाँ रेंकोजी मंदिर में स्थापित हैं। भारत के लगभग सभी प्रधानमंत्रियों ने नेताजी की आत्मा को श्रद्धांजलि देने के लिए रेंकोजी मंदिर का दौरा किया है। लगभग हर साल, टोक्यो में भारतीय उच्चायुक्त रेंकोजी मंदिर में नेताजी की पुण्य तिथि समारोह में शामिल होते हैं। गांधी और नेहरू नेताजी की मृत्यु को स्वीकार नहीं कर सके। नेहरू ने 27 दिसंबर, 1945 को तत्कालीन ब्रिटिश प्रधान मंत्री क्लेमेंट एटली को एक पत्र लिखा था कि नेताजी मरे नहीं थे और स्टालिन के साथ रूस में छिपे हुए थे। अपने युद्ध अपराधी नेताजी का न्याय करें।

1946 में लाल किला मुकदमे के बाद अगस्त के पहले दो हफ्तों में कर्नल हबीबुर रहमान खान और जनरल मोहम्मद ज़मान कियानी कोलकाता में शरतबाबू के वुडबर्न पार्क स्थित घर पर थे और उन्होंने नेताजी की मौत की सूचना दी, और सबूत के तौर पर नेताजी की घड़ी शरतबाबू को सौंप दी। शरतबाबू घड़ी देखकर चौंक गये। लॉर्ड माउंटबेटन को ब्रिटिश आईबी लेफ्टिनेंट कर्नल जॉन फिगिस की मदद से 22 अगस्त 1947 को पता चला कि

नेताजी की मृत्यु हो गई है। लॉर्ड माउंटबेटन से नेताजी की मृत्यु के बारे में जानने के बाद, नेहरू ने राजनीतिक कारणों से इस खबर को सभी भारतीयों से छुपाया।

अक्टूबर 1947 तक, नेताजी ने आजाद हिंद बैंक का सोना (नेताजी के अपने वजन से अधिक) और कई करोड़ रुपये तीन - नेहरू, राममूर्ति (एक जापानी निवासी) और अय्यर के बीच बांट दिए थे।

नेहरू ने प्राप्त धन की कुछ राशि एआईसीसी खाते में जमा कर दी। फिर नेहरू और डॉ. बिधान चंद्र रॉय ने उन पैसों से 23 मई 1954 को 2 लाख रुपये का ट्रस्ट डीड नेताजी की बेटी अनीता के नाम कर दिया। उस ट्रस्ट डीड में **स्वर्गीय श्री सुभाष चंद्र बोस** का कम से कम चार बार उल्लेख किया गया है। यह सारी जानकारी भारतीयों से गुप्त रखते हुए नेहरू ने अपना पद बरकरार रखा और बोस- ब्रोठेर्स की मदद से राजनीति की।

1950 में शरतबाबू की मृत्यु के बाद, नेताजी के भतीजे नेहरू की पार्टी में शामिल हो गए और 1957 में नेताजी के लापता होने के रहस्य पर एनजीओ "नेताजी रिसर्च ब्यूरो" की स्थापना की। बोस बाबूरा नेताजी के नाम पर जनता के पैसे से खुश हैं, दिलचस्प बात यह है कि 23 जनवरी, 1977 को माका ने नेताजी रिसर्च ब्यूरो को नेताजी की मृत्यु के सभी विवरणों के साथ एक पेपर प्रस्तुत किया, जिसका शीर्षक था "नेताजी ओरेशन 1977: नेताजी एज़ आई नो हिम।" लेकिन बोस बाबाओं ने आज तक उस जानकारी को गुप्त रखा है और पिछले 40 वर्षों से लोगों के पैसे चुराने के लिए नेताजी के नाम का इस्तेमाल कर रहे हैं।

नेताजी की मौत की जांच के लिए 1956 में नेहरू की शाह नवाज खान समिति और 1974 में इंदिरा खान गांधी की जस्टिस जीडी खोसला आयोग का गठन किया गया। दोनों आयोगों ने 18 अगस्त 1945 को एक विमान दुर्घटना में नेताजी की मृत्यु को साबित किया। दिलचस्प बात यह है कि नेताजी के नाम पर भारतीयों को मूर्ख बनाया जा रहा है और मूर्ख बनाया जाता रहेगा।

मेरी ई-बुक (अमेज़ॅन द्वारा 19 सितंबर, 2017 को) के विमोचन के बाद मुझे नेताजी के बारे में और भी दिलचस्प तथ्य पता चले। 8 अक्टूबर, 2017 को, "मिशन नेताजी" के अनुज धर, चंद्र कुमार बोस, वंदना गढ़वाल, पार्थिव धर और अन्य ने मेरी ई-बुक से तस्वीरें चुराईं, उन्हें क्रॉप किया और उन्हें फेसबुक, ट्विटर और इंटरनेट पर पोस्ट कर दिया, मुझे बाद में यूट्यूब का पता चला। रिसर्च करने पर मुझे पता चला कि नेहरू के वंशज अनुज धर ने 2001 में दिल्ली में नेताजी के नाम से कारोबार शुरू किया था। यह आपराधिक गिरोह 17 साल से बिना किसी सबूत के नेताजी को गुमनामी बाबा कहकर लोगों को बेवकूफ बना रहा है। यह 'मिशन नेताजी' खासकर युवा बंगालियों को परेशान कर रहा है। अनुज धर ने कॉपीराइट उल्लंघन, साहित्यिक चोरी, हेरफेर और साजिश के सिद्धांतों के माध्यम से बिना किसी वास्तविक सबूत के नेताजी गुमनामी बाबा पर चार किताबें लिखी हैं और सभी भारतीयों को बेवकूफ बनाया है। अपराधी ने सोशल मीडिया पर नेताजी के साथ अपनी एक तस्वीर पोस्ट की, दुनिया के किसी भी विकसित देश में यह असंभव है। मुखार्जी

आयोग और कुछ नहीं बल्कि मुरखर्जी आयोग है। नेताजी की मौत के 56 साल बाद भी कोई प्रत्यक्षदर्शी जीवित नहीं बचा है। इसके अतिरिक्त, उस समय भयंकर युद्ध का माहौल था और ताइहोकू (अब ताइवान) जापानी सैन्य शासन के अधीन था।

नेताजी के भतीजे, पोते, रिश्तेदारों के लिए जिम्मेदार हैं, बोस ब्रदर्स का एक हिस्सा और कोलकाता में जयश्री प्रकाशन के प्रमुख विजय नाग हैं। अब वह लोगों के पैसे का कुछ और दिन व्यापार करने, सार्वजनिक मीडिया में जनता का समर्थन पाने और गुमनामी बाबा के रूप में नेताजी के बारे में गलत जानकारी फैलाने के लिए भाजपा में शामिल हो गए हैं।

मैंने भारत के वर्तमान प्रधान मंत्री और राष्ट्रपति को सबूत और जानकारी के साथ ईमेल किया है जैसा कि माका और इयाजीमा ने सुझाव दिया था कि वे नेताजी के नाम पर बदनामी और व्यापार बंद करें। मैंने पुस्तक का कवर फोटो दिया जिसमें रेंकोजी के मंदिर और नेताजी के दाह संस्कार की तस्वीरें जनता को दी गईं।

भारत में 'चिताभस्म' वापस चाहती हैं नेताजी की बेटी!
चूंकि भाजपा सरकार अस्थियों को भारत वापस लाने के लिए तैयार नहीं है, इसलिए उनकी वापसी के लिए अभियान चलाने का काम लोगों पर छोड़ दिया गया है (नेशनल हेराल्ड, 16 अगस्त 2020)।

18 अगस्त 1945 को भारतीय राष्ट्रीय कांग्रेस के दो बार अध्यक्ष चुने गए सुभाष बोस की ताइपे में एक विमान दुर्घटना में मृत्यु हो गई। लेकिन 75 साल बाद भी, टोक्यो के रेनकोजी श्राइन में पड़ी उनकी राख को अंतिम निपटान के लिए भारत नहीं लाया गया है। दुर्घटना में कई जापानी शवों का जापानी राजधानी में अंतिम संस्कार किया गया था, और इन तथ्यों की पुष्टि बिना किसी योग्यता के की जाती है।

नरेंद्र मोदी ने बोस से संबंधित सभी भारतीय सरकारी फाइलों को सार्वजनिक कर दिया, जिससे जांच सही साबित हुई। 31 जुलाई 2017 को, भारत के सूचना का अधिकार अधिनियम के तहत एक सार्वजनिक प्रश्न के जवाब में, भारत के गृह मंत्रालय ने दोहराया

उन्होंने कहा, 'शाह नवाज कमेटी, जस्टिस जीडी खोसला कमीशन और जस्टिस मुखर्जी आयोग जांच आयोग की रिपोर्ट पर विचार करने के बाद सरकार सत्ता में आई। निष्कर्षतः 1945 में एक विमान दुर्घटना में नेताजी की मृत्यु हो गई।'

विश्व का पहला 'नेताजी मंदिर काशी पहुंचा' देशभक्तों के लिए तैयार: (हिन्दुस्तान टाइम्स 23 जनवरी 2020)

गुरुवार को वाराणसी में भारतीय राष्ट्रीय सेना (आईएनए) के नेता की 123वीं जयंती पर 'स्वतंत्रता-सेनानी, नेताजी सुभाष चंद्र बोस को समर्पित दुनिया का पहला मंदिर, जिसका उद्देश्य देशभक्त पैदा करना है।

मंदिर का निर्माण कराने वाले प्रोफेसर राजीव श्रीवास्तव ने कहा, ''यह दुनिया का एकमात्र नेताजी सुभाष चंद्र बोस मंदिर है। इसमें 11 फीट ऊंची सोने की परत चढ़ी छतरी के नीचे नेताजी की छह फीट ऊंची काले ग्रेनाइट की मूर्ति है। प्रतिदिन भारत माता की आरती होगी। यह मंदिर देश के हर उस व्यक्ति के लिए प्रेरणा का स्रोत बनेगा जो नेताजी के भारत के सपने को साकार करने के लिए मिलकर काम करेंगे।

बनारस हिंदू विश्वविद्यालय (बीएचयू) में इतिहास पढ़ाने वाले श्रीवास्तव, एनजीओ विशाल भारत सेंस-रैन भी चलाते हैं, जो लमही में सुभाष भवन के परिसर में खुली हवा में बने मंदिर की देखभाल करता है, जो अपने जन्मस्थान के लिए भी प्रसिद्ध है। हिंदी लेखक मुंशी प्रेमचंद श्रीवास्तव ने कहा कि रणधीर कुमार और एक युवती खुशी रमन को मंदिर के पहले पुजारी के रूप में नियुक्त किया गया हे।

मंदिर का उद्घाटन करने वाले राष्ट्रीय स्वयंसेवक संघ (आरएसएस) के वरिष्ठ नेता इंद्रेश कुमार ने कहा, ''नेताजी के अनुयायी पूरी दुनिया में मौजूद हैं। उन्होंने अपना पूरा जीवन भारत माता की सेवा में समर्पित कर दिया। यह मंदिर देशवासियों के लिए प्रेरणा का स्रोत बनेगा। मंदिरों की नगरी कही जाने वाली काशी की यात्रा के दौरान लोग अब नेताजी के यहां भी जा सकते हैं।''

अंडमान और निकोबार द्वीप समूह में नेताजी का झंडा फहराया गया

हमारे स्वतंत्रता सेनानी नेताजी सुभाष चंद्र बोस, जो वृहत्तर भारत के युद्ध प्रधान मंत्री और युद्ध मंत्री थे, द्वारा भारतीय धरती (अंडमान द्वीप) पर पहले ध्वजारोहण की सत्रहवीं वर्षगांठ है। इसे हमारे मोदी जी ने 75वीं वर्षगाँठ पर ही मान्यता दी थी। द्वितीय विश्व युद्ध में नेताजी के बारे में तथ्यों और जानकारी के लिए कृपया मेरे यूट्यूब चैनल "GORACHAND GHOSH" पर जाएँ। जय हिन्द फेसबुक सार्वजनिक पोस्टिंग 30 दिसंबर 2020)।

नेताजी और आईएनए ने हमें आजादी दिलाई और हमारी आजादी के इतिहास को स्पष्ट तथ्यों और तथ्यों के आधार पर पुनः प्रकाशित और पुनर्लिखित किया जाना चाहिए। हमारी स्वतंत्रता का विकृत इतिहास वास्तविक अप्रत्यक्ष युद्ध अपराधी नेहरू के नेतृत्व में रूढ़िवादी कांग्रेसी इतिहासकारों द्वारा लिखा गया था, जिन्होंने 27 दिसंबर 1945 को अपने ब्रिटिश बॉस क्लेमेंट एटली के सामने नेताजी को युद्ध अपराधी के रूप में दावा किया था।

प्रस्तावित संसद भवन से ऐतिहासिक गांधी मूर्ति हटा दी गई है

द्वितीय विश्व युद्ध के दौरान, नेताजी ने भारतीयों से इस झूठे और कुख्यात नेता, गांधी को मारने और जलाने का आग्रह किया, जो ब्रिटिश राजशाही का आजीवन समर्थक था। अब भारत से उनकी सभी मूर्तियों को गंदी नदी में फेंक देना चाहिए क्योंकि मैं भारत माता के भक्तों से कह रहा हूं कि वे नेताजी के भक्त बनें।

हमें आजादी इन युद्ध अपराधियों ने नहीं, बल्कि नेताजी और आईएनए ने दिलाई, क्योंकि अब तथ्य और तथ्य सामने आ गए हैं।' (फेसबुक सार्वजनिक पोस्टिंग 18 जनवरी 2021)।

"प्रिय राष्ट्रीय नायक": भारत ने नेताजी को 125वीं जयंती पर याद किया:

सुभाष चंद्र बोस जयंती: पीएम मोदी आज कोलकाता में एक कार्यक्रम में 'नेताजी का पत्र' जारी करेंगे (एनडीटीवी 23 जनवरी 2021)।

राष्ट्रपति राम नाथ कोविंद और प्रधान मंत्री नरेंद्र मोदी ने आज देश के "प्रिय राष्ट्रीय नायक" नेताजी सुभाष चंद्र बोस को उनकी 125वीं जयंती पर श्रद्धांजलि अर्पित की। राष्ट्रपति ने ट्रीट्स की एक श्रृंखला में कहा, "नेताजी की देशभक्ति और बलिदान हमें हमेशा प्रेरित करेगा।" और कामना की कि उनकी "देशभक्ति और बलिदान हमें प्रेरित करेगा"।

राष्ट्र ने नेताजी सुभाष चंद्र बोस को श्रद्धांजलि देकर उनकी 125वीं जयंती मनाई। उनकी अपार वीरता और वीरता को श्रद्धांजलि देने के लिए इस दिन को "पराक्रम दिवस" के रूप में मनाया जाता है। राष्ट्रपति कोविंद ने एक ट्रीट में कहा, "नेताजी ने अपने अनगिनत अनुयायियों में राष्ट्रवाद की भावना पैदा की, "हम उनके द्वारा दृढ़ता से समर्थित स्वतंत्रता की भावना को मजबूत करने के लिए प्रतिबद्ध हैं।"

इस बीच, प्रधान मंत्री नरेंद्र मोदी ने नेताजी को "भारत माता का सच्चा सपूत" बताया और कहा कि देश अपनी आजादी के लिए उनके बलिदान और समर्पण को हमेशा याद रखेगा। महान स्वतंत्रता सेनानी एवं भारत माता के सच्चे सपूत प्रधानमंत्री सुभाष चंद्र बोस को उनकी जयंती पर शत्-शत् नमन। उन्होंने हिंदी में एक ट्रीट में कहा, "पश्चिम बंगाल में बोस की जयंती मनाने के लिए कोलकाता में "पराक्रम दिवस" कार्यक्रम को संबोधित करूंगा।"

उपराष्ट्रपति वेंकैया नायडू ने स्वतंत्रता सेनानी को श्रद्धांजलि देते हुए ट्रीट किया, "नेताजी ने बहादुरी, दृढ़ संकल्प और बलिदान दिखाया।" और कहा कि भारत के स्वतंत्रता संग्राम में उनके महान योगदान के लिए राष्ट्र हमेशा नेताजी का आभारी रहेगा।

गृह मंत्री अमित शाह ने कहा कि नेताजी के करिश्माई नेतृत्व में देश के युवा एकजुट हुए, जिससे भारत के स्वतंत्रता संग्राम को नई ताकत मिली। "नेताजी सुभाष चंद्र बोस के साहस और वीरता ने भारतीय स्वतंत्रता संग्राम को नई ताकत दी। उन्होंने विपरीत परिस्थितियों के बावजूद अपने करिश्माई नेतृत्व से देश के युवाओं को एकजुट किया। हिंदी में एक ट्रीट में, श्री शाह ने कहा, "स्वतंत्रता आंदोलन के ऐसे महान नायक की 125 वीं जयंती पर, मैं अपनी हार्दिक श्रद्धांजलि अर्पित करता हूं।

असम और मेघालय के दो दिवसीय दौरे पर गए गृह मंत्री ने गुवाहाटी में सुभाष चंद्र बोस के चित्र के सामने श्रद्धांजलि भी अर्पित की।

उन्हें श्रद्धांजलि देते हुए, उड्डयन मंत्री हरदीप सिंह पुरी ने कहा कि वह जापान में रेंकोजी श्राइन की यात्रा के लिए निजी यात्रा पर गए थे, जहां क्रांतिकारी की अस्थियां दफन हैं। "नेताजी के विचार और आदर्श हमें आत्मविश्वास की ओर ले जाते हैं। महाराष्ट्र के मुख्यमंत्री उद्धव ठाकरे ने मुंबई के उपनगर बांद्रा में अपने निजी आवास "मातोश्री" में भारतीय राष्ट्रीय सेना के संस्थापक को माला पहनाई।

इस बीच पीएम मोदी आज कोलकाता में एक कार्यक्रम में 'लेटर्स ऑफ नेता जी' किताब का विमोचन करेंगे. कार्यक्रम का अंतिम गीत 'सब सुख चैन' होगा, जिसका संगीत आईएनए द्वारा दिया जाएगा, उषा उथुप, पापोन और सौम्यजीत द्वारा प्रस्तुत किया जाएगा, जिसमें अन्नवेश, सोमलता और अन्य जैसे गायक शामिल होंगे।

विक्टोरिया मेमोरियल, कोलकाता में नेताजी का 125वां जन्मदिन समारोह: मोदीजी

विक्टोरिया मेमोरियल हॉल में मोदी ने "पराक्रम दिवस" के रूप में 125वें नेताजी जन्मदिन समारोह का उद्घाटन किया।

"प्रिय पश्चिम बंगाल बहनों और भाइयों, #पराक्रम दिवस के शुभ दिन पर आपके बीच आकर मैं सम्मानित महसूस कर रहा हूं। कोलकाता में कार्यक्रम के दौरान, हम बहादुर नेताजी, सुभाष चंद्र बोस को श्रद्धांजलि देंगे, "मोदी ने बंगाली और अंग्रेजी दोनों में ट्वीट किया।

बोस की 125वीं जयंती के उपलक्ष्य में साल भर चलने वाले कार्यक्रमों की योजना बनाने के लिए प्रधान मंत्री मोदी द्वारा 85 सदस्यीय उच्च स्तरीय समिति का गठन किया गया है।

इस अवसर पर, लेखक ने टिप्पणी की - मोदी जी गांधी और नेहरू को सभी संस्थानों का नाम बदलना चाहिए क्योंकि वे वास्तविक अप्रत्यक्ष युद्ध अपराधी थे क्योंकि नेहरू ने 27 दिसंबर 1945 को अपने बॉस क्लेमेंट एटली को बताया था कि नेताजी एक युद्ध अपराधी थे। नेता जी और आईएनए ने हमें आजादी गांधी की अहिंसा से नहीं दिलाई। अंग्रेजी और बंगाली दोनों भाषाओं में नेताजी और द्वितीय विश्व युद्ध के विवरण के लिए कृपया मेरे यूट्यूब चैनल पर जाएं। जय हिन्द, जयतु नेताजी। (फेसबुक सार्वजनिक पोस्टिंग 23 जनवरी 2021)।

अब भारत के इतिहास में पहली बार मोदी सरकार ने नेताजी द्वारा रचित हमारी आजादी के इतिहास को मान्यता दी है। 16/17 जनवरी 1941 को नेताजी ने गुमोह रेलवे स्टेशन (भारत) से अफगानिस्तान की यात्रा के लिए कालका मेल का इस्तेमाल किया और रूस से बर्लिन होते हुए पनडुब्बी से जापान पहुंचे।

उन्हें कांग्रेस पार्टी और ब्रिटिश राज द्वारा भारत छोड़ने या फांसी का सामना करने के लिए मजबूर किया गया था (एफबी सार्वजनिक पोस्टिंग 20 जनवरी 2021)। अब नेताजी की 125वीं जयंती के बाद से कालका मेल का नाम बदलकर "नेताजी एक्सप्रेस" कर दिया गया है।

भारतीय प्रधान मंत्री नरेंद्र मोदी ने 2021 में सुभाष चंद्र बोस की प्रतिमा के निर्माण की घोषणा की। उन्होंने कहा कि आजादी के 75 साल पूरे होने के उपलक्ष्य में 'आजादी का अमृत महोत्सव' को चिह्नित करने के लिए इंडिया गेट की छतरी में प्रतिमा स्थापित की जाएगी। साथ ही बोस की 125वीं जयंती भी है।

23 जनवरी 2022 को 'पराक्रम दिवस' के अवसर पर सुभाष चंद्र बोस की होलोग्राम प्रतिमा स्थापित की गई। प्रधानमंत्री नरेंद्र मोदी ने सुभाष चंद्र बोस की होलोग्राम प्रतिमा का अनावरण किया। यह इंडिया गेट पर लगी नेताजी की होलोग्राम प्रतिमा है।

प्रतिमा को औपचारिक रूप से 8 सितंबर 2022 को समर्पित किया गया था। प्रधान मंत्री नरेंद्र मोदी ने नई दिल्ली में इंडिया गेट के पास नेताजी सुभाष चंद्र बोस की प्रतिमा राष्ट्र को समर्पित की। उद्घाटन समारोह में प्रधानमंत्री ने कहा, "आज राजपथ का अस्तित्व समाप्त हो गया है और यह कर्तव्य पथ बन गया है।

आज जब जॉर्ज पंचम की मूर्ति के निशान की जगह नेताजी की मूर्ति ने ले ली है तो यह पहला उदाहरण नहीं है, "गुलामी की मानसिकता का त्याग; यह न तो शुरुआत है और न ही अंत है, यह मन और आत्मा की स्वतंत्रता के लक्ष्य को प्राप्त करने तक दृढ़ संकल्प की एक सतत यात्रा है।"

काले ग्रेनाइट की मूर्ति 28 फीट (8.5 मीटर) ऊंची, 10 फीट (3.0 मीटर) लंबी और 8 फीट (2.4 मीटर) चौड़ी है। इसका वजन लगभग 65 टन (65,000 किलोग्राम) है। सुभाष चंद्र बोस को अपनी सैन्य वर्दी पहने हुए, भारतीय राष्ट्रीय सेना के एक कमांडर के रूप में दर्शाया गया है; एक लंबी बेल्ट वाली जैकेट, जूते और एक टोपी। वह सैल्यूट की मुद्रा में खड़े हैं। इस प्रतिमा को मैसूर स्थित मूर्तिकार अरुण योगीराज ने तैयार किया था, जिनके अन्य प्रमुख कार्यों में केदारनाथ में आदि शंकराचार्य की प्रतिमा शामिल है।

पिता के आदर्श बीजेपी से मेल नहीं खाते: नेताजी की बेटी अनिता

फेसबुक पर इस पोस्टिंग पर लेखक की टिप्पणी - अनीता-दी को 1939 से अपने पिता के गांधी और नेहरू के साथ संबंधों का वास्तविक इतिहास नहीं पता था। गांधी ने 27 दिसंबर 1945 को अपने नौकर नेहरू, अपने ब्रिटिश बॉस क्लेमेंट एटली के माध्यम से नेताजी पर युद्ध अपराधी होने का दावा किया। इसके अलावा 18 अगस्त 1945 को नेताजी की मृत्यु के बाद गांधी और नेहरू को उनकी मृत्यु पर विश्वास नहीं हुआ। गांधी ने मिदनापुर में कंताई को बताया कि नेताजी कहीं छिपे हुए हैं और नेहरू ने एटली को बताया कि नेताजी रूस में स्टालिन के संरक्षण में हैं। यही प्रथा आज भी जारी है कि नेता जी की मृत्यु नहीं हुई।

मैंने शोध किया है, गांधी और नेहरू द्वितीय विश्व युद्ध में अप्रत्यक्ष युद्ध अपराधी थे, जिन्होंने जापान के खिलाफ लड़ने के लिए ब्रिटिश राज का समर्थन किया, हमारी भारत माता को धर्म के आधार पर विभाजित किया। साथ ही, बोस-भाइयों ने नेताजी की मृत्यु पर विश्वास न करने के लिए नेहरू का समर्थन किया और 1957 से नेहरू की मदद से नेताजी के नाम पर व्यवसाय शुरू किया।

ये नेताजी रिसर्च ब्यूरो आज की स्थिति में नेताजी का दूसरा दुश्मन है; और कांग्रेस पार्टी नेताजी की पहली दुश्मन है। यदि नेताजी जीवित होते और युद्ध के बाद भारत लौट आते, तो नेहरू नेताजी से तलवार के दम पर युद्ध करना चाहते थे। दुनिया में पहली बार मेरी अमेज़ॅन फ़ोटोग्राफ़िक नवीनतम पुस्तकों में सब कुछ प्रकाशित हुआ है। जय हिन्द (फेसबुक सार्वजनिक पोस्टिंग 25 जनवरी 2021)।

1,063 आवासीय विद्यालयों, छात्रावासों का नाम बदलकर "नेताजी सुभाष चंद्र बोस"

शिक्षा मंत्रालय ने समारा शिक्षा योजना के तहत वित्त पोषित आवासीय विद्यालयों और छात्रावासों का नाम "नेताजी सुभाष चंद्र बोस आवासीय विद्यालय" रखने का निर्णय लिया है, शिक्षा मंत्रालय ने शुक्रवार को समाचार एजेंसी पीटीआई को बताया।

इन स्कूलों का नेताजी सुभाष चंद्र बोस के साथ जुड़ाव बच्चों के लिए प्रेरणा का काम करेगा और शिक्षकों, कर्मचारियों और प्रशासन को उच्च स्तर की उत्कृष्टता हासिल करने के लिए प्रेरित करेगा।

"राज्यों और केंद्र शासित प्रदेशों में अब तक कुल 1,063 आवासीय सुविधाएं (383 आवासीय विद्यालय और 680 छात्रावास) स्वीकृत की गई हैं। संपूर्ण शिक्षा योजना के तहत

वित्तपोषित आवासीय विद्यालयों और छात्रावासों का नाम बदलकर नेताजी सुभाष चंद्र बोस आवासीय करने का निर्णय लिया गया है।" कम जनसंख्या घनत्व वाले क्षेत्रों (ज्यादातर आदिवासी क्षेत्रों) में सार्वभौमिक नामांकन और स्कूल सुविधाएं सुनिश्चित करना, जहां स्कूल संभव नहीं हो सकते हैं, आवासीय स्कूलों, छात्रावासों का नाम बदलकर "नेताजी सुभाष चंद्र बोस" करें और शहरी क्षेत्र जहां बच्चों को देखभाल और सुरक्षा की आवश्यकता है। संपूर्ण शिक्षा के तहत, शिक्षा मंत्रालय पहाड़ी क्षेत्रों, छोटे और कम आबादी वाले क्षेत्रों में बच्चों के लिए आवासीय विद्यालय और छात्रावास खोलने और चलाने के लिए राज्यों और केंद्र शासित प्रदेशों को वित्तीय सहायता प्रदान करता है, नियमित स्कूल प्रणाली के अलावा बच्चों को आश्रय और देखभाल प्रदान करता है। वयस्कों को सुरक्षा की जरूरत है।

बचाए गए बाल मजदूरों, गरीब भूमिहीन परिवारों के प्रवासी बच्चों, बिना वयस्क संरक्षण वाले बच्चों, अपने परिवारों से अलग हुए बच्चों, आंतरिक रूप से विस्थापित व्यक्तियों और सामाजिक और सशस्त्र संघर्षों और प्राकृतिक आपदाओं के पीड़ितों को आवासीय सुविधाएं भी प्रदान की जाती हैं।

इस संबंध में, शैक्षिक रूप से पिछड़े ब्लॉक (ईबीबी), वामपंथी उग्रवाद (एलडब्ल्यूई) प्रभावित जिलों, विशेष फोकस जिलों (एसएफडी) और नीति आयोग द्वारा पहचाने गए आकांक्षी जिलों को प्राथमिकता दी जाती है।

देखें: पीएम मोदी ने नेताजी सुभाष चंद्र बोस को भारत के 'प्रथम प्रधान मंत्री' के रूप में संदर्भित किया (8 फरवरी 2021):

https://www.opindia.com/2021/02/narendra-modi-subhas-chandra-bose-first-prime-minister-india-azad-hind/

राज्यसभा में राष्ट्रपति रामनाथ कोविंद के धन्यवाद प्रस्ताव का जवाब देते हुए प्रधानमंत्री नरेंद्र मोदी ने स्वतंत्रता सेनानी नेताजी सुभाष चंद्र बोस को भारत का 'प्रथम प्रधानमंत्री' बताया।

राष्ट्रवाद की अवधारणा पर बोस को उद्धृत करते हुए, पीएम मोदी ने कहा, "हमारा लोकतंत्र किसी भी मानक से पश्चिमी संस्थान नहीं है। यह एक मानवीय संस्थान है। भारतीय इतिहास लोकतांत्रिक संस्थानों के उदाहरणों से भरा हुआ है।" हमारे पास प्राचीन भारत में 81 लोकतंत्रों के रिकॉर्ड हैं। आज ऐसे समय में जब भारत पर चौतरफा हमला हो रहा है, नागरिकों को राष्ट्रवाद के प्रति जागरूक करना जरूरी है।

प्रधान मंत्री मोदी ने आगे कहा, "भारत का राष्ट्रवाद संकीर्णतावादी, स्वार्थी या आक्रामक नहीं है। यह सत्यम शिवम सुंदरम (सत्य, पवित्रता और सौंदर्य) के मूल्यों से प्रेरित है... प्रिय राष्ट्रपति, यह आजाद हिंद फौज है।" (भारत के प्रथम प्रधानमंत्री राष्ट्रीय सेना प्रथम सरकार ने कहा)।

डॉ. गोराचांद घोष

आज़ाद हिंद की अन्तरिम सरकार (1943-45) में राज्य के प्रमुख, प्रधान मंत्री और युद्ध और विदेशी मामलों के मंत्री, नेताजी सुभाष चंद्र बोस की अध्यक्षता में एक कैबिनेट शामिल थी। 18 अगस्त 1945 को ताइवान में एक जापानी विमान दुर्घटनाग्रस्त होने के बाद नेताजी सुभाष चंद्र बोस रहस्यमय तरीके से गायब हो गए। माना जा रहा है कि उनकी मौत थर्ड डिग्री बर्न से हुई है। हालाँकि, इसकी कभी पुष्टि नहीं की गई।

भारत के राष्ट्रपति और प्रधान मंत्री को उपहार में दी गई मेरी अमेज़न पुस्तक में नेताजी की मृत्यु के सभी साक्ष्य प्रकाशित हैं। अब आपको टोक्यो के रेंकोजी मंदिर से नेताजी की अस्थियां वापस भारत लानी होंगी। अस्थियों को हरिद्वार और अन्य स्थानों पर गंगा नदी में प्रवाहित किया जाना चाहिए। अस्थियों का एक हिस्सा बनारस के काशी में नवनिर्मित नेताजी मंदिर में जमा किया जाएगा।

निम्नलिखित अंग्रेजी पेज हाल ही में अमेज़ॅन द्वारा ई-पुस्तकों और पेपरबैक पुस्तकों दोनों में प्रकाशित किए गए थे:

<u>चित्र बायाँ: गाँधी और नेहरू की गतिविधियाँ, भारत माता:</u>

इस सदी में ऊपर दिखाई गई शांति और सद्भाव को बनाए रखने के लिए लोकप्रिय विश्व धर्मों द्वारा गांधी और स्व-घोषित भारत रत्न पुरस्कार विजेता नेहरू को "अप्रत्यक्ष युद्ध अपराधी" माना जाना चाहिए। वे अंग्रेजों के गुलाम थे और उन्होंने नेताजी एससी बोस के विपरीत भारत को विभाजित करने के लिए धर्म और जाति पर आधारित व्यवस्था लागू की।

उन्होंने द्वितीय विश्व युद्ध और ब्रिटिश राज का समर्थन किया। इसके अलावा, उन्होंने नेताजी द्वारा बनाई गई 'इंडियन नेशनल आर्मी' के खिलाफ लड़ाई लड़ी और 'ब्रिटिश इंडियन आर्मी' को 1 लक्ष्य से 2.5 लक्ष्य तक बढ़ाने में मदद की। द्वितीय विश्व युद्ध में 87,000 से अधिक लोग मारे गए लेकिन ब्रिटिश और नेहरू के नेतृत्व वाली भारतीय सरकारों ने युद्ध नायकों को 'शहीदों' के रूप में मान्यता नहीं दी।

हमारी भारत माता के विभाजन के समय दो लाख लोग मारे गए और 10-12 लक्षित लोग विस्थापित हुए।

"अहिंसा" से हमारी भारत माता को आज़ादी नहीं मिली। "अहिंसा" शब्द का प्रयोग अंग्रेज़ों द्वारा अपने गुलामों को खुश करने और भारतीयों को मूर्ख बनाने के लिए किया जाता था।

कॉपीराइट डॉ. गोराचांद घोष 2017

दायीं तरफ फोटो, अज्ञात जानकारी:
मासायोशी काकित्सुबो संयुक्त राष्ट्र, न्यूयॉर्क में अपने सहयोगियों के साथ थे। ओमंग सत्यमेव जयत, सत्य की हमेशा जीत होती है।

इस पुस्तक को पढ़ने और तस्वीरें देखने के बाद, भारतीय कृपया खड़े हों और जापान और दक्षिण पूर्व एशिया में हमारी भारत माता की स्वतंत्रता के लिए नेताजी और भारतीय राष्ट्रीय सेना (आईएनए) की महान भावना को श्रद्धांजलि दें।

साथ ही, हमें नेताजी के पीएस मसाइयोशी काकित्सुबो (जापान) की भावना को भी श्रद्धांजलि देनी चाहिए। कई देशों में जापानी राजदूत के रूप में उनकी उत्कृष्ट उपलब्धियों के लिए, मुख्य रूप से 18 अगस्त 1945 को नेताजी की मृत्यु और द्वितीय विश्व युद्ध के दौरान नेताजी के साथ उनके जुड़ाव को साबित करने वाली खूबसूरत तस्वीरें।

23-11-2019 को अमेज़ॅन द्वारा प्रकाशित [55] पेपरबैक पुस्तक और अद्यतन ई-बुक से हिन्दी में पुनर्मुद्रित। बंगाली किताब 6 जुलाई 2022 नोशन प्रेस, भारत ने प्रकाशित किया।

== भारत नेताजी की बजह से ही स्वतंत्र हे ==

भारतीय कॉपीराइट उल्लंघनकर्ता-सह-अपराधी अर्नब गोस्वामी, चंद्रचूड़ घोष और ध्रुव राठी द्वारा कॉपीराइट उल्लंघन

कृपया इस यूट्यूब वीडियो को देखें, हालांकि यह अंग्रेजी में है।

Copyright Violation by Arnab Gowsami from Amazon Book photos of Netaji on Gumnami Debate with A Dhar: 24 Feb 2022

https://www.youtube.com/watch?v=7qwDqI3ANdc

22 फरवरी 2020 को अपने रिपब्लिक वर्ल्ड टीवी चैनल के माध्यम से अर्नब गौसामी के कॉपीराइट उल्लंघन और आपराधिक गतिविधियों में एक अन्य अपराधी अनुज धर और चंद्रचूड़ घोष के साथ बिना किसी वैज्ञानिक सबूत के नेताजी को गुमनामी बाबा के रूप में बदनाम करने पर एक यूट्यूब बहस शामिल थी।

कृपया एक अन्य कॉपीराइट उल्लंघनकर्ता चंद्रचूर घोष के बारे में यह यूट्यूब वीडियो देखें।

Copyright Violation and Defamation of Netaji by Chandrachur Ghose of Mission Netaji at New Delhi: 12 Jan 2022

https://www.youtube.com/watch?v=03WyNVkrt3o

ध्रुव राठी (Dhruv Rathee), जो एक युवा यूट्यूब निर्माता और पैसे का सौदागर है, को द्वितीय विश्व युद्ध में नेताजी की इस महत्वपूर्ण तस्वीर के कॉपीराइट उल्लंघन के बारे में पता होना चाहिए। नेताजी की NP-48 को 18/19 सितंबर 2017 को दुनिया भर में अमेज़न द्वारा अंग्रेजी में ई-बुक में और 11 मार्च 2021 में भारत से हिंदी में ई-बुक में प्रकाशित किया गया है।

आपको निम्नलिखित दो YouTube वीडियो में मेरी अनुमति के बिना इसका उपयोग करने का कोई अधिकार नहीं है। यहां तक कि मैंने यूट्यूब अथॉरिटी को भी इसकी सूचना दी है, लेकिन वह बिना किसी कारण के देरी कर रहा है। सभी भारतीयों को इस अपराधी को अनुज धर की तरह नेताजी के नाम का इस्तेमाल कर पैसा कमाने वाले के रूप में जानना चाहिए।

The YouTube links are 1) https://www.youtube.com/watch?v=xGjZ98_JLR8 Netaji Subhas Chandra Bose | From Hitler's Germany to Japan | Full Biography | Dhruv Rathee.

2) https://www.youtube.com/watch?v=hdiH5PIzR00 (21 Jan 2024)

अधिकांश भारतीयों को द्वितीय विश्व युद्ध में नेताजी की जापान यात्रा के बारे में बिल्कुल भी पता नहीं था। नेताजी पर दुनिया भर में प्रकाशित मेरी पुस्तकों के बाद अब कई भारतीय इसे जानते हैं। **कुणाल बोस, ध्रुव राठी, अनुज धर, चंद्रचूर घोष, कपिल कुमार उनमें से कुछ हैं।**

संदर्भ (References)

1. https://en.wikipedia.org/wiki/Subhas_Chandra_Bose
2. https://en.wikipedia.org/wiki/Salt_March
3. https://www.youtube.com/watch?v=uk3K9E8iuvk; Iti Subhas (ইতি সুভাষ) | Netaji | Emilie Schenkl | Letters, 23.01.2020; Sumit Konar.
4. https://en.wikipedia.org/wiki/Rash_Behari_Bose and references cited therein.
5. Narayan Sanyal, "Ami Rasbeharike Dekhechhi [আমি রাসবিহারীকে দেখেছি]", Karuna Prakashani, 1973.
6. https://en.wikipedia.org/wiki/Empire_of_Japan
7. Notes, articles written, and photos kept in an album by Masayoshi Kakitsubo, father of Dr. Hiroyoshi Yajima, Tokyo, Japan, received by the author in April 1999.
8. Narayan Sanyal, "Ami Netajike Dekhechhi [আমি নেতাজিকে দেখেছি]", Dey's Publications, 1970 and 1973.
9. https://www.nas.gov.sg/archivesonline/blastfromthepast/battleforsingapore
10. Dr Ba Maw, "BREAKTHROUGH IN BURMA, Memoirs of a Revolution, 1939-1946," Yale University Press, New Haven, and London, 1968.
11. https://www.nas.gov.sg/archivesonline/online_exhibit/indian_national_army/revival.htm
12. https://en.wikipedia.org/wiki/Andaman_and_Nicobar_Islands
13. https://en.wikipedia.org/wiki/Azad_Hind_Bank.
14. https://en.wikipedia.org/wiki/The_Springing_Tiger.
15. https://en.wikipedia.org/wiki/Battle_of_Imphal.
16. www.aungsan.com/welcomeindia.html
17. https://en.wikipedia.org/wiki/Atomic_bombings_of_Hiroshima_and_Nagasaki.
18. https://en.wikipedia.org/wiki/Mitsubishi_Ki-21.
19 Habibur Rahaman's Oath on 24 August 1945 (Chapter 5)
20. https://en.wikipedia.org/wiki/Tsunamasa_Shidei.
21. https://en.wikipedia.org/wiki/Yasukuni_Shrine.
22. Narayan Sanyal, "Netaji Rahasyo Sandhane [নেতাজি রহস্য সন্ধানে]", 1970.
23. https://en.wikipedia.org/wiki/Death_of_Subhas_Chandra_Bose
24. A. L. Gordon, "Legend and Legacy: Subhas Chandra Bose", *India International Centre Quarterly*, **33** (1): 103–112, 2006.
25. A. L. Gordon, "Brothers against the Raj: a biography of Indian nationalists Sarat and Subhas Chandra Bose", Columbia University Press, 1990.

26. Dr Ba Maw, Speech at the Netaji Research Bureau, 23 January 1965.

27. http://www.nas.gov.sg/archivesonline/online_exhibit/indian_national_army/memorial.htm.

28. Purabi Roy, "The Search for Netaji: New Findings", Purple Peacock Books & Arts: ISBN 978- 81-88908-02-8.

29. G. D. Bakshi, "Bose: An Indian Samurai: Netaji and the INA: A Military Assessment", KW Publishers Pvt Ltd, First edition, 2 May 2016.

30. S. Swamy, "Joseph Stalin was instrumental in killing Netaji" The Economic Times, PTI, 29 Sept 2018.

31. A. Dhar, "Back from Dead: Inside the Subhas Bose Mystery", Manas Publications, 30 April 2005.

32. India Today, PTI, New Delhi, 24 July 2019

33. C. Ghose & A. Dhar, "CONUNDRUM", Vitasta Publishing, 29 April 2019.

34. J. L Nehru, "The Discovery of India", The Signet Press, Calcutta, 1946.

35. S N Khan, "My memories of I.N.A & Its NETAJI", Rajkamal Publications, Delhi, October 1946.

36. G. Ghosh, "INDIAN NATIONAL ARMY (INA) OF NETAJI: ON THE EVE OF 55th DEATH ANNIVERSARY OF JAWAHARLAL NEHRU", Facebook Public Posting, 27 May 2020.

37. K K Ghosh, "THE INDIAN NATIONAL ARMY: SECOND FRONT OF THE INDIAN INDEPENDENCE MOVEMENT", MEENAKSHMI PRAKASHAN, Meerut, 1969.

38. R. V. Bhasin, Advocate Supreme Court, "A Tale of Two Lals – Motilal and Jawaharlal," Published in Public Interest with Malice towards None;" 11 October 2005.

39. https://en.wikipedia.org/Jawaharlal_Nehru.

40. https://www.facebook.com/notes/ankit-goel/nehru-family-exposed-again/ 2016354537797

41. G. Ghosh, "Fibre Lasers and Amplifiers: Technology Towards the Complete Photonics Age," Telematics and Informatics, October 1990.

42. G. Ghosh, "Handbook of Thermo-optic Coefficients of Optical Materials with Applications," Academic Press of USA,1997.

43. G. Ghosh, M. Endo, and T. Iwasaki, IEEE J. Lightwave Technol. LT-12, 1338 (1994).

44. https://en.wikipedia.org/wiki/Feroze_Gandhi and references cited therein.

45. https://en.wikipedia.org/wiki/Direct_Action_Day#Riots_and massacre and references cited therein

46. https://en.wikipedia.org/wiki/Noakhali_riots and references cited therein.

47. https://en.wikipedia.org/wiki/1946_Bihar_riot and references cited therein.

48. https://en.wikipedia.org/wiki/Partition_of_India and references cited therein.

49. https://en.wikipedia.org/wiki/Jyoti_Basu

50. The Hindu Newspaper; 19 September 2009 and updated 6 March 2016.

51. https://en.wikipedia.org/wiki/Natwar_Singh.

52. https://en.wikipedia.org/wiki/Jeep_Scandal_case.

53. https://en.wikipedia.org/wiki/Julian_Assange

54. https://en.wikipedia.org/wiki/Radhabinod_Pal

55. G. Ghosh, "Unknown Facts of Netaji: Japan and Southeast Asia", in the eBook (updated eBook) and paperback book are published by Amazon, Sydney, Australia on 18/19 Sept 2017 (16 June 2021) and on 23 Nov 2019, respectively. "Ajanita Netaji Subhas Chandra Bose" paperback book is published by Notion Press, India on 6th July 2022 in Bengali. Hindi eBook is published by Amazon on 11 March 2021 in India.

56. Subhas Chandra Bose Academy in Japan, "Netaji's Ideal and Movement with Japanese", Shimizu Kobo Co. Ltd (Publisher), 18.8.1995 (Published), 18.9.2007 (Republished).

Statement of Declaration
to
The YouTube Legal Support Team
by
Dr Gorachand Ghosh

I do hereby declare that I am the copyright owner of the eBook entitled "UNKNOWN FACTS OF NETAJI: JAPAN and SOUTHEAST ASIA" published by the Kindle-Amazon on 19 September 2017 from Australia throughout the world simultaneously.

1. I do believe the copyrighted photos of Netaji Subhas Chandra Bose are stolen from the eBook and are cropped by the copyright violators without having any permission, verbally or in writing from me. They are not authorized by me to use those photos in their YouTubes or in any public domains such as facebook, twitter, internet and in their business websites, etc. by violating the copyright laws.

2. My submitted information in the notification to 'The YouTube Legal Suport Team' is accurate and under penalty of perjury to the best of my knowledge and belief. Also, I do hereby authorize 'The YouTube Legal Support Team' on my behalf to have exclusive right that is allegedly infringed.

(Dr Gorachand Ghosh)
19 Abingdon Street
Woolloongabba, Brisbane
QLD-4102, AUSTRALIA
Date: 17 September 2018

इटैलिकाइज़्ड शब्द और संख्याएँ फ़ोटो को संदर्भित करती हैं

18 मई, 1943 को कानागाओ में सामूहिक सभा — 18

9 जुलाई, 1943 को नेताजी का ऐतिहासिक ओजस्वी भाषण — 26

5 अगस्त, 1943 को नेताजी का भाषण — 27

30 दिसम्बर, 1943 को नेताजी का झंडा फहराना — 60

82वें डाइट सत्र में नेताजी का भाषण — 18

सितंबर 1944 में चंद्र बोस की प्रोफ़ाइल — 69

18 अगस्त, 1945 के बाद से, नेताजी की मृत्यु लगातार रहस्य में डूबी हुई है — 167

1948 में नेहरू का जीप घोटाला मामला — 242

23 जनवरी, 1965 को नेताजी के जन्मदिन के अवसर पर "नेताजी रिसर्च ब्यूरो" डॉ. बा माओ का भाषण — 128

10 जुलाई, 2019 भारतीय राष्ट्रीय सेना फेसबुक पब्लिक ग्रुप पोस्टिंग — 193

10 नवंबर, 2018 फेसबुक पर सार्वजनिक पोस्टिंग — 191

21 अक्टूबर, 2018 को फेसबुक पर सार्वजनिक पोस्टिंग — 186

21 अक्टूबर 2018 लाल किले पर आजाद हिंद सरकार की 75वीं वर्षगांठ — 275

23 जनवरी को नेताजी की 125वीं जयंती — 149

1063 आवासीय विद्यालयों, छात्रावासों का नाम बदलकर नेताजी सुभाष चंद्र बोस के नाम पर रखा गया — 286

1946 में अंग्रेजों ने भारत छोड़ने का निर्णय क्यों लिया? — 165

1976/77 में इंदिरा खान गांधी द्वारा मासाइयोशी काकित्सुबो को वीज़ा देने से इनकार कर दिया गया — 258

अनुज धर, भारतीय लेखक, अपराधी और कॉपीराइट उल्लंघनकर्ता — 181

अनुज धर, मिशन नेताजी इन नई दिल्ली कॉपीराइट उल्लंघन गण द्वारा निर्मित — 182

अनिल कुमार विश्वासः युद्ध के बाद भारत के विभाजन की घटनाओं पर आधारित एक उपन्यास — 239

अराकान, कोहिमा और इंफाल में मोर्चे पर लड़ रहे हैं — 64

अस्थायी आज़ाद हिंद सरकार को जापानी विरासत — 92

अमेरिका द्वारा हिरोशिमा और नागासाकी पर परमाणु बमबारी — 100

अंडमान और निकोबार द्वीप समूह के हस्तांतरण का शीर्ष गुप्त विलेख — 58

आज़ाद हिन्द सरकार की 75वीं वर्षगाँठ 184

आई आई एल की स्थापना 8

आईएनए खजाने की लूट 241

आरटीआई अधिनियम के अनुसार, 18 अगस्त 1945 को एक विमान दुर्घटना में नेताजी की मृत्यु हो गई 147

आज़ाद हिन्द बैंक 63

आजाद हिंद बैंक डकैती से संबंधित यूट्यूब 246

आज़ादी के बाद से नेहरू का राजवंश 227

इयासुकुनी मंदिर 103

एशिया के सात प्रसिद्ध व्यक्ति 41

एमिली को नेताजी का पत्र 4

एडॉल्फ हिटलर पहली बार नेताजी से मिले थे 4

एमिली शेंकेल के कल्याण का ट्रस्ट डीड: श्रीमती बोस 115

यूके का पहला जीप घोटाला मामला 246

ॐ सत्यमेव जयते 170

कोलकाता के विक्टोरियस मेमोरियल में नेताजी का 125वां जन्मदिन समारोह: मोदीजी 287

कर्नल हबीबुर रहमान खान का विमान दुर्घटना पर बयान 112

कुछ कॉपीराइट उल्लंघनकर्ता: फेसबुक सार्वजनिक समूहों पर पोस्ट 177

कुछ भारतीयों द्वारा नेताजी को गुमनामी बाबा कहकर बदनाम किया जाता है 161

कोलकाता में नेताजी अनुसंधान ब्यूरो के साथ ईमेल संचार 187

कैरोलिना या मैलानी को पत्र 154

कुणाल बॉस की आपराधिक गतिविधियां 205

कुछ भारतीयों के स्विस बैंक खाते 245

ग्रेट एस्केप "महानिस्क्रमण" 3

कैबिनेट फोटो 31

गांधी "मानव फ़ायरवॉल" 2

गांधी और नेहरू द्वारा समर्थित भारतीय सेना भर्ती अभियान 222

गांधी, नेहरू और काकिल्सुबो पर निष्कर्ष 290

गांधी नहीं, बोस थे, भारत में ब्रिटिश शासन खत्म हुआ: अंबेडकर 235

गांधीजी की बात सुनकर बोस ब्रोठेर्स ने नेताजी को श्रद्धांजलि नहीं दी 158

गेमुसु गेस्ट हाउस में नेताजी का प्रवास 78

घोषणा 35

चंद्रचूड़ घोष की आपराधिक गतिविधियाँ 204

जापान में ग्रेटर ईस्ट एशिया सम्मेलन 38

जापान में नेताजी की वास्तविक तस्वीर के साथ सार्वजनिक डोमेन में उपलब्ध नेताजी की दो तस्वीरों का आलोचनात्मक विश्लेषण 178

जापानियों ने सिंगापुर पर कब्ज़ा कर लिया 20

ज्योति बोस का कांग्रेस से रिश्ता 234

दक्षिण पूर्व एशिया 1942 में जापानी सैन्य कब्जे में था 9

द्वितीय विश्व युद्ध के बाद डॉ. बा माव का संदेश 111

तुम मुझे खून दो मैं तुम्हें आजादी दूंगा 93

बैंकॉक में जीवन 99

टोक्यो के रेनकोजी मंदिर में
नेताजी की अस्थियाँ   104
दुनिया का सबसे मशहूर
नेताजी का मंदिर काशी में   285
दुश्मन का दुश्मन मेरा दोस्त है   3
दिल्ली, भारत में "मिशन
नेताजी" गुप्तमिस्ट   172
नई दिल्ली में मिशन नेताजी के
अनुज धर और चंद्रचूड़ घोष
की आपराधिक गतिविधियाँ   204
नेताजी की मृत्यु पर पश्चिम
बंगाल की मुख्यमंत्री
ममता बनर्जी   206
नेताजी की मृत्यु के बाद से
मानहानि का निष्कर्ष   215
नेताजी की चिताभंस्मा को
भारत लाया जाना चाहिए   279
नेताजी की 75वीं पुण्य तिथि पर
PIB का ट्रीट सही दृष्टिकोण
नहीं: चंद्र बोस   279
नेहरू ने नेताजी की संपत्ति
लूट   241
नाथूराम गोडसे का अंतिम
भाषण   229
नेताजी के जीवन की अफवाहें
रेडियो प्रसारण 1946-47 और
1965   165
नेताजी की आत्मा की रक्षा के
लिए महत्वपूर्ण पत्र   194
नेताजी की 81वीं जयंती,
आधिकारिक सौविनोर   141
नेताजी की मौत से जुड़ी
सार्वजनिक फाइलें   137
नेताजी की मौत की खबर:
नाकामुरा भारत के राष्ट्रपति
प्रसाद के   127
नेताजी के टोक्यो आगमन
की 75वीं वर्षगांठ   13
नेताजी डाइट बिल्डिंग की लॉबी
में पत्रकारों से बातचीत करते   19

नेताजी द्वारा आईएनए सेना
का निरीक्षण   28
नेताजी, द्वितीय विश्व युद्ध,
भाग तीन, यूट्यूब   75
नोआखाली में गांधी और जिन्ना   226
नेताजी, द्वितीय विश्व युद्ध,
पर्व-1, यूट्यूब   36
नई दिल्ली स्थित मिशन नेताजी
नामक एनजीओ एक
आपराधिक संगठन है   207
नेताजी सुभाष चंद्र बोस जंक्शन   3
नेताजी, द्वितीय विश्व युद्ध,
पर्व-2, यूट्यूब   73
नेताजी, द्वितीय विश्व युद्ध,
पर्व-4, यूट्यूब   107
नेहरू की अफगानिस्तान
यात्रा   236
नेहरू ने 1942 से पहले का
जीवन   219
नेहरू ने कश्मीर के साथ
धोखा क्यों किया?   228
नेहरू की रूस में
आपराधिक गतिविधियाँ
(1947-52)   159
नोआखली विहार और
कोलकाता दंगे   226
नेताजी, खान, चटर्जी और
कियानी की टोक्यो की
तीसरी यात्रा   77
नेताजी सैन्य अकादमी और
विभिन्न स्थानों का भ्रमण   48
नेताजी और जापान के गवर्नर
बैक के साथ साक्षात्कार   51
नेताजी की 125वीं जयंती,
फेसबुक और ट्विटर पर
"सार्वजनिक पोस्टिंग"   191
नेताजी, द्वितीय विश्व युद्ध,
पर्व-5, यूट्यूब   108
नटबीर सिंह ने इंदिरा और
राजिव के खिलाफ रिपोर्ट   237

NP-1   12

NP-2, 3   15

NP-4, 6   16

NP-7, 8   17

NP-9   18

NP-10, 11   22

NP-12   24

NP-13   25

NP-14   28

NP-15   31

NP-16   39

NP-17   43

NP-5, 18, 19   44

NP-20, 21   49

NP-22, 23   52

NP-24, 25   53

NP-26, 27   54

NP-28   72

NP-29   78

NP-30   79

NP-31, 32   80

NP-33, 34   81

NP-35, 36   82

NP-37, 38   83

NP-39   84

NP-40, 41   85

NP-42, 43   86

NP-44, 45   87

NP-46, 47   88

NP-48   89

NP-49   103

नेताजी को बदनाम करने के लिए अनुज धर की आपराधिक गतिविधियाँ   203

नेताजी की बेटी उनकी अस्थियां भारत वापस लाना चाहती हैं   283

नई दिल्ली में 23 जनवरी 1978 को कुमागाई द्वारा लिखी गई समाचार रिपोर्ट   144

नमक सत्याग्रह   2

पश्चिमी साम्राज्यों द्वारा औपनिवेशिक शक्तियों का प्रभाव   55

प्रस्तावित संसद भवन से ऐतिहासिक गांधी प्रतिमा हटा दी गई   285

पोस्ट कार्ड, 23 जनवरी 2022 को बनी बड़ी खबर   213

प्रेस कॉन्फ्रेंस ब्यूरो, एबी समाचार पत्र   125

पिता के आदर्श बीजेपी से मेल नहीं खाते: नेताजी की बेटी अनिता   288

प्रधानमंत्री मोदी ने पोर्ट ब्लेयर में झंडा फहराकर नेताजी को याद किया   278

प्रधानमंत्री हिदेकी तोजो के जोशीले भाषण और चंद्र बोस की भक्ति की 75वीं वर्षगांठ   19

'पराक्रम' दिवस   1

प्रधानमंत्री हिदेकी तोजो का 83वें 'डाइट सेशन 'में संबोधन   32

फिल्म गुमनाम को लेकर श्रीजीत मुखर्जी और चंद्र कुमार बोस के बीच सोशल मीडिया पर बहस   200

फिग्स रिपोर्ट में महत्वपूर्ण पैराग्राफ: 114

ब्रिगेडियर जनरल रेजिलैंड डायर   2

ब्रिटिश भारत का मानचित्र   10

बैंकॉक से टोक्यो तक काकितुसुबोर की वापसी   106

भारत की आज़ादी का इतिहास विकृत   173

भारत के प्रथम प्रधानमंत्री के रूप में नेहरू को चुनना   227

लंदन और कोलकाता में श्री सुभाष चंद्र बोस की मृत्यु की खबर   114

भारत में दंगे, 1946   2

www.ingramcontent.com/pod-product-compliance
Lightning Source LLC
Chambersburg PA
CBHW051503150726
47997CB00001B/93